袁庭栋 ◎ 著

成都街巷志

流沙河 题

上卷

四川文艺出版社

图书在版编目（CIP）数据

成都街巷志 / 袁庭栋著. -- 成都：四川文艺出版社, 2016.8（2018.8重印）
ISBN 978-7-5411-4305-2

Ⅰ.①成… Ⅱ.①袁… Ⅲ.①城市道路—介绍—成都市 Ⅳ.①K927.11

中国版本图书馆CIP数据核字（2016）第124477号

CHENGDU JIEXIANGZHI
成都街巷志
袁庭栋 著

书名题签	流沙河
责任编辑	奉学勤　张庆宁
装帧设计	叶　茂
责任校对	徐庆根　白杨健（特约）
责任印制	唐　茵

出版发行	四川文艺出版社（成都市槐树街2号）
网　址	www.scwys.com
电　话	028-86259287（发行部）　028-86259303（编辑部）
传　真	028-86259306

邮购地址	成都市槐树街2号四川文艺出版社邮购部　610031
排　版	四川胜翔数码印务设计有限公司
印　刷	成都东江印务有限公司
成品尺寸	168mm×238mm　1/16
印　张	79　　　　　　　　　字　数　1300千
版　次	2017年6月第一版　印　次　2018年8月第三次印刷
书　号	ISBN 978-7-5411-4305-2
定　价	298.00元（全二册）

版权所有・侵权必究。如有质量问题，请与出版社联系更换。028-86259301

前　言

　　城市中的一条又一条街巷构成了一个城市的总体印象，反映着一个城市的基本特征。每一条街巷的名称都是历史发展的产物，是语言的、地理的、历史的多侧面的综合。每一条街巷都是人们的家园，都是社会和时代的一种标志，是后人了解与研究这个城市的一面又一面镜子，是后人阅读与研究城市这本大书的一页又一页篇章。

　　成都是我国著名的历史文化名城，她有过古蜀文明时期的辉煌，神奇的三星堆文化和金沙文化一直为全世界文化学者与旅游者所瞩目；她有过两汉时期经济文化的高度繁荣，当时所获得的"天府之国"的桂冠和"文章冠天下"的美誉至今仍在人们的口中流传；她有过唐宋时期全面的盛世，"扬一益二"的富足和"天下第一名镇"的风情，使她不仅成为世界第一张纸币的产地，而且吸引了全国几乎所有知名文士来此生活与创作，故有"天下词人皆入蜀"的佳话。如果从准确的历史记载来考察，成都最早建城是在战国后期的公元前311年，主持建城的是当时的秦国蜀郡郡守张若。从那时起，成都城的位置从来就没有迁移，名字也未改变，而这种两千多年城址不迁、城名不改的历史文化名城，在我国就只有成都一个。

　　对于一个成都人来说，当我们站在成都的河边桥头，漫步在成都的大街小巷的时候，可以追寻一段又一段历史的记忆，如果再把这些历史记忆进行联网，更可以了解到老成都的方方面面，也可以体察到新成都的来龙去脉。对这座城市感兴趣的外地朋友，则可以从成都的城、河、桥、街巷去触摸成都的历史文化，感悟成都的变迁轨迹。

　　我们有必要走进老成都，这不仅仅是在发思古之幽情，更是要让我们不要忘记过去，不要忘记先人，不要忘记自己是在一方什么样的水土、一个什么样的家园中出生并成长的。正如成都诗人流沙河先生所说的："今日的成都，固然应当面向未来，目极全球，脚履国中，指通网上。同时，也应当不时回回头看一看老成都,知晓我们从何处来,那个来处有些什么必须继承,以充实我们的精神文化。"

我们有必要走进老成都,如果再不一步一步地走上一趟,可能很多东西都快要被遗忘了,以后连回忆的基点都难以找到了,因为成都的变化太快了。在成都诗词楹联学会选编的《当代诗人咏成都》一书中,收有几首成都人写的诗词,很能说明成都的变化之快。其中一首是潘先煌先生的《西江月·老成都迷路》:"晨练归来迷路,街沿道口踟蹰。教人笑煞老成都,自己门口不熟。　　昨日旧房拆尽,今朝更起宏图。弯弯窄巷变通衢,一派新潮建筑。"

本书将把大家带回老成都,去追寻,去了解,走进老成都一条一条的街巷。

有几点需要说明:

第一,老成都之"老"在不同人心目中各有所指。现存的成都城建成于清代前期,其河、桥、街、巷的基本格局一直维持到民国时期。新中国成立之初,变化较大的是新建的东郊,旧城区变化不大,只是新建了几条街道。开始有较大的变化是从1958年拆城墙、修通人民南路开始的,而发生大的变化则是在改革开放以后。1983年成都市地名领导小组第一次正式颁布了《成都市地名录》,共收录成都地名1337条,其中大多数都是街道名称。发展到今天,当年很多街巷虽然名字还在,但是都已被新建的高楼大厦代替了;很多街巷则是从建筑到名字都已经完全消失,成为历史;还完全保持着改革开放以前旧貌的街巷已经是一条也找不到了。所以,本书中所指的老成都,其大范围指的就是从清代后期到改革开放之初的成都,最主要的时间基点应当是新旧中国交替的1949年。笔者所参考的这一时期的主要地图,是原国民党政府国防部测量局测量第五队于1948年绘制、1949年印刷的《成都市街道详图》。

第二,本书的主要内容是通过成都的城、河、桥、街巷来展现的,是以基本稳定的河、桥体系为基础,通过一条条街巷来介绍成都的历史文化。了解成都的城、桥、河,既是了解整个成都的基础,也是了解成都街巷的坐标,所以本书把这些基础部分置于全书之前,把街巷部分置于其后。

第三,本书的撰写是从2005年夏天开始的,历时四年。书名几经更改,最后用了《成都街巷志》,是企望向读者表明这是一本有丰富的历史与地理知识、可以为我们的后代保存资料的书。这里的"志"不是地方志的意思,而是古人所用的"志,记也","志,识也"的意思。

第四,本书的主要内容是写老成都的街巷文化,不是成都的街巷名录或地名手册,所以请本书的读者千万不要把本书作为一本成都街巷指南来使用。因为本书中除了少数几条新街新路之外,并没有收入在改革开放之后新出现的大量的成都新街巷,而主要是有选择地介绍新中国成立以前就已经存在的、有一定文化内涵的老街巷。这种选择是否恰当,尚乞读者指正,以便再版时修正。

袁庭栋　2009 年 5 月

目 录

上 卷

城

成都的得名 003
龟　城 006
锦　城 010
蓉　城 012
南京　西京 013
大城与少城 016
罗　城 019
清城与满城 022
"皇城" 036
东　门 053
新东门 060
南　门 064
新南门 067
西　门 069
通惠门附通惠门路 071
北门附存正门 074

河

锦江附府河　南河 081
沙　河 094
金河附解玉溪 097
御　河 104
西郊河附饮马河 108

桥

府河上的桥 / 113

西北桥 113
五丁桥附五丁路 114
万福桥 116
星辉桥 121
北门桥（北门大桥） 121
太升桥 124
红星桥（一号桥） 125
新华桥（二号桥） 126
武成门桥（新东门大桥） 128
东风桥 129
东门桥（东门大桥） 129
合江桥 131
安顺廊桥 134
九眼桥附新九眼桥 136
望江桥（玉津桥） 143

南河上的桥 / 151

送仙桥附遇仙桥　望仙桥 151

百花潭桥	154
锦官桥	160
虹桥	161
南河桥(彩虹桥)	162
南门桥(老南门大桥)	163
锦江桥	169
复兴桥（新南门大桥）	173
新安桥（安顺桥）	174

其他用作街道名称的桥 / 177

驷马桥街	177
十二桥路	180
苏坡桥街	183
崇义桥	186
五桂桥	187
半边桥北街附半边桥南街	190
三桥正街附三桥南街	193
锦江路附锦江里 锦江街 东锦江街	195
古卧龙桥街	198
青石桥街	200
公平巷	203
向荣桥街	204
余庆桥街	205
拱背桥街	205
大安正街	208
平安桥街附平安巷	209
通顺桥街	213
玉带桥街	215
桂王桥街	216
二仙桥路	219
三洞桥路	220
金沙桥街	223
二道桥街	224
通锦桥路附通锦路	224
一洞桥街	226
一心桥街	227
金仙桥路	228
同善桥街附化成街	229
百寿路	230
落虹桥街	230
星桥街	231
青龙街附青龙巷 青龙正街 青龙横街	232

街 巷

以方位数字命名 / 250

东大街附城守街	251
南大街附红照壁街 花照壁街 光华街	260
小南街	263
西大街	266
西月城街附月城街 北月城街	267
北大街	269
小北街	270
北东街	271
东大路	272
水东门街	273
东胜街附西胜街	273
东安北路附东安南路	280
东玉龙街附西玉龙街	281
东龙须巷附西龙须巷	285
西安路	286
北新街附中新街 南新街 新街后巷子	287
东新街	290

北巷子附南巷子 ... 292
北城街 ... 293
东二巷附西二巷 ... 293
一水巷附二水巷 ... 294
一街坊附经一路 纬一路 ... 294
二道街附三道街 四道街 ... 295
十一街至十七街 ... 298
新一村附新二村 ... 300

以军政官署命名 / 301

督院街 ... 301
走马街 ... 306
将军衙门 ... 308
藩库街附藩署街 ... 311
布后街 ... 316
学道街 ... 319
提督街 ... 323
盐道街 ... 332
总府街 ... 336
指挥街 ... 343
正府街附照壁巷 ... 347
署前街附学署街 厅署街 ... 352
西府北街附西府南街 ... 354
东府街附南府街 ... 354
帘官公所街 ... 359
大科甲巷附正科甲巷 小科甲巷 ... 361
联升巷 ... 367
童子街 ... 368
笔帖式街 ... 369
义学巷 ... 371
爵版街 ... 372
鼓楼洞街附鼓楼北街 鼓楼南街 ... 375
锦官驿街 ... 382

沙河铺 ... 386
东较场街附西较场 南较场 ... 390
北较场西路附北较场后街 ... 395
前卫街 ... 401
教练所街 ... 404
大福建营巷附小福建营巷 ... 405
马镇街 ... 407
马道街 ... 410
西都街附东都街 ... 412
中道街附中道后街 中道西巷 ... 412
江汉路附洛阳路 昆明路 白下路 ... 413
慈惠堂街 ... 415
育婴堂街 ... 419
茗粥巷 ... 422

以市场作坊命名 / 423

盐市口 ... 423
牛市口 ... 432
羊市街附羊市巷 羊市北巷
　羊子市巷 羊皮坝街 ... 435
骡马市街 ... 439
肥猪市街附杀猪巷 ... 446
杀牛巷附烧房巷 ... 446
鸡市街附鸡市巷 鹅市巷 ... 447
米市坝街附鱼市坝街 ... 449
糠市街 ... 449
海椒市街 ... 451
青果街 ... 452
草市街 ... 453
乡农市街 ... 455
暑袜街 ... 459
纱帽街附丝棉街 棉花街 皮房街
　皮房前街 皮房后街 ... 467

金丝街附银丝街 铜丝街 ……474	文翁路 ……529
珠宝街附珠宝巷 ……475	石室巷 ……532
铁匠巷 ……477	君平街附君平巷 ……532
打铜街附打金街 ……478	琴台路附西城边街 ……533
锣锅巷 ……479	武侯祠大街附武侯祠横街 ……538
灯笼街附灯笼巷 ……481	九里堤路 ……545
油篓街 ……482	营门口路 ……547
坛罐窑巷 ……483	衣冠庙 ……548
石灰街 ……483	洗面桥街 ……549
染靛街 ……484	玉泉街 ……550
染房街附布坝子街 ……486	小关庙街 ……552
烟袋巷 ……488	桓侯巷附桓新巷 放生池街 ……553
浆洗街 ……489	黄忠路附黄忠街 ……557
线香街附代书街 ……491	娘娘庙街 ……559
香巷子 ……493	蜀汉路附蜀汉街 ……564
金字街 ……493	草堂路 ……564
席草田街 ……494	永陵路 ……570
古中市街 ……495	天祥街附天祥寺横街 ……573
商业场街附悦来场巷 新集场巷 昌福馆街 ……496	康庄街 ……574
	宋公桥街附净居寺路 ……575
万担仓路 ……505	方正街附丁公祠街 ……579
红布正街附红布横街 ……505	状元街附磨子街 ……581
商业街附实业街 ……507	何公巷 ……586
	岳府街 ……586
以名人古迹命名 / 514	东垣街 ……589
金沙遗址路附金沙路 ……514	中山街 ……590
支机石街 ……517	多子巷 ……592
天涯石街 ……521	将军街 ……593
石笋街 ……523	张澜路 ……596
五块石 ……525	玉章路 ……598
武都路 ……526	劼人路附菱窠路 ……599
金马街 ……527	太玄路 ……603
石马巷 ……528	

下 卷

以祠庙馆所命名 / 605

青羊正街附青羊上街 605
玉皇观街 616
三官堂街 618
三元正街附三元巷 623
纯阳观街 624
梓潼桥街 625
奎星楼街附裤子街 629
五岳宫街 631
城隍巷附城隍庙街 632
大红土地庙街附小红土地庙街 638
福德街附福德巷 639
龙王庙正街附龙王庙南街 641
牛王庙街附牛王庙巷 644
马王庙街 645
灶君庙街 646
瘟祖庙街 649
坛神巷附西坛神巷 650
惜字宫南街 651
字库街 652
神仙树 653
大慈寺路附大慈寺街 653
和尚街 660
镜钯街 661
磨房街 663

文殊院街 663
白马寺街附白马巷 670
金沙寺街 672
楞伽庵街 673
转轮藏街 676
喇嘛寺街 677
兴禅寺街附女儿碑街 678
白云寺街 679
红瓦寺街 679
观音阁街附观音阁巷　观音巷
　观音堂街 682
多宝寺路 684
鍪华寺街附北鍪新街 685
梵音寺街 686
古佛寺街附化成寺街　石佛寺街 687
庆云街 688
红庙子街 690
大悲巷 692
大南海巷 692
法云庵路 693
如是庵街 693
青莲上街附青莲巷 694
元通巷 695
华严巷 696
小天竺街附小天九路、小天九巷 696

街巷名	页码	街巷名	页码
南台路	700	五福街附五福巷 五福胡同	
绳溪巷	701	五福村	802
守经街	704	八宝街	804
新开寺街附卫民巷	704	九如村附九如巷	804
明星巷	706	吉祥街	805
金华街	707	长顺街	808
王爷庙街	709	同仁路	810
白塔寺街	710	仁厚街	817
太平街	711	亲仁里	818
三圣祠街	714	华兴正街附华兴上街 华兴东街	
川主庙街	715	华兴巷	819
文庙前街附文庙后街		头福街	827
文庙西街 文庙街	717	兴隆街	828
文武路	735	隆兴街	829
四圣祠街	737	德盛路附隆盛街	831
湖广馆街	745	春熙路	831
江南馆街	747	升平街附太升路	846
金玉街	749	东升街	847
陕西街附横陕西街	751	斌升街	847
广东馆街	761	上升街	849
燕鲁公所街	762	上翔街	849
贵州馆街	764	大有巷	851
福兴街	765	向阳街	851
忠烈祠街附会府街	766	和平街附骆公祠街	852
昭忠祠街	771	天福街	855
祠堂街	773	芷泉街	856
皇华馆街	790	紫东楼街附紫东正街	857
纯化街	792	宾隆巷附宾隆街	858
酱园公所街	797	致民路附龙江路 新生路	
		老马路 群众路	859
以雅语吉祥语命名 / 800		共和路附共和里	864
三多里附三多巷	800	胜利村附胜利街	865
四维街附四维村	801	安全巷	866

正通顺街附东通顺街 866

清安街 871

光明巷附天灯巷　南灯巷 872

永安街附东永安街 873

永兴巷 875

玉成街 878

望平街 878

年丰巷 881

古雅坡路 881

大同巷 882

存古巷 883

老古巷 883

千祥街 884

永靖街 886

荔枝巷 889

珠市街附东珠市街　西珠市街 890

张家巷 894

铲布巷 896

良医巷 896

成华街 897

花圃路附花圃北路 898

庆宪街 899

迎曦上街附迎曦下街 900

公行道 901

小税巷 902

飞龙巷 903

文明巷 903

互助路附爱民路　先锋路 903

清洁巷 904

忠孝巷附仁义巷 904

万年场上街附万年场下街　万年场路 905

解放路 907

以景物特色命名 / 910

芙蓉巷附芙蓉街 910

银杏路 912

桂花巷附桂花街 916

东桂街 917

鹦哥巷 918

竹林巷附苦竹林　竹叶巷
　上半截街　竹林村 918

泡桐树街附外南泡桐树 921

柿子巷 923

梨花街 924

枣子巷 926

拐枣树街 930

皂角巷 931

白蜡村 932

槐树街 933

干槐树街 935

双槐树街 936

三槐树路 937

倒桑树街 938

双林路附双桥路 939

三桂前街附双桂路 942

水碾河路 943

莲花池街 945

莲花村 945

上水巷附下水巷 946

水津街 946

上池正街附上池北街　南城塘坎街 947

中莲池正街附大塘坎街 小塘坎街
　小淖坝街 949

下莲池街 951

方池街 954

王家塘街 955

白家塘街	956
粪草湖街	957
九龙巷附青年路 横九龙巷	958
玉沙路附玉石街	961
半边街附新半边街 伴仙街	965
丁字街	966
三倒拐街附斧头巷	968
叠湾巷	969
小通巷	970
东城拐街附东城拐下街	972
穿巷子附不穿巷子 穿院巷	972
红石柱街	973
红石柱正街附红石柱横街	973
黄瓦街	974
红墙巷	975
铁箍井街	977
水井街	980
凉水井街	985
铜井巷	986
金泉街	987
栅子街附双栅子街	988
宽巷子附窄巷子	992
井巷子	1000
新巷子	1001
新开街	1002
卧牛巷	1003
狮子巷附狮马路	1004
筒车巷	1006
大田坎街	1007
簸箕街	1008
马鞍山路	1010

以往昔建筑命名 / 1012

顺城大街	1012
东顺城街附北顺城街	1018
东城根街附老东城根街 横东城根街 西城根街	1020
东门街	1024
西皇城边街	1025
东华正街附东华门街 西华门街	1025
东辕门街附西辕门街	1029
西城巷	1031
西城角巷附西城角边街 西城角街	1031
城边街	1032
大墙东街附大墙西街	1032
东马棚街附西马棚街	1033
过街楼街附过街楼横街	1035
红牌楼北街	1035
花牌坊街附牌坊巷	1036
锦华馆街	1040
天成街	1042
培根路	1043
金鱼街	1045
炮厂坝街	1045
电信路	1046
金河路	1046
金河边街	1050
上河坝街附下河坝街 后河边街	1050
外东上河坝街 南河口街	1050
东御河街附东御河北街	1054
东御河沿街附西御河沿街	1054
西御河边街	1055
东御街附西御街	1056
小河街附西顺河街	1064
国学巷	1064

簧门街附簧门后街 …………… 1066	毛家拐街 …………………… 1128
大学路 ……………………… 1068	梁家巷附李家巷 …………… 1130
中学路 ……………………… 1077	焦家巷 ……………………… 1132
小学路 ……………………… 1080	包家巷附后包家巷 ………… 1134
金陵路 ……………………… 1081	耿家巷 ……………………… 1139
南虹路附南虹村　临江路 …… 1081	孟家巷 ……………………… 1140
光华村街 …………………… 1083	马家花园路 ………………… 1141
书院街附王道正直街 ………… 1086	马家巷 ……………………… 1142
南薰巷 ……………………… 1087	七家巷 ……………………… 1143
树德里附树德巷 ……………… 1088	宁夏街 ……………………… 1143
建国巷 ……………………… 1091	崇德里 ……………………… 1144
蜀华街附蜀华路 ……………… 1091	互利正街 …………………… 1146
文华大道附文化街　文华路 … 1093	梓潼街 ……………………… 1146
体育场路附大坝巷 …………… 1094	仁寿里 ……………………… 1147
体院路 ……………………… 1097	

以风物传说命名 / 1102

因误传误写命名 / 1148

柳荫街附杨柳巷 ……………… 1102	抚琴路 ……………………… 1148
猛追湾街附建设路 …………… 1104	落酱园巷 …………………… 1150
较场坝街附点将台街 ………… 1108	狗头巷 ……………………… 1151
五世同堂街 ………………… 1109	椒子街附均隆街 …………… 1153
长发街 ……………………… 1112	白丝街 ……………………… 1155
黄伞巷 ……………………… 1113	九思巷 ……………………… 1156
黄田坝 ……………………… 1114	内姜街 ……………………… 1158
光大巷 ……………………… 1115	后子门街 …………………… 1160
曹家巷 ……………………… 1117	天仙桥路 …………………… 1165
江源巷 ……………………… 1119	玉林路 ……………………… 1166
龙舟路 ……………………… 1120	王化桥街 …………………… 1167
	广福桥街 …………………… 1168

以居民特色命名 / 1122

	冻青树街 …………………… 1170
王家坝街附王家坝后街 ……… 1122	洗脚河街 …………………… 1171
金家坝街附人寿巷 …………… 1125	宏济路 ……………………… 1171
汪家拐街 …………………… 1127	三圣街 ……………………… 1172

几条最重要的新街道 / 1177

人民路 1177
红星路 1181
蜀都大道 1184
新华大道 1187
一环路 1188
二环路 1190
三环路 1192

主要参考资料目录 1194
地名索引 1198
主题索引 1207
后　记 1234
又　记 1236
再版后记 1237
作者简介 1240
鸣　谢 1241

城

街·巷·志

大同巷中的民居院墙砖 / 1999年 / 齐鸿摄影

作为我国著名的历史文化名城,成都已有明确记载的建城史长达2300多年。由于多次战乱,古老的城墙早已不存,离现在最近的清代城墙也已在1958年被拆除,如今可以见到的只有几段残墙。

· 城 ·

成都的得名

根据目前已经掌握的资料,早在10000年以前成都就有了人类的活动,可以考察的历史也有4500年左右,著名的宝墩文化、三星堆文化与金沙文化就是其古老历史的见证。距今3000多年前,在今天已是成都城区的金沙地区,很可能就已经成为当时的古蜀王国的都邑,这个都邑延续了大约500年左右。当时这个都邑叫什么名字,今天已经无从考察。我们今天所能知道的这个重要都邑最早的名字,就是"成都"。目前所见到的最早的成都地名是出现在战国晚期的出土文物上,如四川荥经出土的一柄铜矛、四川青川出土的一柄铜戈,以及湖北睡虎地出土的秦墓竹简,就有"成都"字样。如果从传世文献上考察,最早出现成都这个城市名字的,是中原地区早期的西汉史学名著《史记》和成都地区西汉的史学名著《蜀王本纪》。

自从得名成都以来的2500年间,这个城市就一直没有改过名称,虽然其间出现过几种别称,诸如龟城、锦城、蓉城,但是其正式名称一直都叫成都,这在我国所有的古老的大城市中是唯一的一例。由于成都位于四川盆地的西

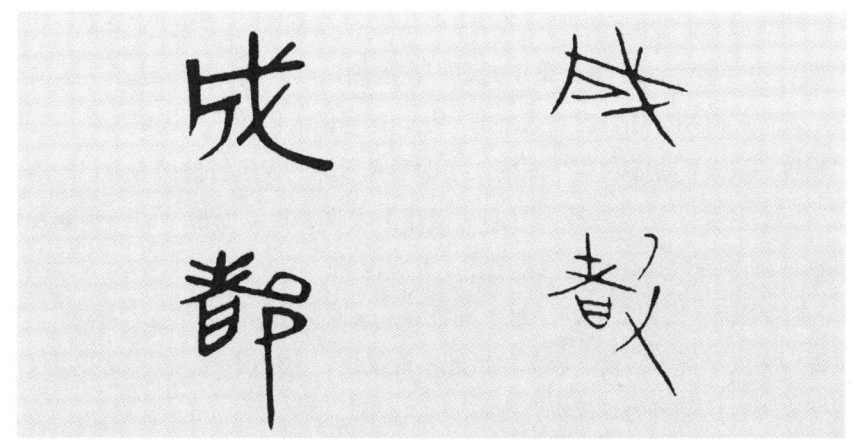

这是出现在战国铜矛(右)和云梦秦简(左)上的"成都"

部，在地理位置上具有巨大的优势，因而具有强大的向心力和凝聚力。几千年来，成都一直是四川盆地的经济和文化中心，不仅具有地域文化的特殊性，更具有巨大的文化延续性与传承性。

为什么会叫作成都？这一问题在学术界有过多种说法。最常见的一种说法见于宋代的《太平寰宇记》卷七十二："成都县，汉旧县也。蜀以周太王从梁山止岐下，一年成邑，二年成都，因名之曰成都。"这种解释虽然是历史上最早的一种解释，但却是错误的。这是因为：1. 这是套用古代关于帝舜"一年而所居成聚，二年成邑，三年成都"的故事，这种故事的

苏轼说："成都，西南大都会也。"（《大悲阁记》）

记载在《史记·五帝本纪》《庄子·徐无鬼》《吕氏春秋·贵因》等古籍中都有，绝不是指的成都。2. 如果按照这种原因来解释一个城市的得名的话，所有城市都可以叫作"成都"，因为所有的城市都是通过从小型的聚落、中型的城邑，再发展到大型的都邑的，都有一个从聚邑到都城的过程，完全没有作为一个地名的专属性。3. 更为重要的是，在战国以前，成都地区还是古蜀文化占统治地位的时期，还没有融入中原文化，这里的人们还不会说中原的语言即后来所称的汉语，也不使用中原的文字即后来所称的汉字。他们有自己的语言和文字（这种文字已经在战国时期的铜器上发现多例，而最早的一例就发现于成都西郊郫县的独柏树），这就是古人所说的"蜀左言"，与中原"莫同书轨"。直到秦统一巴蜀之后，经过了著名的"书同文"，"言语始与华同"。也就是说，在成都得名之前，成都地区还不说汉语，不用汉字，怎么能够用汉语和汉字来为自己定名为"成都"呢？

成都的得名应当是出于古代蜀人的语言。古代的蜀人是氐羌的后代，在

古代的氐羌语言中，把地方、地区都叫作"都"，直到今天，氐羌的后裔普米族仍然是这种叫法。也正是因为如此，所以在古籍中所见的古蜀地名中有不少的"都"，诸如"武都"、"新都"、"成都"、"邛都"、"徙都"、"笮都"等，而《史记·西南夷列传》明确指出，"邛都"、"徙都"、"笮都"等"皆氐类也"。由是可知，成都的"都"在古蜀语言中就是"地方"的意思。而"成"和"蜀"古音相通，在氐羌系的语言中都是山区人、高原人的意思。所以，无论是"成"还是"都"，都是在战国后期蜀地受中原文化的强大影响之后用中原的汉字书写的古蜀语言。用今天的说法，就是古人经过翻译的音译汉写（就有如后来音译汉写的马尔康、若尔盖一样），其本义应当是"蜀族人居住的地方"或"山区人居住的地方"。不过，这种音译汉写是一种水平很高的音译汉写，既源于古蜀的语音，又照顾了汉字的字义。

在历史上成都还有过一些别称，最著名的有龟城、锦城、蓉城、南京、西京等。

20世纪50年代初成都市城区鸟瞰　成都市建设信息中心提供

龟 城

从近年来的考古调查可以确知，在 4500 年前的宝墩文化时期，成都的先民已经在聚居地的周围筑有城墙，分布于成都市郊各市县的多处宝墩文化时期古城的城墙遗址至今仍然清楚可寻。今天的成都市区作为古蜀王国的都邑应当是在 3000 年前的著名的金沙文化时期，可是在金沙遗址至今还未有城墙的遗迹发现。在文献记载上，成都市区正式作为古蜀国的都邑是在古蜀开明王九世，大约距今 2500 年，此时应当筑有城墙，可是其遗迹也一直未有发现（五代时人的记载中，李昊在《创筑羊马城记》中说开明时期成都是"树木栅"为墙，可能有一定根据）。公元前 316 年，秦并巴蜀，成都地区成为秦王朝的一个行政区域蜀郡。公元前 310 年，秦王朝的蜀郡守张若在秦并巴蜀的主要策划者与指挥者、我国古代著名的政治家张仪的策划之下，主持修建了成都城墙（同时修建的还有郫邑与临邛），这就是文献上有明确记载的成都最早的城——龟城。遗憾的是，龟城的遗迹在考古发掘中至今仍然未能发现。

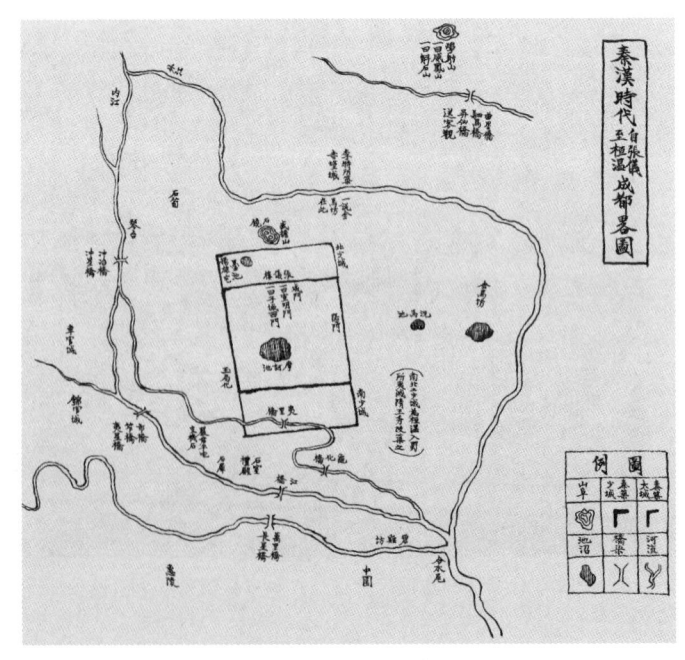

秦汉时代成都略图　李思纯1936年绘制　李德琬提供

在《搜神记》等著名的古代典籍中，记载了这样的一个传说：秦统一巴蜀之后，张仪主持在成都筑城，可是城是修了几次，垮了几次，只好按照巫师的指点，按照一个神龟行走的路线修筑城墙，才得以修成，所以成都又叫"龟城"。这虽然是一个近乎神话的传说，但是其中却包含了一定的历史真实。这就是说，由于古代成都地势低洼，筑城很难，正如古人所指出的"蜀地土惟涂泥，古难版筑"（《全蜀艺文志》卷三十七载唐·段全纬《城隍庙记》），所以在建城时只能"顺江山之形"（宋·赵抃《成都古今集记》）。也就是说，为了把城墙修起来，就不可能按我国传统的方方正正、正南正北的建筑规划进行修筑，而只能因地制宜，选择较好的地基来修。这样一来，成都城就成了一个不方不正、不南不北的形状，因为有点略像龟的形状，所以就得了这个"龟城"的别称。与成都称为"龟城"相似，山西马邑所以称为"马邑"，在《资治通鉴》胡三省注引晋《太康地记》中也有过类似的传说。两地的不同传说产生的时间相当接近，可能这在当时是一种比较流行的说法。关于成都神龟的传说，后代还有一些衍生的更为玄乎的记载，大体是说成都每逢灾难，锦江之中就会出现"五丈为圆"、"大若夏屋（按：即大屋）"的巨龟，甚至还是绿毛龟，带着成百上千只龟子龟孙浮于水面三日。这些传说当然更是古人充分发挥想象的神话。

这个"龟城"的别称，古人也称为"龟化城"，在古人的诗文作品中多次出现，早的如唐代诗人戎昱在《成都暮雨秋》一诗中有"九月龟城暮，愁人闭草堂"之句，晚的如清代诗人王渔洋《金方伯邀游浣花溪》有"人烟过蚕市，新月上龟城"。这种龟形建城的格局在后来历代对成都城的重建或扩建时，一直沿用不改，延续到近代，城仍然是不方不正、不南不北的形状，城中街道的中轴线仍然是北偏东 30 度左右、东偏南 30 度左右。城墙虽然在今天看不到了，但是过去长期作为护城河的府河和南河的走向却仍然为我们清清楚楚地保持了千百年来这种极有特色的形状，今天还存在的当年城中的干道东大街、西大街、南大街和北大街，仍然保持着明显的 30 度左右的偏角。就是近年才修成的红星路和蜀都大道，也仍然保持着这种偏角（在新建的主干道中，只有人民南路是按正南正北向建成的，连人民北路和人民中路都有偏角），新建的一环路也能明显地看到这种不方不正的影子。至于城内的很多街道，也无不保存了这种特点。所有这些，都是两千多年前龟城格局的延续。

为了寻找较为坚实的地基筑城，才使得成都的城墙成为不方不正的龟形，这应当是一种较为合理的解释。可是，为什么老成都城中的街道又全都是不南不北而大多保持着 30 度左右的偏角呢？这并不是我们的祖先不能准确地辨别正南与正北的方位，而是另有原因。

如果把成都地区古蜀时期的考古遗址进行一番方位的考察就可以发现，这种现象是古蜀文化中很常见的现象。三星堆的三个土堆（也就是当地老百姓所称的"三星堆"，三星堆文化即由此得名）和名震中外的两个器物坑都是有大约北偏西 35 度的偏角，三星堆的房基遗址则大约有 45 度的偏角，十二桥商代建筑遗址也有大约 45 度的偏角，羊子山古蜀祭台遗址（有关介绍见"驷马桥"）也有 45 度的偏角，近年来发现的年代比三星堆还要早的宝墩文化中的新津宝墩古城、郫县三道堰古城也有一定的偏角。这就说明，古代的蜀人在重要建筑中都是有意地安排了这种斜向的布局。

对于这一现象，目前学术界有过多种解释。比较合理的解释是，古蜀先民是从岷山山脉逐步迁移到成都平原的，迁移的基本方向是从西北迁往东南，出于对祖先的一种怀念，他们死后埋葬时的墓坑就是西北向，特别要把头朝向西北方向，我们今天在金沙遗址博物馆中可以清楚地看到几个墓坑的这种方位。这就是古代成都的各种建筑所以多采取西北—东南向偏角布局的最重要的原因。再加之成都平原本身就是一个东北—西南方向的平原，两边的龙门山脉与龙泉山脉都是东北—西南方向的走向，如果从气象学上的"风向玫瑰图"来看，成都全年的风向多数时候是从东北方向吹来的（成都人经常说的"西门是上风上水"并不完全准确，说上水是不错的，说上风则失之偏颇）。我们的祖先为了适应这种风向，就有意把城市中的街道建为从西北向东南的斜向和从东北向西南的斜向布局，让南北向街道呈北偏东 30 度左右。所以，成都城市街道的这种特殊的布局既符合在当时条件之下的祖先崇拜的意识形态，又符合人居与自然协调和谐的天人合一的生存理念，是一种早期环境科学的最佳体现与生存实践。这应当是成都历史文化长河之中的重要成果。

为了更为直观地表示古代各个时期成都城的地理位置以及与周边的关系，本书附上了未曾发表过的李思纯先生生前手绘的六幅地图，故而在这里有必要加以说明。

20世纪初的成都城区鸟瞰图　1917年　［美］甘博摄影

李思纯（1893—1960）先生生于昆明，长于成都，一生中主要时间都在成都教学与研究，曾任四川大学教授，是民国时期成都著名的历史学家与诗人。他年轻时曾在成都参加少年中国学会，后与好友李劼人一道留学法国，再去德国，以元史研究闻名于世，早在1926年即出版有《元史学》一书。他写有研究成都古史的《成都城坊古迹考》《成都大慈寺考》《龟城志》等文章，在四川省文史馆编撰的《成都城坊古迹考》一书中就包括有不少他的研究成果，2009年巴蜀书社出版了《李思纯文集》四卷。新中国成立以后，他年事已高，身体欠佳，不再担任川大历史系教席，只任四川省文史馆馆员，仍然住在川大（他的儿子李祖桓先生承其家学，继续在川大历史系任教）。笔者购得李思纯先生于1957年在上海人民出版社出版的论文集《江村十论》后，曾在校中邮局见到先生时请先生题签，至今印象仍如在眼前。20世纪30年代，先生在研究成都古史时，曾经亲手绘制了一组成都历代城池变迁的地图（为李思纯先生尚未出版的《成都城坊古迹考》书稿插图），如今在先生孙女李德琬同志的支持之下，用作本书的插图，以供读者参考。仔细观察这一组地图时可以发现，先生当年的研究成果与今天通行的成都古代城池变迁图（如四川省文史馆的《成都城坊古迹考》附图、王文才先生的《成都城坊考》附图、刘琳先生的《华阳国志校注》附图、任乃强先生的《华阳国志校补图注》附图）均略有出入，请读者在使用时相互参证，决定取舍。

锦　城

　　成都自古以来就以丝织业的成就闻名天下。虽然历史学家们还不能确切地说出成都地区最早是在何时开始养蚕缫丝织锦的，但是以下的一些信息告诉我们，成都地区肯定是我国，当然也是全世界丝织业的起源地之一和最早的丝织中心之一。我国最早的字典、汉代的《说文解字》对"蜀"字的解释是"葵中蚕也"。古蜀王国第一代蜀王的名字是蚕丛氏，在蚕丛氏的故乡今茂县、汶川地区，早在汉代就设有蚕陵县，至今仍有蚕陵山。在考古发掘中，三星堆出土的青铜立人像身上的服饰花纹中明显可以见到刺绣工艺的痕迹。1976年在成都交通巷发现的相当于中原西周时期的铜戈上已有惟妙惟肖的蚕形图，稍晚时候的各种巴蜀铜器上的蚕纹与变形蚕纹则更是常见。1965年在成都百花潭中学出土的战国时期的铜壶上，则有我国最早的少女采桑图。新中国成立以来，在湖南长沙、湖北江陵的战国墓葬中都出土了蜀中所产的蜀锦实物，所有这些都证明了成都地区丝织业的起源和发达之早。到了汉代，成都则已是全国

1965年在百花潭中学出土的战国铜壶
四川省博物院藏

四川广汉县东汉墓出土的桑园画像砖拓片
四川省博物院藏

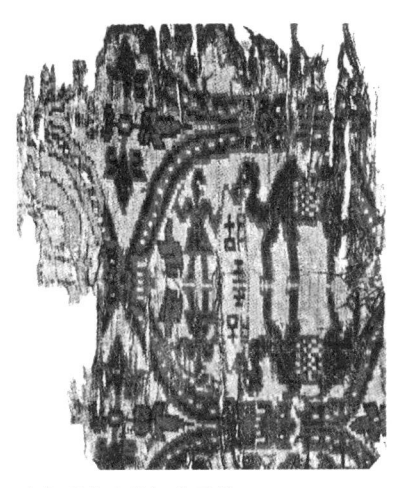
吐鲁番出土的汉魏蜀锦
新疆维吾尔自治区博物院藏

20世纪80年代的蜀锦
刘永禄提供

公认的丝织业最著名的中心，文献中的有关记载可谓比比皆是。闻名世界的丝绸之路如果从运输的角度讲，是从长安开始的，但是如果从最初的主要产地的角度讲，起点应当是成都。至于近年间才被世界所公认的南方丝绸之路，就是以成都为起点的。

锦是丝织品中最高档的精品，东汉时期的字典《释名·释彩帛》中对锦的解释是"锦，金也"。我国早期的织锦中心一直在成都。为了加强织锦业的管理和生产，汉代的中央政府就在成都设置了专门管理织锦的机构"锦官"，建有锦官城。当年锦官城的位置应当在今天百花潭公园一带。成都被称为"锦官城"、"锦城"最早是在什么时候，现在已无法确知，但是在杜甫笔下，《春夜喜雨》诗中有"花重锦官城"之句，《蜀相》诗中有"锦官城外柏森森"之句，《赠花卿》诗中有"锦城丝管日纷纷"之句；在李白笔下，《登锦城散花楼》诗中有"日照锦城头，朝光散花楼"之句，《上皇西巡南京歌》诗中有"天子一行遗圣迹，锦城长作帝王州"之句。由此可见，成都被称为"锦官城"或"锦城"在唐代已经流行，并一直使用到今天。

蓉 城

五代时期,后蜀主孟昶在成都命令"城上尽种芙蓉,九月间盛开,望之皆如锦绣"(宋·张唐英《蜀梼杌》卷四)。从此,成都城墙上尽种芙蓉,故而成都又被称为"芙蓉城"或"蓉城",这个称呼一直使用到现在。也就在后蜀时期,诗人张立就写了一组《咏蜀都城上芙蓉花》的诗。其中一

20世纪70年代的芙蓉花图案火花
王大明提供

首道:"四十里城花发时,锦囊高下照坤维。虽妆蜀国三秋色,难入豳风七月诗。"这以后,在明代和清代,成都都有种芙蓉的记载。今天的芙蓉花不仅已经成了成都市的市花,而且在园林工作者的精心培育之下,品种更多、花期更长,观赏芙蓉花的时候不只是在深秋了。

正在制作的双面蜀绣《芙蓉鲤鱼》 1998年 周孟棋摄影

南京　西京

唐代中叶，北方爆发了大规模的"安史之乱"，唐玄宗避难成都。按照唐代的惯例，凡是皇帝短期暂住的城市都称之为"京"，所以在唐肃宗至德二年（757）成都被称之为"南京"。不过由于唐玄宗避难成都时期不长，所以这个名称未能流传下来，只在当时的诗文中偶有所见，如李白《上皇西巡南京歌十首》诗中写道："北地虽夸上林苑，南京还有散花楼。"这里的"南京"，就是指的成都。清代学者王琦在为李白诗作注时，对所以称为"南京"解释说："蜀地居天下之西，而谓之南京者，以其在长安之南故也。"

明代末年，张献忠农民军在成都建立了大西政权，定都成都，遂将成都称之为"西京"。由于时间很短，使用者不多，这个西京的名称不久就被人们

李白诗书影

大西政权在成都铸造的铜币"西王赏功"

遗忘了。但是大西政权在"西京"成都所铸造的"大西通宝"、"西王赏功"钱币至今还在收藏爱好者手中流传。

需要在此加以说明的是：在有的介绍成都历史文化的书籍中，曾经认为成都在历史上还有过"车官城"的别称。这种说法是不对的。"车官"和"锦官"一样，都是汉代在成都设立的负责管理并制作国家最需要的手工业产品的机构，为此在当时成都城的西南角修建有"车官城"和"锦官城"，一个负责制造马车，一个负责制造蜀锦。但是，由于马车远远不能与蜀锦的名气相比，更不能远销中外，所以古人从来就没有把马车作为成都的代表性产品，从来就没有把"车官城"作为成都的别称。

成都是四川的首府。在介绍了成都的得名由来之后，有必要附带介绍一下"四川省"的得名，这是因为无论过去还是现在，在很多书籍、文章中都把这一有关四川的基本知识搞错了。

早在清代的一些有关四川地理的古籍中，就说四川的得名是由于四川盆地中的四条大河，以后的《中国古今地名大辞典》等工具书也都这样写。但是，这种说法是不对的。四川所以会称四川，是由两川、三川、四川这样演变而来的。

秦统一巴蜀之后，在原来的巴国与蜀国地域设置巴、蜀二郡，晋代在此基础上设置梁、益二州。唐太宗时改益州为剑南道，梁州为山南道。唐肃宗时又分剑南道为剑南东道和剑南西道，也称为剑南东川和剑南西川，并称为东西"两川"，大诗人杜甫当时就曾经写过一篇政论文叫《东西两川说》。这里作为行政区划的"川"不是河流的意思，而是平川、平原的意思。早在汉晋时期，蜀地就曾被称为蜀川，或简称为川，如《华阳国志·蜀志》："是以蜀川人称郫、繁为膏腴，绵、洛为浸沃也。"在唐代文献中，我们可以见到"蜀亦谓之川"、巴蜀称为"巴川"的有关记载，我们经常用在口中的唐诗名句"海内存知己，天涯若比邻"是王勃作的，诗名就叫《送杜少府之任蜀川》，这里的

"蜀川"也就是西蜀的另一种称呼（有些唐诗读本把"蜀川"写作"蜀州"，这是错误的，因为诗人王勃写这首诗时还没有蜀州这一行政区划，蜀州之设是在唐武后垂拱二年，即公元686年，而王勃死于公元676年）。到了唐代宗时，因为在属于今四川地区的剑南东道、剑南西道和山南西道这三个道设置了最高的军政长官三道节度使，又称三川节度使，时人就把这一地区合称为剑南三川，于是"两川"又变成了"三川"，也可称为"三蜀"，在唐人的口中，"三川"和"三蜀"都可以作为今四川地区的代称，如《新唐书·杜甫传》就说"禄山乱，天子入蜀，甫避走三川"。北宋初年，在今四川地区分置西川路和峡西路。宋真宗时，又分西川路为梓州路和益州路，分峡西路为利州路和夔州路，时人并称为"川峡四路"，其治所分别在今天的三台、成都、汉中、奉节。"川峡四路"再一简称，就成了"四川"，这一简称在古代文献中最早见于《宋史·徽宗纪二》，就这样，在历史上最早出现了"四川"这个地域的名称。这以后，连宋代任命地方官员，也正式称为"四川宣抚使"、"四川制置使"之类，四川终于成了官方所正式认可的行政区划的名称，而不是一种非正式的简称。到了元代，就正式设置了四川行中书省，简称为"四川省"。这就是"四川省"得名的由来。

大城与少城

在我国的传统观念中，所谓城市就是既有"城"又有"市"的较大规模的居民集中区，而"城"又必须是既有"墙"又有"池"（即护城河），高大的城墙与城墙外深挖的护城河都是为了防备外敌进攻而修建的不可分割的防御体系的组成部分。

成都虽然早在3000多年以前的金沙文化时期，就是一个有着较大规模的古蜀文化中心，而且很可能就是古蜀王国的都邑。但是从文献记载与考古资料加以考察，那时的成都还没有修筑有完整的城墙，也就是说还没有一座成都城。关于成都最早修筑城墙的时间，是根据《华阳国志·蜀志》的记载："（秦）惠王二十七年，（张）仪与（张）若城成都，周回十二里，高七丈。"也就是说，成都最早的完整的城墙是在公元前311年到310年建成的（为了方便，目前成都市的有关城建史资料都将成都的建城时间定在公元前310年），至今已有2300多年的历史。主持修城的是战国晚期的秦国蜀郡郡守张若（不少资料都说秦国丞相张仪是成都建城的主持

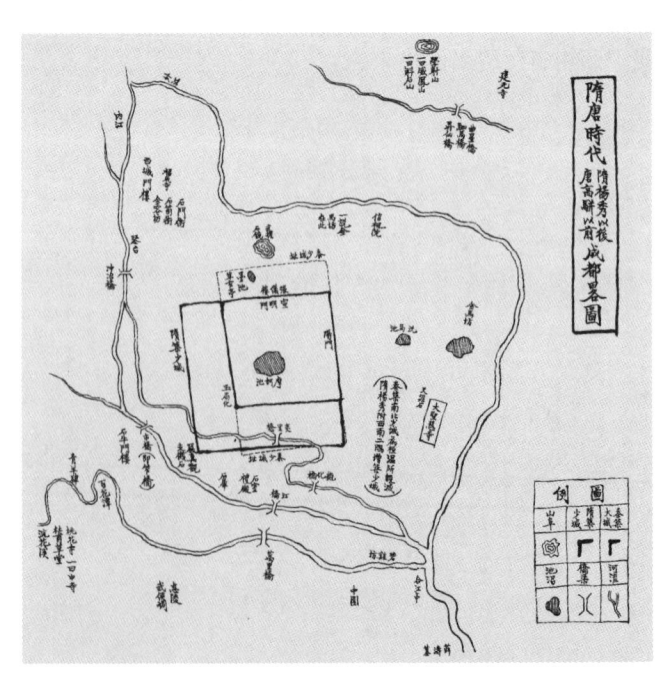

隋唐时代成都略图　李思纯1936年绘制　李德琬提供

者，这种说法是不准确的。张仪只是修筑成都城的策划者或倡议者，不是主持者，成都修城时他不在成都）。张若在主持修建成都城的同时还主持修建了郫城与临邛城（今天的郫县与邛崃），这三个城市呈鼎足之势，互为犄角，成为西蜀的中心区，所以这三个城市在古时有西蜀"三都"之称。

前面曾经说过，当时新修的成都城由于地理条件所决定，是一个不方不正的"龟城"。可是这座"龟城"却非常坚固而实用，基本上是一座土石墙。城墙周长为12里，相当于今天的4.94公里；高7丈，相当于今天的17.1米。城墙下面建有仓库，这种仓库一直到晋代还可使用。城墙上面建有城楼和练习射箭的靶场，其中以城西的城楼最为壮观，保存最久，被称为张仪楼。在经过维修之后，到唐代还可以登临题咏。大诗人岑参就有《张仪楼》诗："传是秦时楼，巍巍至今在。楼南两江水，千古长不改。曾闻昔时人，岁月不相待。"

这时的成都城有一个与众不同的特色，就是整个成都城是由大城和小城两个相连的城组成。大城在东，其中有蜀郡的官署，有居民区和手工作坊。小城又称少城或子城，紧邻大城之西，少城的东墙就是大城的西墙。少城的北部主要是成都县的官署区，南部主要是在官署管理之下的集市区。整个城的范围大约相当于今天成都市区东至青石桥一线，南至文庙后街一线，西至长顺街一线，北至羊市街一线。（需要说明的是，有的学者认为秦代的成都城不是东西二城的结构，而是由大城、北少城、南少城组成的品字形三城结构，北少城是古蜀开明故城，大城和南少城是秦代新筑。这一种说法目前并未流行，但是值得重视。）

成都城的这种大城之侧接少城的布局形成了成都城的一大特点，汉代以后长期沿袭，以致在一些诗人的笔下把"少城"当作了成都的代称。例如南宋时曾经长期在成都为官的著名诗人范成大在《三月二日北门马上》一诗中就有"十里珠帘都卷上，少城风物似扬州"的名句。当然，在更多的地方所称的少城或子城，则专门指的是与大城相别的小城。如杜甫笔下有"东望少城花满烟"的诗句，而陆游有一首诗就是以《晚登子城》为题。在有些地方，则是直接地将大城与小城分得清清楚楚，例如陆游的《成都书事》中就说是"大城小城柳已青"。

从有关的历史文献考察，秦代修建成都城的主要目的并不是为了防备外敌的进攻，而是为了防在当时要比今天更严重的洪水威胁，所以就没有在城外沿着城墙专门挖建护城河，修城用土主要是在城外寻找适合于筑城的黏土（这种黏土被今天的地质学家称为"成都黏土"，仍然用作建筑材料）。在挖取了大量黏土之后，就形成了几处大的土坑，当时也就因地制宜地把这些大土坑作为水塘，用来养鱼。根据《华阳国志·蜀志》和《水经·江水注》中的记载加以考察，秦汉时期成都城外东有千秋池，西有柳池，西北有天井池，北有龙堤池（龙堤池的位置相对可考，应当就是后世的洗墨池，在青龙街以北），其中最大的一个是万岁池，很有可能就是今天仍有遗迹的北郊磨盘山下的白莲池。

秦代的成都城的城门情况目前还不清楚，只知道有南边的江桥门、北边的咸阳门和西边的宣明门。有的研究者估计，如果不算大城与小城之间的通道，对外的城门可能是六道。

汉代的成都十分繁荣，可是城墙并未扩展，只是在城外新增了若干房屋，成为附郭的区域。为了加强对手工业的管理和便于官家手工业生产，在西南方的外江的南面新建了锦官城，在西南方的外江的北面新建了车官城，成为两个不大的卫星城。

迄今为止，在成都市的考古发掘中一直未能发现秦汉时期的城墙遗迹。

三国时期，刘备与诸葛亮在成都建立蜀汉政权，其皇宫的遗址至今未发现。从《三国志·蜀志·先主传》中关于"皇帝即位于成都武担山之南"的记载分析，刘备的皇宫应当在今天的北较场以南的位置。根据有关的文献进行分析，蜀汉时期对秦汉以来的大城与少城都没有进行改建。到了隋代统一全国之后，鉴于在东晋时期的战争中曾经对成都的少城有过较大的破坏，成都的大城与少城都进行过较大规模的重建，但是秦汉时期的大城接少城的格局未有改变。

诗圣杜甫到成都后写的第一首诗《成都府》中写道："我行山川异，忽在天一方。"诗圣所"异"的东西不少，其中就有"曾城填华屋，季冬树木苍"。"曾城"之中布列着很多华丽的房屋，严冬季节还长着苍翠的树木，这使从陕甘地区来到成都的杜甫感到很惊异。这里所说的"曾城"也称为"层城"，就是指的其他地方所没有的紧紧相邻的大城和少城。

大小二城紧紧相邻的格局，一直到唐代晚期高骈主持修筑罗城时才有了彻底的改变。

罗　城

唐代的成都虽然在经济与文化上都达到了高度的繁荣，获得了"扬一益二"的美誉，但是却有一个难堪的软肋，就是军事上的防御能力不强。唐代后期的唐文宗、唐懿宗、唐僖宗时期，在今天云南地区的南诏地方政权曾经几次举兵反抗朝廷，有四次都攻入蜀中，围攻成都。当时的成都城墙周长不过10里而又无护城河，成都军民困苦不堪。一是城外居民拥入城中之后十分拥挤，吃水困难；二是大量城外居民的房屋被焚毁之后，恢复起来十分困难。

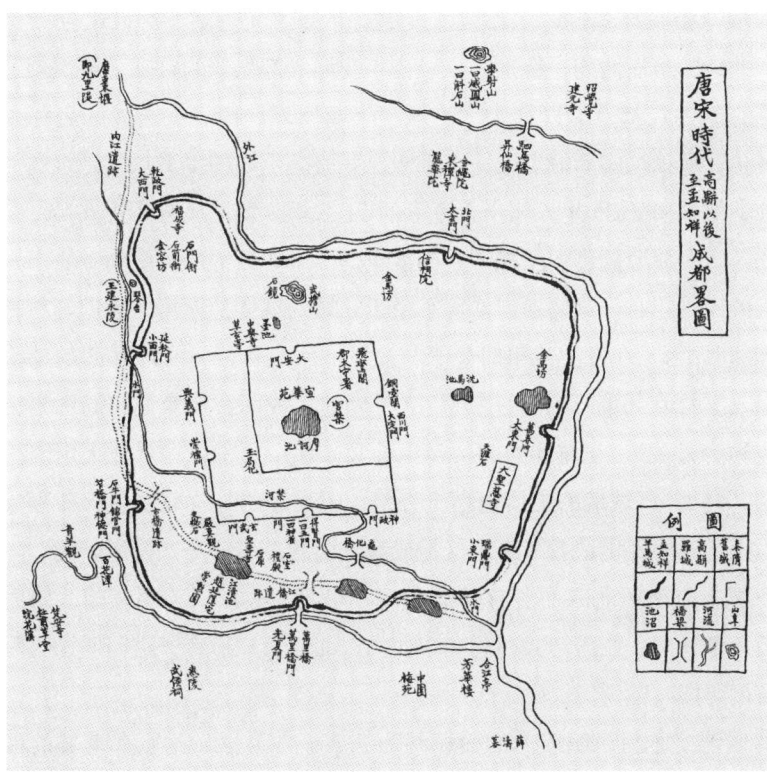

唐宋时代成都略图　李思纯1936年绘制　李德琬提供

几次被围城之后，新上任的四川最高军政长官西川节度使高骈于唐僖宗乾符三年（876）上书朝廷，请求重新修建成都城池，很快得到批准。整个工程于当年6月筹备，8月开工，11月就宣告竣工，正式施工时间只用了96天，出现了成都城市建设史上可谓空前绝后的高速度。这种高速度的原因很简单，就是因为成都的军民在几次被敌军围城的灾难中吃尽了苦头，故而能够齐心协力、众志成城。在成都周围八州十县军民的大力支持下，每天走上工地的人数都超过了10万。工程完工之后，成都全城欢庆。成都从此防御能力大增，百姓再也不用担心被俘虏到少数民族地区去当奴隶、做苦工。当时诗人顾云在《筑城篇》一诗中这样写道："三十六里西川地，围绕城郭峨天横。一家人率一口甓（按：甓即城砖，当时规定每家必须送一块城砖到施工现场），版筑才兴城已成。役夫登城无倦色，馈饱觞醋方暂息。不假神龟出指踪，尽凭心匠为筹画。画阁团团真铁瓮，堵阔巘岩齐石壁。风吹四面旌旗动，火焰相烧满天赤。散花楼晚挂残虹，濯锦秋江澄倒碧。西川父老贺子孙，从兹始是中国人！"此诗的最后两句，特别能反映当年我们成都先辈的自豪之情。

新修筑的成都城墙既称为太玄城，又叫罗城。由于太玄城的名称太雅，未能流传，所以这座新城后来一直都叫作罗城。罗城的本义，就是包罗、扩大的城池。罗城周长25里，相当于今天的11公里。城墙底宽2丈6尺，相当于今天的8米。城墙的剖面呈梯形，高度也是8米，顶部的宽度为1丈多，相当于今天的5米左右。城墙顶部修建了用于守城的城楼、库房、通道等各种建筑物5608间。为了在发生战事时便于与攻城的敌人作战，城墙顶部的外侧还建有墙垛（又称女儿墙），在每道城门之外修建了我国古代筑城布局中常用的瓮城（也称为月城），在城墙的四个转角处又修建了便于以弓弩或火炮消灭攻城敌人的"马面"。城墙的主体用黏土夯筑，但是墙的外层完全用大砖砌成。从目前已经见到的历史记载考察，这是成都城墙的外表第一次使用砖砌。

罗城在东南西北四面各有两道城门，东面为大东门和小东门，南面为万里桥门和笮桥门，西面为大西门和小西门，北面只知道有一道门叫太玄门，另一道城门可能叫朝天门。

罗城建成之后，城墙内的面积约为7.3平方公里，比原来老城的面积扩大了6倍，将原来已经沿袭了1000多年的大城与小城相邻相依的老格局变成为大城包小城的新格局。这种大城包小城的新格局，一直沿袭到近代。

为了提高城市的防御能力，高骈主持修建罗城时进行了全面的规划，挖掘了人工河道，将原来二江并流于城南的河道流向进行了改变，让原来的内江（即郫江）从成都城西北角的糜枣堰改道，不再是原来的向南流再向东流，而是改为先向东流再向南流，在城外的东南角即如今合江亭的位置二江汇流，这就是今天的府河与南河的流向。也就是说，在建成罗城之时，成都就从原来的二江双过城下，变为了如今二江抱城的格局。而在西边则利用原有的部分小溪开挖了一条西壕（即后来的西郊河的前身），使成都城外四方都有河道作为护城河。这是成都城第一次有城有池，在墙外第一次有了完整的护城河。

罗城修建与二江抱城的格局形成之后，成都的城墙格局一直没有大的变化，一直保持到了近代。

改革开放之后，考古工作者相继在同仁路发现了残高有6米的唐代的罗城残址（见"同仁路"），在外南人民路125号的地方发现了罗城的城门遗址，旁边还发现了一座宋代的城门（外南人民路现在已经并入扩建后的锦里西路）。由此可知，罗城是唐代以后历代成都筑城的基础。也可以说，罗城的形状也就是一直到近代的成都城的形状，罗城的范围只比近代所见到的清代的成都城稍小。

1990年外南人民路发掘的唐宋时期罗城底部排水渠　李绪成摄影

1994年同仁路发掘的罗城遗址　李绪成摄影

清城与满城

唐代以后的成都城墙，基本上沿袭罗城的格局。五代后蜀时期，曾经在罗城的西部和北部修建了一道很大的用于防御的羊马城，作为罗城的外郭，周长有21公里。可是由于完全是夯土所筑，没有砖砌，所以在北宋时期就完全毁去了。宋代对成都城墙有过五次维修，但是在宋末元初的战火中罗城大部被毁，其中的子城全部被毁。明代在罗城的基础上重修了大城，当时称之为府城，在子城的基础上新建了蜀王府，即一般所称的皇城。与过去最大的不同是

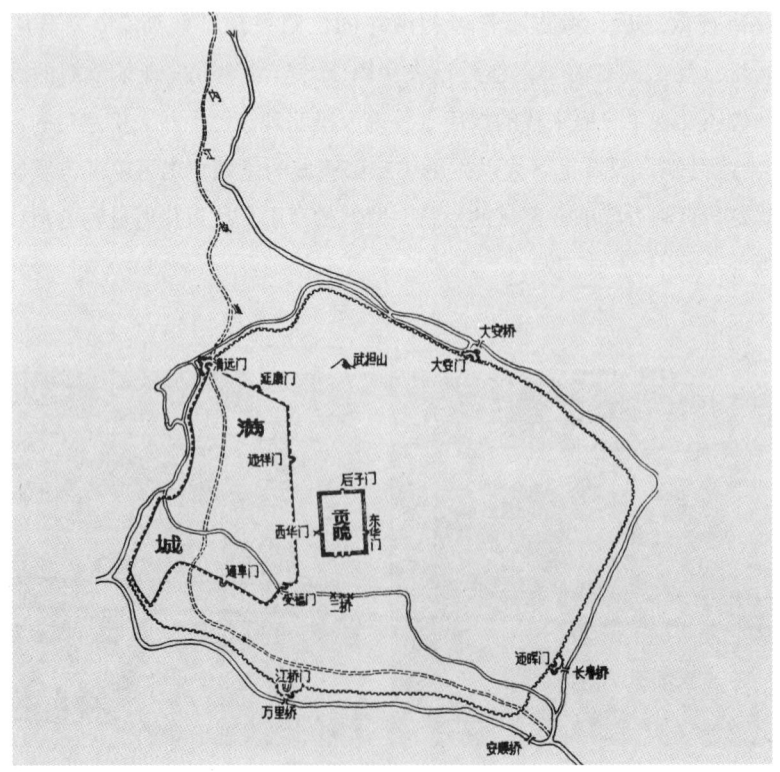

清代大城与满城图

清代金河出口处的东城墙内侧　　［法］杜满希提供

大城仍然保留了原来的不方不正、不南不北的格局，但是蜀王府却是按正南正北向规划建筑的一座方方正正的新城。新城虽然不是很大，但是环有护城河，外面还有一道不小的外墙，称为萧墙。这道萧墙的范围大致是：东至今天的顺城街，南至今天的东御街、西御街，西至今天的东城根街，北至今天的羊市街、西玉龙街。

公元1644年，明朝亡，张献忠农民军攻占成都，接着占据了大半个四川盆地，就以成都为西京，建立了大西政权，自称大西皇帝，他的皇宫就设在原来的蜀王府里。1646年，张献忠率军北上抗清，包括蜀王府在内的整个成都城在战火中全部被毁。

清朝的军队在清顺治四年（1647）占领成都的时候，成都已经成为一片荒草荆榛、麋鹿纵横的废墟，既无居民，也无房舍，清政府只好把四川省治暂设在今天的阆中。直到清顺治十七年（1660），四川省治才迁回成都，并先从官署开始，一步步着手成都的恢复。康熙四年（1665），开始重修城墙。康熙五十七年（1718），清政府动员全川各府州县分段承包，加快进度修建成都的城墙与街道。第二年,新建的成都城基本建成。雍正五年(1727)进行过一次补修。乾隆四十八年(1783),在四川总督福康安主持下,集全川之力,全部用砖石进行了一次彻底的重修,这也是成都城最后最重要的一次重修。工程由各州县分别负责,按统一规格施工,两年半之后全部完工(这期间福康安离任,由继任总督李世杰接替完成)。所以,准确地说,当代还能见到的成都古城墙是在乾隆五十年(1785)最后建成的。从此以后,成都城的城墙、大街、大桥与城内各主要建筑的格局基本上一直保持到了现代。

清代成都城的格局与过去是有同也有不同。相同的是在城池的格局上完全沿袭自秦代龟城以来的不南不北、不方不正的形状。四道城门的位置不是在正东、正南、正西、正北方向,而是在东南方、西南方、西北方、东北方。而这不方不正的城区的四角,反而是大致在东、南、西、北四个方向。为什么老成都人在问路、指路时爱说倒左手、倒右手("倒左手""倒右手"这种说法很有可能是在"湖广填四川"大潮中从湖南方言中传入的),而不是说向东、向西,其基本原因就在于成都的城池与街道不南不北的格局。

清代修建的成都大城的形状和规模与明代大致相同,但是范围稍有一点扩大。按文献记载是城墙周长22里8分,这是当年的尺寸。新中国成立以后

清末满城中的官衙　刘永禄提供

经过实测，应当是今天的 12 公里稍多一点；城墙高 3 丈，相当于今天的 10 米左右。清代的城墙虽然今天已经拆去，但是因为城外的护城河仍然是唐代就已经形成的两河抱城的府河与

清末满城的一条街　　［德］魏司摄影

南河，所以清代成都城的形状，基本上就是今天沿府河、南河、西郊河的内环线的形状（西边无内环线，大体上就是今天的同仁路与西郊河一线）。

在老成都人的口中，经常可以听到这样一句话："成都穿城九里三。"因为嘉庆《四川通志·城池》中就有"东西相距九里三分，南北相距七里七分"的记载。但是经过新中国成立初期的实测，东西相距是 4.6 公里，南北相距是 3.85 公里。所以"九里三分"这种记载和民间说法，只是一个约数。

按照古代建城的一般比例，清代的成都城墙的底宽大约与城高相当，都是 3 丈，也就是 10 米左右。顶部的宽度是 1 丈 8 尺，相当于今天的 6 米，相当于一条当时的街道的宽度（这是初建时的尺寸，在两次重建中都有所扩大）。每逢初春的正月十六，成都人有全家上城"游百病"的习俗，认为这天登城一游，全年都可以免生疾病。这一习俗自明清以来，全国各地多有，或称为"走百病"、"溜百病"、"散百病"，或登城，或过桥，或郊游，官府也允许老百姓自由登城（平时是不行的）。清人的《竹枝词》曾经这样写道："说游百病免生疮，带崽拖娃更着忙。过了大年刚十六，大家邀约上城墙。"

清代后期，制度废弛，原本是用于防卫的城墙无人管理，在比较宽阔的城墙之上逐渐有人修建房屋，一段一段的棚屋有如后世的棚户区，甚至有的官方机构也在城墙上建房。例如位于南城墙内拱背桥的四川机器局开办了一个专门用来培养技术工人的工业学堂，招生 50 余人，这个学堂就完全修建在南城墙上。成都城墙上的这些房屋建筑一直保持到 1958 年城墙被拆除之时。直到今天，其最后的遗迹在下莲池街 4 号院（即新南苑）内都还可以见到。

与明代的成都城最大的不同在于,清代在成都大城之内的西部专门修建了一个满城,用来作为满蒙八旗官兵及其家属的驻地。这样基本上又回归到了两千年前秦代成都城的大城接小城的格局(原来明代蜀王府的位置,新建了规模较蜀王府要小的贡院,不再看作是原来的小城),使成都这座古老的城市走过了一条大城接小城—大城套小城—大城接小城的曲折之路。在两千多年中,既有大城又有小城的格局一直未变,这在我国的所有城市中是独一无二的。我们在文献中所能见到的最早的一首描绘成都的诗歌,是晋代张载的《登成都白菟楼》,诗中"重城结曲阿"的"重城";诗圣杜甫到成都之后所写的第一首诗《成都府》中"曾城填华屋,季冬树木苍"的"曾城";成都诗坛上著名的女诗人薛涛的《上川主武元衡相国》一诗中"落日重城夕雾收"的"重城",都写的是古代成都城的这一特点。

康熙五十七年(1718),清政府专门安排了八旗官兵长驻成都,但是人数不多。三年后,又调原来驻防湖北荆州的八旗官兵3000人入川。在参加了平定准噶尔的军事活动之后,留下一支军队(其中有骑兵1600人、步兵400人、军官74人、匠役96人)永驻成都,所以当时又称为"荆州营"。清人

1908年满城内的街道　[英]威尔逊摄影

清末的成都民居　　［美］路得·那爱德摄影

《竹枝词》对此有如下记载："满城城在府西头，特为旗人发帑修。仿佛营规何时起？康熙五十七年秋。""湖北荆州拨火烟，成都旗众胜于前。康熙六十升平日，自楚移来在是年。"据康熙六十年（1721）的数字，驻防旗兵的眷属有3000多人。这以后，八旗兵丁陆续有所增加，至清末的光绪三十年（1904），在籍旗人5100多户，21000多人。成都八旗是满蒙混合编制，每旗分为三甲，头甲、二甲为满族，三甲为蒙古族。八旗官兵都是带家眷的，必须为他们修建永久性的兵营，加之在清初时期的民族矛盾还比较深，时任四川巡抚的年羹尧就奏请清廷在成都城中新筑一城，专门供八旗官兵居住。这座城中之城从康熙六十年动工，一直修了20多年才全部完工，这就是后来称之为"满城"或"少城"的新城。

满城的城墙周长约2.7公里，城内有八旗官街8条、兵丁驻地街巷42条、通道5条（按：关于清代满城中的街道数目，各种记载并不完全一致，此据《成都满蒙族志》）。其范围东至今天的东城根街，南至今天的君平街，东边的城墙也就是大城的城墙，北至今天的西大街。在满城的中间有一条横贯南北的主要通道，就是今天的长顺街。在长顺街的两边就是一条又一条的胡同，很像一根蜈蚣虫的形状，蜈蚣虫的头部就是满城的最高官员驻防将军的衙门，所以这里至今还叫"将军衙门"。胡同这一名称是从当时北京移用过来的，有两条胡同还有"头条"、"二条"之别，更是典型的北京名称。民国以后，这些胡同都重新起了名字，而且按照南方的习惯改称为街、巷，不再按北京的习惯称为胡同。这些街巷名称在当年曾经被编成不同版本的顺口溜，如"黄瓦对红墙，长发对吉祥……"。

在满城之中，八旗官兵与其家眷是按八旗的上三旗、中三旗、下二旗的等级来进行布局的，每"甲"分地也是按八旗的等级递减。这里的"甲"是八旗兵丁住宅分地的标准，一名披甲士兵即可分得一"甲"地。"甲"的面积按八旗等级递减，马甲又多于步甲。最高的上三旗马甲可分地80平方丈左右，约合今天的882平方米；最少的下二旗步甲也可分地40平方丈左右；而将官则可以依不同等级分得份地数亩甚至数十亩。八旗驻地大体上是正黄、镶黄二旗居北，正白、镶白二旗居东，正红、镶红二旗居西，正蓝、镶蓝二旗居南。再细一点按今天的街道位置看，正黄旗驻今天的西大街至西马棚街一带，官街（即该旗驻地）是西马棚街；镶黄旗驻今天的八宝街至东马棚街一带，官街是东马棚街；正白旗驻今天的东门街至商业后街一带，官街是商业街；镶白旗驻今天的商业街至东胜街一带，官街是东胜街；正红旗驻今天的槐树街至实业街一带，官街是实业街；镶红旗驻今天的泡桐树街至西胜街一带，官街是西胜街；正蓝旗驻今天的将军街至人民公园一带，官街是仓房街（在今人民公园内）；镶蓝旗驻今天的柿子巷、金河街至包家巷街一带，官街是蜀华街。

满城在清代是相对封闭的，有着自己的四道城门，外面的汉人未经准许不能进入，里面的满人未经请假也不能外出。东面靠北是受福门，俗称小东门，在今祠堂街口；东面靠南是迎祥门，俗称大东门，在今东门街口；南面是安阜门，俗称小南门，在今小南街口；北面是延康门，在今宁夏街口。西面因为满城的城墙也就是大城的城墙，所以没有再开城门，而是与大城同用清远门，其位置在满城的西北角上，在今西大街口。最主要的城门是位于今天祠堂街与西御街交界处的小东门，城楼上曾经挂着内外两道巨匾，上面分别写着"少城旧治"与"既丽且崇"。满城中由于人口较稀（最多时也只住了两万多人），空地较多，旗人又喜欢种树种花，所以是花木扶疏，绿荫掩映。清人的

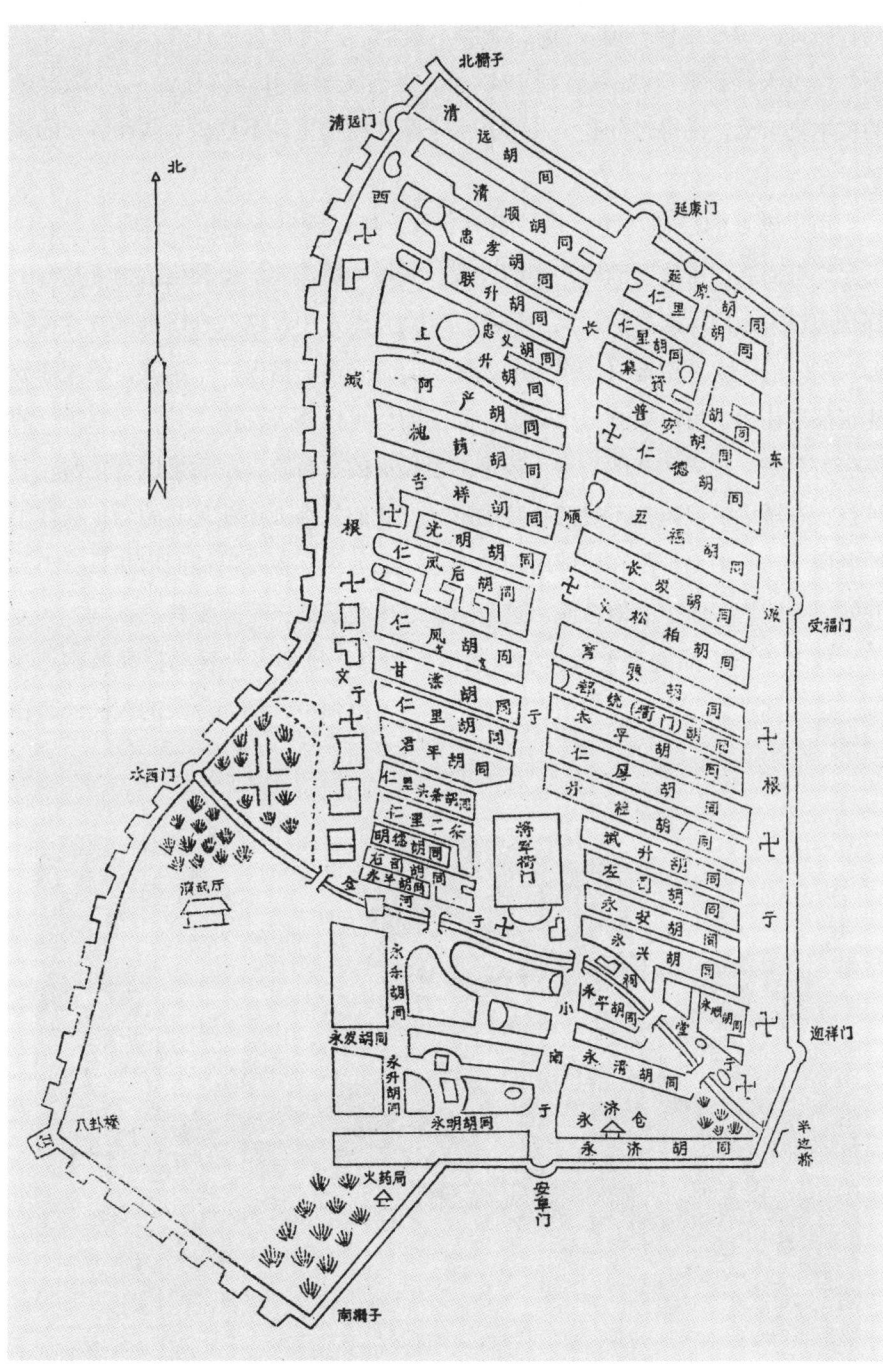

清代成都满城示意图　成都市满蒙人民学习委员会提供

《竹枝词》曾经这样写道："满洲城静不繁华，种树种花各有涯。好景一年看不尽，炎天武庙赏荷花。"直到1945年，著名文学家叶圣陶还说："少城一带的树木真繁茂，说得过分些，几乎是房子藏在树丛里，不是树木栽在各家的院子里。"

由于满城的最初功能就是一座大兵营，所以就只有住房、官府与仓库，不允许有商店、茶楼、酒肆之类的设置。满城中所需要的各种生活物资基本上都是通过大东门运入之后，集中放在几个大仓库之中，这些仓库也都设置在靠近大东门的一大片空地（即今天的人民公园）之内。偌大一个满城，绝大部分建筑都是住房，里面很幽静很舒适。除了衙门可以修成院落之外，每家每户的住房大多是一排三间式的平房，或是加上偏房的三合院，前后可以有花园，有篱笆，有矮墙，但是都不是四合院的形式。我们在今天还能见到的当年满城中的老房子，基本上都是在民国时期改造之后的建筑，也是以铺面房和只有小天井的三合院为多而少有四合院，这是满城之中建筑的一个重要特色。

按多年来成都就有大城和少城的历史特点，成都人一般都把满城称为少城。这种称呼至今不仅还保留在老成都的语言习惯中，例如今天的人民公园在

1909年满城内的街道　［美］张伯林摄影

清末成都城墙外　[美]路门摄影　杨显峰提供

老成都的口中仍然被称为少城公园；同时也还保留在一些成都的地名与单位名称中，例如少城街道办事处、少城餐厅等等。改革开放以后，成都最早的一项大型街道工程是在1981年至1984年间修建了贯通东西的蜀都大道。蜀都大道共分为11段，其中从东城根街到小南街的一段被命名为少城路，基本上是在原来的永兴街、牌坊巷和祠堂街的基础之上扩建的，这一段正是在清代少城的范围之内。

辛亥革命以后，满城不再被保留，从1912年拆北段城墙开始逐渐被拆除，一直到1935年拆除了在小南街最后的一段才算被完全拆完。与此同时，大城的城墙砖、城顶面砖、女儿墙砖等也不断被有权有势者拆去用作修建私宅，但是没有出现过公开的大规模的拆毁。由于大城内城墙上的城墙砖拆得最多，所以呈现出一片片的长满各种杂草乃至小树的土坡，以至出现了几处被称为"垮城墙"的小地名。

1935年，对旧的大城城墙进行了最后的一次维修，目的并不是为了维护古迹，而是为了可能有战事到来时的防御。这是因为当时的红四方面军从通、南、巴川陕革命根据地西渡嘉陵江，打下了江油等地，直逼绵阳一带。成都市官商各界害怕红四方面军进攻成都，遂成立了一个"城墙工程委员会"，对城墙进行了维修，特别是将城上的雉堞（俗称垛口、女儿墙）全部恢复，还在城上修建了若干个堡垒。这应当是成都历史上对城墙所进行的最后一次维护工程。到了抗日战争开始之后，旧城墙又被开了几处豁口，以方便城内居民"跑警报"，一些外来成都的无房难民又在城墙上修建了若干简易民房，形成了若干段棚户区。

新中国成立以后，城墙依旧保留，在四川省人代会上曾经就成都城墙是否应当拆除进行过讨论，因为意见不一致，就一直未作决定。1958年3月，中央工作会议在成都召开，毛泽东主席来成都（这是他一生中唯一的一次来成都）的第二天，即3月5日，他在当时的中共四川省委副秘书长周颐陪同下，乘车浏览成都市容。他在车上就成都城墙的去留问题说了这样一段话："为什么不能拆除？北京的城墙都拆了嘛。这城墙既不好看，又妨碍交通，群众进出城很不方便。城墙是落后的东西，拆了后方便群众交通，土可以做肥料，砖可以修房子。拆掉是先进，不拆是落后。"根据毛泽东主席的这一指示，成都市人民委员会（即当年的市政府）于1958年4月11日发出了如下的通告："为了城市环境卫生和城市建设，计划将我市现有城墙分期全部拆除，城墙土作为填沟填塘和消灭蚊蝇滋生之地，城墙砖石作为城市建设之用……"根据当时的资料，城墙（含残段与基址）全长12.33公里，有缺口22处，完整的残段高7.5米，顶部平均宽14.5米，底部平均宽18.5米，共有条石约5万条，城砖约602万匹，积土约132万立方米，墙上与墙脚有棚户建筑4万平方米。

1958年6月，成都市成立了拆除旧城墙总指挥部，按分片包干的任务安排，连城墙附近有些学校的学生都有每天挖多少砖的任务（例如十六中的学生每天的任务是10匹）。不到半年，出动了民兵297160人次。原来的清代大城基本上被拆除，城墙砖或用于市政工程建设（例如人民南路上的锦江大桥和东郊的下水道工程在修建时就用了不少城墙砖），或用于大炼钢铁时各个单位修建"小高炉"，城墙土则用来填平了365处池塘与洼地，或用来烧制砖瓦（有一个统计材料说是共建砖窑110个，烧砖760万匹），成都城内第一个成规模的砖厂汪家拐砖瓦厂就是这样于1958年开办起来的（该厂1960年与类似的金河砖瓦厂合并，更名为成都第一砖瓦厂，城墙土用完之后几经转产，成为后来的成都市保险柜厂，厂址仍在城边街12号）。当然，长期以来也有一些居民自行挖取城墙砖私用。据老人回忆，上池正街一位三轮车夫的妻子就是因为挖下部的城墙砖而被垮下的城墙土掩埋而当场丢了性命。1970年为了"准备打仗"而发动群众烧制"战备砖"，又挖去了大量的残存墙土。到了今天，仅留下了几段残墙遗址。据笔者的考察，目前还保留下来的成段的残墙遗址有：

五丁桥南边、北较场西北角的老城墙，长约百米，是在原来的遗址上重建修复的，所以很完整，也很壮观。城面砖多是收集到的老城墙砖，是目前仅有的可供参观的成都老城墙。沿着这段城墙往东，在成都城墙北面的至正门（见后"北门附存正门"）两侧，也还有一段老城墙。

猛追湾西侧华星路上的锦江华庭小区内有几十米长的一段残墙，在修建新楼盘时已经加以修复，但原来的城墙形体仍清晰可见。

迎曦下街的一段残墙，原来隐没在民居的后面，因为街道改建，就暴露在人们的面前。40多米长、结构比较完整的城墙，还有上下城墙的石梯台阶，估计是原来水东门旁的一部分，有关部门在加以维护之后保护了下来，现在是东安北路后面娇子苑楼盘内的一处景观。

锦江华庭中的城墙遗址　2013年　杨显峰摄影

锦里西路的清城墙　2009年　袁庭栋摄影

在锦里西路的北面，是一排长长的民居，民居后面就是过去的西较场，今天的成都军区联勤部。在民居与联勤部大院之间，还有断断续续的1000多米老城墙残墙，有的残墙成了民居的后墙，有的残墙上面已经修了房屋。由于这段残墙正好夹在民居与联勤部大院之间，所以得以原样保存下来，而且是目前还保存下来的最长的一段清代的老城墙。

在新南门的两侧，20几年前都还有长达140多米的残墙，有些段落已经修起了简易的房屋，曾经以"建国东街城墙"的名称列名于成都文物保护单位。近年来在城市改造之中，这一段残墙大多被毁，但是仍然可以看到一些，今天的下莲池街4号院（即新南苑）内，还有几十米明显的残墙，几幢住宅楼就建在残墙之上。在今天的下莲池街12号院内（原教练公所街），则还有老城墙的南城墙最东一段的残迹。

在同仁路与实业街交口处原成都水表厂厂区内，还有一段长约30米、高约9米的老城墙。有趣的是，抗日战争时期的四川省防空指挥部在这段城墙内挖了一个防空洞，面积有170平方米，可容纳100人左右，当时的四川省防空指挥部就设在这个城墙内部的防空洞里。新中国成立以后，这个防空洞成为成都水表厂存放汽油的仓库，故而得以保存下来。由于成都城区是一片平地，过去的地下水位又高，挖地几尺就会见水，所以极难修建防空洞。据笔者所知，目前成都还能见到的抗日战争时期的防空洞废墟只有三处了，一处在祠堂街，一处在文庙前街，另一处就在这里。

同仁路南端的西侧，残存了一小段老城墙遗址，而且就在过去的"水西门"附近。近年来已被修复，而且雕刻有"水西门"三个大字。只因为它隐藏在一个叫"锦都"的楼盘之内，一般人很难见到。

青莲上街还有一段残墙，而且有可能是明城墙的位置，详见"青莲上街"。

满城的街道格局在民国时期变化很小，到成都解放时，原满城区域内共有街巷49条。新中国成立以后因为各种原因的变化，现存街巷47条。

同仁路城墙遗址　2011年　杨显峰摄影

"皇城"

清代的成都既有大城，又有满城，还有"皇城"，这就同时有了三座城。正如当时的《竹枝词》所写的："本是芙蓉城一座，蓉城以内请分明。满城又共皇城在，三座城成一座城。"

成都人所说的"皇城"，就是明代的蜀王府。除了明末农民起义政权大西国的皇帝张献忠在这里住了两年多以外，这座皇城并没有住过皇帝，只住过明代皇帝的子孙。但是，"皇城坝"这个概念在成都人的心中很可能还要早得多，因为在皇城稍北一点这个地区，早在五代时期就是前蜀和后蜀两个小朝廷的皇宫，所以就把这里称为皇城，宋代张唐英的《蜀梼杌》中就有前蜀所设立的"皇城使"这一官职。根据原人民东路在修建电报大楼时曾经从地下发现巨型的古老石狮这一事实，再有《花蕊夫人宫词》中关于"直从狮子门前入"的记载，估计五代的皇宫的大门有可能就在电报大楼附近。

需要说明的是，有不少人把成都的皇城认为是三国时期刘备的皇城，这是错误的。蜀汉时期的宫城遗址目前还没有发现，如果要从"皇"字上找皇城的

皇城南门　1905年　［日］山川早水摄影　刘永禄提供

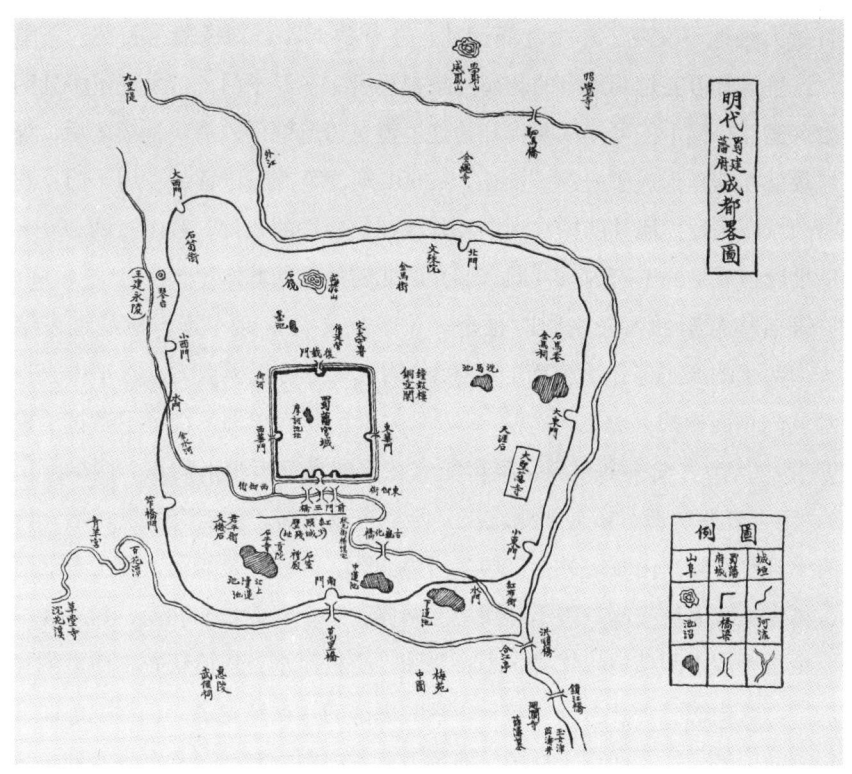

明代成都略图　李思纯1936年绘制　李德琬提供

最早来由，皇城地区最早和最有可能是隋代的蜀王，即隋文帝之子杨秀的宫城。

明洪武十一年（1378），明太祖朱元璋封他的第十一子朱椿为蜀王。由于当时朱椿尚未成年，所以朱元璋先让他到故乡凤阳读书学习，直到洪武二十三年（1390）才到成都就藩视事。蜀王的王府是从洪武十八年（1385）开始修筑的，位置选在成都城的正中，"砖城周围五里，高三丈九尺。城下蓄水为濠，外设萧墙，周围九里，高一丈五尺"。如果以今天的街道位置看，蜀王府的萧墙（即外墙）东垣在顺城大街一线，南垣在东御街、西御街一线，西垣在东城根街一线，北垣在羊市街、西玉龙街一线。如果从面积上来看，当年的蜀王府几乎占了当年成都城内面积的五分之一。"文化大革命"前在人民东路修建电报大楼时，曾经在地下发现了数十米用青砖砌的螺旋形通道，极有可能是蜀王府的紧急避难通道。改革开放以后，在当年蜀王府范围之内的旧城改造之中，在百货大楼地下发现了一个寺庙遗址，还有数十件石刻经幢与石碑、石雕神像，这里很有可能是蜀王府的花园与祭祀场所；在后子门一带发现了多处明代的冶炼遗址与铜币，可知从明代开始这里就在铸造铜币，清代延续之后，煤渣与垃圾就在这里形成了一座"煤山"；2001年，考古工作者又在后子门发现蜀王府的城墙遗址、墙外的排水沟以及其他建筑构件的残片，其中有约200米城墙遗址应当就是蜀王府内城（即宫城）西北转角处的城体。

著名作家李劼人先生同时也是一位乡土文化研究专家，他经过多年研究，为明代的蜀王府作了全面的描述："明代蜀王府规模很大，几乎占去当时成都城内总面积的五分之一，达38万平方米。北起骡马市街（引者按：根据1995年一次考古发掘的资料，很可能应在比骡马市街稍南的东、西御河街一线），南至红照壁街，东至西顺城街，西至东城根街。藩府有两道城墙，内城中有十几座宫殿，内城之外，夹层之内为园苑。外墙外是御河，河上有三道拱桥。再南又有大桥三座，跨于金河之上两侧。整个宫殿坐北朝南，建筑巍峨雄伟，金碧辉煌。园林精致优美，亭台楼阁，小桥流水，鸟语花香，简直就是人间仙境。其中的'菊井秋香'被誉为当时成都的八大景观之一。宫城前面有三道门洞，门外是广场和宽一百余尺的御道。与门洞正对，在六百余米处，是一堵二十余丈长、三丈来高的砖影墙，因为它是红色的，所以名叫红照壁。在门洞外二百五十米左右的东西两侧，各有一座亭子，是王宫的鼓吹亭，东亭名叫龙吟，西亭称为虎啸。"

蜀王府在明末战乱中完全被毁。清初重建成都城时，没有再恢复皇城的建筑，而是在其旧址上修建了供科举考试用的考场，当时称为贡院。蜀王府旧址大部分被贡院建筑所用（另有北边的小部分主要是用作修建铸钱局），在贡院之西，还建有成都府进行院试（即由提督学政主持的考试）的试院。从整个规模来看，清代的贡院要小于明代的蜀王府，大体上是在蜀王府内城的基础上建成的。御河以外或是空地，或成民居。按它的城墙测量，东墙与西墙均长660米，南墙和北墙均长540米，是一个整齐的长方形建筑。

清代的科举考试制度大致沿用前朝旧制，分为童试、乡试、会试、殿试四级。童试就是在地方上取得政府承认的官办学校学生（当时称为生员）资格的考试，又要分为县试、府试和院试三次考试，通过者即成为生员，也就是一般人所称的秀才。乡试就是由通过了院试的秀才参加的在各省城举行的考试，通过者就成为举人。在古代，当了举人就算是挤进了半个官场，在民间，当了举人就要称为举人老爷了。在各省举行乡试的专门的考试场所就叫贡院，修建时有大致相同的格局要求。

明末清初成都城毁于战火，故而清初从顺治八年（1651）到康熙三年（1664）的四川省的院试与乡试都是在保宁（今阆中）进行的。成都的清代贡院始建于康熙四年（1665），次年首次开科考试，后经乾隆、道光、咸丰、同治年间的四次增修，到同治三年（1864）最后一次重建完成。贡院的修建规格是有统一规定的，最主要的建筑是每一个考生的号舍（按当时的制度，乡试三场，每场两天，考生一人一间号舍，吃、住、答题均在其中）。四川是人口

▲ 清代贡院考棚
　成都市建设信息中心提供

▶ 站在废弃的考棚内的外国朋友
　1907年　［美］满理摄影
　杨显峰提供

大省，到同治年间共有号舍13935间。此外，其中还有端礼门、明远楼、至公堂、清白堂、严肃堂、衡文堂、文昌宫等建筑，共有房屋500多间，在大门前有一个石碑坊，上书"为国求贤"四个大字，算是点明了贡院的宗旨所在。贡院的主要建筑明远楼与至公堂一直保存到新中国成立以后还在使用。清人杨燮有《贡院》一诗对贡院作了如下的描绘："万瓦鱼鳞压短檐，安排令甲最森严。地名尚判东西院，人望从分内外帘（按：内外帘的介绍见"帘官公所街"）。丛桂飘香风力峭，疏槐脱叶露痕粘。吟声消尽三条烛，花样谁如蜀锦添。"

贡院的考试一般是三年一次。在没有举行考试的时候，周围的空旷处基本上是没有建筑物的一片空地，也就是至今还留在成都人口中的"皇城坝"。过去的皇城坝一直到清代中叶都还有一些放牧的牛羊。这是因为满蒙八旗入关统治全国之后，民族矛盾一度相当尖锐。清初统治与经营四川的当政者为了尽可能缓和成都市内汉人与满人的矛盾，在将成都城恢复重建之时，有意将满城以东、皇城以西、以南这片地区，也就是满蒙八旗与汉族同胞居住区之间安排给回族同胞居住，使这一片地区的20多条街巷（主要有东、西华门街，东、西御街，东、西御河沿街，大、小西巷，贡院街，三桥正街，东鹅市巷，永靖街，小河街，八寺巷等）成为清代成都最大的回族同胞的聚居区。据1908年的统计，最盛时有近400户，建有6所清真寺（就在皇城正门外的贡院街68号，就有一所甘南义学寺），还有一家专门接待回族同胞的旅店"中和店"。回族同胞是以牛羊肉为主要肉食的（直到新中国成立以后，成都最著名的清真餐厅粤香村、百老汇与回民食堂仍然开在这里），所以这里有大大小小的牛羊肉铺，这些牛羊肉铺待宰杀的牛羊也就会在皇城坝上游荡，成为皇城坝上的一景。在清代的《竹枝词》中才会这样写道："后宝川局前举场，摩诃池上旧宫墙。石狮双坐三桥首，日看牛羊下夕阳。"这里的"宝川局"是设在贡院之后的铸造铜圆的地方，"举场"即指科举考试的贡院，"石狮"与"三桥"的介绍见后"三桥正街"。

到了清代后期，皇城坝（主要指今天的体育场一带与天府广场的一部分）逐渐发展成了成都最大的扯谎坝。李劼人先生在长篇小说《大波》中有过生动的描述："皇城坝在没有开办学堂之前，是一个百戏杂陈、无奇不有的场所。有说评书的，有唱金钱板的，有说相声的，有耍大把戏的，有唱小曲子

昔日皇城坝棚户区　　杨显峰提供

的，有卖打药和狗皮膏药的，有招人看西湖景的，也有拉起布围、招人看娃娃鱼的，有掏牙虫兼拔痛牙的，也有江湖医生和草药医生。但是生意最好的，还是十几处算命、测字、看相等取钱不多，而招子上说是能够定人休咎、解人疑难、与人以希望的摊子。不过也就由于这些先生说话不负责任，才使皇城坝得了个诨名，叫扯谎坝，和藩台衙门外面那个坝子一样。"皇城坝这种"扯谎坝"的形象一直保持到成都解放，只是唱曲说书的愈来愈少，摆摊经商的愈来愈多。据老辈回忆，民国后期在整个皇城坝只有一家比较清洁、有点档次的商铺叫"吟啸楼"，主体是一家茶馆，但是又有一家回民点心铺占了一半的门面，而且店名就取"吟啸楼"之半，叫作"今肃娄"。

　　清光绪三十一年（1905），清政府宣布实行新政，废科举，兴学校。于是就利用贡院之中的大量建筑兴办了各种学校、讲习所近10所，如四川通省师范学堂、中等工业学堂、法政学堂等。在开办学校的前后，也开设了一些属于新政的机构，如劝业道、劝工总局、蚕桑传习所、陶瓷讲习所等。在这些机构中，由周善培主持的劝业道和劝工总局（劝工总局名义上由成都知府沈秉坤任首届总办，但是最大推动者仍然是周善培）是十分值得重视的机构，因为这是四川历史上最早由官方出面推动全省发展近代工业与商业的机构，具有移风易

·成都街巷志·

1911年11月27日，大汉四川军政府成立时在皇城中的庆典活动，后为明远楼。
[美]路得·那爱德摄影

民国初年的督军署　成都市建设信息中心提供

俗、筚路蓝缕的重要作用。

　　清政府被推翻之后,这里是当时的新政权四川军政府、四川都督府的办公地。就在新旧政权交接之时的清宣统三年冬月初三(1911年12月22日)黎明时分,四川军政府都督尹昌衡命令部将陶泽昆(原来赵尔丰部下的管带)率敢死队冲入督院街的总督衙门,将总督赵尔丰从床上抓获,押至皇城中的至公堂前,在尹昌衡主持之下,由陶泽昆提刀行刑,当众斩首,并把首级挂在一棵梅花树上示众,这也就标志着清王朝在四川统治的彻底覆灭。辛亥革命中,清王朝的各省督抚被新政权所斩杀者,只有这个被称为"赵屠户"的赵尔丰一人。

　　辛亥革命之后,四川成为全国军阀混战时间最长、次数最多、损失最大的省份。从1913年至1933年间,大小战事470多次,在成都发生的围城之战与巷战共有20多次。1917年,驻川滇军罗佩金部、黔军戴戡部先后与川军刘存厚部进行了猛烈的巷战,市中心的皇城地区都是主战场(老成都称之为"打皇城"),不但有枪战,还有炮战。军人不仅要"开红山",即乱杀老百姓,滇

民国初年皇城正门牌坊外的皇城坝　成都市建设信息中心提供

军、黔军在战事不利时甚至还要"亮城",就是喷射煤油与硫黄弹焚毁民房。在这年的战事中,皇城内的建筑与皇城附近的贡院街、三桥北街、东西御河沿街一带均遭焚毁,此外如珠市巷、鼓楼街、锣锅巷、昭忠祠街、童子街、红庙子街、玉带桥街、白丝街、代书街、冻青树街、东打铜街、过街楼街、四道街、守经街、八宝街、焦家巷等街道都曾经遭到不同程度的焚烧。时人余承基在《刘戴成都巷战血迹记》中感叹说:"省城繁盛之处已焚去一半,人民失业者不下十余万,诚数百年来未有之浩劫也!"此次战乱后,成都官民都不愿再有这样的城内混战出现,遂将皇城城墙大部拆除,只保留了南面的城墙和城墙上的三座拱门,以及里面的明远楼、至公堂等主要建筑。从此以后,这里就不再作为官署,而是主要作为办学场地,先后有四川优级选科师范学堂、四川高等师范学校、成都师范大学、成都大学等在这里开办。1931年,成大、高师与公立四川大学合并组成的国立四川大学成立,这里是校本部和文学院与法学院的所在地,一直到抗日战争时期四川大学迁往峨眉山办学为止。四川当代历史上的很多人才都是在这里培养出来的,例如杨尚昆同志就是在这里的成都高等师范学校附属中学读的中学,在这里参加的马克思主义读书会。

国立成都大学校长张澜(前排左6)1930年与该校数学系毕业生合影,前排右3为系主任魏时珍。　杨显峰提供

在军阀混战之中，学校也经历了今天难以想象的灾难。例如1932年11月，刘文辉的二十四军与田颂尧的二十九军在成都城内又打开了巷战，皇城地区再次成了主战场，一度形成了四川大学的前门由二十四军占据、后门由二十九军占据的战斗场面。教师学生只得纷纷避难，校舍损失严重，以致第二年招生时四川大学仅有200多人报名，当时报端出现了《大战后学府也荒凉》的专题报道。学界前辈、著名诗人林思进写有《兵祸诗》一百二十韵，其中说："孟冬月十九，燎原遂祸滔。中城战煤山，积尸平山坳。血流被御沟，学府一片焦。鳞栉数千户，犬豕当屠刀。……"时人王菊霜在《成都巷战竹枝祠》中也写道："当灾最是数皇城，学校民房一扫平。几次冲锋拼死命，煤山脚下万人坑。"到了抗日战争中，皇城的校舍又遭到了日本侵略者的野蛮轰炸。在1941年的"7·27"成都大轰炸中，皇城内的至公堂、明远楼等建筑全部被炸，有127间房屋变为废墟。据目击者回忆："从国立四川大学缀有'为国求贤'匾额的正方进去，但见一片残垣破瓦，竹林还在冒烟，血迹斑斑，腥味扑鼻，苦瓜架挂着逃难人们的片片血衣迎风飘荡，触目惊心。"从此之后，这一带逐渐冷清，外来难民与本地贫苦百姓在这里找栖身之处，搭建了若干简陋的房屋或竹木茅舍，成了一片贫民窟。

民国时期，皇城还曾经有过一次几乎就要成为现实的更大的灾难——险被拍卖而拆除。1933年9月，在"二刘之战"中取胜的刘湘成为全川的统治者。可是由于连年的军阀混战，经费很紧，而他为了取得蒋介石的支持，又必须立刻展开对川北苏区的大规模进攻，遂决定"变卖皇城地基以作剿匪经费"，开出拍卖价为100万银圆，并为此而设立了"官公产清理处"。此时的皇城正是四川大学的校区，这一举动受到了川大师生以及全城正义之士的强烈反对。川大校长王兆荣为此举行了记者招待会，并向国民政府教育部求助。蜀中著名文士向楚写成了抗议宣言书公诸报端。在各方面的抗议之下，皇城才未被拍卖与拆除。但是川大后来在望江楼侧修建新校区的发端，却正是因此而起。因为刘湘当时允诺，皇城拍卖之后，将在望江楼侧划地重建新川大，并为此事做了一定的勘察，这就为后来川大的迁校打下了基础。

临到成都解放时，皇城中除了一个实验小学、一个省博物馆之外，几乎全部被私人占做民房。1951年，成都市人民政府迁入作为办公地，曾经对皇

20世纪50年代的皇城大门　杨显峰提供

1959年四川省成都市庆祝五一国际劳动节大会的群众在人民南路广场游行
成都市建设信息中心提供

▲ 20世纪50年代成都市人民政府在"皇城"里的会议用车,后面建筑为至公堂。 王大明提供

◀ 1961年歌唱家郭兰英在"皇城"演出
杨永琼提供

城前面的三洞城门进行了维修,将省博物馆迁至人民公园,将实验小学迁往后子门,同时将居住在内的贫民全部迁出(十二桥外的新一村就是当时迁出的主要居住点之一)。

　　1950年,皇城南面的贡院街、三桥正街、三桥南街等街道被拆除扩建,1951年被命名为人民南路,形成一个城市中心广场,也是全市举行大型集会的主要场所,叫作人民南路广场。1950年10月1日,14万成都市民在这里举行了第一次国庆游行,当时被称为"川西军区空运队"的空军的飞机还撒下了大量的传单。此后,一直到1970年,在这里年年举行国庆节大游行(在多数年份的"五一"劳动节也要举行大游行),最大规模达到20万人。

"文化大革命"中的 1968 年,成都市人民政府从皇城中迁出,原来贡院所剩下的建筑被全部拆除(这些建筑之中最坚固的城墙是在 1968 年 12 月 1 日用炸药炸毁的),大门外的一对巨大的石狮子被移至望江公园。在当时的政治气候之下,集中全省之力赶在 1969 年国庆节前在原地兴建了当时全省体量最大的单体建筑"毛泽东思想胜利万岁展览馆",创造了四川近代建筑史上空前的高速度。展览馆的动工时间是 1968 年 11 月 5 日,参加当时称为"敬建"义务劳动的单位共有 710 多个。与此同时,在馆前兴建了毛泽东的巨型塑像。

省、市各界群众抬举着展览馆模型举行的展览馆建筑工程动工庆祝大会
1968年　杨显峰提供

20世纪70年代,从空中鸟瞰,展览馆与毛泽东塑像及附属建筑的平面布局似一个"忠"字。　成都市建设信息中心提供

至今仍然耸立在天府广场的这个展览馆与毛泽东塑像留下了当年的时代烙印。从空中鸟瞰，展览馆与毛泽东塑像及附属建筑的平面布局似一个"忠"字，塑像正位于"忠"字"心"的正中一点；展览馆从地面到三个梯形台面高8.1米，象征着"八一"建军节；三个梯形台面象征着当时天天高唱的"三忠于"（即"永远忠于毛主席、永远忠于毛泽东思想、永远忠于毛主席的无产阶级革命路线"）；正面的四根大柱象征着当时天天高唱的"四无限"（即对毛主席、毛泽东思想、毛主席的无产阶级革命路线要"无限崇拜、无限热爱、无限信仰、无限忠诚"）；塑像下有三层台阶，象征着马克思主义、列宁主义、毛泽东思想三个里程碑；基座宽7.1米，象征着"七一"党的生日；基座四面各有七朵葵花，象征着7000万四川人民心向红太阳；塑像高12.26米，象征着毛主席的生日是12月26日。

1977年7月22日，成都群众冒雨在人民南路广场集会欢呼恢复邓小平同志职务。
张蜀华摄影

成都市民在人民南路广场上观看国庆35周年节日焰火　1984年
［美］《国家地理》Cary Wolinsky摄影

"文革"时期在全国建造了无数尊毛泽东主席的塑像,由于位置不当或质量不高等原因,绝大多数都已拆除。一直保留至今的这尊展览馆前的塑像是全国唯一的一尊全部使用汉白玉材料制作的毛泽东主席的巨型塑像。其材料采自渡口(今攀枝花市),从山上采下的毛坯就重达56吨,当年特地组织了一个车队(包括从沈阳调来的一台可载重60吨的大型拖车),在将从渡口到成都的公路与桥梁全线加固之后才运到了成都。塑像的主要设计者是四川美术学院的教师龙德辉与郭其祥,全国很多美术家都参加了讨论研究(当年曾经是上海毛主席塑像设计组成员的著名画家陈逸飞就提供了全国各地的60幅不同的设计稿的照片)。整个塑像分12段加工而成,仅头部就有1.6米高,一只手就重14吨,一根手指就有70厘米粗,用航空工业使用的万能胶黏结,内部有钢柱,手臂有钢筋支撑,并按照可抗12级地震设计,表面可以防霉,在头部与手指处都安有避雷针,其设计与建造水平在美术界公认为是全国领先,有的研究者甚至认为是全国第一。

20世纪80年代,展览馆中心展厅成了热销商品卖场。
1984年　[美]Cary Wolinsky摄影

20世纪90年代的人民南路广场,左为永靖街街区,右为东鹅市巷街区。
周孟棋摄影

1979年,"毛泽东思想胜利万岁展览馆"更名为四川省展览馆。1983年,人民南路北段两侧的东鹅市巷、永靖街被拆除,建成了一个更大的人民南路广场。1999年,人民南路广场再次扩建之后更名为天府广场。2006年,全面改建之后的面貌一新的天府广场建成。同年,四川省展览馆改为四川省科技馆。

从1951年的人民南路广场,到2006年的新天府广场,是新中国成立以来成都市中心区巨大变化的缩影。2004年10月1日,在国庆55周年的时候,《华西都市报》以整整四个版的版面,在《55年辉煌 广场跨越世纪风云》的总标题之下,用20多张不同时期的照片反映了从清代的贡院到今天的天府广场的沧桑巨变,是迄今为止笔者所见到的有关天府广场的最全面的历史照片的资料汇集。

东　门

　　成都最后一次修建的城墙是清代时的城墙，在城墙上只开了东南西北四道城门，是历代成都城城门最少的时期。据研究，秦代大城可能有六道城门，汉代大城可能有十三道城门，唐代罗城有八道城门，明代大城就只有四道城门。清代在城市建筑的格局上基本都是沿袭明代，城门减少的原因是为了更加安全。

　　清代成都城东门的位置很特别，它不在东面城墙的中部，而是在南部，几乎靠近城墙的东南角了。如果把它与处于西北方向的北门画上一条线的话，这条线与正东正西的一条线之间的夹角大约是35度。这种建筑格局在全国城市中是绝无仅有的。出现这种情况的原因应当是以下两个：一是因为秦代第一次修建成都城时就修成了一座不南不北的"龟城"，其原因已于前面有关"龟

清末的成都东门城楼　［美］满理摄影　杨显峰提供

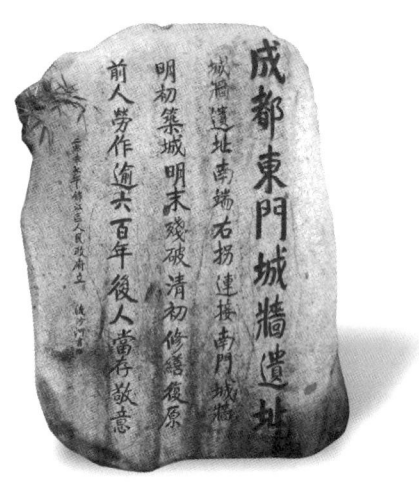

位于青莲上街的成都东门城墙遗址上的流沙河撰书碑记

城"部分作了分析；二是从目前可以看到的资料分析，唐代的罗城在东面有两道城门，偏北的叫大东门，五代前蜀时改称万春门，偏南的叫小东门，五代前蜀时改称瑞鼎门。这种情况在宋、元时期一直没有变化。明代的成都城是明洪武年间在宋元旧城的基础之上修建的，东南西北方都只保留了一道城门。东门名叫迎晖门，位置在宋元时期的偏南的小东门，原来的大东门不再存在。这种安排的原因很可能是为了适应当时的河道，因为内江与外江的汇合处是在小东门外，当时还很重要的金水河的出城口也在小东门外。也就是说，成都人要利用锦江船舟之便从东边出城入城的话，小东门是最方便的。

清代成都城东门的名字仍然叫迎晖门，城门之上修建了高达五丈的城楼，名叫溥济楼。据民国《华阳县志》卷二七记载，是"堂皇壮丽，不亚于京师"。溥济楼在民国初期被军阀拆毁，建筑材料被卖钱充作军阀混战的军饷。1938年12月，为了方便城内居民在日本侵略者轰炸时尽快疏散出城，把成都的老城门全部拆除，城门洞也有所扩宽，并在城墙上开辟了若干个豁口。从此以后，成都的老城门就再也看不到原来的模样了。

迎晖门的名字一直只用在书面语言中，成都人口中称为东门，在有了新东门之后称为老东门。老东门的位置就在今天东大街快到东门大桥（东门大桥原来就在城门之外）的地方，一直到东大街全面改建之前都还可以很明显地看得出一些拆除之后的痕迹，因为这里比东大街的任何一段都要宽一些，老成都人就把这里称为东门城门洞广场。

抗日战争期间的1943年，为了纪念在前线牺牲的大量川军死难烈士，成都各界人士决定建造一座纪念性雕塑。在当时的成都市市长余中英主持下，由1938年入川的著名雕塑家刘开渠设计，并与成都"万兴隆"号主人、铜匠出

· 城 ·

清末的成都东门城楼　［法］杜满希提供

身的江万兴、工匠朱木均等协作，最后由四川机械股份有限公司采取传统浇铸技术制作完成的"川军抗日阵亡将士纪念碑"（成都人一般称为"无名英雄铜像"），于1944年7月7日安放在东门城门洞广场中央。无名英雄身着短裤，打着绑腿，足穿草鞋，手握步枪，背着背包、斗笠和大刀，俯身跨步，平视前方，坐西朝东，向着抗日前线，十分传神又符合生活真实，既是一尊极为珍贵的艺术品，又是一处重要的历史文化见证。遗憾的是，1965年东大街架设电车线路时，这座重要的雕塑被毁损。1989年在年届八旬的刘开渠主持并指导下，雕塑由四川省雕塑院的张绍蓁重建，于1989年8月15日树立于外东的东二环万年场路口。所以选址在这里，是因为无数川军都是东向出川抗日的。2006年改建二环路时雕塑迁往库房中保存。2007年8月15日，也就是抗日战争胜利62周年的时候，雕塑最后迁置于人民公园东大门，仍然面向东方。这里是最佳安放地点，因为抗日战争开始以后，"四川各界民众欢送出川抗敌将士大会"就是于1937年9月5日在人民公园（当时称少城公园）召开的，出川抗战的川军队列就是从人民公园开始踏出去的。把雕塑放在这里，就是回到

1944年安放在原东门城门洞广场的川军抗日阵亡将士纪念碑　建川博物馆提供

当年抗战川军的出发地。新安放的雕塑的基座上增加了两块花岗岩石碑,上面雕刻了两段文字,一段记述了雕塑的历史变迁,一段记述了川军对抗日战争的贡献。后一段文字是摘自抗日战争胜利之时《新华日报》于1945年10月8日所发表的社论《感谢四川人民》:

抗日战争胜利时,《新华日报》发表社论《感谢四川人民》。　建川博物馆提供

　　在八年抗战之中,这个历史上最大规模的民族战争之大后方的主要基地,就是四川。自武汉失守以后,四川成了正面战场的政治军事财政经济的中心,随着正面战线内移的军民同胞,大半居于斯、食于斯、吃苦于斯、发财亦于斯。现在抗战结束了,我们想到四川人民,真不能不由衷地表示感激。

　　四川人民对于正面战场,是尽了最大最重要的责任的,直到抗战终止,四川的征兵额达到三百零二万五千多人;四川为完成特种工程,服工役的人民总数在三百万人以上;粮食是抗战中主要的物质条件之一,而四川供给的粮食,征粮购粮借粮总额在八千万石以上;历年来四川贡献于抗战的粮食占全国征粮总额的三分之一,而后征借亦自四川始。此外各种捐税捐献,其最大的一部分也是由四川人民所负担。仅从这些简略统计,就可以知道四川人民对于正面战场送出了多少血肉,多少血汗,多少血泪!

　　川军主要将领刘湘、邓锡侯、潘文华、杨森(当时正担任贵州省省长,所以他率领的川军二十军是从贵州出发的)、孙震、李家钰、唐式遵等都亲赴前线,无论是淞沪会战、太原会战、徐州会战(包括著名的台儿庄大战)、南京保卫战、武汉保卫战、长沙会战、浙赣会战,都有川军在英勇抗敌、流血牺牲。刘湘病死在武汉,李家钰、王铭章、饶国华等战死沙场。与此同时,四川省出动200万民工修筑与扩建了川陕、川湘、川黔、川滇四条战略公路,出

抗战时期四川出动150万民工成功赶修了新津、邛崃、彭山、广汉四大轰炸机机场和成都、温江、德阳、重庆、梁山（今梁平）五个驱逐机机场。这是当年抢修机场的场面。
建川博物馆提供

奔赴抗战战场的川军将士虽脚穿草鞋，装备落后，在战场上杀敌却十分英勇。
建川博物馆提供

动150万民工成功赶修了新津、邛崃、彭山、广汉四大轰炸机机场和成都、温江、德阳、重庆、梁山（今梁平）五个驱逐机机场。

"川军抗日阵亡将士纪念碑"应当是在抗日战争中各条战线上英勇牺牲的四川先烈的共同的纪念碑。

刘开渠于1938年底来到成都，以后在此生活创作了六年（他当年在成都的主要居住地在学道街省教育厅右侧，雕塑工作室曾经设在红石柱街），塑造了作品40余件（当代著名美学家与雕塑家王朝闻当时曾经给他做过助手）。

刘开渠在成都的工作室中

除了著名的孙中山先生坐像之外，他还塑造了四尊抗日英雄的铜像，除上述的"川军抗日阵亡将士纪念碑"，另三尊抗日英雄铜像是：

立于中山公园（原劳动人民文化宫）中的饶国华将军的铜像，建于1940年（关于饶国华将军的介绍见"提督街"）。

立于少城公园（今人民公园）中的王铭章将军的铜像，建于1940年（关于王铭章将军的介绍见"祠堂街"）。

立于北门城门外的李家钰将军铜像，建于1947年（关于李家钰将军的介绍见"广福桥街"）。

此外，当时的四川省最高军政长官、第七战区司令长官刘湘于1938年1月20日病逝于武汉，1939年9月以国葬礼安葬于武侯祠侧的墓园（即今天的南郊公园）内。1941年在盐市口树立了一尊骑马的铜像，1942年又在墓园内树立了一尊铜像（关于刘湘将军的介绍见"体院路"）。

新东门

由于成都的东门位置太偏南,往东门外去的人们颇感不便。辛亥革命以后,为了方便城内城外的交通,就在东边城墙的偏北处新开了一道城门,命名为武成门。成都人为了区别于原来的老城门,一般都叫作新东门,很少有人把它称作武成门。新东门于1914年开通,当时还修有城门。抗日战争时期为了城内居民跑警报方便,不但拆去了城门,还加宽了门洞与道路,把道路与天涯石北街直接连接了起来,这就是今天的武成大街。当年的新东门早已看不到了,今天只是保留在武成大街这个街名之中。

在一些地图和介绍成都的文章中经常把武成门写为武城门,这是由于不知道"武成"二字的来历所造成的错误。"武成"一称出于《左传·成公十一

20世纪40年代东门城墙上的棚屋　成都市建设信息中心提供

年》:"秦晋为成",就是说秦国和晋国之间通婚了,和好了,不再打仗了(常见的成语"秦晋之好"即由此而来)。1914年开通武成门时,成都并不太平,以此命名就是寓意企盼和平,不再打仗。

新东门开通以后,虽然是方便了市民出入城,但是也曾经一度遭到当时少数守旧的成都人的怨骂。怨骂的原因是来自20世纪上半叶的四川军阀混战。成都城长期都是四个城门,清代两百多年基本上是平安祥和的。1913年开了新西门,1914年开了新东门,这以后就开始了长达20年的军阀混战,

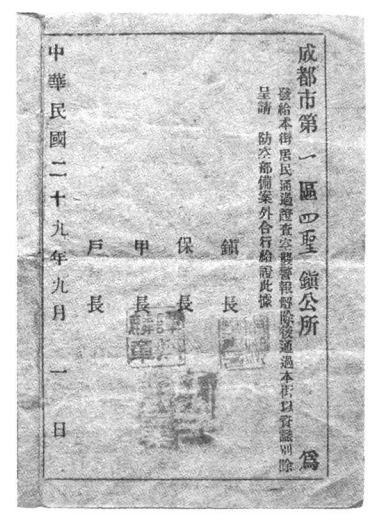

抗战时期成都市民"跑警报"时的通行证 刘永禄提供

20世纪40年代武成门内的街道 成都市建设信息中心提供

甚至在成都城内爆发了几次规模不小的巷战。于是,一些老人就说是新开两道城门改变了成都多年来只有四门的缩头乌龟式的"龟城"的传统,新东门在前面伸出了一个头,新西门在后面伸出了一个尾,这就给屠夫提供了残害神龟、斩头去尾的可能,于是要求将新开的两道城门封闭。当时的一首《竹枝词》就反映了这一种呼声:"蓉城自古仿龟修,濯锦江边锦水流。首要缩藏才镇静,何须玄武(按:玄武是龟的别称)强伸头。"不过,新开的两道城门并未封闭,一来是少数人这种附会之说并未得到大多数人的支持,二来是日本侵略者的轰炸不久就降临到成都人民的头上了。

上述谈到的少数人的怨骂的背后,反映了军阀混战给成都人民带来的深重灾难。以新东门来说,就曾经在它新开不久之后的军阀混战中血流成河。1917年,驻成都的滇军、黔军与川军发生大规模巷战,新东门地区一度成为主战场之一,城墙被鲜血染红,城壕几被尸体填平。当时的红十字会在新

新东门附近的河道,远处是新东门大桥。　20世纪80年代　王晓庄摄影

东门地区收埋无人认领的尸体就达4000多具，其中有不少平民百姓。据当时报纸报道，最令人发指的是在尸体中发现了有如禽兽的暴行"放美人风筝"的真实证据：两个年约十三四岁的女孩被轮奸后又被剖腹，再将二女孩的肠子拖出加以联结。

　　清代的成都城墙只有四道城门，而且在晚上还要定时关闭。到了民国时期，随着新东门和新南门、新西门以及北较场存正门的开通，成都就有了八道城门，大大方便了市民的交通出行。抗日战争时期，为了城内居民在有空袭警报时方便向城外疏散（当时叫跑警报），市政当局还在城墙上打开了几处不设城门的豁口（即缺口），除了这里提到的武成门之外，还有东较场、瘟祖庙、南较场、北门城隍庙、西城角街、万福桥、二道桥，以及今南河桥（即俗称的彩虹桥）以西等处。到了这个时期，两千多年来晨启夜闭的城门用于阻隔内外的作用就基本上消失了。

南　门

和东门一样，成都人都把南门叫作老南门，因为在成都城的南边后来又有了一道新南门。

成都的南门是几道城门中历史最悠久的城门。它的位置一直与著名的万里桥相邻，出了南门就是万里桥。万里桥的位置从秦代到现代一直未变，南门的位置也就一直基本未变。无论成都城的格局如何变化，无论成都城开了几道城门，在出城去万里桥的这个方向过去都开着一道南门。只是不同时期南门的名称有所不同，南门与万里桥之间的距离也略有不同。

从秦城开始直到唐代的罗城，成都城比较小，而且在南边有外江和内江双过城下，所以南门名叫江桥门，出了江桥门之后先要过内江上的江桥，然后

万里桥上望南门　清末　［美］路门摄影　杨显峰提供

成都南门远眺　1917年　[美]甘博摄影

老南门城门　1929年　桑宜川提供

清末成都南门城外 ［德］魏司摄影

才过外江上的万里桥，秦以后一直到唐代都是如此。唐代修建罗城以后，大城扩大了，内江也改了道，新的南门与万里桥的距离就近了，出了南门就是万里桥，所以南门也就被叫作万里桥门。五代前蜀时期将万里桥门改名为光华门，宋代恢复旧名为万里桥门。明代改称中和门，清代又恢复为最早的江桥门，城门之上修建了名为浣溪楼的城楼。因为在乾隆时有位叫保宁的四川总督在城楼上题了一块大匾，上书"浣花"二字，所以城楼也叫浣花楼。民国初年，城楼被拆除。抗日战争中，城门亦被拆去。在今天南大街的锦里东路与滨江西路相接的位置再偏向北一点，就是当年老南门的位置，如今已经是在高架桥下了。

· 城 ·

新南门

　　新南门是成都所有城门中生命最短的城门。
　　清代的成都城在南边原来只有一道南门,就是万里桥门。抗日战争爆发之后,成都市为了安置撤退到大后方的大量人口,决定在成都东南郊修建新村。按照修建新村的总体规划,同时也为了城内居民"跑警报"时方便,于1937年冬天在市区的东南方向新开了一道城门。这道城门有两个门洞,一进一出,可算是成都市政建设中最早的真正意义上的双向通道,据说是遵循当局所提倡的"新生活运动"中有关行人靠右走的最新要求。当时为了表示抗战建国的决心,这道新的城门被命名为复兴门。1938年又在复兴门外的南河上新修了一座跨越南河的石础木面桥,也就叫复兴桥,过复兴桥通往城外的新路被命名为建国路(以后还发展了建国东街、建国西街、建国北街),复兴门内新

新南门城门有两个门洞,一进一出,城门内有岗警亭。
1950年　成都市建设信息中心提供

新南门成都汽车站　20世纪70年代　牟航远摄影

开的一条新街被命名为四维街。建国路与四维街的名称一直使用到扩建红星路四段、新建滨江路以后才停止使用。而复兴门与复兴桥的正式名称却从来没有被成都人所普遍使用，成都人一直都是用的俗名，叫作新南门与新南门大桥，直到今天仍然如此。

新中国成立以后，为了使交通畅通，新南门在1951年被拆除。从建成到拆除，使用时间只有14年。新南门被拆除之后，作为一个片区名称一直使用。原来的新南门成都汽车站改建为如今的新南门旅游集散中心，它一直是成都市中心最重要的交通枢纽之一。

西　门

　　和东门一样，成都人都把西门叫作老西门，因为在成都城的西边后来也有了一道新西门。

　　秦代的成都城有几道西门，由于史料不足，目前无法确知。汉代很可能有两道西门，目前只知道其中有一道门叫市桥门。唐代的情况比较清楚，西门有两道，名字就叫大西门与小西门。小西门的位置大致与秦汉时期的市桥门相当，所以又叫小市桥门。五代前蜀时把所有的城门都改了名字，大西门改为乾政门，小西门改为延秋门。宋代时恢复大西门与小西门的旧名，元代沿用宋制，没有变化。明代初年成都的城墙都还有五道城门，东、南、北各有一道，西边是两道，位置与唐代的大西门与小西门相似，靠北的叫清远门，靠南的叫延秋门（其位置应当与当代的通惠门相近）。明太祖洪武二十九年（1396），把小西门即延秋门封闭，只保留了大西门，即清远门。清代保留了明代的格局，

民国时期成都西城墙，上面还有春熙路一钟表名店的广告。　　[法]杜满希提供

20世纪50年代从西门进城的鸡公车运粪车队　王文相摄影

西门只有一道清远门,位置一直如过去一样靠北,几乎已经在城的西北角了,即西月城街的位置。在清远门上也修有城楼,名为江源楼。

清代成都城的西部是满城,大城的西城墙也就是满城的西城墙。所以成都城的西门也就是满城的西门。正由于这个原因,清代成都城的西门实际上是满城专用,汉族同胞不得随意进出。如果要去郫县、灌县等地,大多要从北门或南门绕道,这也就是为什么在民国以前成都的南门外与北门外要比西门外热闹得多的原因。

通惠门附通惠门路

　　由于清代的西门在满城之内,位置又太靠北,就使得清代的成都人(包括满城内的满蒙同胞)要向西南方向出城十分不便,特别是去青羊宫赶花会,城内的民众都得从老南门或是北门出城之后,顺着城墙绕一个大弯子。正如清同治年间一首《竹枝词》所说的:"武侯祠畔路迢迢,迂道还从万里桥。转向青羊宫里去,明天花市是花朝。"民国初年,满城的城墙被拆,从城内的西南方向出城就有了可能。为了方便城内的居民出城到青羊宫赶花会,1913年的四川督军胡景伊就下令在西较场外向二仙庵、青羊宫方向的西城墙处新开了一道城门,以《左传·闵公二年》"务财训农,通商惠工"之句取名通惠门,就是寓意着流通互惠、便利工商的意思。通惠门的开通一下子大大方便了群众。正如清人在一首《竹枝词》中所写的:"捷径分开通惠门,往来舆马若云屯。手车载得如花貌,碾起红尘十丈奔。"

民国时期通惠门城门洞　刘永禄提供

新中国成立初期通惠门内的金河　胥昌同提供

生长于成都的著名文史学家唐振常先生曾经在两篇回忆家乡的文章中说过,通惠门建成之时,曾经在城楼之上高悬着在清末四川新政之中多有建树的周善培先生所写的十六个大字:"既丽且崇,名曰成都。文明建设,今有古无。"这件事在笔者所见到的有关成都掌故的文章都没有记载,但却可见当年主事者的城建方略。

老一辈的成都人一般将通惠门称作新西门,而把原来的西门称为老西门。

今天的成都没有了城门,当然也就没有通惠门,但是还有一条通惠门路。当年在通惠门修成之后在通惠门内形成了一条通道,并逐渐形成了街道,就叫作通惠街。新中国成立以后,街名仍旧。1981年地名普查时改名为通惠门街,东起同仁路口,西到十二桥。蜀都大道建成之后分段命名时,命名为通惠门路。

通惠门路南侧就是清代的西较场,是当年的满蒙八旗进行操练的场所,民国时期也一直为军队所用,新中国成立以后长期为成都军区后勤部(今联勤部)驻地。抗日战争时期,蒋介石的中央军逐渐进入四川,在这里设有军事委员会特务团,连同斜对门的将军衙门,共同成为国民党宪兵特务系统在成都的大本营。为了在市民面前为自己涂脂抹粉,西较场的大门上刻有仿当年广州黄埔军校大门上的一副早期名联:"升官发财,请往他处;贪生怕死,勿入斯门"。成都市民对于这种挂羊头卖狗肉的行径嗤之以鼻,有人将这副对联改了几个字,改为"升官发财,请走此路;贪生怕死,快入此门",成为当年的一席笑谈。

　　成都解放前夕,胡宗南部下的第三军军长盛文在这里成立了"成都防卫总司令部",颁布了镇压人民群众的"十杀令"(实际上是12条),在全城疯狂镇压与屠杀一切他们认为的可疑者,公开在春熙路上杀人示众,故而成都人民把当时的西较场称为"人肉案桌"("案桌"是成都方言,即肉铺中摆放与切割猪肉的大桌子)。也就是在这个"人肉案桌"中,盛文秉承蒋介石与胡宗南的旨意,部署了两个团的兵力打算将成都全城炸毁,而且已经做出了具体的安排,只是由于中共地下党成功策反了这两个团,才使得成都免除了一场巨大的灾难。

民国初年的通惠门外十二桥　杨显峰提供

北门附存正门

成都城的北门与南门都是多年来方向基本未变的城门，只是距城中心的远近位置随着城墙的变化而有较大的变化。

秦代的成都城墙北边只有一个城门，因为从此门向北而去即可至秦国的都城咸阳，所以名叫咸阳门。汉代的成都北门有两个，靠西的是咸阳门，靠东的是小雒门。小雒门的得名，很可能是仿咸阳门的得名，因为出了北门向北去的第一城就是雒城，即今天的广汉。由于秦汉时期的成都城比今天要小得多，当时的北城墙与北门的位置很可能在今天的青龙街以南。唐代修建的罗城，大致奠定了后来成都城的基本规模，北城墙已经临近府河，而且只有一个北门，名叫太玄门，出了太玄门不远就得过河，因为当时的府河叫清远江，所以河上的这座北门大桥也叫清远桥。明清时期北门的格局基本上与过去一样，也是只有一个北门，只是名称改为大安门，大安门上的城楼叫作涵泽楼，门外的大桥也改作大安桥，但是成都人一般都把它叫作北门大桥，而且就一直喊到今天，其位置在今天北大街北端，至今仍然依稀可见，就是在"好又多"超市北门店那个地方。

清代的中央官员从北京来成都都是从陕西入川，沿"官道"（即今天的川陕路）从成都北门入城。清代的成都地方官在北门外的李家巷修建有迎恩楼，专门用来迎接从北京来的高官，高官入城的必经之路北门也叫作迎恩门，北门桥也就叫作迎恩桥。

前面介绍成都四个城门时，也介绍了四个城门上的城楼，它们的名字分别是溥济、浣溪、江源、涵泽，八个字的偏旁都是从"水"，即一般人所称的"三点水"。八个"三点水"一共是"二十四点"，所以清代的《竹枝词》写道："城楼二十四浓点，分镇东西南北同。"也正因为这个原因，在清代文人的笔下可用"二十四点"作为成都城的代称。之所以会有八个"三点水"，是当时人们从传统的五行相生相克观念出发而有意为之，目的是为了以"水"

克"火"。清代的成都城初建于康熙年间，雍正年间进行了增补。乾隆四十八年（1783）四月初一成都发生了一场大火，火灾之后四川总督福康安才上奏朝廷，对成都城又进行了一次重修，重修之时就对四个门楼的命名做了上述的安排。

为了纪念在前线英勇牺牲的抗日名将李家钰将军，由著名雕塑家刘开渠先生创作的李家钰骑马铜像于1947年9月18日在北门城门口举行了落成典礼。这尊铜像于新中国成立后被拆除。

为了方便交通，民国时期在东、南、西三边的城墙上都新开了出入通道，这就

成都北门　1917年　［美］甘博摄影

是我们在前面已经介绍过的新东门、新南门、新西门。北边也曾经有一个新开的城门，那就是抗日战争时期由当时设在北较场的中央军校在校区北边的城墙上新开的、寓意为正气长存的存正门。存正门外的护城河上修了一座石拱桥，以当时的中央军校教育长张治中的名字命名，为文白桥（张治中字文白，他既是国民党内地位最高的军政长官之一，也是著名的爱国民主人士，新中国成立以后曾任西北军政委员会副主席、中华人民共和国国防委员会副主席、全国人大常委会副委员长）。由于这道城门是建在中央军校的校区内，为中央军校所专用，所以一般老百姓无法使用，不大知名，一般人都不把它当作成都的一个城门，但是它至今还被北较场内的成都军区机关所使用，而且还是成都老城墙上至今唯一存在的一个城门。

清末北门外 ［德］魏司摄影

北门内的挑夫
1917年
［美］甘博摄影

民国时期马氏一家在北门城墙上拍的全家福　陈志强提供

北较场内的存正门　1984年　王学成摄影

1958年成都市工业专科学校建校时场面，远处可见成都北门城楼，这可能是成都城楼最后的一张照片。　杨显峰提供

李家钰铜像　建川博物馆提供

除了上述的8个城门之外，为了市民出入的方便，民国前期在成都城墙上开有4个缺口（也就是北方人叫的豁口）可供出入，其位置在万福桥、二道桥、今南河桥（即俗称的彩虹桥）以西、今锦江桥。到了抗战时期，为了城内居民"跑警报"的方便，拆除了所有城门洞的城门，并在东较场、南较场、北门城隍庙等地的城墙上又开了几个缺口。

街·巷·志

河

望江楼下的锦江河段 / 20世纪50年代 / 张蜀华摄影

位于都江堰水系中心的成都是一座因河而兴、因河而盛的城市。千百年来，城外有被喻为母亲河的府河与南河（二者又共称为锦江），城中有穿城而过的解玉溪与金河，都江堰水的哺育使得成都既有航运之便，又有灌溉之利，成为中外闻名的天府之国之首府。

锦江附府河 南河

锦江是成都的母亲河府河和南河的总称,但是它最初并不叫锦江。

早在成都建城之初,其周围就有着大小不同的河流。在著名的李冰治水的系统工程中,作为都江堰水系的重要组成部分,成都城外的两条河流也经过了治理,这就是在《史记·河渠书》中所记载的"穿二江成都之中,此渠皆可行舟,有余则用溉浸,百姓飨其利"。这里所指的二江,就是著名的郫江和流江(又称检江)。郫江在成都的西面,从北向南而来,在成都的西南角改为向东流去,绕了成都城的西南两面。流江则是从西面流来,沿着城南向东流去。两条江在成都的南边大体并行,因为郫江的位置在内,所以又叫内江,流江位置靠外,所以又叫外江。内江和外江的江水都是从都江堰而来,在成都的东南角汇合,最后又回到岷江中去。

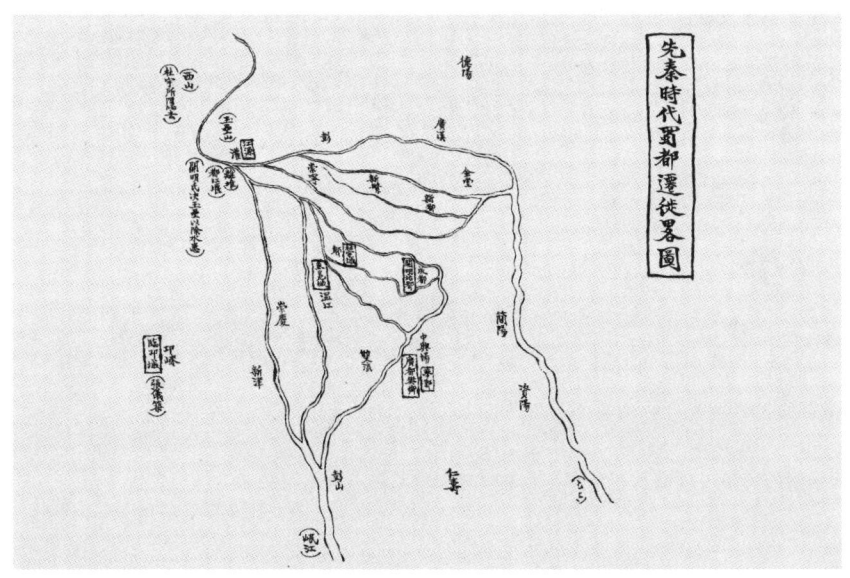

先秦时代蜀都迁徙略图 李思纯1936年绘制 李德琬提供

清代绘制的《四川成都水利全图》 都江堰管理局藏 刘永禄提供

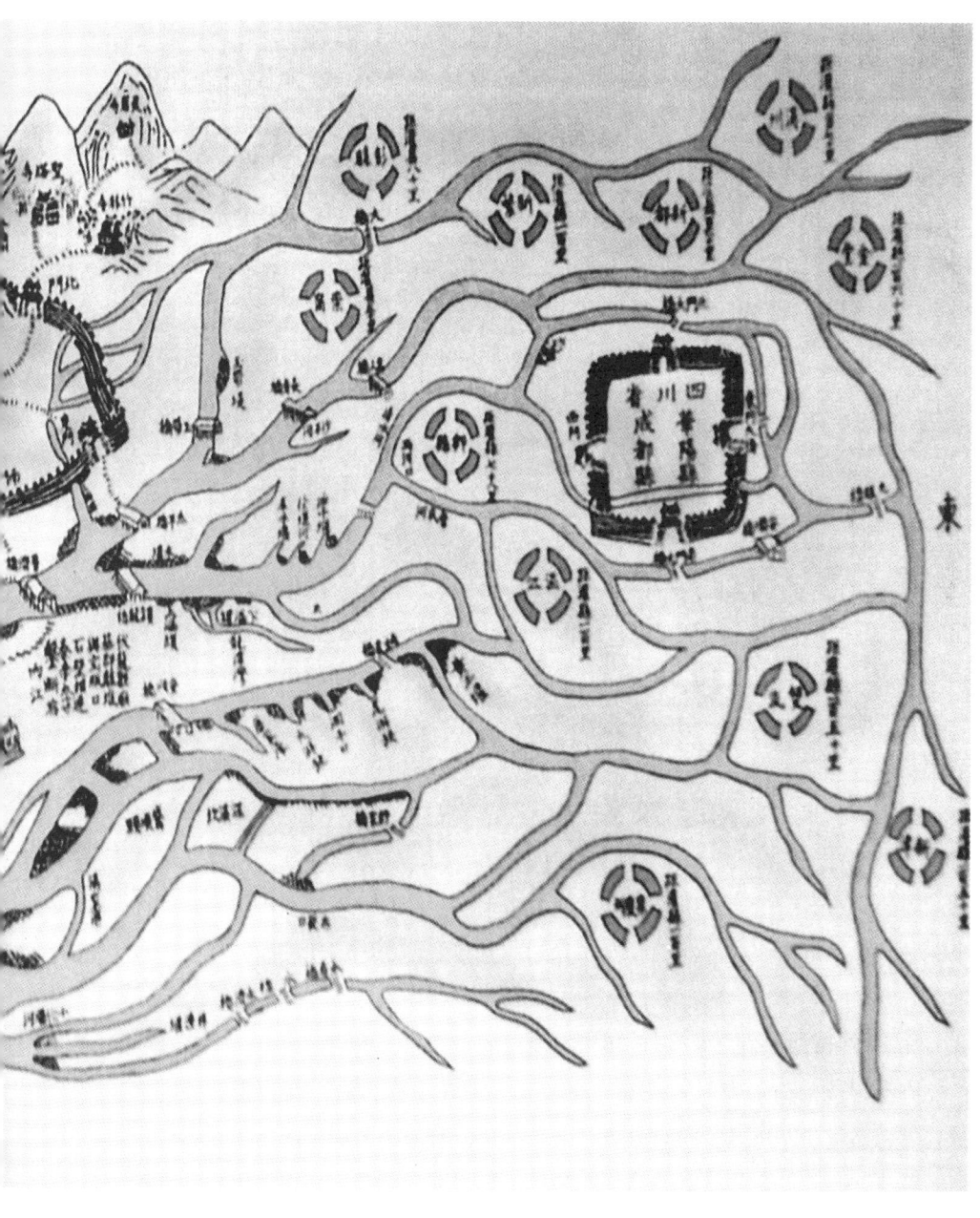

锦江附府河 南河

内江和外江从成都的西面和南面而来并在城南并行的格局一直保持到唐代。唐代后期高骈主持新修罗城时，为了使城墙外面有一道加强防御的护城河，就将原来的二江进行了重新安排（见前面的"罗城"所述），成都的城南不再是二江并行，西面和南面的内江不再有江水流淌，其故道的绝大部分也已被包围在新建的罗城之中，但是在故道上还长期保留着一些低处的池塘，这在以后保持的一些地名中，如江渎庙、上池正街、上莲池、中莲池、下莲池、小淖坝等，我们仍然可以依稀见到一些仿佛的江影。正如民国《华阳县志》卷二十八所说："城既南徙，江成断港，历久而为池耳。考今成都城南自石犀寺沿上、中、下莲池，疑皆旧江流耳，浸淤浸塞，不复相通，此犹桑田旧影也。"

唐代以后内江与外江的格局一直保持到今天。今天的府河就是唐代的内江，今天的南河就是唐代的外江。不过，这二江的名称却经过多次变更。内江最早的名字是叫郫江，又叫市桥江；在改道之后，又称为清远江；因为当时成都称为成都府，所以又称为府江、府河；在五代前蜀时期，因为成都是前蜀王朝的京城，所以又称为京江；在宋代因为岷江发大水时其他河流大多受灾而它独得平安，所以又叫永平江，宋代以后又称为油子河。外江因为在城南，所以成都人长期俗称为南河；它最早的名字是叫检江、流江；因为在明代的大地理学家徐霞客考察长江正源之前，我们的祖先一直将岷江误为长江正源，而南河是处于成都城下的岷江上游，所以也被误为岷江和长江的正源，被称为汶江（即岷江）、大江；因为河上有笮桥（即竹索桥），所以又被称为笮江、笮桥水；因为河水清澈粉丽，所以又称清江、清水河、粉水、粉江；也因为它的江水清澈，官家负责织锦的锦官城就在其侧，人们都喜欢把刚织成的锦在江中濯洗，所以又叫濯锦江、锦江、锦水。

在上述所有的名称中，如今还常在使用的是府河、南河与锦江。

府河因成都府而得名。成都在唐玄宗之前并不称为府，因为唐玄宗在成都有过短期居住，所以才升级为府。由是可知，府河的名称只能出现在唐代中叶以后，目前所见到的材料最早是在宋代，当时称为府江，直到清代才见到府河这一名称。正因为府河是因为成都府而得名，所以自得名以来，府河这一名称严格来说应当是一个泛称，凡是流经成都的河流都可称为府河，包括今天南河的主要水源走马河和府河的主要水源柏条河都可以称为府河，至今府河和南河在合江亭汇流之后仍然叫作府河。也正因为府河是因成都府而得名,所以古代也叫成都江,并曾经简称为都江。在有些时候,府河和南河也可以共称为成都江或都江。闻名世界的都江堰又名都安堰,就是缘于都江平安之意。

今天的府河上游是柏条河和徐堰河,在郫县团结镇的石堤堰分水闸汇合之后,又分出了毗河,流经洞子口时又分出了沙河,以后一直流至合江亭下与

▲ 清代成都东门水码头。左侧凹处是金河汇入府河的地方。
［法］杜满希提供

▶ 锦江中的水车、航船和木筏。
1917年 ［美］甘博摄影

清末府河码头,左岸主体建筑是王爷庙。　　[德]魏司摄影

南河汇合。再往下,在下河心村附近,沙河重又回到府河。从洞子口到河心村,府河总长度是19.4公里。这以后一直到彭山县的江口与岷江(即岷江在都江堰与内江分开的外江)汇合,都江堰所分的内江与外江最后合流,浩浩荡荡流到宜宾汇入长江。

南河因为地处城南而得名,就是古代的外江,成都人又把它称为锦江。今天的南河起自送仙桥附近清水河和磨底河的汇合处,流到合江亭与府河汇合。从送仙桥到合江亭,南河总长5.63公里。

这里有两点需要说明:第一,磨底河的名字目前在成都的各种场合中可以见到两种写法,即磨底河和摸底河,包括一些正式的文件、路牌和地图中一直没有统一,这是近年来成都市地名书写中一个最突出的问题。这条河的名字只应当写为磨底河。因为清代的主要水利著作如乾隆年间的《灌江备考》中,在有关地方志如嘉庆《郫县志》与同治《成都县志》中,都写的是磨底河。在由成都市地名领导小组编写的、有一定法规作用的《四川省成都市地名录》中的《成都市市区地图》中也写的是磨底河。第二,清水河在西二环的清水河大桥下面曾经短期地分为了两支,一支向北流过草堂,这一段又叫浣花溪,向南的仍然叫清水河,两支在青羊横街前面重新汇合,所以,与磨底河汇合的一支也可以叫浣花溪。

锦江得名于江中濯锦,主要是指外江即南河,也可以作为二江的代称。成都城内的府河和南河以及另外的两条河金河与解玉溪在古代也可以称为锦江,所以可以把锦江视为成都几条河流总的代称。

成都自战国以来就是全国也是世界丝织业的中心城市之一。三国时期的蜀中史学家谯周在《益州记》中就已经写道:"成都织锦既成,濯于江水,其文(即

▶ 民国时期停泊在锦江里的邮政船只
刘永禄提供

▼ 清末望江楼下的总督官船
[日]山川早水摄影
刘永禄提供

纹）分明，胜于初成，他水濯之，不如江水也。"可见成都在江中濯锦的工艺与习俗早在汉代就已形成。晋代文学家左思的《蜀都赋》中更有"贝锦斐成，濯锦江波"的记载。而最形象的描述则是唐代诗人刘禹锡的《浪淘沙》："濯锦江边两岸花，春风吹浪正淘沙。女郎剪下鸳鸯锦，将向中流定晚霞。"锦江从何时得名，目前尚未确知，但是在李白、杜甫的诗中，我们已经可以见到"濯锦清江万里流"、"锦江春色来天地"、"锦水东流绕锦城"等记载了。在上面引述的这些著名的诗句中，锦江是不分府河与南河的，应当是统称。在单独称一条河的时候，称南河的时候为多，但也可以单独称府河。例如宋人宋京在《武担山》一诗中所说的"山名武担锦江边，用是得名千万年"，就应当是指的府河。

对于自古就以美女著称的成都城来说，锦江中濯洗出来的蜀锦为成都女性身上的漂亮衣着增色不少，锦江在历史上还曾经有过一个别称叫作粉水或粉江。这个名字的得名，就是因为古时用锦江中的清水制作的用于女性洗面化妆的水粉质量特别好，比起其他地区生产的水粉更为鲜洁。只是由于近代的日化产品早就取代了古代的水粉，府河边的这一名特产品早已不再生产，粉水或粉江的名称也就从人们的记忆中淡出了。

锦江曾经长期在人们的心目中被视为长江的正源，称作"江源"。这是因为古代的锦江河道宽，水量大，航运发达，各种船只通过岷江可以直达长江中下游各城市（过去的锦江水量要比今天大得多，秦汉时可以航行大型船队，每艘船可以载50人并加上3个月的口粮。直到清代，还有一位诗人沈廉写有《锦江观潮》一诗，说是"桃花落尽春水生，锦水忽作鲲雷鸣。奔流欲转草堂去，大声撼动芙蓉城。两岸回旋如走马，飞腾上下驰流星。浪花排空百丈立，银河倒泻天为倾"。这里虽然有诗人的夸张，但肯定是有事实为依据）。成都地区作为古代长江上游地区经济文化最发达的地区，与长江中下游地区长期有着很多的经济文化交流，在人们的眼中，就很自然地把岷江上游的锦江视为长江的上游和长江的正源。一直到了明代，伟大的地理学家徐霞客经过实地考察，写出了著名的《江源考》之后，人们才知道金沙江应当是长江的正源，而岷江只是长江的支流，锦江又只是岷江的支流。

今天的成都人大多没有看到过锦江中的航船，不知道昔年锦江航运的盛况。其实自从李冰治水以来，历代的史籍中都有大量有关锦江航运业兴旺发达

民国时期在锦江河道上拉纤的纤夫　刘永禄提供

的记载。李冰修建的闻名遐迩的都江堰是一个系统工程,锦江是这个工程的一部分。《华阳国志·蜀志》记载得很清楚,李冰修建都江堰这个系统工程的主要目的有三个:第一是为了航运"行舟船",第二是利用水漂流"坐致木材",第三才是"溉灌三郡"。而这三个目的主要都是为了当时秦国统一全国的大目标服务。过去的锦江河面比今天宽,水量比今天大,船舶很多很大。战国末期秦并天下时,秦国的水上大军就是先后四次从成都出发,"浮江伐楚"。在楚汉相争时,蜀中作为刘邦的后方基地,大量物资也是从成都"方船而下",其中有"蜀汉米万船"运往前方。西晋统一天下,大规模的战船与运输船队仍然是从成都出发,循江而下,直达长江下游。唐代诗人刘禹锡的著名诗句"王浚楼船下益州,金陵王气黯然收"所描述的正是西晋大将王浚从成都出发顺江而下攻伐东吴时的景象。当时王浚率水军达7万人,水军乘坐的楼船可乘千人,船身长120步,主舱四面可以骑马。据今天的推算,这种楼船的吃水量近千吨,吃水深度应在3米左右,如果楼船是从成都出发的话,锦江的江面应当宽百米左右,水深应当在5米以上。唐代在杜甫和李白诗中有我们所熟知的"门泊东吴万里船"和"濯锦清江万里流,云帆龙舸下扬州"的名句。就以万里桥来说,唐代著名诗人岑参《万里桥》一诗写道:"成都与维扬(即扬州),相去万里地。沧江东流疾,帆去如鸟翅。"宋代也曾经在万里桥下操演水军,例如陆游就曾经在名为《万里桥江上习射》的诗中写道:"坡陇如涛东北倾,胡床看射及春晴。"一直到近代,在1933年成渝公路建成之前,绝大多数的成都人要走出盆地,都是从锦江这条黄金水道坐船到乐山,转重庆,出三峡的。安顺桥、九眼桥、望江楼等地仍然是极重要的水运码头,成都人花十几两银子就可以包一只木船直抵重庆。

锦江在20世纪50年代初都还有载重10吨左右的木船通行到乐山,如果在洪水期,40吨的木船可以从下游开到望江楼下的石牛堰,成都人偶尔还可以见到江中的帆影。只是由于河水日渐减少,河道日渐淤塞,公路运输和铁路运输逐渐取代了成都航运业的作用,江面上才见不到来往的船只了。1952年,成渝铁路通车,锦江上的码头工人中有300多人被安排到火车北站货场,转行成为新型的搬运工。一直到1955年,成都航运站仍然还有10吨级小型木船145艘,年货运量还有20多万吨,年客运量还有7000多人。笔者1957年到四川大学读书时,在南河中还经常看到从彭山、眉山上行的货船,里面主要装着木柴和蔬菜。而当时城内大量的粪便,则很多是靠下行的粪船运到下游各地做农家的肥料。南河彻底中断航运应当是在1979年,因为双流古佛堰将堤坝加高以后完全截断了航道。

今天的成都人可能难以想象,从都江堰到成都之间在过去也是可以通船的,只是船不大,航行比较困难,所以少有行船。在1938年出版的、由胡天编写的《成都导游》一书,在水路交通部分就曾经明确记载说:"灌县以上只通木筏,灌县至成都可通小木船,但须过堰。"

民国时期府河中赛龙舟　刘永禄提供

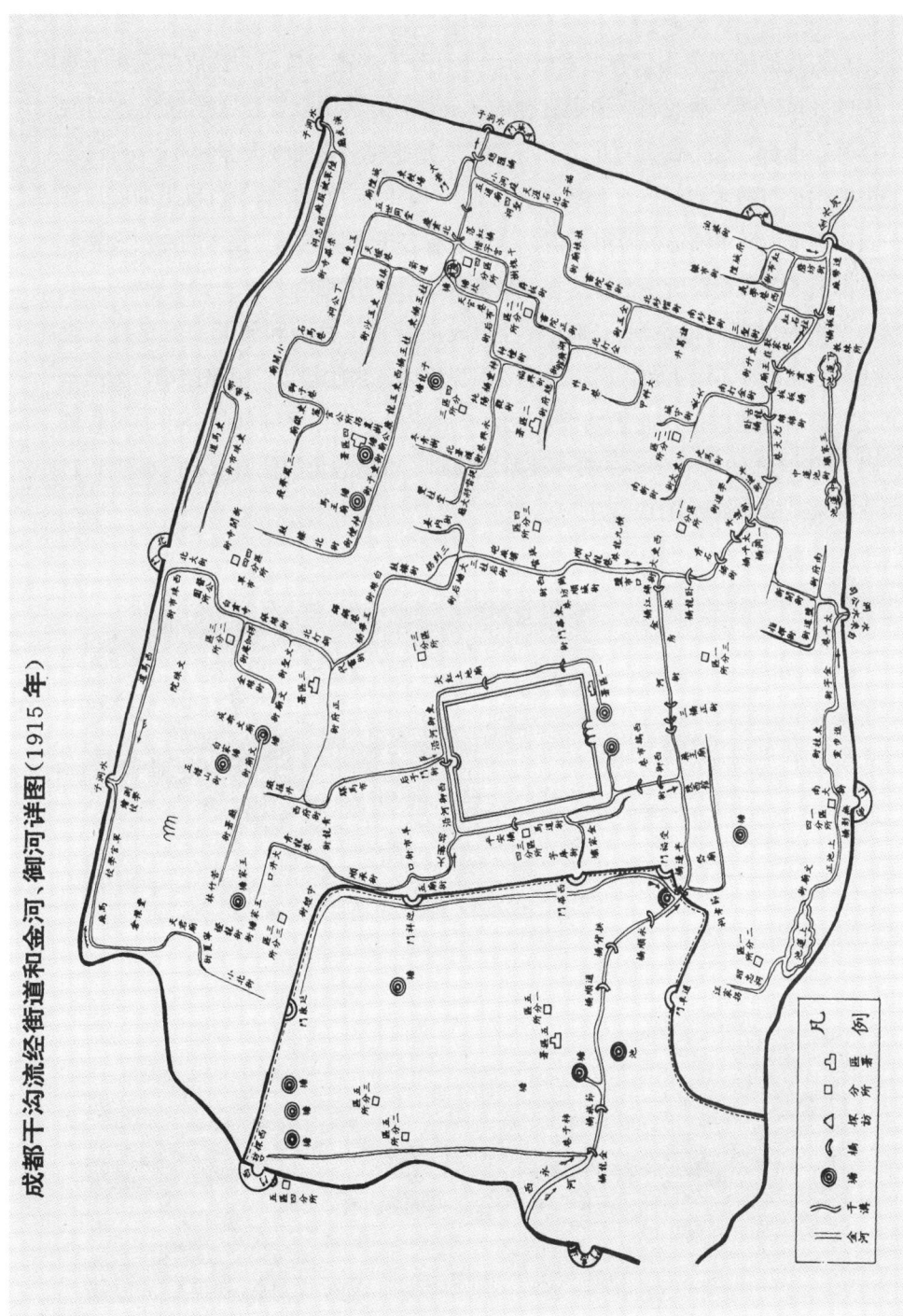

成都干沟流经街道和金河、御河详图（1915年）

古代的锦江中不仅有很多航船，还有若干木筏与竹筏，让成都充满了更多的乡风野趣。唐代诗人萧遘在他的《成都》一诗中就曾经这样写道："月晓已开花市合，江平偏见竹排多。好教载取芳菲树，剩照岷天瑟瑟波。"府河之中的木筏与散木漂运一直延续到当代，从1958年开始，洞子口以上的府河曾经被确定为散木漂运的专用河道，沿途还有若干方便漂木与集木的专门设施，成都地区各种建设所需木材基本上是来自这条专用河道。

作为成都的母亲河，锦江曾经给成都带来了秀丽和繁荣。但是到了近代，锦江已经不堪重负，河道淤塞，河堤垮塌，水质恶化，道路狭窄，管网不全，沿河民居破旧，成了城市发展的严重障碍。根据水利部门公布的报告资料，20世纪80年代锦江的最小流量已经到了难以想象的低值：府河每秒1.11立方米，南河每秒0.17立方米。

▶ 新中国成立初期在府河边漂木上合影的年轻人　王华提供

▼ 南门大桥和锦江大桥之间的河道　20世纪60年代　王文相摄影

锦江中赶鸭　20世纪80年代　周筱华摄影

从1992年起,成都市集中财力人力,全面整治府河和南河,列为全市的一号工程。1997年,一期工程胜利结束,新建、改建河堤25公里,铺设排污管26公里,建成绿化面积400多亩,沿河筑路41公里,将两岸的3万多户居民从破旧的棚户区迁入了24个新建的居民小区。这项工程获得了联合国人居奖等多项国际大奖。

在整治府河和南河的几年中,全市上上下下都在说府河、南河,以致人们将其简称为"府南河",这种简称一直用了好几年。2005年5月10日,四川省人民政府正式批复,同意成都市关于锦江的正名,决定今后在任何正式场合中不能再使用"府南河"这种不规范的简称,府河就是府河,南河就是南河,对府河和南河的统称仍然是既古老而又充满诗意的"锦江"。确定锦江的起点是成都市金牛区的洞子口,迄点是位于彭山县江口与岷江的汇合处,总长度是97.3公里(目前在一些地方还可以见到一个数字,说锦江长度是82.4公里,这是指成都市境内的锦江,即是从洞子口到成都市与眉山市的交界处)。

当环绕成都的府河与南河统称为锦江之后,还有一段不能称为锦江的府河,这就是在洞子口以上的一段,即从石堤堰到洞子口的一段,只能称为府河。如果要按多年的习惯把这一段府河和合江亭以下的锦江也称为府河的话,这段府河从石堤堰到彭山江口的总长度是116.9公里。

沙 河

沙河淘沙　20世纪80年代　王晓庄摄影

沙河是目前成都市区除了府河和南河之外最大和最重要的一条河流。

沙河是在洞子口从府河左岸分出来的一条支流，沿成都城北郊从西北流向东南，在跳蹬河折而向南，过五桂桥又折向西南，在下河心村再汇入府河，总长度22.22公里。

目前已知"沙河"这一名称的最早记载见于明代喻茂坚的《重修观音桥碑记》。据研究，沙河的河道很有可能就是唐代以前古籍中所记载的升仙水的河道，是在宋代利用升仙水的旧河道开挖疏浚而成的一条城北地区的灌溉河道，至晚在宋代就已经有了"沙水"的名称，因为有大诗人陆游《驷马桥》一诗中"桥边沙水绿蒲老"的诗句可证。著名的驷马桥在汉代原名升仙桥，是架在升仙水上之桥，后来就成了沙河之上的桥了。昔日的沙河曾经是春色如许的所在，元代著名学者虞集曾经在《归蜀》一诗中说"我到成都住五日，驷马桥下春水生"。这里的"春水"就应当是沙河之水。可是由于河水不多，沙河逐渐淤塞，到了近代，已经成了一条污水渠。

新中国建立之初，沙河两岸全是农田，河宽16米左右，河上还有水碾7座。由于成都要在东郊建设大型工业区，必须解决供水问题，于是政府决定将原来主要用于农灌的沙河改造成为工业用水专用渠，兼顾防洪与农灌。从1954年开始，全市人民大搞义务劳动，参加劳动人数最多时为每天1.3万人，以锄头扁担为主要劳动工具奋战三年，整修了进水渠道，将都江堰水通过府河常年引入沙河,将原来的进水口从双水碾上移到洞子口砖头堰,将原来出水口的沙河尾水从下五桂桥(老成仁公路桥)下游改道900米入府河,将淤塞的污水渠加以全面扩大、拉直、加深,又在河边修路,河上架桥。一直到1957年3月全面完工,共扩挖河道土方232万立方米,征用土地2599亩,拆迁房屋14486平方米,有了这一系列措施,这才有了当代的流贯成都北郊和东郊的沙河。扩建改建之后的新沙河底宽8～35米,河面宽18.5～60米,设计深度2.5～6.7米,共修了11座水闸、35座闸门,设计工业净引水流量每秒15立方米,最小保持9立方米,春耕农灌期18立方米。几十年来,有30多个企业直接取水于沙河。可以认为,今天的沙河是新中国成立初期成都市人民为了建设新兴的东郊工业区,用辛勤的劳动在几乎已经废弃的旧河道上开出的一条新河。

沙河上有多座桥梁,从它的上游往下数,过去的老桥有驷马桥、上中下三洞桥、踏水桥、沙板桥(此桥本名应当是杉板桥,但是已经长期被误写为沙板桥)、跳蹬桥、多宝寺桥、五福桥、五桂桥(民间又称乌龟桥)、观音桥。这些桥今天都还在,经过全面改造,都是钢筋混凝土桥梁了。现在沙河上的府青路大桥、建设路大桥、麻石桥、沙河大桥等是新中国成立之后新建的桥梁。

由于多年来东郊工业区对沙河的使用大于维护,其生态破坏程度比府河和南河更为严重。在府河和南河整治工程结束之后,成都市又开始了对沙河地区

沙河跳蹬河段　1997年　唐跃武摄影

整治后的沙河　2007年　严永聪摄影

的综合整治工程。从2001年11月至2004年12月，在第一期整治工程之中，累计整治沙河干流22.22公里，建成道路43公里，全面整治面积4.63平方公里，搬迁大中型企业150多家（有的企业的搬迁在二期工程中继续完成），共进行了治污、防洪、绿化、路桥、拆迁、环卫、文化、管线八大工程，新增绿化面积345公顷，在沿线建成了北湖凝翠、新绿水碾、三洞古桥、科技秀苑、麻石烟云、沙河客家、塔山春晓、东篱翠湖等八大景区，使原来全市环境不良的地区变成了成都东北面的大型生态圈，总绿化面积345公顷。沙河综合整治工程荣获了2004年中国人居范例奖和2006年国际舍斯河流奖的纪念奖。

· 河 ·

金河附解玉溪

　　金河又称金水河,是成都城内从西到东横贯全城的小河,是唐宣宗大中七年(853),在当时的西川节度使兼成都府尹白敏中的主持下,在疏通城中小河的基础上修成的,其目的是为了给城内的大量居民提供生活用水的方便,也是为了向城外排出雨水与生活污水。因为是从西边入城,遂按古代五行学说中关于西方属金、金生水的说法,命名为金水河,简称金河。由于唐代金水河的河道位置目前已不很清楚,再加之城内的河道容易淤塞,历代都要加以疏浚,在多次的疏浚之中河道也可能有小的变化,所以当代还能看到的明清时期的金水河是不是唐时的河道已经难以确证。在考古发掘中,1984年在修建西干道时曾经在东御街西南口和祠堂街发现过旧河床遗址,河中密布木桩,极有可能就是唐代的金河故道。明清时期的金河已向南移,与唐宋时期的金河走向大致平行。当代金河的河道是明嘉靖四十五年(1566)在四川巡抚谭纶和成都知府

新中国成立初期的金河东门出口处（金河汇入府河）,城墙上安置有鸣放警报的"望火亭"。　成都市建设信息中心提供

清末流经城东南的金河　［法］杜满希提供

刘侃的主持下,对金河进行了一次大规模的整治之后确定下来的,当时的河道宽约10米,深约3米。

最初的金水河应当是从西城墙外的郫江引水入城。郫江改道之后,从城西新开的西濠(西濠是郫江改道之后为了让西边仍有一条护城河而开凿的小河,后来就演变成了今天的西郊河)引水,经过西城墙入城。清代的成都西城墙也就是满城的西城墙,为了保证满城的安全,在西城墙下的入水口建有铁窗,称为水关,由军队看守,小船出入时才能打开。与此同时,在水关处还建有闸门,以防夏天的洪

水西门城墙遗址　2012年　杨显峰摄影

水。这个入水口在老成都人的口中被称为水西门,具体位置在新中国成立以后的消防机械厂内,即近年新建的楼盘长富新城范围内。金河由西往东穿过全城,一直到今天的东门大桥以南的位置穿出城墙,汇入府河。不同的是,东边的水关是一条开敞的通道,小船可以溯流而上到达城中,老成都也把这里称为水东门。在成都东边还有一条水东门街,这条街是民国初年新开武成门(即俗称的新东门)之后建的街道,是因为有一条下水道从这里排入府河而得名,与金河是没有关系的。

金河的长度,按清同治《成都县志》卷一的记载是1526丈,合今5087米。金河的水量在不同时期由于疏浚的情况不同而有所不同(清代在雍正以后,如无特殊情况,金河每年都得疏浚,经费由水利同知衙门在都江堰岁修费的余额中支出,而都江堰岁修费是由成都附近9个用水县按亩均摊,所以基本上是有保障的),明清时期河道中一直都可以通行小船(明末清初河道破坏,阻断通航。清雍正年间的成都知府项诚率众疏浚之后恢复了小船的通航功能)。从府河入金河的小船可以溯金河而上,将货物运入城内。明代时,蜀王府所需的

物资可以通过金河运到三桥码头，清代则是将小船直接开到半边桥的满城东城墙水关外（因为无论是陆上还是水上，汉人都是不能随便进入满城的）。满城中的柴粮仓库当时都修在今天的人民公园范围之内，而这些柴粮仓库的物资基本上都是由金河中的小船运来的。根据笔者对家住金河边的老人们的访问，1950年春政府就组织群众对金河进行了一次疏淘（同时还疏浚了御河），加宽了堤岸，修筑了保坎，一直到1958年以前，在金河中偶尔还有小船通行。

由于金河的河道不宽，河中的小船也与锦江中的船只不同：一是船不大，只能载重三四百斤。二是不用舵、不用桨，只用不长的竹篙。三是不分船头与船尾，故而被叫"两头望"，在河中行驶时也不准掉头，只能直来直去地上下行驶。为了城市的环境卫生，金河行船还有一种约定俗成的规矩，运送各种食物的船只都在上午和中午入城，运尿水的船只都在下午五点左右入城。

多年来，我们读过很多赞美锦江的诗文，其实过去的这条穿城而过的金河也是成都的一条既十分美丽，又造福万家的母亲河。明代嘉靖年间大修金河之后，成都知府刘侃在《重开金水河记》中说："金河之漪，洋然流贯阛阓（街市），蜀人奔走聚观，诧其神异，由是釜者汲，垢者沐，道渴者饮，纩者洴澼（指漂洗丝绵），园者灌。濯锦之官、浣花之姝，杂沓而至，欢声万喙，莫不鼓舞。"这是有关金河的一段十分详细又十分传神的重要记载。清代满城中的金河两岸仍然少有房屋，多是农田菜地，所以一直到民国初年还有文章说这里是"田连阡陌，树木丛生"。

最令人想象不到的是，金河中还曾经使用过小型的水轮机。此事发生在清末的1880年前后。当时丁宝桢在拱背桥一带的金河畔建四川机器局制造枪炮，他从山东带来的杰出的技师曾昭吉特地制造了小型水轮机，夏秋之时就在金河中蓄水带动发电机发电，冬春时才全部用火力发电，每天可以节省煤炭500多公斤，一年可以节省煤银4000多两。丁宝桢为此事专门向光绪皇帝有过报告。遗憾的是这个小型水电站的详细情况未能记载下来（今天看来，金河中的水电站应当是一座试验性的季节电站，成都的也是四川的第一座真正意义上的水电站是1929年建在中和场化龙桥的小型水电站，名叫中和民有水电股份有限公司，装机3千瓦，创办者是生于中和场的曾经留学法国里昂水电学校的邹昕楷，这个小型水电站一直经营到1934年，因为用水纠纷而关闭）。

金河边　1935年　桑宜川提供

　　金河也曾经被用作全城的消防蓄水池。1940年，为了准备在日寇轰炸后救火所需的大量用水，曾经在金河上修建了四个闸门，分段蓄水，形成了几个巨大的消防蓄水池。

　　"文革"中的1971年，根据部署，为了准备打仗而必须修建防空洞。成都市决定将金河断流，将河道砌砖砌石，再在上面修建拱形的顶盖，就算是建成了一条很长的"防空洞"。笔者当时就在龙王庙正街和川大历史系师生们一起参加劳动，亲手毁了一段金河，修了一段根本不能防空的"防空洞"。记得当年的金河两岸都是垂柳，河中流水潺潺，河边的居民可以在河里洗衣，鱼虽然很少，但有不少鸭子畅游其中。

　　在灾难深重的"文化大革命"中，成都的城市建设中有三大蠢事：一是毁金河与御河，二是毁皇城，三是毁昭觉寺为动物园。可以设想，假如今天的成都城中还有一条垂柳拂面的金河穿城而过，有一座被御河环绕的雄伟的皇城耸立城中，还有一座规模宏大而古老的昭觉寺，将是何等气象！

　　不过金河还没有完全被毁。这是因为金河有一段是从人民公园中穿过的，所以就不得不把公园中的一段保留了下来，没有改为"防空洞"，这就是今天人民公园大门内拱桥下面的那几十米小河，虽然已经不再有潺潺流水了，

"文革"时期利用原金河河道修建的防空洞
王大明提供

但是总还能见到一点历史的痕迹。据老人们回忆,一直到新中国成立之初,少城公园里的金河中都还有游船出租,游客可以将船一直划到通惠门下。

今天的成都虽然没有了金河,但是还有一条金河路,还有一条金河边街,在金河路上还有一座著名的金河宾馆,一听这些名字就知道那都是当年金河流过的地方。

由于是从市中心的人口密集区穿城而过,所以清代的金河上桥梁密布,有一些桥的名字当代作为街道名称还在使用,按从西到东的方向走,就有半边桥街、古卧龙桥街、锦江桥街、青石桥街、向荣桥街、余庆桥街、拱背桥街。这几个在当代还在使用的以桥为名的街道,当年都是有桥的。除了这些桥之外,金河上原来还有好多桥今天不仅桥没有保存下来,而且连地名都没有保存下来。如还在城墙之外的清源桥(桥上还建有一座奎星阁),在今同仁路口的金花桥(这座桥的位置很可能就是汉晋时期成都很有名的市桥的位置),在今柿子巷口的红板桥,在今将军衙门南侧的节旅桥(又称节里桥,这是金河上唯一的一道没有桥栏的平板式木桥,新中国成立以后还在使用),在今小南街北口的通顺桥,在今人民公园侧门的斜板桥,在今人民公园内的拱背桥、银定桥,在今天府广场的三桥,在今染房街东口的锦江桥,在今新半边街的太平桥和一洞桥,在今红星路上的老卧龙桥,在今龙王庙正街的板板桥和景云桥,在今下莲池的金津桥,当时在出城墙处的铁板桥,在今清安街的普贤桥,在今天仙桥南路的大安桥等,一共有22座桥。清代为了河中行船的需要,金河上从半边桥开始，下游所有的桥梁原来都是拱桥。据老年人的回忆，最高的一座是古卧龙桥，要比其他的桥高出一尺多。

  除了金河之外，古代的成都城内还曾经有过一条唐代人工开凿的河道叫解玉溪，是唐德宗时期在西川节度使韦皋的主持下开凿出来的，比金河要早60年左右，开凿的目的也是为了解决城内原来没有河流给人们生活带来的种种不便，特别是为了解决当时城东南极为繁华的大慈寺地区的用水问题（有几种古代文献中都记载说解玉溪是从大慈寺南流过，这一段故道可能在今天的东升街向东一线）。因为河中的细砂非常坚硬，有如今天的金刚砂，可以用来切割玉石，所以名为解玉溪。由于史料的缺乏，解玉溪的准确河道位置今天已不可确知，只知道是从西北流向东南，其流向可能是通过今天的西城角巷（据老人回忆，这里的清代城墙下边仍然有一个水洞子，很可能就是当年解玉溪故道的入城水口）、宁夏街、江汉路、白家塘、王家塘、西玉龙街、玉带桥、东玉龙街、玉沙路、桂王桥南街、梓潼桥正街、东锦江街和原来的毗桥巷（即今天的东升街），在流经大慈寺南之后，经义学巷、红布正街、磨房街在城东再汇入内江（当时的内江还没有改道），而稍后的金河水很有可能是在汇入解玉溪的下游之后才出城的。

  1950年维修街道时，在桂王桥南街、双栅子街、梓潼桥正街的地下都曾经发现砖石垒砌的河堤遗址，应当就是古代的解玉溪的遗存，遗憾的是当时未有详细的资料留下来。1995年，成都的考古工作者又在北新街和大科甲巷分别发现了唐宋时期的水道遗迹，有可能也与当年的解玉溪有关。

御 河

在今天的四川省科技馆的位置，原来有一座规模宏伟的明代蜀王府，成都人俗称为"皇城"。蜀王府有内城和外城（也称萧墙），成都人所称的皇城就是蜀王府的内城。当年在修筑皇城的时候，一来是为了保护皇城的安全，二来也是为了筑城时取土的方便，于是就在皇城的外边挖成了一条环绕皇城的城濠，这条城濠一般都称为御河，也称为王府河，河中的水是蓄积的雨水。清代把皇城改为了考试的贡院，雍正九年（1731）在对金河与御河进行了大规模的淘浚之后，在原来的三桥之西新开了一条长190丈（合今632米）的水道与金河相通，使御河的死水变成了活水，这条小河当时叫作新开河（具体的流向

新中国成立初期的御河已经成了污水垃圾沟　成都市建设信息中心提供

1958年5月,成都西城区少年儿童在御河上举行划船比赛。　杨永琼提供

是金河水在今天府广场西侧向北,流至西华门街入御河,围绕皇城,再由东华门街向南,在染房街流入金河)。到了清代后期,御河严重淤塞,民国时期,则基本上成了一条宽不过数米的大污水沟,新开河则完全淤塞不通。新中国成立之初1950年政府组织大量人力对金河和御河进行了全线疏浚,在不少段落修建了砌石的护坡。但是此时金河的河床已经明显低于御河,要想通过新开河向御河输水已经完全不可能。于是在1952年为御河新建了入水口,修了一条长达1475米的暗渠,引西郊的饮马河水经西马棚街、东门街、平安桥注入御河(有记载说这条入水口在清雍正九年间即已开通,是御河的第二个入水口,1952年只是疏通),大大改变了御河的水质。据这一地区的老人说,改造以后

御河边的灯饰　20世纪60年代　杨永琼提供

的御河宽度是金河的一倍，加上两岸道路总宽有22米，河中碧波荡漾，两岸柳树成荫，河中还可以划船。当时还可以看到御河的三个"暗洞"，其中两个"暗洞"分别位于西华门与东华门，均与金河相通，也就是过去金河水流入御河的入水口与御河水又流入金河的出水口。还有一个"暗洞"位于平安桥，是1952年为御河新疏通的入水口。每个暗洞口都有铁栏杆，用以防止垃圾堵塞暗洞和防止下河的小孩子被冲入暗洞。

需要说明的是，关于御河与金河的关系在当代的有关书籍文章中一直有两种说法：一种说法认为明代修御河时就已经与金河连通；一种说法认为是清雍正九年在四川巡抚宪德和成都知府项诚主持下疏通城内水道时才连通的。笔者认为后一种说法更为合理，因为清同治《成都县志》卷一所载雍正九年项诚给宪德的呈文中明确说过："于蜀王城之南、三桥之西北，相度地形，开新河一道，直通贡院河，并修淘贡院周围河道，通舟便民。于三月兴工，七月告竣……从此舟楫可直达王城之北矣。"

"文革"中御河与金河一样在1970年至1971年间被改建成了"防空洞"。1983年之后，为了对人防工程加以利用，曾经把人民东路一线长度超过两千米的御河人防工程改造成地下商业街，其中包括六个商业服务区，当时的规模位居全国地下商场之首。后来由于地上商业网点的增多，这个地下商业街的经营愈来愈困难，故而逐渐关闭。御河的其他地段则连人防工程也未保留。例如今天高高耸立的天府喜来登酒店，就是建在当年御河的故道上，今天在市中区颇有名气的白果林茶园，也有一部分是建于当年御河的故道上。2001年，西华门街下有一段约一公里长的御河人防工程被一家公司租赁之后改作了地下酒窖，客户可以通过30多级阶梯进入当年的防空洞中。御河虽然已经不在了，一些街名与地名却源于御河，比如东御河沿街、平安桥等等。

  御河上南边有宝莲桥，左右两边均有龙眼桥（这三座桥以南的金河上有稍大一些的"三桥"与三桥正街、三桥南街，所以成都人也把御河这三座桥叫为"小三桥"），北边有后子门桥，东边有同善桥与履安桥，西边有平安桥与义成桥。今天御河已经不存在了，这些桥当然也全都不在了，还保留在成都街名之中的只有一个平安桥。

西郊河附饮马河

唐代修建罗城之后，内江（即今天的府河）不再经过城市的西面而是从城市的北面再转向东面流过，外江（即今天的南河）只从城市的南面流过，城市的西面就缺少了一条护城河，这对城市的城防十分不利，于是在修建罗城的同时就在城市的西城墙外新凿一条西濠作为西城墙外的护城河。西濠基本上是沿城墙而走，北起府河，南至南河，西濠之水少数是从府河引入，多数是汇流城西的其他几条小河。

有关西濠的历史记载很少。根据清代的有关资料可知，在府河上今天新建的五丁桥西侧原来被称为王爷庙的地方，有一条分府河水向南流的小河名叫饮马河。饮马河过通锦桥之后，在西边汇入一条小河桃花江（也称笕槽河），向南穿过西月城街，过金沙桥，在二道桥街与更小的二道河（二道河是在抚琴西路

西郊河和饮马河在此分别流向南北　2009年　袁庭栋摄影

以南从磨底河上原倒石堰分出来的一条小河，所以在过去也被误写为磨底河，在清代还曾经被误称为金水河）相汇之后向南，名为西郊河，过十二桥，再过迎仙桥，在百花潭汇入南河。这一条西郊河就是在古代西濠的基础之上形成的。

西濠的上游早期没有专门的名字，在清代时，由于满蒙旗兵常到这里饮马，所以就被称为饮马河。在饮马河的东边，西月城街以北，还有一条过去沿饮马河修建的至今还在的小街就叫饮马河街。

今天通锦桥下的饮马河水量不大，是从南向北流的，并不是从北向南流，水源来自原来本是饮马河支流的桃花江。也就是说，桃花江水在通锦桥南边的饮马河河道中一分为二，向北流去的就是饮马河（如今当地的居民都叫通锦桥河）北段，长1.05公里，向南流去的是饮马河南段，长约1.2公里，在金沙桥下汇入二道河而成为西郊河，桃花江成为两条河共有的水源。这种情况的出现，应当是因为饮马河的河底泥沙淤积而使得河床增高，桃花江的水流量又大于府河流入饮马河的水流量，于是就有了这一段河水从南向北倒流的情况发生。而在过去，应当是府河水从王爷庙分水口入饮马河向南流，汇入桃花江再向南流，再汇入二道河而成为西郊河，再向南流入南河。笔者曾经访问到一位当年居住在这里的七旬老人，他说儿时经常在这里游泳，他的记忆中，当时的饮马河水肯定是从府河之中分流而向南的。至于是何时改为由南向北流的，目前还没有找到准确的记载。

从20世纪60年代开始，西郊河的水量就开始减少，80年代以后就愈来愈少，今天的西郊河的水量更少，到了冬春几乎断流。据笔者所知，有关部门已经在考虑将下游的西郊河加盖了。可是西郊河在过去却是水量不小，从以下两件在今天的成都人看来几乎是难以想象的事中即可见一斑：

一件事是水力发电。1929年，曾经留学日本的邛崃人季叔平怀着实业救国的抱负，在今天的遇仙桥侧的西郊河畔琴台宾馆那个位置，租得二仙庵庙产十余亩，修建了成都第一个冰厂——青阳冰厂，所用电力就是在河中拦水筑坝建立的一个小型水电站所发电力。成都人最早使用的冰砖，所吃的汽水、冰糕、纸杯冰淇淋都是这个冰厂生产的。冰厂还生产了一种以冰砖降温的简易冰柜，很受商家欢迎。这个冰厂就是新中国成立以后成都饮料厂的前身。

西郊河　2011年　杨显峰摄影

一件事是水上运输。在1913年通惠门开通以前，北城的成都人赶花会有一条水路，就是从王爷庙上船，通过西郊河向南直达百花潭。一直到了新中国成立初期，西郊河中还能游泳，一位老人曾经回忆他从三洞桥下水一直游到百花潭的乐趣。

街·巷·志

桥

万里桥木质桥基 / 1988年 / 李绪成摄影

成都多河，也就多桥，从李冰治水时期所造的"七桥"到今天雄伟的立交桥，数目众多，单是清代的文献记载中就有大小桥梁180多座。而在这众多桥梁之中，最负盛名的则是今天的南门大桥，亦即当年诸葛亮送别费祎之处的万里桥。因为古老的万里桥不再适应如今城市交通的巨大压力，已在1995年被拆除之后重建。这里是维修之时在河道之中发现的十分罕见的清代建造的木质桥基。

府河上的桥

在清代光绪年间绘制的地图上,府河进入市区之后只有万福桥、北门大桥、东门大桥三座桥。发展至今,府河在三环路之内已经有了大大小小 19 座桥梁。其中有些架在府河上面的桥极为平坦,以致人们已经没有觉得是在过桥了,二环路府河市场西侧的府河桥就是相当典型的一例。

西北桥

府河进入成都市中心的第一座桥就是西北桥,位于今天的一环路北二段。由于是在通衢大街之上而且没有一点坡度,人们无数次从它上面通过,却往往会忽略了这是一座桥梁。

西北桥原址叫封家碾渡口,过去长期是依靠渡船摆渡过河。1938 年建造了一座木桥,就因为是位于成都城的西北而被命名为西北桥。1956 年木桥被冲毁,1958 年结合修建一环路而建成了今天的钢筋混凝土大桥,1986 年又进行了扩建。

西北桥以北,新中国成立之初建有成都木材综合加工厂。这是新中国第一个五年计划之中我国自行设计建造的 694 个"限额以上"的大型重点项目之一(这一批大型重点项目成都总共有 11 个,包括成都人所熟知的量具刃具厂、无缝钢管厂、四川化工厂、机车车辆

西北桥河边　20世纪50年代　王华提供

成都木材综合加工厂堆料场 20世纪60年代 张蜀华摄影

厂、电讯工程学院等)。加工厂将通过府河河水日夜漂流而下的大量从岷山上砍伐的原木加工为各种板材与其他制品,一度是我国西部最大的木材综合加工厂,在国民经济建设中发挥过巨大的作用。由于近年来我国实行天然林保护工程,岷山上的原始森林停止砍伐,成都木材综合加工厂不再有大量的漂木原料,故而生产规模已经大大缩小,逐渐从人们的记忆之中消失。

五丁桥附五丁路

五丁桥是在新开的五丁路(即在原来的皂角巷和白马后巷的基础上开辟出的新街)上建在府河上的一座大桥,北通火车北站,南通宁夏路。这里在1936年建过简易的木桥,当时叫王爷庙桥。1960年改建为砖砌拱桥,现在的钢筋混凝土大桥是近年来新开东城根街北延线时新建的。

五丁路和五丁桥都以五丁为名。这"五丁"二字源于成都古代一个十分美丽而悲壮的神话传说,具有丰富的文化内涵。

在汉代著名成都籍学者扬雄所写的《蜀王本纪》和西晋著名成都籍学者常璩所写的《华阳国志·蜀志》等书中,记载了这样的神话传说:古蜀开明帝时期,大力士五丁手举万钧,力能移山。北方的秦王有五头石牛,拉出来的粪便都是黄金。蜀王请秦王将石牛送给自己，并派五丁去迎接。三头石牛来到成都就成了金牛，石牛所经之处的道路就叫石牛道或金牛道。秦王又要将五个美女嫁给蜀王，蜀王还是派五丁去迎接。在返回的路上遇到大蛇挡路，在与大蛇的搏斗中，五丁拉垮了大山，虽然五丁与秦女都被压死了，但是大山分开了，从此以后蜀中与北方的秦国之间就有了一条叫作石牛道或金牛道的通道。

神话是历史现实的折射。五丁开山与石牛便金的神话，反映了古代的蜀中先民为了走出盆地而以巨大的牺牲为代价，终于开辟了通往北方的通道，变"蜀道难"为"蜀道通"的历史真实。所谓"五丁"就是经过编伍的劳动群体（因为人手有五指，所以古代习惯以五人作为编组。"五五制式"是军队编制的基础，"队伍"一词至今使用。中国象棋中兵卒定为五个正是古制

《五丁开山》雕塑
谭云作

明月峡川北栈道
1993年　陈锦摄影

的遗存,至今在民间仍然还有"一五一十"的俗语),所谓"石牛便金"和"美女入蜀"就是通过努力从北方传入的中原文化的成果,而那条金牛道就是以千里栈道为代表的秦蜀通道。这条通道已经使用了几千年,一直到今天的宝成铁路和108国道,仍然是以古老的金牛道为基础线路建成的。正因为如此,五丁一直受到蜀人的高度评价与崇敬,如唐代诗人李同甫在《蜀避寓怀》一诗中写道:"千里烟霞锦水头,五丁开得也风流。"宋代诗人杨亿在《成都》一诗中写道:"五丁力尽蜀山通,千古成都绿酎酣(按:绿酎即绿色醇酒)。"

五丁桥头的城墙　2005年　朱林摄影

今天成都的金牛坝、金牛区的得名,五丁路和五丁桥的得名,还有原来建在二环路上的五丁开山的雕塑(2007年被移至北新大道),都是来源于古老的五丁开山与石牛便金的神话传说。

万福桥

位于人民北路与人民中路之间的万福桥,俗称人民北路大桥,是新中国成立初期为了打通火车北站与市中心的通道而新建人民北路与人民中路时修建的。所以名为万福桥,是因为原来在这里曾经有过一座古老的万福桥。古老的万福桥的得名,又是因为在距此不远的府河畔有一座著名的万福寺(唐代称净众寺,宋代称净因寺,明代称万佛寺、万福寺,毁于明代正德年间,旧址在今通锦路)。

　　万福桥是府河上一道重要的桥梁,位置在不同时期有过上下移动。最早建桥时间不详,最早的记载是在清代同治年间的《成都县志》,清代最后一次重修是在光绪十三年(1887),位置在今天的万福桥的下游,连接着金华街和上河坝,是一座"长五丈,宽丈余"的石墩木桥。桥上有木栏画廊覆盖,两端有亭,是一座廊桥(四川民间叫风雨桥),桥上经常有小贩摆摊贩卖。最有特色的是在桥中段的一侧还修有一个很小的小庙,桥的两端还有寺庙,桥北有东岳庙,桥南有水神寺,是成都西北方向入城的重要通道,又是当时的木材市场,是城西北相当热闹的地方。这座古老的木桥在1947年被洪水冲毁,当时未能按原样修复,只修了一个一般的木桥,1954年再次被洪水冲毁之后,也是只恢复了普通的木桥。1959年在古老的万福桥的上游修建了今天的人民北路大桥,先建快车道,后建慢车道,一直到1964年才全部建成,原来的老桥自然也就废弃了。新桥最初叫人民北路大桥,1981年正式定名为万福桥。

20世纪70年代的万福桥　陈德龙摄影

成都万福桥　1935年　杨显峰提供

1947年冲毁万福桥的洪灾是成都有水文资料以来最大的洪灾。从6月30日开始的连续7天特大暴雨，单是7月4日一天的降雨量就高达233毫米，锦江望江楼段岸上水深80厘米，城中大小桥梁被冲毁60多座。特别不幸的是安顺桥被冲毁时，桥上还有若干观看涨水的群众同时落水。市内受灾街道多达80多条，有的街道上积水盈尺，府河和南河两岸很多房屋受灾，甚至被冲光，万福桥头的陈麻婆豆腐店也被冲走一半。全市因洪灾而死亡者86人，伤残者198人，财产损失难以估量。

原来的万福桥桥头是牌坊式的建筑，上面有一道贴金匾额，写有"万福来朝"四个大字，万福桥由此而得名（十多年前在二环路的人民南路立交桥下塑造了著名的"老成都民俗公园"，里面就有微型的万福桥，只是在匾额上把"万福来朝"误写作了"万福来潮"）。过去的成都人都把这道贴金大匾视为招祥祈福的吉祥物，新人结婚时，不少人家都要把花轿抬到这里来过一次桥，叫作"踩桥"，用以祈求安康吉祥，是当时成都民俗文化中的一个很热闹的内容，就好比今天成都结婚的新人好多都要到合江亭去拍一张婚纱照，用以祈求百年好合一样。除了新婚夫妻，正月十五之前的新春佳节期间，也有不少人来到万福桥"踩桥"，以求吉祥。这一习俗一直保留到1947年万福桥被洪水冲毁才结束。

·桥·

　　过去的府河水量远比今天的大,从上游夹带而下的沙石也比今天的多。府河进入成都城区后,在今天的西北桥拐了个弯,又在今天的五丁桥前分出了饮马河,水势明显减缓,于是在万福桥一带沉下大量河沙,万福桥也就成了过去成都人在河中捞沙的主要地段,常年有两三只打沙船在河中用类似大钳子一样的"打沙夹"在河底捞沙,故而有些文人还把这里的"夕阳沙船"作为了成都一景。也因为这一河段水流平缓,河底多沙,河岸边还有沙滩,这一河段就成了成都人游泳的好地方。1966年成都市第一个正式开放的天然游泳场就设在这里,名为万福桥天然游泳场。只可惜就在这一年开始了长达十年的"文革"动乱,所以这个万福桥天然游泳场只存在了一个夏天。

　　早已名闻中外的麻婆豆腐就诞生在万福桥头。

　　陈麻婆是一个麻面妇人,娘家姓刘,生于清嘉庆九年(1804),于道光四年(1824)与其夫陈春富在万福桥头开设乡村饭店"陈兴盛",为进出北门的平民顾客服务,因为擅长做以"麻、辣、脆、嫩、烫、鲜、浑"为特色而又物美价廉的红烧豆腐而日渐闻名。因为来往的顾客都称她为陈麻婆,她烧的豆腐也被人们称之为陈麻婆豆腐。陈麻婆病逝于清咸丰八年(1858),因为

暑假在河里戏水的儿童
1962年　杨永琼提供

20世纪70年代开在西玉龙街的陈麻婆豆腐店
陈志强提供

府河上的桥　119

夫妇无子，由女儿鲁陈氏与女婿鲁希智继承家业。鲁陈氏病逝于清光绪十七年（1891），由其子鲁世权继承家业。此时的小饭馆已被《成都通览》列名于成都的22家"成都著名食品店"中。冯家吉于1924年刊印的《竹枝词》中也曾经写道："麻婆陈氏尚传名，豆腐烘来味最精。万福桥边帘影动，合沽春酒醉先生。"几十年来，这家著名的小餐馆一直都没有挂出过陈麻婆豆腐店的招牌，陈麻婆豆腐也不是一道正式的菜肴名称，只是人们口中流传的一道菜名。一直到了抗日战争时期，万福桥畔又有人家开了一家饭馆，店名叫"江头归"，对外宣传时也说是自己最擅长做红烧豆腐。为了与"江头归"相抗衡，陈家后人才正式打出了"麻婆豆腐"的菜肴名。麻婆豆腐不仅正式命名的时间较晚，制作店招更晚。现在大家所见到的店招是1966年由著名书法家余中英书写之后制作的。

直到现在，麻婆豆腐仍然是川菜中最有名的代表菜之一，1952年由川籍厨师陈建民传到日本，成为日本人民最喜爱的菜肴之一。正因为麻婆豆腐最初是诞生在万福桥头，今天成都市饮食公司所开设的麻婆豆腐餐厅的总店仍然设在当年的万福桥头之西、今天的人民北路大桥之南。

万福桥桥头北看人民北路　20世纪60年代　王文相摄影

星辉桥

　　这是一座新桥，是在府河与南河综合整治时，城建部门为了方便花圃路与城隍庙市场的大量行人与车流，在星辉西路与大安西路之间的府河上修的一座桥，形状颇像南河上俗称的"彩虹桥"（"彩虹桥"的正式名称是南门桥）。当城建部门还没有为这座桥正式命名时，人们就把这座桥称为北门彩虹桥或小彩虹桥，一直使用到现在（包括大多数地图），而星辉桥这个正式的名字反而很少有人使用。

　　在本书修改定稿的时候，在星辉东路与大安东路之间的府河之上又修建了一座大桥，施工部门公布的名称叫星辉东路桥。

北门桥（北门大桥）

　　从北大街向北的北门桥是一座古桥，虽然曾经有过多次改建，但其位置基本未变，所以无论是老成都人还是新成都人一般都把它叫作北门大桥。清代重建的北门大桥是一座三洞石拱桥，长54米，1952年改为缓坡，1966年扩建为较为宽阔而平缓的五孔石墩桥，一直使用到改革开放之后才改建为一座钢筋混凝土平桥，很多老成都人至今都还记得当年拱桥上面的那些石栏杆。

　　今天的北门大桥是清代的北门外的大桥，清代的成都北门名叫大安门，又叫迎恩门，所以北门大桥的正式名称应当是"大安桥"或"迎恩桥"，但是成都人一般都将其叫作北门大桥。

　　几十年前，北门大桥一带还有一些船码头，而在一百年以前，从这一带一直到合江亭、九眼桥一线则长期有着十分繁荣的水运业，是成都地区与金堂、新津并列的三大港口之一。当时从彭山、眉山等地上行的中小型木船，从灌县、郫县漂流而下的木材、竹子以及运货的小船与筏子都云集于此，来自四面八方的各路客商一年四季在此奔忙。码头有柴草码头、煤炭码头、百货码头、盐码头、粪水码头、砖瓦码头、石灰码头等专业分工，其景象就有如今天

北门大桥　1993年　周筱华摄影

北门大桥侧的府河石梯
1994年　陈维摄影

八里庄的火车站。在各种运来成都的货物中，又以家家户户一日三餐所大量使用的木柴的数量最大（成都人做饭的燃料长期是以木柴占绝大多数，只有极少数的团体伙食团和餐馆才用煤炭，后来家家户户使用的蜂窝煤是1955年由廖新祈工程师发明的）。只是由于河道在近代不断加剧的严重淤塞失修，同时，因抗日战争时期公路的修建而出现了更为快捷的汽车运输，锦江的水运业才逐渐衰退，锦江中船只往来、江岸边码头林立的景象也逐渐退出人们的视野。

在北门大桥之下，还有在老成都人心中印象深刻的"十八梯"，即用红砂石砌成的18级台阶，附近的人们就是经这18级台阶上下挑水，包

府河北门桥段,左岸街道是金华街。 1994年 周孟棋摄影

括不少茶馆中冲泡"河水香茶"的用水。在没有水文测量的年代,这个"十八梯"也正好作为人们观察水位涨落的标志。每到夏天,人们担忧是否会有洪水到来,总会有不少人不时询问:"十八梯的水涨到好多梯了?"

如今在成都开了无数家的小吃肥肠粉在改革开放以前并不多见,民国时期就更少(笔者在清代文献中还没有见到相关记载),而民国时成都最著名的肥肠粉小摊就摆在北门大桥北边曹家巷口,人们都喊为肠肠粉。《锦城旧事竹枝词》是这样描述的:"天色微明炉火熊,桥头贾客过匆匆。肠炖汤滚加椒水,一碗银丝暖融融。"现在老一辈成都人仍然称之为肠肠粉,而年轻一代才称之为肥肠粉。

太升桥

位于太升北路与马鞍南路之间的太升桥也称太升北路大桥,是新建太升北路时新建的大桥,也因为太升北路而得名。

太升北路和相连的太升南路,是1989年在市中心新建的一条重要的南北

太升桥头卖鞋垫的老人　2009年　苟世建摄影

通道。这条大街从提督街向北,再通过马鞍南路和马鞍北路直通北一环路,沿途经过了很多条小街。所以命名为太升路,并不是如有的介绍所说是取自于"东方红,太阳升",而是因为这条大街是先修太升南路,后修太升北路,都是在原有若干条小街拓宽取直的基础上修成的。在太升南路这一段原有5条小街,最南端的是从提督街到兴隆街的太平街,最北端的是从童子街到玉沙路的升平街,所以就取了太平街与升平街的头一个字,名为太升南路,向北的一段就叫太升北路,太升北路北端新建的跨于府河上的新桥,就叫太升桥。

太升桥向北越过马鞍南路、马鞍北路可上一环路北段,车辆行人不少,这座桥是城区重要的通道之一。

红星桥(一号桥)

红星桥也称红星路大桥,是市中心连接北郊工业区和八里庄火车货站的十分重要的一座大桥,也是几乎所有的成都人都走过的大桥,可是几乎所有的成都人都把它叫作一号桥。这是怎么回事呢?

红星桥附近河道两岸　1984年　王晓庄摄影

府河上的桥

红星桥　2009年　林立摄影

原因是这样的：1954年新辟红星路的时候，这条大街和架于府河上的这座桥都没有命名。市政工程在设计施工时，要在府河上修建三座木桥，因为这座桥最先施工，就编号为一号桥，这是一个工程的代号（大约同时上马的还有二号桥也就是后来的新华桥，还有三号桥也就是后来的万福桥，即人民北路桥，最初的设计都是木桥，以后才改建为钢筋混凝土大桥）。1959年改建时仍然沿用了一号桥这个名字，当大桥完全建成并正式命名为红星桥之后，大家已经很难改口，就一直叫一号桥。就这样，除了正式的地图之外，一号桥的名字就一直使用到今天。

成都市的行政区划在新中国建立之后到今天曾经有过六次调整。目前的行政区划是在1990年9月确定的，市区共分为青羊、金牛、武侯、成华、锦江5个区，从此就以"五城区"来称呼成都市的城区（也叫主城区，除城区以外还有原来属于郊区的14个区、市、县，共为9区、4市、6县）。可能很多成都市民都不知道，成都城区唯一的一个四区交点，就在红星桥。如果我们向北站在桥上，左前方是金牛区，右前方是成华区，左后方是青羊区，右后方是锦江区。关于这一点，相关四区在1997年进行了勘界确定之后曾经签订有边界协议书，其中有这样的约定："四区交汇点位于成都市红星桥（一号桥）府河北岸桥头西北角"。

新华桥（二号桥）

新华桥也称新华路大桥，是新中国成立以后新修新华路时新建的大桥，是市中心连接东郊工业区最重要的一座大桥，成都人一般都叫二号桥，其原因

新华桥一带的河道　1989年　王晓庄摄影

与上述把红星桥叫作一号桥完全一样。

红星桥和新华桥是姐妹桥,都是在1954年建成木桥,1960年改建成钢筋混凝土新桥。它们的长度都是82.8米,只是宽度有所不同而已。

成都城区最大的儿童游乐场和最大的游泳场——猛追湾游泳场就在新华桥桥头,近年新建的四川电视塔也在新华桥桥头。

新华桥　2009年　林立摄影

武成门桥（新东门大桥）

武成门桥是新东门之外的一座桥，所以成都人一般都把它叫作新东门大桥，连一些地图上也写为新东门大桥。我们在前面介绍新东门时已经谈到，武成门是1914年在东边城墙上新开的一道城门。当时的市政当局于1915年开工在武成门外修建一座砖石拱桥，但是在工程进行中因为工程款被侵吞而停工，直到1927年这座五孔砖石拱桥才建成，是民国时期在府河上修建的唯一的一座砖石拱桥。当时还有过"顺江桥"和"东安桥"等不同名字，桥在1947年的洪水之中被冲毁，1949年修复。现在的钢筋混凝土大桥是在1970年扩建的。1997年，成都市地名委员会正式命名其为武成门桥。

新东门大桥在修建中因为缺钱而停工时，是川剧泰斗杨素兰慷慨解囊，捐助了大部分工程款，方得以建成。但是杨素兰未能见到大桥通车就饮恨辞世了。

新东门大桥　20世纪50年代　陈德龙摄影

·桥·

20世纪80年代的武成门桥　杨显峰提供

杨素兰（1878—1926），遂宁人，清末川剧艺人的杰出代表，主攻青衣，兼演其他旦角，在世时就被称为"旦角泰斗"。他德艺双馨，无论在业界还是在社会上都有极好的口碑。1911年四川保路运动高潮中，他捐出60亩水田用作修建川汉铁路的资金，在当时曾经产生过很大的社会影响。1912年他和其他川剧艺人共同组建了著名的川剧团体"三庆会"，并出任第一任会长，还和大家提出了"同辛亥革命同休咎"的口号。在他的主持下，"三庆会"为川剧艺术的改革，为近代川剧的形成做出了里程碑式的贡献。

东风桥

东风桥又称东风路大桥，是蜀都大道上横跨府河的重要大桥。

东风路是1958年新建的一条横贯东西的大街，在修建东风路的同时，新修了这座三孔砖石拱桥，1981年扩建蜀都大道时改建为钢筋混凝土大桥。

东门桥（东门大桥）

成都人今天所称的东门大桥的东门，就是老成都城的老东门迎晖门，门内就是古老的东大街。老东门外的大桥是一座古桥（清末补修时曾经发现宋

20世纪40年代的东门大桥
杨显峰提供

20世纪50年代初的东门大桥　陈德龙摄影

20世纪60年代的东门大桥　成都市建设信息中心提供

碑，可知至迟在宋代已经建桥），所以老成都人都把这座桥叫作老东门大桥或东门大桥。宋人黄休复在《茅亭客话》中称此桥叫濯锦桥，明代也叫濯锦桥，清代改名长春桥。在清乾隆五十年（1785）和光绪十二年（1886）经过两次重修，是三洞的石拱桥，两边有石栏

老东门大桥桥基　1995年　韩国庆摄影

杆。从宋代就有濯锦桥的名字和明《天启府志》中有关"濯锦桥，府城东门外，其下有坊，江合二水，濯锦鲜明"的记载来看，古人是既在南河中濯锦，也在府河中濯锦，还在两河合流之后的府河中濯锦。所以，无论是南河和府河，在过去都是美丽清洌的，古人把它们都称为锦江，我们今天当然也应当把它们都称为锦江。

东门大桥一带在民国时期是全城有名的乞丐集中区，桥下的桥洞就是乞丐们晚上的栖身之所，被时人戏称为"王爷庙"。

1950年、1952年和1965年，东门大桥曾经有过三次维修扩建，前些年在府河的综合整治中又进行了更大规模的扩建。

合江桥

南河与府河的交汇处，自古以来就是成都的游览胜地。早在唐代，就建有著名的合江亭与芳华楼，与南河上游河畔的另外两个著名的楼阁张仪楼和散花楼组成了一条河畔的景观带。在合江亭旁，建有一大片掩映在绿树翠竹与花卉之中的楼阁台榭，号为合江园，当时就被称为"成都园亭胜迹之最"，同时也是锦江上的重要船运码头和行者往来之所。南宋著名诗人范成大在《吴船录》中写道："蜀人入吴者，皆自此登舟。"宋人吕大防在《合江园记》中对这

汇入南河前的府河两岸　20世纪70年代
王文相摄影

里有一段描述:"合江故亭,唐人宴饯之地,名士题诗往往在焉。俯而观水,沧波修阔,渺然数里之远……"在宋末的战乱中,合江亭与合江园全部被毁,一直未能重建,明清时期这里仅仅是官家收取船税的地方,到了民国时期就完全成了一片荒地,只剩下一个合江亭的地名。

这里长期无桥,只是在府河出口处有渡船摆渡。1970年建过木桥,1987年才在这里修建了今天的合江桥。1989年,又在这里重建了合江亭,江边高台之上双亭连体的八角亭净高12米,亭下

刚建成的合江亭与合江桥　1989年　王学成摄影

还建有与之配套的一楼一底的听涛舫。1991年，成都评选新的蓉城八景，合江亭景点入选，并被命名为"解玉双流"，因为合江亭是目前唯一能够观赏左思《蜀都赋》中"带二江之双流"这一名句所描绘的二江双流胜景的地方。

就在新建合江亭之后不久，成都开始了府河与南河的综合整治工程，这一工程完成之后，合江亭下、合江桥畔就成了一处极为漂亮的水景小游园思蜀园。一对对结婚的新人们既欣赏这里的美景，更喜爱"合江"二字所包含的二江合一、永不分离、和和美美、江流不息的寓意，纷纷在大喜的日子到这里拍摄婚纱照，而且一年比一年人多。每逢吉日，车水马龙，川流不息，来此拍摄婚纱照的新人最多的时候一天超过200对。为此交通部门不得不集中大量警力到现场疏导交通，还应群众的要求在街道上画上了一条醒目的"爱情斑马线"以供新人过街。从2004年起，成都交警三分局正式打造了"合江亭婚庆保障服务模式"，合江亭下的天仙桥南路也逐渐形成了以婚庆服务业为特色的"婚庆一条街"。笔者认为，如果要寻找改革开放之后成都出现的新民俗，"合江亭下结鸳鸯"应当排名第一。

合江亭"爱情斑马线"上的新人与亲友　2009年　李杨摄影

安顺廊桥

府河和南河汇合之后,向东流去,一直到下河心村汇入分出的沙河,仍然叫作府河。这以下直到彭山的江口与岷江相汇,过去也可以叫作府河,按现在的规范化名称,是应当叫作锦江。在与沙河汇合之前,府河上还有几座重要的桥梁。

我们到了合江亭附近,就可以见到合江亭下游不远的地方,有一座很漂亮的双层廊桥,桥上还有一家陈设很讲究的川菜酒楼,这就是2003年才新建成的安顺廊桥。安顺廊桥借用了上游的老安顺桥的名字,并仿老安顺桥廊桥的风格,为打造水井坊旅游区而修建的。其主要作用是观光旅游和餐饮服务,而不是为了行人过河的方便,虽然行人也可以从桥上通过。

如今到安顺廊桥上游赏,可以看到廊桥上的元代大旅行家马可·波罗的雕刻。马可·波罗是第一个向世界介绍成都的外国旅行家,在他著名的《马可·波罗行纪》第113章"成都府"中这样写道:

"有一大川,经此大城。川中多鱼,川流甚深,广半哩,长延至于海洋,其距离有八十日或百日程,其名曰江水。水上船舶甚众,未闻未见者必不信其有之也。商人运载商货往来于上下游,世界之人无有能想象其盛者。……

新建的安顺廊桥　2005年　严永聪摄影

锦江河畔交相辉映的安顺廊桥与香格里拉大酒店　2009年　顾求实摄影

城内川上有一大桥，用石建筑，宽八步，长半哩。桥上两旁，列有大理石柱，上承桥顶。盖自此端达彼端，有一木制桥顶，甚坚，绘画颜色鲜明。桥上有房屋不少，商贾工匠列肆执艺于其中。"

这是最早向海外具体描绘成都锦江中的水运盛况和廊桥上商业活动的外国作家的文字。有的研究者认为，《马可·波罗行纪》中所描绘的桥就是元代的安顺桥，所以安顺廊桥的设计者才会在安顺廊桥上安排了有关马可·波罗的雕塑。无论上述说法是否完全符合历史真实，我们今天对这类描述都可能会"未闻未见者必不信其有之也"，因为成都的变化实在太大了。

九眼桥附新九眼桥

九眼桥是成都东南角最重要的、也是近代成都市区内保存年代最古老、规模最宏大的桥梁，长期有成都"东南形胜"之誉。

九眼桥这个位置的锦江河段，是古代成都最重要的水运码头，载客载货的船只与上船下船的车辆、行人不少，所以很可能自唐宋以来就应当有桥，只是今天已经见不到有关的记载。根据明代天启年间的《成都府志》记载，从明万历二十一年（1593）起，在四川布政使余一龙的主持下，花了五年时间在这里建成了一座宏伟的石拱桥，因为地处两河汇流之下游，江面宽阔，所以名为洪济桥。"桥成，为洞者九，纵四十丈，横四十尺。远而望之，虹舒电驰，霞结云构，若跨碧落而太空为门；俯而瞰之，飙涌涛春，鲸飞鲵走，若驾溟渤而巨浪为溜。"明天启年间改名为锁江桥。清乾隆五十三年（1788）在四川总督李世杰的主持下又做了一次补修。因为桥下有九个桥洞，民间一直称为九眼桥，但是以洪济桥得名的街名至今仍保留着，就是桥北的宏济路。

这座古老的石拱桥一直使用到新中国成立以后（新中国成立之初的长度是 90 米，宽度是 10 米），行人往来不绝，而且通行汽车。1953 年进行了一次大修，加修引桥并将拱背的坡度减小，铺了沥青。1959 年和 1966 年又进行了

清代九眼桥　　［法］杜满希提供

府河上的桥　137

20世纪80年代初的九眼桥　成都市府南河管委办资料　周筱华提供

　　两次维修,在两侧加宽了人行道。随着成都经济的迅速发展,古老的九眼桥实在不堪重负,1986年在老桥上游14米处新建了半立交的新九眼桥。新桥的主桥长88.41米,引桥长26.21米,桥宽40米。由于建了新桥之后,老桥已经失去了交通的功能,多个桥墩又不利于泄洪,遂在1992年被拆除。

　　古老的九眼桥被拆除之后,成都不少人就此事提出了批评意见,认为九眼桥是成都名胜,应当作为历史文物而在新建的大桥旁边被保护下来(这种新旧并存的格局曾经存在了6年),而规划部门则认为新旧两桥并存对防洪不利。为了对两种方案进行一个合理的折中,2000年就在需要建桥的河滨印象小区的府河上新建了一座与九眼桥相似的桥,用以保留九眼桥在人们心中的记忆,而且就命名为新九眼桥。

　　九眼桥南岸一带长期都是锦江中的重要水码头,一直到20世纪50年代,仍然还有若干船只停泊着,船中的主要货物是家家需要的木柴。

　　九眼桥因为邻近郊县,所以这里曾经是成都最有名的"人市"之一,过去不知有多少贫苦人家在走投无路之时被迫在这里卖儿卖女。新中国成立以后,所有的"人市"都被取缔。改革开放之后,成都最早的自发的劳务市场也是出现在九眼桥上游的北岸,由政府进行了规范化管理之后,就正式命名为九

九眼桥劳务市场　1995年　杨永琼提供

眼桥劳务市场。为了有更大的空间和更有效地管理，这个劳务市场后来被迁往东二环之外的郭家桥地区。由于九眼桥劳务市场这个名称实在是影响太大，新的劳务市场虽然已经远离了九眼桥，人们仍然把它称为"九眼桥劳务市场"。

　　成都人一提到九眼桥，就会与四川大学联系起来，因为位于九眼桥侧的四川大学已经在这里办学60多年了。

　　四川大学的历史最早可以追溯到1896年创办的四川中西学堂，地址在总府街以南的三圣祠街。1902年，四川中西学堂与著名的尊经书院、锦江书院合并为四川通省大学堂，完成了四川高等教育的古今交替，成为四川省的最高学府，学校校址为南较场原来的尊经书院旧址。在经过与其他几所学校的几次合并之后，发展为1931年成立的国立四川大学，设4院11系，还有两个专修科，是当时我国13所国立大学之一，也是西部唯一的国立大学，校长是王兆荣。国立四川大学的校本部在原来的贡院（即成都人所称的"皇城"），还有一部分设在南较场。抗战爆发之后，为了躲避日本侵略者的轰炸，学校于1939年9月迁到峨眉山继续办学，校本部和文学院、法学院、师范学院设在伏虎寺，理学院设在保宁寺和万行庄，教职员宿舍设在报国寺，新生院设在鞠槽将军府。1943年初开始迁回成都九眼桥侧的新校区。

府河上的桥　　139

刚建成的四川大学新校园　1943年　[英]李约瑟摄影　杨显峰提供

四川大学新校区始建于1937年6月6日。新校区的选址是对狮子山、南台寺、白塔寺等几处地方考察比较之后确定的，新校区的建设是在当时的校长任鸿隽的主持之下进行的。任鸿隽仿武汉大学在城外建校的成功先例，将难于发展的城内贡院的土地向四川省政府换来了锦江边的2270亩农田（川大原来的农学院就设在这里），向国民政府教育部与中华文化教育基金会筹得4150万元经费，聘请著名建筑师奚福泉与吴颂声主持设计。从第一批建筑图书馆、数理馆、化学馆开始修建，一直到1947年，修建和接收旧房的改建才基本结束，从九眼桥到三瓦窑，连绵十余里。任鸿隽不仅是四川大学新校区的奠基人，也是从成都走出去的我国最著名的科学家之一。

任鸿隽

任鸿隽（1886—1961）　成都人（生于垫江），1908年赴日本留学，一边学习化工，一边参加民主革命，曾任同盟会四川分会会长。四川保路运动发生后，他在日本写出了著名的《川人告哀书》和《为铁道国有告国人书》，并立即回国。回国后，与吴玉章、杨杏佛同任孙中山先生秘书。辛亥革命后他因受袁世凯的迫害而远走美国留学，获哥伦比亚大学硕士学位。1915年，他与杨杏佛、赵元任、秉志、周仁等人创办中国科学社并出任社长，为中国科学事业的发展起过十分重要的作用。他还先后出任了中华教育文化基金会专任秘书和干事长，利用美国退还的"庚子赔款"推进我国的教育事业。他与胡适等共同筹建了北京图书馆，与蔡元培等共同筹建了中央研究院。1935

任鸿隽、陈衡哲夫妇

年，四川省聘他出任四川大学校长，他立即回到了家乡就职，并对长期基本上处于盆地内封闭状态的老川大进行了一系列的改造，向全国礼聘名师，从全国招收优秀学生。选址征地2270亩修建锦江畔的新校区，是他对四川大学所做出的重大贡献。因为他的夫人、著名世界史学者、中国第一个女教授陈衡哲（她也是中国现代文学史上的第一位女作家与诗人，笔名莎菲）撰写了《川行琐记》《四川印象记》等文批评了四川社会生活的若干弊端，引起四川守旧派人物的忌恨并迁怒于他，使他难以继续施展抱负，乃于1937年6月主持了新校区的奠基典礼之后辞去川大校长职务（继任校长是他的好友张颐，他的一系列建校方针由张颐继续完成），应蔡元培之邀去中央研究院任干事长。1949年，他应邀参加了第一届政治协商会议，晚年还担任了全国政协委员、中央人民政府文化教育委员会委员、上海市科联主任委员、上海图书馆馆长。

四川大学（包括其前身）作为四川省最早和最重要的大学，多年来既有很多名师在此执教，也有很多著名人士在此学习。1906年至1908年，朱德（当时名朱建德）在四川高等学堂体育科甲班读书。1912年，郭沫若是四川高等学堂正科二部的学生。1922年至1924年，辛亥革命元老、著名的老一辈革命家吴玉章担任过成都高等师范学校的校长。1926年至1931年，著名的民主革命家，以后担任民盟中央主席、中央人民政府副主席的张澜曾经担任成都大学校长，上述几个学校都曾是四川大学的前身。著名学者朱光潜、钱穆、周太玄、吴大猷、张奚若、肖公权、潘重规、刘大杰、向楚、林思进、庞石帚、赵少咸、谢无量、蒙文通、刘鉴泉、卢冀野、钱崇澍、吴君毅、魏时珍、

四川大学正门　1958年　杨永琼提供

李珩、徐中舒、丁山、闻在宥、冯汉骥、缪钺、罗念生、熊佛西、卞之琳、桂质柏、张文裕、彭迪先、杨东莼、陶大镛、张怡荪、柯召、杨允奎、杨开渠、方文培、吕子方、刘承钊、袁翰青、侯光炯等都曾经在学校任教。

1944年4月，四川大学在邻近锦江的校园内修建道路时，发现了一座唐墓与三座宋墓。在唐墓的死者骨架臂上的空心银镯内发现了一个用蚕茧、桑皮、麻、檀木浆混合制作的纸卷，纸上是刻印的梵文《陀罗尼经咒》，右边首题汉字一行"成都府成都县龙池坊□□□近卞家□印卖咒本"。主持发掘的冯汉骥老师（当时正在川大教授考古学）经研究后确定这件印刷品的刻印时间应当在公元757年到907年之间，是目前保存在我国国内唯一的一件唐代印刷品实物，也是全世界可以明确刻印时间与地点的两件最早的印刷品实物之一（目前全世界发现的唐代印刷品还有几件，但是都无刻印地点的明确记载，有记载的两件都是刻印于成都，这

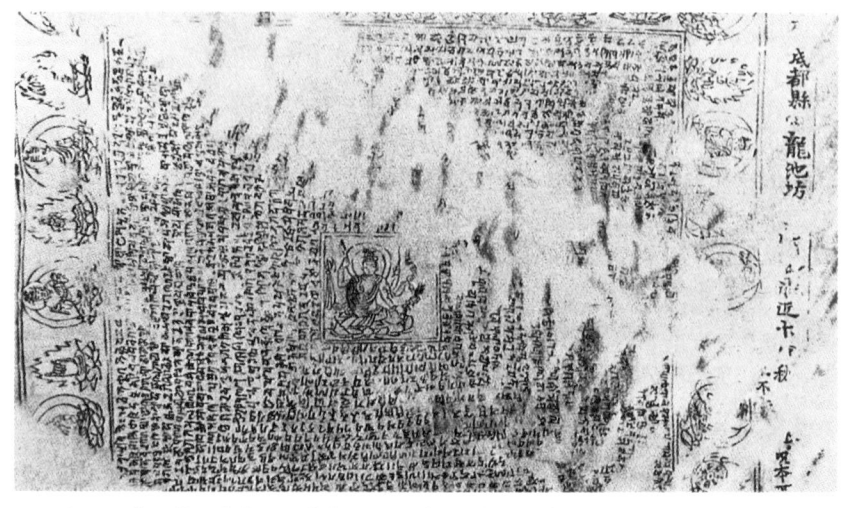

1944年四川大学校园内出土的唐代印刷品《陀罗尼经咒》

是成都作为全世界最早的印刷术中心的铁证），是极为珍贵的国宝。

　　新中国成立以后，经过院系调整，原来的四川大学分出了部分院系，与其他学校部分院系新开办了成都工学院、四川农学院和四川师范学院。正式成立于1954年的成都工学院在1978年改名为成都科技大学。1994年，四川大学又与成都科技大学合并为四川联合大学。1998年，四川联合大学又与华西医科大学合并为新的四川大学。新的四川大学现在有望江校区、华西校区和江安校区三个校区，占地面积7000多亩，现有本科生近4万人，硕士博士生近2万人，此外还有成人高等教育学生和网络教育学生。

望江桥（玉津桥）

　　1980年，在望江楼公园与府河对岸的龙舟路之间，曾经架有一座只供行人通过的古色古香的砖石结构的双曲拱桥。因为这里曾经是过去的玉女津，因而取了一个很文雅的名字叫玉津桥，但是没有流行和使用，大家都把它叫作望江桥。1999年防洪部门预报该年可能有百年不遇的大洪水，为了不阻塞河道，遂将该桥撤去，这座桥只使用了18年。

20世纪80年代望江公园鸟瞰　杨显峰提供

清末雷神庙中的阁楼　杨显峰提供

锦江岸边望江楼公园地区原来是江边一处重要的水码头，本名叫玉女津，既有少数的房舍与店铺，也有一些林木，还有一座清嘉庆十九年（1814）由四川总督常明修建的雷祖庙（也称雷神庙，旧址就在今天望江公园中薛涛纪念馆）。在雷祖庙侧有一口水井，水质清洌，在明代以前也被称为玉女津。自唐宋以来，成都造纸业的主要地区都在今天的浣花溪至百花潭一带，著名的薛涛笺就是用浣花溪水制成的。到了明代，百花潭淤积，水质不佳，蜀王府就在玉女津设立了一个制作笺纸的作坊，用清洌的井水仿制闻名已久的薛涛笺。过去曾有《竹枝词》记其事："一泓秋水色澄鲜，十样翻新出井边。绝似美人颜色好，诗成争擘浣花笺。"由于受一些诗人墨客所写的怀念薛涛的诗作影响，时间一长，这口水井在明代就被误称为薛涛井。清康熙三年（1664）成都知府冀应熊在此立了一个刻有"薛涛井"三个大字的石碑，周围的一些建筑也逐渐被附会为薛涛故居。不过这种误解在一些了解薛涛史事的学者们心中是很清楚的，清代著名学者兼诗人李调元在他的《薛涛井》一诗中就是这样写的："不见薛笺惟见井，琅玕万个绿阴阴。何人刻竹留题满？我欲编诗入笑林。"

薛涛井水的知名度在成都一直保持了几百年，明代以制笺闻名，清代以制酒闻名（清代曾有作坊在这里取井水酿酒，而且名字就叫薛涛酒，今天的全国名酒全兴大曲的初创期也曾专门取这口井中的水酿酒，所以有《竹枝词》说："枇杷深巷旧藏春，井水留香不染尘。到底美人颜色好，造成佳酿最醺人。"）。一直到清末，薛涛井水仍然是官府招待外来重要官员的专门饮用水，是总督府泡茶的必用水。清末的《成都通览》说它"井水甘洌，为成都第一泉"；"城外之井水，以望江楼之薛涛井为第一，上年

·桥·

1908年的望江楼　［英］威尔逊摄影　杨显峰提供

1926年的望江楼　［日］岛崎役治摄影　杨显峰提供

府河上的桥

望江楼前的玉津桥　20世纪80年代　陈道洋摄影

秋闱（指全省的科举考试）之试官及委员，均饮此水"。据前辈回忆，民国时期成都的著名茶馆，如少城公园的鹤鸣、东大街的华华、春熙路的饮涛，都是雇专人从薛涛井中挑水或用板车运水以供泡茶之用。

薛涛是唐代诗坛上最负盛名的女诗人，虽然出生在长安，但是自幼便随父亲薛郧来到成都。她在成都长大成人，作诗制笺，交友成名，卒于成都，葬于成都，所以在文学史上都称她为成都女诗人。她在成都的故居本是在今百花潭一带，但因为她利用当时成都在全国最为高超的造纸技术，亲手制作了一种远近闻名的彩色诗笺，被后人称为薛涛笺，而明代的蜀王府又在玉女津仿制薛涛笺，于是玉女津地区就与薛涛发生了愈来愈多的联系，不仅有了薛涛井，在与望江公园一墙之隔的四川大学校园内，原来还有一座薛涛墓。笔者在川大生活时曾经多次在墓前流连（薛涛墓在宋代就有记载，川大校园中的薛涛墓虽然已被证明不是真墓，但是在1883年还有"浙西沈寿榕"主持的重修，立有石碑，仍然是一处纪念地。此墓在1970年初毁，2006年全毁）。由于几百年来有愈来愈多的薛涛崇拜者来此凭吊，这里与薛涛有关的各种纪念性建筑愈来愈多，就作为纪念薛涛的文化活动中心。直到今天，望江楼公园仍然是全国唯一的薛涛纪念地，全国性的薛涛研究会就设在这里。1984年，望江楼公园内塑造了薛涛的汉白玉雕像，设计者是温昌绪。

玉女津原本有一些接待旅客的休闲性的建筑，在明代时就已经有了一座临江之楼，明代著名的成都籍文学家杨升庵就曾经在《江楼曲》中写过"江上

· 桥 ·

薛涛井　1934年　庄学本摄影

清人绘制的薛涛像

成都诗婢家仿制的薛涛笺

楼,高枕锦江流"。此楼在明末毁于战火。清嘉庆年间,成都的地方官在这里修建了一些纪念薛涛的楼阁。清光绪十二年(1886),由马长卿发起并主持事务,由一批成都士绅募款,经各府州县推荐遴选,由崇宁县唐昌镇的木工杨前生、杨燕如叔侄二人设计并充任正副掌墨师,在这里修建了著名的崇丽阁。其得名来自晋代文学家左思的《蜀都赋》:"既丽且崇,实号成都。"崇丽阁于光绪十五年(1889)建成,共有4层,通高27.25米,全木穿斗式结构,没有一颗钉子,是清代成都城区最高的建筑,也是多年来成都的标志性建筑之一。由于杨前生为此楼的修建立下了赫赫功劳,当时的四川总督刘秉璋破例特赐他以"木秀才"的顶戴殊荣。2009年10月23日,望江楼公园举办了首届望江楼古典文化艺术节,以庆祝望江楼建成120周年。

谈到崇丽阁等建筑的修建,我们不应当忘记马长卿。

> **马长卿** 华阳人,出身富商,光绪五年(1879)举人,曾官至直隶州知州。但是他对仕途兴趣不大,而是回到家中经营实业,成为当时成都最著名的商人,织机帮(即织锦业)巨头,并开有大型绸缎与百货铺,在宜昌、汉口、上海等地都有商号,时人誉之为"成都之卓、郑"(按:指司马迁在《史记》中记载的蜀中巨富卓王孙、程郑)。他一生热爱公益事业,特别热爱园林景观的修建。他不仅倡议并主持修建了崇丽阁,捐款数他第一,以后又继续捐款主持重建了望江楼公园之中的濯锦楼、浣笺亭、吟诗楼,新建了五云仙馆,还凿有流杯池。在修建崇丽阁的同时,他还修缮过万里桥。民国《华阳县志》卷二十八在《万里桥》中记载说:"光绪中,县人马长卿复加营缮,虽制无更变,而坚固逾昔,于今利赖也。"在他的晚年,还在遇仙桥畔修建有当时成都西郊最著名的园林名胜马家花园。

崇丽阁自建成以来,已经进行过四次全面维修(最大规模的一次在1993年,解决了因为地基下沉引起的楼体倾斜问题),1928年正式辟为"成都郊外公园"。新中国成立以后,于1953年更名为望江楼公园(成都人一直简称为望江公园,但是它的正式名称只能是望江楼公园),并设立了"薛涛资料陈列室"。经过了多次的扩大与补建,现在的望江楼公园不仅是纪念薛涛的胜地,还是全国竹类种植面积最大、品种最多的公园,栽培有各种竹子两百多种,终年浓荫蔽日，摇曳多姿，吸引着无数的中外游客。

自从崇丽阁建成以来，成都人几乎从来不把它叫作崇丽阁，而是叫作望江楼。这种俗称之所以广为流行，是因为有一种见诸记载而且流传很广的说法。说是崇丽阁建成之时，四川总督刘秉璋在此大宴宾客，以资庆祝。酒酣耳热之际，刘秉璋出了一个上联求对，即"望江楼，望江流，望江楼上望江流，江楼千古，江流千古"。这个上联当时无人对出下联，但是很多人都想对出有水平的下联，于是望江楼的名字也就随着这个上联而广为流传，从而代替了崇丽阁的本名（顺便在此说明的是，这个上联至今仍然没有人能够对出可以与上联匹配的下联）。在没有汽车与火车的时候，成都人要走出盆地、走向世界的最主要交通工具就是锦江中的木船，无数成都人背井离乡与亲人告别的地方就是锦江上的水码头，无数成都人在崇丽阁上望过顺江而去的船只，盼过远在天际的帆影。所以笔者认为，崇丽阁在大多数成都人的心中不是用来吟诗的，而是用来望江的，用来望江上的亲人的。因此，望江楼的名字肯定会在人们的心目中留下更多更深的印象，望江楼这个名字的流传，应当是人们内心的种种深情的自然流露。关于这一点，清人冯骧在他的《江楼竹枝词序》中说得很好："望江楼，胜境也。西接岷江，东通夔万，揽益州之胜景，据长江之上游。楼

崇丽阁（望江楼）　1959年　牟航远摄影

阁高标,云山环绕,水波浩瀚,沙鸟纷飞。每当春和景明,天清气爽,骚人墨客,因选胜而遥临,绿女红男,共寻芳而缓步。此凭栏而载酒,彼破浪而乘风,其胜概豪情,盖与登楚之黄鹤楼、湘之岳阳楼,无以异也。"

1912年,著名学者吴虞应邀去乐山,他曾经记下了行船的途程:第一天中午在安顺桥登船,到薛涛井登岸,望江楼下喝茶宴饮。第二天一早登船,到苏码头上岸用餐,然后继续航行,水上有点逆风,当晚在张家坎夜泊。第三天仍是一早开船,在刘家场用餐,午后三点即到乐山。从他的行程看,水上行程不到两天,每天用的是两餐。

稍为年长一些的成都人都会记得,过去成都每年端午节时,有热闹的赛龙舟、抢鸭子民俗盛会,也都是在望江楼公园外面的锦江上举行的。直到在九眼桥下新建了橡皮坝之后,这一活动才向上游迁移,改在今天的安顺廊桥上游举行。

自古以来,锦江就是成都人餐桌之上各种鱼类源源不断的供应者。笔者从老一辈成都人的回忆中所知:直到新中国成立之初,妇女在河边洗衣,衣服里能裹到鱼;男人在河里游泳,脚板能踩到鱼;小孩在河边玩耍,青苔里能捡到鱼;挑夫在河边挑水,桶里能装进鱼……有一次在望江楼下,两个游泳的小伙子从河堤石缝里一次捉了三四十条一尺多长的鲢巴郎。另一次是在崇华寺(旧址在原来的十九中、今天的田家炳中学)的河边发现了一条卡在下水道中不能游动的大鲤鱼,当地居民用锄头把大鲤鱼挖死以后才取了出来,然后抬到猪肉案桌(即肉铺),就像杀了大肥猪一样肢解瓜分,一人分到十几斤鱼肉。

由于锦江水量愈来愈少,望江楼下已多年未见船影了。成都市有关部门一直在努力想法恢复沿锦江东下的航运,哪怕是船只不再载货,形成一条旅游航线也好。

望江楼下的渡船　1948年

南河上的桥

送仙桥附遇仙桥　望仙桥

在清水河和磨底河汇流之处，也就是今天的南河起始之处的磨底河上有一座送仙桥，位于著名的道教宫观青羊宫附近。相传农历的二月十五是道教祖师太上老君（也就是先秦时期的著名思想家老子）的生日，所以过去每年的这一天青羊宫都要举办极为热闹的庙会。在传说中不仅百姓要来赶庙会，天上的神仙也要来赶庙会，而且是从东边来，到西边去。于是人们就把东边的小桥叫作遇仙桥，也叫迎仙桥、接仙桥、会仙桥（今天的遇仙桥就是从琴台路转向青羊正街时，在新建的散花楼前架于西郊河上的那座桥），西边的小桥叫作送仙桥。两座桥过去都是拱桥。今天的遇仙桥与送仙桥都是在1987年重建的，全都改为了平桥，在桥头上分别刻有"遇仙桥"和"送仙桥"三个大字（按照《四川省成都市地名录》的正名，和成都市地名办公室编印的地图，"遇仙桥"的正式名称应当是迎仙桥）。

送仙桥　1966年　李家熙摄影

遇仙桥侧西郊河西岸的双孝祠牌坊
1905年　[日]山川早水摄影
刘永禄提供

在今天遇仙桥侧的西郊河西岸有浣花山庄与琴台宾馆两个宾馆，这里在清末是马长卿（关于马长卿的介绍见"望江桥"）在原来二仙庵道士坟前道路边所建的双孝祠。这可能是一个天下无双的双孝祠，因为马长卿不是为自己的双亲所建，而是为他害肺病死去的一儿一女以孝子孝女的名义所建，是孝敬他自己的，也可以说是为了纪念他的儿女的。他还设法谋到了朝廷的圣旨，所以在大门上挂着"双孝祠"的匾，在门前大路上还修了石牌坊，其内花木扶疏、台榭甚美，周围都称之为马家花园，是过去成都西门一带的著名名胜，也是赶花会时人们的下马停车处。民国时期，双孝祠逐渐废弃，马家花园在抗日战争期中改建为沙利文饭店郊外分店。新中国成立以后，成都市话剧团曾经设于此处。

著名的姑姑筵（有关介绍见"包家巷"）曾经在马家花园内营业，并在门外挂出了由主人黄敬临撰写的名联："提起菜刀，拿起锅铲，自命炉边镇守使；碗有佳肴，壶有美酒，休嫌路隔通惠门。"

除了遇仙桥与送仙桥，这里原来还有一座望仙桥，表示是站在旁边眺望仙人到来之处，位置就在今天百花潭大桥的上游，与青羊横街相接，和送仙桥与遇仙桥呈"品"字形排列。一环路扩建时，在这里横跨南河的一环路上修建了宽阔的百花潭大桥，就把这座与百花潭大桥相邻的望仙桥拆除了。这以后，市政部门为了打造浣花风景区，也为了方便人们的往来，又在望仙桥的原址修建了一座钢筋混凝土的五孔拱形大桥，重新把青羊横街与望仙场街（这是在望仙桥头的一个居民区，原名望仙场，改革开放之后，这里逐渐形成了一个很有知名度的宠物市场，所以在不少的成都人中，只要一提到狗市，人们就知道是这里的望仙场）连接起来，名字仍然叫望仙桥。在百花潭大桥以西的南河南岸，今天仍然还有一条望仙场街。

望仙桥侧过去立有三根四棱石柱,分别高2.59、3.77、3.89米,其中一根残存"本上道妙玉"刻字,一根残存"上玉皇本行集经"刻字,很可能是对"北斗七星君"崇拜有关的道教刻石,故而文物部门暂时命名为"北斗七星柱"。1998年修建新的望仙桥时,移到了今天的望仙桥北端的青羊横街。

由于与杜甫草堂为邻,送仙桥长期是文化人游憩之地。改革开放之后,逐渐形成了成都最大的,也是整个西南地区最大的文物古玩书画工艺品市场。1999年修建了古玩艺术城,有铺面680多个、商家上千家,其交易额在全国十大古玩艺术品交易市场中名列第二。

老望仙桥头的成都蜀锦厂　1991年　周筱华摄影

望仙桥北斗七星柱
1997年　韩国庆摄影

准备迁移的望仙桥北斗七星柱　1998年　韩国庆摄影

送仙桥的古玩市场
2001年　王晓庄摄影

送仙桥艺术城修建前的古玩市场(草堂北门)
2003年　王晓庄摄影

送仙桥位于清水河和磨底河的汇流之处，清水河在以上的一段曾经分为了两支以后又重新汇合，其中从草堂之侧流过的一支又叫浣花溪，应当是诗圣杜甫昔年流连吟咏之所。近年来，成都市政部门将送仙桥西南方的一大片地区建造了面积达553.8亩的开放型城市森林公园——浣花溪公园，北邻杜甫草堂，东邻新建的四川省博物院，在一片自然风光中，修建了长达388米、建有25位诗人雕塑的诗歌大道，是成都市打造诗歌文化城的重要举措之一。经过几年的建设，如今的浣花溪公园已经成了成都市唯一的五星级公园，也是被国内外观鸟爱好者公认为我国观鸟第一城的成都市区的最佳观鸟地。在一定程度上重现了杜甫《卜居》诗中"浣花溪水水西头，主人为卜林塘幽。已知出郭少尘事，更有澄江销客愁"的景象。

百花潭桥

清水河和磨底河汇合之后，很快就流经百花潭公园。1961年修建一环路时在这里修建了一座长54米、宽18米的大桥，当时命名为百花大桥，1981年更名为百花潭大桥。1987年一环路扩建时又进行了扩建，现长72米，宽

38.4米,两端各建有两个仿古的六角亭,是成都新建桥梁中唯一的一座在大桥两端建有桥亭的大桥。在这座大桥修建之前,要在百花潭过南河需乘渡船,后来有过一座浮桥。民国初年的《花会竹枝词》还说是:"一叶扁舟锦水滨,怕从陌上染污尘。宝云庵下重呼渡,记得年年此问津。"

百花潭及其上游紧邻的浣花溪是成都历史上的名胜,在有关传说中,它们的得名出于同一个故事。唐宋时期的百花潭与浣花溪更加相近,在当时的文献中可以见到将二者不加区别的记载。今天人们最熟悉的例证是杜甫草堂的所在,在杜甫的诗中既说是在"浣花溪水水西头"(《卜居》),又说是在"百花潭北庄"(《怀锦水居止二首》)。当时百花潭的位置应当在今天草堂西南,宋代以后逐渐淤塞,不复存在。今天的百花潭与浣花溪之间已经有了一段距离,指的是清水河与西郊河的交汇处。清代还有一个较深的水潭,光绪七年(1881)黄云鹄在这里立有"古百花潭"的石碑,后来大家都称这里为"百花潭"。

早在唐代,浣花溪一带就以制作彩色笺纸而著名,李商隐在《送崔珏往西川》一诗中就有"浣花笺纸桃花色"的诗句,宋代诗人韩浦在《寄弟》一诗中也有"十样蛮笺出益州,寄来新自浣花头"的诗句。这里最著名的纸笺是家住溪旁的著名女诗人薛涛在这里制作的闻

百花潭　1958年　杨永琼提供

古百花潭石碑　杨显峰摄影

浣花溪　1935年　龚敬威摄影　杨显峰提供

名远近的薛涛笺，相传是以成都特产的芙蓉树皮为原料，加入芙蓉花的红色汁水制成的红色小彩笺，专门供文士们题诗作画，深受各地文士的赞赏。

自唐代以后，浣花溪畔一直建有浣花夫人祠，但在不同的朝代位置曾经有过一些变化。保存到今天的浣花夫人祠不大，位置在杜甫草堂之内的花径与盆景园之间。浣花夫人祠是为了纪念唐代的一位女英雄任氏。任氏是西川节度使崔宁的夫人。大历三年（768）崔宁入长安述职时，让他的兄弟崔宽留守成都，泸州刺史杨子琳趁机发动叛乱，崔宽数战皆败，杨子琳围攻成都，形势万分危急。这时任氏挺身而出，拿出家财数十万，组织军队与群众共同抗击叛军，终于取得胜利。当时正在蜀中的著名诗人岑参立即写下了《冀国夫人歌词》二首来歌颂她的英雄事迹："夫人封赏国初开，宝礼纶言（按：指皇帝的圣旨）天上来。翔鹄日边鸾不去，盘龙印处鹊飞回。""甲士千群若阵云，一身能出定三军。仍将玉指调金镞，汉北巴东谁不闻。"（这两首诗不见于前人所编的《岑嘉州集》与《全唐诗》中，是法国学者伯希和在清末从敦煌石窟中流出的唐代卷子中发现的）。因为任氏原来家住浣花溪旁，故后人为她建立祠堂祭祀时就将祠堂建在浣花溪上，并尊称她为"浣花夫人"，这就是保存到今天的浣花夫人祠（也称冀国夫人祠）。浣花夫人祠初建时间估计是在五代时期，宋代时是在草堂寺中。清初重建时是在草堂寺东侧。光绪十二年（1886年），著名学者黄云鹄将其迁到今址再次重建。

唐代以后，浣花溪仍然是成都西郊的游乐胜地，当时热闹非凡的"大游江""小游江"都是以浣花溪为中心。特别是相传为浣花夫人生日的农历四月十九，成都市更是"倾城皆出"。由于宋末战乱的摧残，元代与明代成都的群体性游乐活动大不如前。到了清代中期以后，随着成都经济文化发展的恢复，浣花溪又成为成都市民的游赏胜地。

往昔的浣花溪所以会有如此繁盛的景象，一个重要的原因是这里有比今天要大得多的锦江之水。诗人陆游有一首诗的题目就叫《闻浣花江声甚壮》，说是"浣花之东当笮桥，奔流啮桥桥为摇。分洪初疑两蛟舞，触石散作千珠跳。壮声每挟雷雨横，巨势潜供鼋鼍骄。"这种气势的浣花溪，只能留在古代人的诗文之中了。据一位老船工的回忆，直到新中国成立之初，南河中的木船都还可以上行到浣花溪，而浣花溪地区的农民要出售竹木、蔬菜，也可以用自家的竹筏下行到新南门。新中国成立之后，都江堰内江之水大量分流进入陆续修建的大型灌溉渠东风渠和人民渠，流入南河上源清水河的水量减少，浣花溪就不可能行船了。

早在宋代，成都还出现一个流传极广的关于百花潭和浣花溪得名的传说：浣花夫人任氏年轻时，有一天见到一个和尚（有文献称为"旭尊者"）从门前经过，不仅衣服又脏又破烂，而且满身长着疥疮，别人见了都感到恶心，不愿理会，只有任氏对他仍然保持着对僧侣应有的尊敬。当这个和尚拿着又脏又破烂的衣服请她帮忙浣洗时，她一口答应下来。她在家门前的溪水中浣洗僧衣时，奇迹出现了，僧衣每一漂动，就有一朵朵莲花从她的手边涌现出来，不一会儿，水中尽是莲花。旁边的人们十分惊诧，想去向和尚问个明白时，和尚却不见了踪影。从此之后，人们就把任氏浣洗之处称作百花潭，把这条溪水称为浣花溪。后来任氏做了西川节度使崔宁的夫人，又立下了保卫成都的大功，故而被人们尊称为浣花夫人。这个美丽的传说在宋人何耕的《龙华大像》诗中就可见到："慧性原从戒定熏，百花潭水浣僧裙。个中力量真超绝，故老尚传娘子军。""生男个个欲如娘，妇女军容原不扬。试问争功瞋目士，几人能敌浣花娘。"

但是上述传说与史实并不符合，浣花溪与百花潭的得名肯定应当早于崔宁在成都做官的唐代宗时期。因为在此之前，杜甫就已在此溪边的草堂居住，

百花潭（前景是百花潭桥，右边绿荫处是百花潭公园）　1978年　牟航远摄影

他既在《怀锦水居止二首》一诗中写到了"万里桥西侧，百花潭北庄"，也在《绝句》一诗中写到了"移船先主庙，洗药浣花溪"。

在百花潭公园的两侧有两座桥，一座是百花潭桥，还有一座只过行人的典雅别致的廊桥，是修建百花潭公园时于1984年新修的，名为沧浪桥。沧浪桥修建之前，在今天沧浪桥上游约50米处有一处由数只小船连接而成的浮桥。

今天的百花潭公园所在地，在民国时期是四川军政界著名人物邓锡侯的西郊别墅康庄和四川省财政厅长甘典夔的别墅与果园。康庄中花木繁多，如今城乡很普遍的桉树是从国外引进的绿化树种，原产地主要在澳大利亚，在成都就是在康庄中首次栽种成功的。康庄中还建有水池、假山，养有孔雀、野鸭等几十种禽鸟。1952年在原有基础上扩建为成都动物园，当时面积只有50多亩。1976年动物园迁至昭觉寺。1979年建成以花卉盆景为特色的百花潭公园。1980年12月从汶川漩口胜因寺旧址迁来唐代古银杏一株，此树在明代曾遭雷击，清代又遭火灾，至今树上仍有火烧痕迹，但是仍然生机盎然，人称"白果大仙"，现在成为成都园林中最著名的名贵古木之一，也是目前成都城区内可以确知年代的最老的"市树"（成都的市树是银杏，市花是芙蓉）。诗人苏文聪专门有《观百花潭唐代银杏》一诗："汶川古木百花中，相伴芙蓉春意浓。树老根深大禹土（按：据古代多种文献记载，大禹生于岷山），枝繁叶茂盛唐风。活存化石生之杰，挺立东方圣者雄。雷火刀兵等闲事，昂扬天府势葱茏。"

1989年，为了永久纪念成都出生的著名作家巴金，在百花潭公园中修建了以巴金名著《家》中对故居的描绘为蓝本设计的慧园，陈列了大量的与巴金有关的文物，以后又建成了巴金的塑像，为全国最大的巴金纪念地。

百花潭动物园正门　20世纪60年代　王文相摄影

2004年巴金百年诞辰纪念活动在百花潭内慧园举办　罗韵希摄影

锦官桥

在大石东路东端，有一座近年来才新建的锦官桥，在桥的东边沿南河的街道也曾经名叫锦官桥路。这条街道原来是南河岸边羊皮坝街的一部分，府河、南河综合整治工程中在修建了锦官桥之后被命名为锦官桥路，2004年并入大石东路。

早在汉代，政府就设置了专门的"锦官"，修了"锦官城"，既是管理蜀中各地织锦业的官署，又是官营的蜀锦生产工场。汉魏时期锦官城的位置就在今天的百花潭公园一带。今天在当年锦官城的附近新建了这座大桥，所以就以锦官桥为名。

改革开放以后，在修建位于锦官桥西南的四川省社会科学院的建筑工地上，在大约600平方米的施工现场竟然发现了20口水井（包括口径超过一米的大井），井底清理出了一些汉代的陶片和几件骨笄，还有不少竹质纤维。水井如此密集，又有女性使用的骨笄，有考古工作者认为，这里应当就是汉代的织锦工场，当年的"锦官城"所在地。而竹纤维则应当是唐代在这里生产笺纸的遗物，因为著名的薛涛笺就是在这里生产的。

在今天的锦官桥东边的南河南岸（即原来的永丰乡百花十二队），一直到20世纪50年代都还有一座仍然在为周围的居民服务的水碾叫周家碾，利用南河的落差开挖的一条支流用水碾碾米，水流冲动碾子之后又回到南河之中。这是南河和府河上最后的一座水碾，虽然以后不再碾米了，但是周家碾作为一个当地的地名还保留了一段时间。一直到20世纪80年代土地被成都飞机设计研究所征用之后，才从人们的口中消失。

虹 桥

这是一座只过行人的拱形便桥，因为很像天空中的一道彩虹，又位于彩虹花园之前，所以被正式命名为虹桥。这座桥虽然是新建，但是就在这个位置，十多年前还是一座索桥，而且是成都市区内唯一的一座索桥。

羊皮坝渡口　20世纪50年代　王文相摄影

虹桥，此处立有"古树作证"纪念牌。
2009年　牟巍摄影

这道索桥所以令人注目，是因为根据《华阳国志·蜀志》中关于"李冰造七桥"，万里桥"西上曰夷里桥，亦曰笮桥"的记载，这个位置极有可能就是李冰开成都二江所造七桥之一的笮桥的位置。"笮"就是竹索，我国古代的索桥大多数都是竹索桥，包括举世闻名的都江堰的索桥在20世纪60年代也是竹索桥。笮桥自先秦以来一直存在，如陆游的《夜闻浣花江声甚壮》一诗中就有"浣花之东当笮桥"之句。这里的笮桥是何时毁去的，目前未见到记载。在当地老人的记忆中，新中国成立以前这里的桥就已经被洪水冲毁，以后就出现了羊皮坝渡口，行人过河都是用的渡船，在河边的那棵老树上至今还能见到船家用竹索拴船而留下的痕迹。20世纪70年代，南河北岸的成都军区被服厂在南河南岸的倒桑树街修建了宿舍区，为了方便生产区与宿舍区之间的交通，就在这里修建了一座只供行人通过的小型钢索桥，长53米，宽2米。后来在府河南河的综合整治工程中，拆除了索桥而修建了今天的钢筋混凝土的弧形拱桥。

南河桥（彩虹桥）

20世纪末，成都市为了解决市内交通的拥堵问题，在市政建设中开始了著名的畅通工程，其中一项重点工程就是将东城根街南北打通，在市中心新增一条南北向的通道。在向南的方向，从西御街西口南侧开始，向南拆除了不少民房，辟建了一条直通南河的文翁路，在文翁路南端的南河上新修了一座通向武侯祠大街的新桥，就命名为南河桥。因为这座桥的拱形悬索梁有如空中的彩

彩虹桥　2009年　袁庭栋摄影

虹,所以还未建成时人们就把它叫作彩虹桥。今天大多数成都人仍然把这座桥叫作彩虹桥,而不是称为南河桥。

南门桥(老南门大桥)

被当代成都人称为老南门大桥的南门桥是一座古桥,因为早在战国末年这里就有桥梁;南门桥更是一座名桥,因为它的前身就是闻名中外的万里桥。

李冰开成都二江之时在二江上修了七座桥,其中有一座桥就在这个位置。当时成都的二江都从城南流过,为了交通的方便,内江和外江上各有一桥,内江上的叫江桥,外江上的就是这座万里桥。

万里桥的得名是在三国时期,蜀国丞相诸葛亮送大臣费祎出使东吴,在桥头饯行时,费祎感叹说:"万里之路,始于此桥!"后人就把这座桥叫作万里桥。万里桥作为桥名最早的文字记载,见于《华阳国志·蜀志》和《水经注·江水》。在唐代的一些诗歌之中,这个桥名就见得更多了,比如杜甫在《野望》一诗中就有"西山白雪三城戍,南浦清江万里桥"之句。

清末万里桥　［美］满理摄影　杨显峰提供

需要说明的是，在绝大多数介绍成都的文字中都把万里桥得名的这个典故搞错了，说是诸葛亮在这里说了什么话。根据最早记载这事的唐人李吉甫《元和郡县志》卷三十一的记载，"万里之路，始于此桥"这句话并不是送行的诸葛亮说的，而是被诸葛亮所送的费祎说的。

诸葛亮为什么要在这里送别出使东吴的友人？是不是大队人马要从桥上通过？不是，当时从成都出发去东吴的使者不是乘车骑马，而是在南河中乘船前往。今天万里桥的位置，在当时乃是一个重要的水运码头。

三国以后，有关万里桥的各种记载历代都有，可以基本确认的有两点：一是李冰时期所造的二江七桥只有这座桥的位置相对清楚，两千多年来位置未变，它是我国最古老的桥梁之一。1988年在对万里桥进行最后一次维修的时候，在桥下发现过汉代的砖、时代不详的基石上的木桩孔洞和大量清代的木质桥基，这是万里桥多年来位置未变的铁证。二是这座桥一直都是成都通向南大路并通往乐山、雅安、甘孜直至西藏的重要孔道，桥畔长期都是成都的商业繁华区域之一，曾经是著名的"南市"。唐代诗人张籍写有这样的《成都曲》："锦江近西烟水绿，新雨山头荔枝熟。万里桥边多酒家，游人爱向谁家宿？"描绘了万里桥畔的繁华。从唐代诗人薛涛的诗句"万里桥头独越吟，知凭文字写愁心"来看，再从唐代诗人王建的诗句"万里桥边女校书，枇杷巷里闭

·桥·

门居"来看,著名女诗人薛涛的住宅也应当距此不远,而不是在望江楼。在历代诗人的笔下,万里桥是成都所有文化景点中出现次数最多的之一。

万里桥边的繁华一直保持到了近代,而近代繁华市井图的亮点则是万里桥头西北南河边的枕江楼。开办于1906年的枕江楼是临江而建的著名川菜馆,以烹制江中的河鲜而享誉全城,以致在业内形成了枕江楼派。由于枕江楼既有把酒临江的环境,

万里桥东北侧的南门城门外,城墙上写着孙中山语录:"革命要从自己的心中革起"。 20世纪30年代 胡剑提供

万里桥下 1926年 [日]岛崎役治摄影 杨显峰提供

南河上的桥 165

所有的鲜活鱼虾全都养在河边的大竹笼中,又有名厨制作的以醉虾和醋熘五柳鱼为代表的闻名全城的美味佳肴,所以成了不少骚人墨客的聚会之所。1938年,著名作家张恨水到成都,成都同人20多人就在枕江楼为其接风。张恨水对景感怀,提笔在店主人铺开的宣纸上题写了如下的诗句:"江流鸣咽水迢迢,惆怅栏前万里桥。今夜鸡鸣应有梦,晓风残月北门潮。"

万里桥的具体形制,目前能见到最早的是北宋时期的资料。当时是五孔石墩木板桥,桥上建屋,是一座廊桥,桥西还有万里亭。万里桥历代都有补修,最后一次重要的重修是清康熙五年(1666)在四川巡抚张德地的主持下进行的,补修之后成为七孔的石拱桥,也是一座廊桥,桥额上还写有"武侯饯费袆处"。成都知府冀应熊在桥头题写了"万里桥"三个大字并刻石立碑。这以后又经过清乾隆年间与光绪年间的几次补修,清代最后一次补修是在1907年由赵尔丰主持进行的。清光绪十四年(1888)那次补修完成之后的开桥之日,曾经举行了一个在成都历史上罕见的高规格的落成剪彩仪式——踩桥。踩桥之人乃是在当时极为受人尊敬的文状元赵以炯(当时因为担任乡试主考来到成都)和武状元童中和(当时正在四川总督衙门为官)。文武状元同时踩桥,成为在成都久久流传的佳话。

老南门大桥和桥头的枕江楼　20世纪40年代　成都市建设信息中心提供

新中国成立以后为了适应交通发展的需要，从1954年开始，曾经对万里桥进行了三次较重要的维修扩建与加固，加了引道，把拱面改为平面，桥面铺了沥青，两侧新增了钢架人行道，各种汽车都可以通行。为了加大城内交通的流量，1995年将

枕江楼中的文化人（从左至右）：冯友兰、倪青原、罗忠恕和李安宅。 1943年 ［英］李约瑟摄影 杨显峰提供

万里桥拆除，在原址修建了大跨度的钢筋混凝土大桥，以后又在桥的上空修建了高架桥。万里桥拆除之后，为了让人们还能瞻仰古老的万里桥的英姿，成都市政部门在百花潭桥上游不远的南河之上新修了一座望仙桥，就是仿原来万里桥的样子修的，也有人叫它为新万里桥。

老南门大桥桥头河岸景色 1990年 陈锦摄影

古老的万里桥是在1995年2月23日下午3点15分用炸药炸毁之后予以全部拆除的。老桥被拆除之后发现，桥基是用无数根木桩打入河床，上夯沙石，沙石上再铺以数百根8米长的枕木，枕木上再铺石板石条起拱，建筑技术十分独特。

1995年2月23日老南门大桥被爆破拆除　韩国庆摄影

百花潭桥上游正在修建的望仙桥（新万里桥）工地
1999年　韩国庆摄影

万里桥一带新貌　2008年　王瑞林摄影

万里桥得名于诸葛亮。在诸葛亮之前,这座桥又叫什么名字呢?宋人祝穆《方舆胜览》引李膺《益州记》说是叫长星桥,所以叫长星桥是因为李冰所造七桥上应天上的北斗七星,七座桥名都有一个星字;《太平寰宇记》卷七十二说是叫笃泉桥,所以叫笃泉桥是因为桥南有一个笃泉。

当代的成都人把万里桥称为老南门大桥的时间不长,是在1939年有了下游的新南门大桥之后,为了把两座南门大桥加以区别之时才有的。有一些旅游读物中关于"民间一直称万里桥为老南门大桥"的介绍是不准确的。

锦江桥

人民南路通过南河的锦江桥建成于1959年,人们一般称为锦江大桥。在这一段的南河南面,新中国成立以前是著名的文化区华西坝,可是多年来就没有修过永久性的桥梁。一直到了抗日战争时期,为了方便城内居民"跑警报"，才在瘟祖庙街的城墙上挖开一个供行人出入的豁口，在河上修建了简易的木桩木板桥，当时被人们叫作疏散桥。后来因为过桥往南的南河岸边就是当时著名的南虹艺术专科学校和南虹游泳池，所以才把这座木桥命名为南虹桥。新中国成立以后新开人民南路时才在这里修建了锦江大桥。

今天在锦江大桥上来往的人们很少有人知道，这座车水马龙的大桥并不是一般的钢筋混凝土桥梁，而是一座目前全国都十分少见的用我国传统建桥技术修建的大型砖砌拱桥。三孔砖砌拱净跨都是15米，所用的主要建筑材料是当年拆除成都南城墙的42.8万块城墙砖（另用了条石1805立方米）。当这座桥在它的26岁生日即1985年人民南路扩建时，城建部门曾经进行了认真的检测，认为此桥仍然完好，无须拆除重建，所以只是重铺了路面，让其继续服役直到现在。就在笔者对本书的书稿进行加工修订时，成都地铁一号线的掘进工程于2008年7月从锦江大桥下面的锦江底下双线穿过，因为河床上面是一座长64米、宽50米的大型砖砌拱桥，所以特地在2008年3月至4月先将锦江大桥加固之后，再采取了在专业上称为"高压旋喷桩加固隔离左线隧道与桥基之间主体、保护锦江大桥安全的加固方案"，在掘进的盾构与大桥之间竖起了一道"保护墙"。

1958年修建锦江大桥的施工现场，砖砌拱桥用料主要采自拆除南城墙的城墙砖和条石。
成都市建设信息中心提供

锦江大桥的北头就是著名的锦江宾馆与锦江大礼堂,这是新中国成立以后成都修建的第一座高级宾馆与第一座大会堂,始建于1958年,建成于1961年,是在拆除了一段老城墙和金字街、东桂街、纯化街的大部分房屋之后修建起来的。锦江宾馆与锦江大礼堂的设计者是著名的川籍建筑大师徐尚志,而以"锦江"二字命名,则是由两位川籍元帅朱德和陈毅在1960年选定的。

锦江大桥北头东侧,在20世纪80年代形成了成都英语爱好者与外国朋友交流、学习口语的"英语角",在成都的青年中有过很大的影响。

刚建成的锦江大桥,画面北端有"皇城"。　20世纪60年代　成都建设信息中心提供

锦江大桥河边通往新南门大桥的小路　1978年　牟航远摄影

锦江三桥两岸：南门大桥—锦江大桥—新南门大桥(由西向东)。 1978年 牟航远摄影

复兴桥（新南门大桥）

抗日战争爆发之后，为了南城居民在有空袭警报时向城外疏散的方便，1937年新开了一道复兴门，并在复兴门外的南河上新修了一座木桥，也就叫复兴桥，成都人一直都俗称为新南门与新南门大桥，直到今天仍然如此。原来的木桥在1945年改建为钢筋混凝土桥，由于施工质量较差，不久就出现桥墩沉陷，成为危桥。新中国成立后经过三次改建，这座桥已经成为宽阔的带有下穿式通道的新式大桥。直到今天，这座桥的名称仍然是复兴桥，虽然成都人没有把这座桥叫作复兴桥，只叫作新南门大桥。

复兴桥修建之前，这一带还是一片河滩空地。复兴桥修建之后，桥两侧就修建了好几家茶园，夏天吸引了很多茶客到河边纳凉。北岸的江上村设施较好，是文化人和知识青年们最爱去的地方。南岸的席棚茶园邀来很多曲艺人在茶园中献艺，成为抗日战争后期成都曲艺界一处重要的演出场所，著名的清音表演艺术家李月秋就是在这里成长起来的。

20世纪80年代在新南门大桥桥头的著名火锅店"热盆景"　周孟棋摄影

20世纪80年代末的新南门大桥　韩国庆摄影

改革开放以后,大桥桥头建有"二一六革命烈士纪念碑"(关于"二一六"事件的介绍见"下莲池街"),初建时安放在北端,后来移建到了南端东侧。

新安桥(安顺桥)

距复兴桥下游不远的地方有一座古桥叫安顺桥。这个位置在古代既是桥梁,又是码头,曾经是一个热闹的场所。

安顺桥原名长虹桥,最早的建桥时间已经无从知晓,只知道它被命名为安顺桥和它的最后一次重修是在清乾隆十一年(1746)。由当时的华阳县令安洪德主持重修的安顺桥,是一座七洞木质廊桥,长20丈,宽1丈,桥上架有风雨长廊,在当时应当算是比较大的桥梁(就桥洞数量看在成都城区仅次于九眼桥,与万里桥相当,在木桥中居第一)。桥上的情景与今天都江堰市的南桥颇为相似,有不少卖凉粉、豆花、倒糖人、捏面人的小摊。到了民国时期,廊桥逐步垮塌,只剩下桥面和简单的扶手。1947年,久未维修的木桥完全被洪

·桥·

安顺桥　1917年　[美]甘博摄影　杨显峰提供

1981年7月14日安顺桥被洪水冲垮　成都市建设信息中心提供

安顺桥桥洞下　1994年　陈维摄影

水冲毁，当时未能再建。新中国成立以后曾经两次修复，1981年的大洪水中，此桥再次垮塌，当时不少人正在桥上观看洪水，落水者53人，生还者仅有27人，是新中国成立以后成都城区在洪水灾害中罹难人数最多的一次。现在的安顺桥是在1983年新建的，位置较之老桥向下游略有移动，所以命名为"新安桥"，但是人们仍然是按过去的习惯称它为安顺桥。

安顺桥北过去曾经有大佛寺与观音堂两个寺庙。大佛寺建于明崇祯七年（1634），清康熙重建。据民国《华阳县志》卷三十所载："寺有明代铁铸大佛，高二丈余，阔半之，衣裤间俱铸以小佛，凡千数，故以为名。"据笔者所知，这种有一千多个小佛的铁铸大佛目前在全国均无记载，应当是成都古代能工巧匠的一项杰作，虽然目前已经不复得见，但是也应当记上一笔。

当年的安顺桥是锦江上最重要的码头之一，很多成都人从这里走向世界。1923年，成都青年李尧棠在这里别家登船，沿江东下，经乐山、宜宾、泸州、重庆，出夔门，过三峡而去上海、到法国。他就是日后闻名世界的文学大师巴金。

· 桥 ·

其他用作街道名称的桥

成都原本是一个水网交织的地方,过去的河流要比今天多得多,桥也就要比今天多得多,以桥为地名是一个自古有之的特点。晋代《华阳国志·蜀志》中记载,"江上多作桥,故蜀立里,多以桥为名"。据清末的《成都通览》所载,当时成都城区有名可考的桥梁共有192座。现在成都在一环路以内只剩下府河和南河,此外就只有一条很小的西郊河。河少了,桥少了,但是地名的文化延续性是很长的。桥没有了,作为街道名称的桥名却还有不少都保留着,并继续使用。这些以桥为名的街道名称,保留着丰富的历史文化信息。

驷马桥街

汉代成都的著名文学家司马相如初入长安时,胸怀壮志,决心要干出一番大事业。当时出北门向北走的大道必须通过升仙水上的升仙桥,桥边有一个送客观,面对着为他送行的朋友,司马相如提笔在送客观的大门上写下了:"不乘赤车驷马,不过汝下!"升仙水的故道就是后来的沙河河道,河上的升仙桥长期都是出入北门的重要通道。唐代大诗

驷马桥 1939年 [日]岛崎役治摄影 杨显峰提供

驷马桥头的活动修车摊　2002年　王晓庄摄影

驷马桥上下　1990年　唐跃武摄影

人岑参所写的怀念司马相如的诗名为《升仙桥》:"长桥题柱去,犹是未达时。及乘驷马车,却从桥上归。名共东流水,滔滔无尽期。"唐代时就已经有人把此桥称为驷马桥(著名诗人罗隐就有一首诗题名叫《驷马桥》),它应当是著名的"蜀道"中最主要的"金牛道"的起点。宋代的成都知府京镗主持重修之后,就根据司马相如的故事将重修的石桥正式更名为驷马桥,刻《驷马桥记》于石碑上。从此以后,这个饱含历史文化的名字就一直使用到现在。清人有《竹枝词》写道:"北走燕京路一条,当年题柱气冲霄。谁人学得文君婿,驷马方过驷马桥。"

著名的驷马桥一直保存到近代,仍然架在古代的升仙水即今天的沙河之上。估计具体位置没有大的变化,因为民国初年在这里出土了一方唐代大历年间的墓志(见民国《华阳县志》卷三十),可知在唐代这里属于华阳县的升仙乡。

1951年修筑成渝铁路时,这里是铁路线的必经之地,于是原有的河道被改道,原有的砖石结构的驷马桥被拆毁,而在改道的沙河上新修了一座钢筋混凝土的平交桥。1981年地名普查时,仍然定名为驷马桥,后来又把与成渝铁路南侧平行的向东通往八里庄的大街正式命名为驷马桥路,把与成渝铁路交叉向北通往昭觉寺的大街正式命名为驷马桥街。

在驷马桥北边,修筑成渝铁路时建成了一座下穿川陕公路的铁路与公路两用的小型立交桥,这也是成都交通史上最早的一座立交桥,几十年来一直发挥着重要作用。

在驷马桥以北一公里处的川陕公路西侧,过去有一个高约10米、直径约140米的土丘,当地叫作羊子山。从1953年开始,砖瓦厂即在此挖土烧制砖瓦。到1956年时,在土丘残部中发现了著名的羊子山古代文化遗址。在这里所发现的旧石器时代晚期的石器距今在10000~15000年之间,是迄今为止在成都市区所发现的最早的人类活动的遗存。这里残存的方形三级土台很可能是古代蜀人的祭台,初建于商末,废弃于秦代,底部面积超过19000平方米,估计如果征发两万人修建也要3~4年时间才能完成。遗憾的是这个文化遗址完全未能保存下来,现在是连一点影子也看不到了。

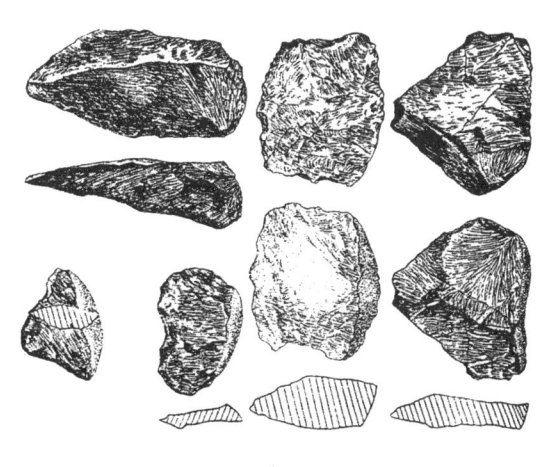

羊子山出土的旧石器

十二桥路

在通惠门路西端的西郊河上，有一道平桥，就是成都人都很熟悉的十二桥。

清王朝被推翻以后，为了方便城内的居民赶花会，成都市政当局于1913年在紧邻青羊宫的西城墙处新开了一道城门，取名通惠门。有了通惠门，就必须在通惠门外的西郊河上修一座桥，于是就在1916年修建了这座连通城内与城外的新桥，并根据著名学者宋育仁的建议，命名为十二桥。据传宋育仁来到新建的木桥之上时，见到木桥的两侧栏杆是十二格，桥畔是菜地与树林，远处是广阔的田野，颇有杜牧的名诗"青山隐隐水迢迢，秋尽江南草未凋。二十四桥明月夜，玉人何处教吹箫"的诗意，至少可以平分扬州二十四桥明月风光之半，于是就命名为十二桥。以后这座桥有过几次重建，曾经是一座漂亮的廊桥。20世纪40年代在扩建西安路时改建为砖拱桥，还曾经以当时的四川省主席，也是扩建西安路的主事者邓锡侯的字命名为晋康桥（邓锡侯字晋康）。新中国成立以后，为了沟通西郊黄田坝工业区的交通，在1954年与1966年两次扩建，建成了钢筋混凝土公路桥，但是桥名仍然沿用了充满诗意的十二桥。1983年修建蜀都大道时再度改建加宽，成为一座比较罕见的宽度远远超过长度的桥梁（现在的十二桥宽度为47米，长度只有23.48米）。

民国初年的十二桥是一座漂亮的廊桥　　[法]杜满希提供

十二桥留给成都的不仅是诗意。成都解放前夕的1949年12月7日深夜，绝望中准备逃跑的国民党反动派将关押在当时设于将军衙门特务机关中的共产党员和革命进步人士32人，残酷杀害在十二桥西南一条已废弃的防空壕中。20天后，成都解放。1950年1月19日，成都的民众在川西北临时军政委员会主任贺龙的代表王维舟将军主持下为烈士们举行了公祭典礼（烈士遗骸于1月4日起灵，因为灵柩是由支机石街层板厂制作的，在下葬之前的烈士灵柩暂厝厂内，所以这次公祭典礼是在支机石街层板厂中举行的），次日又在紧邻十二桥的二仙庵花圃内举行了公葬仪式，以后即在此修建了十二桥烈士墓（入葬烈士还包括1949年12月3日在王建墓墓道中被杀害的烈士3人和在重庆中美合作所被杀害的烈士1人）。现在，原来的二仙庵已经建成风光秀丽的文化公园，原来的烈士墓已经建成十二桥烈士陵园，陵园中塑有高达11.5米的十二桥死难烈士纪念碑（这座纪念碑完成于1985年，原来安放在十二桥头，2002年迁到烈士陵园）。

十二桥烈士陵园中长眠的36位革命烈士是：杨伯恺、于渊、王干青、晏子良、许寿真、毛英才、黄子万、王侠夫、曾鸣飞、谷时逊、王伯高、刘骏达、杜可、龙世正、彭代悌、刘仲宣、云龙、张大成、余天觉、缪竞韩、田宗美、方智炯、黎一上、王建昌、曹立中、杨辅宸、姜乾良、陈天钰、吴惠安、张维丰、张垣、徐茂森、徐海东、高昆山、严正、周从化。

1950年1月19日，十二桥烈士封柩仪式。　中共成都市委党史研究室提供

成都中医学院大门前　1969年　杨显峰提供

新中国成立以前，十二桥以西就是农田，没有大路。1955年为了建设黄田坝工业区，修建了从十二桥向西的道路，当时名叫十二桥街。1984年，横贯东西的蜀都大道建成，东起十二桥、西至一环路的十二桥街就成为其中的一段，被命名为蜀都大道的十二桥路。

十二桥路的北边有建于1956年的成都中医药大学（初名成都中医学院），是我国最早建立的四所中医药大学之一。新建的成都中医药大学附属医院（又名四川省中医医院）位于大学的西侧（原来在四道街，改革开放之后迁至这里），是四川省中医药治疗的最重要的医院。成都中医药大学的医史博物馆是我国仅有的两座中医药博物馆之一，具有很高的学术价值与观赏价值。

十二桥路的南边有成都文物考古研究所和成都文物考古工作队。在成都文物考古研究所大院之内，埋藏着全国著名的十二桥商代建筑遗址。十二桥商代建筑遗址是在1985年发现的，总面积估计在1万平方米以上，已掘露建筑面积1200平方米，是全国已发现的最典型、也是唯一可以见到桩柱和地梁基础以上遗存的早期干栏式建筑遗址，在学术研究上有极为重要的价值。由于十二桥遗址发现较早，又比较典型，所以考古工作者把成都市区发现的抚琴小区、青羊小区、中医学院、西安路、新一村、方池街、横小南街、君平街、指

十二桥遗址最重要的发现是在其商周文化层发现了商代大型木结构建筑。
1985年　李绪成摄影

挥街、岷山饭店、岷江小区等殷周时期的文化遗址统称为成都十二桥文化遗址群，把四川盆地商代晚期至西周时期古代蜀文化遗存作为一种考古学文化类型而命名为十二桥文化，它上承三星堆文化，下延至春秋时期。当金沙遗址被发现之后，金沙遗址中有一个时间段的文化也属于十二桥文化，就是这样来的。

为了更好地保护十二桥遗址出土的这一建筑历史上的瑰宝，在进行了测量取样等研究工作之后，按照考古工作中最佳保护措施的要求，遗址已用土掩埋，进行原址保护。

苏坡桥街

在西郊的清水河上有一座苏坡桥，附近还有以苏坡命名的几条街，如苏坡桥东街、苏坡桥南街、苏坡桥西街、苏坡东路、苏坡西路。

顾名思义，苏坡桥是得名于宋代的四川大文豪苏东坡。在这里长年流传着这样的民间故事：唐宋时期，这里是一片窑场，大多数人家都在为城里人烧制砖瓦，生活清贫。苏东坡从家乡眉山到成都赶考路过这里，见这里风光秀

民国时期东坡亭周围的郊野风光　刘永禄提供

丽,遂在河边客店住下来读书备考。他进京赶考后当了大官,想到这里的河上连桥都没有一座,人们要过河都是涉水而过,于是就捐出银两,让大家在河上建了一座桥。桥建成之后,人们就称之为苏坡桥。这里的人们世代怀念着苏东坡,正如当地文人在一首名为《苏坡桥》的诗中所写:"客去亭何在?桥空水长流。可怜歌咏地,犹带宋时秋。"在清代,建有东坡读书台,塑有东坡像。民国时期这里还曾经建立过东坡公园和东坡图书馆,而东坡亭则是到"文革"后期才被拆除的。东坡亭虽然不大,但却是部分老成都人心目中的"成都十景"之一。这"成都十景"是:"辛亥保路纪念碑、鸟语花香百花潭、佛教丛林昭觉寺、诗圣故园浣花园、道家仙景青羊宫、进香还愿文殊院、蜀汉古墓武侯祠、书圣遗踪东坡亭、薛涛名胜望江楼、走下皇城游煤山(指皇城坝)。"

　　苏东坡曾否到过这里,史无明载。关于苏坡桥的得名还有另一种说法:这一带长得最多的野草是莎草(四川民间多称为香附子),桥两侧都是这种长满莎草的土坡,所以叫莎坡桥。以后虽然把"莎"字误写为"苏"字,但是读音一直未改，当地老百姓从来是读莎（suō）坡桥而不是读苏坡桥。在清代的文献中，其实也有两种写法，既有写为苏坡桥的，也有写为莎坡桥的。

抗战时期，大后方唯一的科学仪器制造所就设在苏坡桥，他们取得的成就曾经引来很多人士的赞誉。

▶ 四川省科学仪器制造所生产车间　1943年　［英］李约瑟摄影　杨显峰提供

▼ 四川省科学仪器制造所制作的生物标本　1943年　［英］李约瑟摄影　杨显峰提供

苏坡桥原来是一座三墩四洞的青石拱桥,而且还是廊桥,场镇围桥而建,桥东的东街原属成都县,桥西的西街原属温江县。今天的苏坡桥地区已经发展成为西郊的一处新兴的农家新村,位于附近的三环路与日月大道相交的大型立交桥也命名为苏坡立交桥。

崇义桥

崇义桥位于成都西北边通往彭州的高速路旁、绕城高速之内,过去的桥是毗河支流上的小桥,这条小河与小桥现在已不存,今天在这里见到的河流是新中国成立以后才修筑的都江堰灌溉系统的新干渠——东风渠。崇义桥所在地早在宋代就有一个小乡场,新中国成立以后属于新繁县。1959 年,毛泽东的秘书、成都人田家英在此调研时,建议改名为大丰,以后更名为大丰镇。

所以要介绍崇义桥,是因为我国的两位国学大师都曾经在这里工作过。

1939 年春天,迁到成都华西坝办学的齐鲁大学邀请国学大师顾颉刚(1893—1980)来校出任国学研究所主任。顾先生已于 1938 年到云南大学任教,于是在 1939 年 9 月到成都就任。顾颉刚除了给学生开设中国古代史课程之外,主要任务是要整理、标点二十四史。他还负责主编《齐大国学季刊》,创办了《责善》半月刊,并招收了十几个研究生。由于当时的华西坝人太多,客太多,患有严重失眠症的顾颉刚希望有一个清静的地方专心治学,经朋友介绍,租下了崇义桥的赖家院子。这里四周都是农田,院内屋宇宽敞,花木扶疏,他对这里的环境十分满意,认为有如仙居,遂将研究所迁入其中。之后,另一位在齐鲁大学国学研究所工作的国学大师钱穆(1895—1990)也一道迁入

顾颉刚在青城山的题刻

这里，随之而来的还有当时在研究所工作、后来的甲骨学研究的泰斗级人物胡厚宣。短期来到这里研究与讲学的著名学者有叶圣陶、闻在宥、吕叔湘、韩儒林、陈钟凡、张维华等。在此期间，顾先生不仅写出了《古代巴蜀与中原之关系说及其批判》《秦汉时期的四川》等重要论文，还以他在国内学术界的威望，与四川学者蒙文

20世纪40年代在讲堂上的钱穆

通及其他史学家吕思勉、萧一山、黄文弼等74人一道发起成立中国史学会，创办《史学季刊》，并亲自写了发刊词。他又发起由在成都的齐鲁、华西、金陵、金陵女子四所大学共同创办中国边疆学会，亲自出任会长，出版《中国边疆》月刊与《边疆丛书》。在此期间，他还曾经到新都、郫县、双流、新津、彭县、温江、灌县、大邑、邛崃、崇庆等地进行文化与民俗考察，还打算全面整理四川文献，研究四川古史。1941年1月，因重庆的中央大学与国民政府教育部力邀，他去了重庆，研究所主任一职则交给钱穆先生接任。钱先生是1940年来到成都的，他也对崇义桥的环境"流连不忍去"。在赖家院子大约工作与生活了两年，华西大学又聘他任历史系教授，以后还曾为川大上课，一直到1946年才离开成都。他的名著《中国文化史导论》《宋元明清四朝学案》等都是这时完成的。钱穆对成都的生活很满意，特别喜欢在华西坝和望江楼的茶馆中会朋友、谈学问，而且还十分爱吃成都的八号花生米。

五桂桥

沙河上过去有过多座桥梁，除了著名的驷马桥之外，还有三洞桥、踏水桥、杉板桥、跳蹬桥、多宝寺桥、观音桥等。原来都是木桥或石桥，现在都改建成了钢筋混凝土大桥，在向东方向最重要的是五桂桥。在老成都人的口中，三洞桥过去有上、中、下三座，五桂桥过去也有上、中、下三座。今天的五桂

桥是过去的上五桂，今天的五福桥（也称沙河铺桥）是过去的中五桂，今天的沙河大桥是过去的下五桂（由于上、中、下五桂桥都不是正式的命名，所以在当地人口中，下五桂实际上又有两座，还有一座就是成仁路上的老沙河桥）。

五桂桥的得名并不是因为有五棵桂树，而是因为沙河边的塔子山北侧原来有一个小地名叫乌龟坝，而乌龟坝的得名又是因为那里有一个古老的石刻乌龟。民国时期在这里的沙河上建起了一座三孔石拱桥时并未正式命名，众人就叫作乌龟桥，当时就有人认为其名不雅而改称为与乌龟桥谐音的五桂桥。新中国成立以后改建为木桥时就正式命名为五桂桥。1965年改建为钢筋混凝土双悬臂梁桥，改革开放以后在这里建成了规模宏伟的跨线桥并与成渝立交桥相连，

塔子山下、五桂桥旁开行的火车　1995年　齐鸿摄影

五桂桥道口　2003年　王晓庄摄影

五桂桥成渝高速公路标志　2001年　唐跃武摄影

成为城内的蜀都大道与城外的成渝高速公路以及去自贡、宜宾、泸州等地的高速公路相接的连接点。东边建有目前成都规模最大的汽车站成都汽车总站（包括长途汽车站与公共汽车站），南边有著名的塔子山公园，以及集新建的成都火车东站、地铁站、长途汽车站于一身的成都东部交通枢纽。

半边桥北街附半边桥南街

在人民公园的东南边有一条半边桥街，以原来的半边桥而得名。清代这里是大城与满城的交界处，金河从此流过。金河上的一座桥下面就是分隔大城与满城的水栅，上面还有棚栅式的建筑，并有兵丁把守。桥面的西半边属于满城的范围，桥面的东半边属于大城的范围。清人的《竹枝词》曾对此有过颇有微词的形容："右半边桥作妾观，左半边桥当郎看。筑城桥上水流下，同一桥身见面难。"当时人们就把这座桥称为半边桥（其实半边桥的正式名字应当是灵寿桥，过去还曾经有一位名叫刘彝铭的文士在桥上题写过桥名）。北起祠堂

半边桥南街　20世纪90年代　严永聪摄影

街、南到陕西街的街道就叫半边桥街，也被简称为半边街。过去的半边桥街还曾经以在今人民公园侧门附近的半边桥为界，分为半边桥北街和半边桥南街。在近年的城市改造中，半边桥北街和半边桥南街都已被拆除，原来的位置变成了绿化带与市场。

　　清代为了保卫满城的安全，在半边桥下的金河中设有水栅，从府河中进入金河的船只最远就只能航行到半边桥为止，半边桥也就成了过去能够通航的金河水运的终点码头。当年满城中所需要的各种生活物资基本上是从满城东门受福门进入，有专门的满城官员在那里检查验收，而受福门就在半边桥的北边，满城中最重要的粮食与物资仓库诸如永济仓、大粮仓、柴薪仓、草料仓等也都设在半边桥以西的今天人民公园范围之内。所以，成都市中心地区当年从半边桥到三桥（见"三桥正街"）这一段金河两岸就曾经是一个十分热闹的小型水码头贸易区，故而《锦城旧事竹枝词》这样写道："半是少城半大城，铁栅跨河满汉分。流向三桥输炭米，蜿蜒直到水东门。"

　　1925年，在前清状元骆成骧的大力提倡之下，以继承和发扬传统武术为宗旨的四川省国术馆成立于少城公园内的半边桥街侧门内（具体位置在今半边桥南街35号省文化局宿舍区），骆成骧亲任馆长，武术名家刘崇俊任副馆长，

半边桥南街与陕西街相交街口　20世纪90年代　韩国庆摄影

对推动四川的武术发展起过不小作用。著名的青羊宫花会上打擂比武的"打金章"就是由四川省国术馆组织的。四川军政要员刘文辉、杨森、刘湘、王缵绪等都曾经兼任过馆长。

民国时期的半边桥街上的主要商店是前店后坊的皮鞋店,有老成都最著名的"前进"皮鞋店,还有名号为"光荣"、"大胜"、"可行"、"一新"的多家皮鞋店。抗日战争时期,著名影星白杨等人专门到此选购皮鞋,曾经引起大量路人围观,成为报纸上的重要新闻。

半边桥街上过去有几家在成都颇有名气的餐馆。由郭朝华夫妇创建的蜀中名菜"夫妻肺片"早期曾在少城公园侧门右边拐角处开店,只有一间铺面。由廖永通创建的著名小吃"痣胡子龙眼包子"就开在半边桥北街西侧(近年来在太升南路开店),也只有一间小铺面。清真食品店"王胖鸭"最初开在西御街东端,"文革"中因为修建金河与御河的人防工程而迁至半边桥街。"王胖鸭"是采用填饲成都麻鸭与挂炉烤鸭技术加灌卤汁的成都风味烤鸭,是从清朝宫廷烤乳猪的技术移植的,不是后来大量出售的、加工技术相对简单的卤制白油桶鸭。在老成都人心中印象特别深的,是一家名字很古怪但又引人注意的甜食店"口皿品",其主要食品是煮红苕。"口皿品"中的那个"皿"字早在汉代的《说文》中就有收录,从二口会意,其义为"众人并呼",就是喧哗的"喧"字的异体。由于"皿"字的写法在古籍中基本不用,绝大多数人都不认识,加上绝大多数成都人都按成都方言把亲嘴称为"打啵",于是人们就把这个二口会意为"众人并呼"的"皿"字的本义误认为就是二口亲嘴,读为成都方言中的"啵",即波字的儿化音,这样"口皿品"的名字就被喊了几十年。当年九眼桥边还有一家川菜馆叫"大垡春",店招中也有一个绝大多数人不认识的罕见字。于是"东有大垡春,西有口皿品"就成为多年来成都的一桩趣谈。新中国成立以后,"口皿品"曾经在西御街开店,但是其主打产品不再是煮红苕,而是各种凉粉。

当年的金河从水西门入城之后,因为从闹市中穿过,所以桥的分布很密,在半边桥的上游原来还有好几座桥,都在原来的满城内,现在已经没有相关的地名留下来。半边桥是当年金河上若干座桥之中在今天还在街道名称中留下桥名的最上游的一座桥。

三桥正街附三桥南街

从半边桥街往东，在金河上原来有著名的正对着皇城正南方三个门洞的三桥，其位置在今天的染房街以西的人民南路上。三桥以北是三桥正街，三桥以南是三桥南街。成都著名餐馆"努力餐"最早就是于1929年开设在三桥南街。

20世纪50年代，在拆除了这两条街的基础上新建了人民南路。今天从东御街、西御

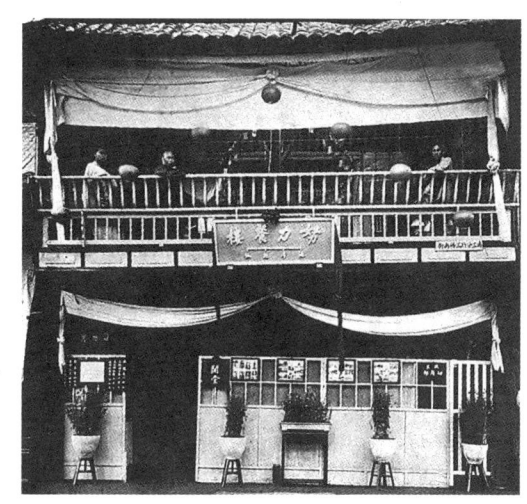

20世纪30年代开在三桥南街的努力餐
杨显峰提供

街口到新光华街、红照壁街口这一段的人民南路，其位置与当年的三桥正街、三桥南街基本上是重合的，只是更宽、更舒畅了。例如著名的四川剧场是在1954年修建的，它所在的位置就是三桥南街的西南头。

金河上的三桥，是由三座相距约5米的并列小桥组成的，每座桥都有汉白玉的栏杆，这是明代修建蜀王府时按当时的藩王府邸的规格专门修建的。明清时期北京皇城的天安门前面有金水河，上面是并列的七座桥，皇城内的太和门前有内金水河，上是并列的五座桥。这些并列的桥大小有异，雕刻不同，名称不同，在举行正式礼仪时，有资格从上面走过的皇族或官员也不同。例如天安门前的七座桥最中间的是御路桥，只能由天子行走；两边的是王公桥，只能由宗室亲王行走；再两边的是品级桥，准许三品以上文武大臣行走。三品以下的臣下只能走七桥之外的较远的众生桥（在原来的太庙与社稷坛，即今天的劳动人民文化宫与中山公园的前面）。成都的蜀王府把王府前的金河作为金水河，上面所建的并列三桥肯定也有具体的若干讲究与使用规则，今天已经不得其详了，只知道在新中国成立之初拆除以前的清代三桥仍然是中间一桥要比两

边二桥稍高稍宽一些,这应当是明代三桥的遗制(有的研究者认为明末成都城被毁时,三桥与红照壁因为不是木质结构,所以很可能是被保存了下来,清代的三桥很可能也就是明代的三桥)。我们从老成都人口中流传的"三桥九洞石狮子"一语和文献记载中可以知道,三桥的每个桥下都有三个桥洞,一共是九个桥洞,在桥南还有石狮子和石质华表。石质华表早毁。一对石狮子是过去成都城内最大的石狮子之一,在清末民初时就已被周围的民房所遮掩,以致在老一辈成都人口中流行着这样的歇后语:"三桥的石狮子——没脸见人!"新中国成立以后拆除三桥时,将这对石狮子移到了皇城大门前,不少成都人小时候都曾经爬到上面去玩过或者在上面拍过照片,可是很少有人想过:皇城大门外怎么会有石狮子?一直到"文革"中拆皇城修万岁展览馆时,这对大石狮子才被移至望江楼公园。三桥南街过去曾经叫作韦陀堂,因为原来在这条街的西边曾经有过一座韦陀庙。

▲ 在皇城城门石狮上观看广场演出的儿童 20世纪50年代 杨永琼提供

◀ 三桥南街 1930年 刘永禄提供

清人《竹枝词》曾经这样写过当时成都城内的风情："安顺桥头看画船，武侯祠里问灵签。呼郎伴妾三桥去，桥底中间望'四川'。"很风趣地描绘了当年三桥的情景。因为皇城的大门是三个门洞，远看皇城就像是一个"四"字，而并列在金河之上的三桥，远看时又好像一个"川"字，所以就叫"望四川"了。

今天二环路的人民南路立交桥下，塑造有"老成都民俗公园"，其中就有缩小的昔年三桥。

锦江路附锦江里　锦江街　东锦江街

在今天盐市口南边，染房街的东口，原来的粪草湖街北口的金河上有一座锦江桥（这也是金河也可以叫作锦江的例证），桥的南面原来就叫锦江桥街，1939年"6·11"大轰炸中被日本侵略军所毁，恢复之后改名为锦江街。新中国成立以后曾经先后改名为解放中路五段和锦江路，锦江路的西边还有与古卧龙桥街相对的锦江里。近年在旧城改造中将锦江路、锦江里和南边的粪草湖街、烟袋巷一并加宽重修，成为新建的大业路。

锦江桥曾经是金河诸桥中在市中心比较重要的一座桥，桥边的码头也是金河在市中心比较重要的一个码头。明清时期成都人所食用的自贡盐大多是先用大船运到九眼桥、水津街一带，再用小船从金河运到锦江桥码头上岸，批发商把盐买下之后再锯开分装（所以要锯开，是因为过去的食盐是大块状的"锅巴盐"，而不是今天的平锅细盐），以便零售给千家万户。锦江桥以北的盐市口所以会成为清代的官盐店并且有盐市口的名称，就因为清代的官盐也是在锦江桥这个当时城中心最大的盐巴贸易码头上岸的。

1959年至1962年的经济困难时期，地处市中心的锦江路与附近的粪草湖街、烟袋巷曾经是成都市内最有名的"自由市场"之一，与位于牛市口、梁家巷等地的"自由市场"齐名。

在成都，以锦江为街道名称的还有两处，一是蜀华街，一是东锦江街。东锦江街位于今天的红星路步行街东侧、东大街以北，东起西糠市街，西接联升巷。这条街在明代就已经叫作锦江街，到了清代，为了与上述的另一条锦江街有所区别,就被称为东锦江街。可是这条街为什么会被称为锦江街,却很难找到理由。在过去的成都,因为不只是府河与南河可以称为锦江,金河也可以被称为锦江,上述的锦江路与锦江街可以为证。可是东锦江街并不与金河为邻,更不与府河或者南河为邻,为什么会以锦江为名呢?这只能有一种解释,就是古代在这里应当有一条今天已经见不到的河流,很可能就是前面已经说过的解玉溪。解玉溪的河道流向图目前还不能准确复原,但是从费著的《岁华记丽谱》中关于"七月七日晚宴大慈寺设厅,暮登寺门楼,观锦江夜市,乞巧之物皆备焉"的记载可知,宋代就可以把解玉溪称为锦江。《大明一统志》中又有"解玉溪在大慈寺南,与锦江同源"的记载,可见在明代人的眼中,解玉溪仍然是与锦江有关系的,那么把大慈寺南的解玉溪旁边的街道称为锦江街也就不难理解了。

  东锦江街上最有名的古迹是诸葛井,相传为诸葛亮治蜀时所凿,早在宋人的《方舆胜览》一书就有明确记载,到明代时仍然保持着旧貌,明嘉靖年间还在这里修建了诸葛井祠。明人杨名在《诸葛井祠记》中说:"成都锦江街旧

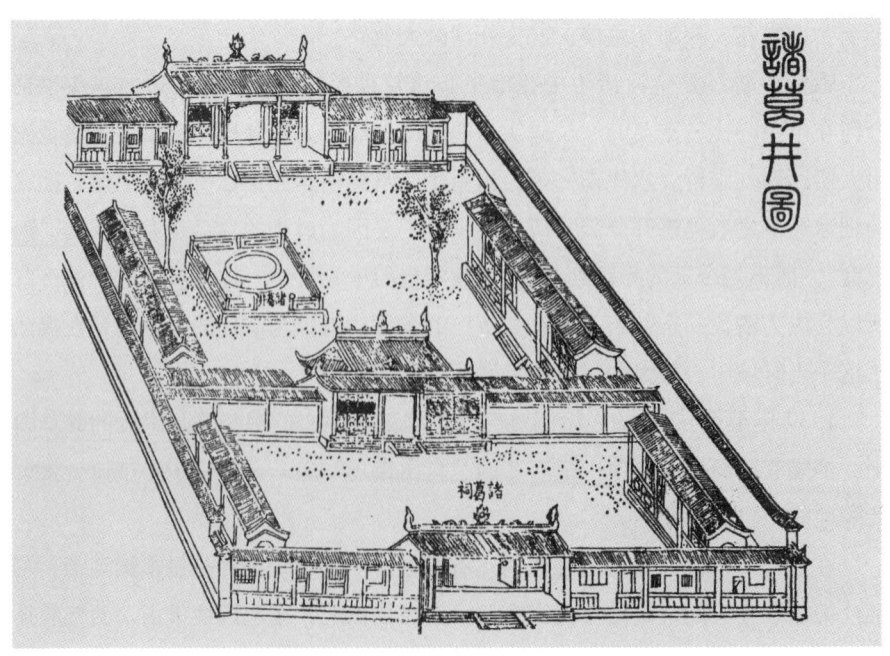

清代诸葛井图　原载嘉庆《华阳县志》

有井，其制与他井不同，大约中虚方丈，深二丈，口径尺许，精工坚固，非俗工所能制，以创自诸葛忠武侯，故托之名。"从这一段重要记载来看，这种"中虚方丈"、"口径尺许"的腹大口小的水井的确是汉魏古井的特征（这种特征的古井今天在成都还保留着一口，就是邛崃的文君井）。

昔日诸葛井　杨显峰提供

诸葛井祠在明末就已毁坏，但是诸葛井还在，所以清代本街又曾经名为诸葛井街，直到民国时期的1915年又才恢复为东锦江街的原名。清末在成都的日本人山川早水在《巴蜀旧影》一书中说这口井"为八角形，上窄下宽，水很甜美，其深莫测"。民间传说此井之下有"海眼"，可以通到九眼桥的锦江之中（另一说是可以通到望江楼的薛涛井中），这也是锦江街得名的原因。《锦城旧事竹枝词》为此有如下的记叙："命名岂是漫无因，锦水江波何处寻。有井八角通海眼，庙前茗饮可清心。"新中国成立以后，早已残破的诸葛井在本街上的北糠市街小学（与东锦江街相邻的是西糠市街，但是北糠市街小学分校设于本街，这所小学就是在原来的诸葛祠的旧址上修建的，所以也被称为诸葛井小学）中还可见到。近年来因为城市改造，东锦江街已经完全被拆除，诸葛井也不复得见。几年前武侯祠旁兴建老成都民俗风情街锦里时，在锦里修建了一口新的诸葛井，算是对诸葛井的一种记忆。

　　成都的诸葛井还有两处，一是在青白江区弥牟镇老横街上，目前保存完好，相传建于三国时期，现在是青白江区文物保护单位；二是在双流县东升镇葛陌村，据《元和郡县志》所载，这里是诸葛亮家属旧居所在地，也就是他在遗表中所说的"成都有桑田八百株、薄田十五顷，子孙衣食自有余饶"的地方，所以也有一口诸葛井。

古卧龙桥街

穿城而过的金河在城内的流向基本上是从西北流向东南，唯独在通过锦江桥之后向南转了一个小弯，其蜿蜒之状有如游龙卧地，所以金河上在这里的一座桥就叫卧龙桥，具体位置在原来的粪草湖街的东口。这座卧龙桥建于清代中期，是石质一洞式拱形覆屋廊桥，1926年改建后覆屋被拆除。后来在今龙王庙街口的金河上又修了一座桥，名字也叫卧龙桥。为了区分，人们就把紧邻锦江桥的这座卧龙桥叫作古卧龙桥，通过古卧龙桥的这条街也就名叫古卧龙桥街，不过人们一般只简称为卧龙桥街。和成都的很多老街一样，如今的卧龙桥只剩下一个街名，桥没有了，模样也大变了。正如今天一位名叫柳之光的诗人在《卧龙桥》一诗中所写的："横贯金河纳御沟，半边拱背卧龙稠。于今只剩桥名在，已换摩天百尺楼。"

古卧龙桥街旧时是一条很有名气的文化街。这条街的东边与学道街相邻，过去全省到成都参加科举考试的读书人经常云集于此，故而在这里开设了很多刻书售书的商铺，是成都刻版印刷的重要中心。如著名学者张澍的二酉堂就是于嘉庆年间在古卧龙桥街开设的，成都人早期最著名的用小铅印机印刷书报的昌福印刷公司最初也是开办在这条街上，时间是光绪三十四年（1908），以后才迁到总府街上的昌福馆。1913年，我国著名的新式书店中华书局在这条街的川北会馆右侧开设分店，直到春熙路建成之后才迁到春熙路。

本街上的川北会馆是清同治十二年（1873）由川北的南充、西充、盐亭三县人士共同修建的同乡会馆，本名三邑会馆，但成都人一般都叫作川北会馆。会馆规模不大，其万年台（即戏台）的建筑极有特色，40多根立柱全部都是粗大的楠木。民国初年，中华书局成都分店曾经设在这里。新中国成立以后，会馆长期由东城区教育系统所使用，故而主要建筑得以保存，改革开放以后还被列为市级文物保护单位。在城市改造时，为了拓宽街道而必须对会馆进行拆迁。为了尽可能完整地加以保护，市政部门于1999年将川北会馆的建筑物进行了整体拆迁，搬到了位于成都东郊的全国著名的会馆之乡洛带镇整体重建，与原有的湖广会馆、江西会馆、广东会馆一道形成了极富特色

·桥·

卧龙桥川北会馆中的万年台　1998年　冯水木摄影

夏日的中华书局成都分局　1929年　[日]岛崎役治摄影　杨显峰提供

的会馆群落。

民国初年，著名新派人士、《四川公报》负责人樊孔周（关于樊孔周的介绍见"燕鲁公所街"）在川北会馆成立了成都报界公会，邀各报同人每周聚会一次，交换信息，联络感情。这应当是成都最早的新闻沙龙或记者俱乐部。

在川北会馆的万年台上，还发生过成都现代文化史上的一件大事，就是第一次男女同台演出话剧，也是话剧女演员在成都第一次公开演出话剧。

1929年，以著名进步剧作家陈白尘为首的摩登剧社在上海成立。剧社创始人之一的四川人陈明中1930年回成都后与王怡庵、李仲怡等组织了成都的摩登剧社，邀约一批青年男女在川北会馆演出了田汉编剧的《苏州夜话》《南归》《第五号病室》和易卜生的《娜拉》。台上是男女演员共同出演，台下是男女观众混坐同观。这在成都历史上是破天荒的第一次，因在这以前成都也演出过话剧，但是只能是男扮女装，台下座位（包括电影院与川剧场）必须男女有别。摩登剧社连演多场，一直爆满，以后又演出了曹禺的经典剧作《雷雨》，还到各学校巡演。"九一八"后摩登剧社转移到了成都最有名气的春熙大舞台，演出了爱国话剧《山河泪》。在各方面守旧势力的围攻之下，摩登剧社竟因为"有伤风化"的罪名而被查封。这以后，剧社同人重新成立"现代剧社"，继续在各地演出进步话剧，影响愈来愈大。反动当局竟然派出成都军界著名恶棍石肇武，率人将剧社领导人兼导演陈明中和主演马静沉抓到支机石公园凌辱毒打，几至丧命。在四川活动了三年多的摩登剧社终于被迫停止了活动。陈明中到安县休养了一年，经万籁天力邀，又回成都担任了大同电影戏剧学校（有关介绍见"千祥街"）的教务主任。

青石桥街

青石桥原名龟化桥，清乾隆五十七年（1792）重建，桥身以红砂石为材料，桥面选用岷江木筏运来的最能经受车轮碾压的岷山青石构建。建成之时，遂由主持开桥仪式（过去叫作"踩桥"）的四川巡抚宪德更名为青石桥。重建后是有覆屋的一洞式小廊桥，1926年维修时把廊屋拆去。在青石桥北街的东

·桥·

侧过去还有一座尼庵叫白衣庵,民国时期即已不存。

龟化桥是一座古桥,早在五代时就有记载。它的得名缘于成都最初建城时有神龟相助的神话传说。相传神龟在绕行一大圈、画出了建城线路之后就是在这里死去升天的,所以叫作"龟化"。这个神话折射了历史的真实,因为最初修建的秦代成都城的范围要比明清的成都城小得多,位置大体接近于清代的满城的外墙,青石桥的位置大体上就在秦城的东南角。

清代末年,外国的"洋行"进入成都,收购猪鬃、皮革、药材、绣品等,销售"洋油"(即煤油)、西药、纺织品等。目前可以确定开业时间最早的一家洋行,就是光绪三十一年(1905)法国商人柯斐纳在青石桥北街开设的义昌洋行。

民国时期著名的王豆花饭馆就开在青石桥北街,只卖豆花与小菜,曾是全成都公认的价廉物美的平民饭馆。虽然几经变化,但是一直到改革开放之后,那里仍然有一家豆花饭馆。成都著名川菜馆竟成园1923年开设于青石桥南街,以后才迁往总府街。

青石桥的两侧有青石桥北街、青石桥中街和青石桥南街,过去是相当冷清的小街。改革开放以后,这里成了城中心最大的水产品市场和花鸟市场,

青石桥—新开街花市　1988年　陈锦摄影

其他用作街道名称的桥　*201*

·成都街巷志·

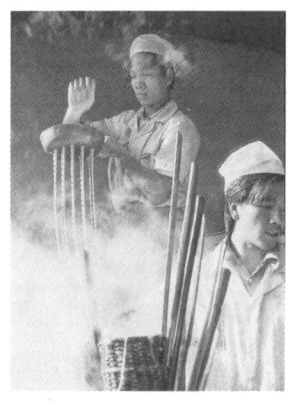 

正在制作中的青石桥肥肠粉　　青石桥肥肠粉店　1998年　唐跃武摄影
1990年　唐跃武摄影

春节前的青石桥市场　20世纪90年代　王文相摄影

青石桥市场　2002年　韩国庆摄影

花鸟市场向南发展到新开街、南府街和东府街,已经于2007年11月11日关闭。早期的"青石桥三绝"(即肥肠粉、荞面、糖油果子)和农贸食品市场,以及今天仍然兴旺发达的水产品市场,使青石桥这一地名在成都几乎是无人不知。方便粉丝如今所以能够行销全国,走出国门,最早也得益于在成都几乎是无人不知的青石桥肥肠粉。

青石桥所以会成为改革开放之后市中心最大的食品市场,自有其一定的历史渊源。清代的青石桥是金河在市中心的主要码头之一,从而使运送市民生活必需品的小船在这里形成了成都市中心最重要的早市,而早市的主要交易商品基本上是柴粮油肉禽蛋蔬果等各种生活必需品。到了民国时期,虽然金河中的航运规模愈来愈小,但是这里仍然是成都市中心最重要的早市,一直到现在也是如此,只是在新中国成立初期和"文革"中曾经一度中断。

公平巷

在新半边街与向荣桥街之间原来有一条小巷叫公平巷,已经在近年的城市改造之中被拆除。公平巷原来的名字叫太平巷,得名于位于小巷北口的金河上的太平桥,太平桥建于清乾隆五十五年(1790),在金河诸桥之中位于青石桥与向荣桥之间。因为这里的太平巷与九眼桥南的太平巷同名,1938年改名为公平巷。

公平巷短而窄,却是一条不多见的有两个小弯的弧形小巷。

公平巷16号　1994年　陈维摄影

向荣桥街

向荣桥是清同治十二年（1873）在金河上修的一座小石拱桥，桥下只有一个桥洞，所以初建时名为一洞桥，一洞桥所在的小街就叫一洞桥街。因为牛市口还有一座一洞桥，两地同名，为了避免重复，新中国成立以后将这里的一洞桥改名为向荣桥，寓新中国欣欣向荣之意，一洞桥街也就改名为向荣桥街。向荣桥在20世纪90年代还在，现已不存。

清代同治二十六年（1887），法国传教士吕鸣春在此修建了天主教堂。这是成都最早的天主教堂之一，也是当时的成都地区的主教座堂。1895年的"成都教案"中教堂被毁，后修复，但不再是主教座堂。1958年，成都教区将这里的房产捐献给四川天主教爱国会筹委会，宗教活动停止。1984年，原来的教堂建筑因是危房而被拆除。直到今天，四川省天主教教务委员会仍然设在这里。

向荣桥街　2002年　赖武摄影

余庆桥街

金河上的余庆桥建于清乾隆十八年（1753），重修于清同治九年（1870），是石质一洞式拱桥，以吉庆有余之意而命名。余庆桥所在的小街也就叫余庆桥街，位于老半边街与光大巷之间。余庆桥早已不存，余庆桥街也已经在不久前的城市改造中被拆除。

余庆桥街　1995年　赖武摄影

在余庆桥与下面介绍的拱背桥之间，原来的金河上还有南打金街的卧龙桥、龙王庙街的板板桥和景云桥、下莲池的金津桥，如今均已不存。

拱背桥街

拱背桥也是金河上的一座小桥，本名金水桥，初建时间不详，重修于清光绪三十三年（1907）。因为是一座石条砌成的一洞式拱桥，所以人们都将其叫作拱背桥。这里一直到民国时期才形成了街道，并被命名为拱背桥街。如今桥虽不存，在王家坝街以东、东南里以北仍然还有一条拱背桥街。但是这条拱背桥街已经不是原来的拱背桥街，原来的拱背桥街是一条弯曲的街道，几年前已经在城市改造之中拆除而大部消失。由于原来的拱背桥下面的金河河道在"文革"中被加盖成为所谓的防空洞以后，陆续在上面修建了一排平房，成为民居，位置又是在原来的拱背桥街的位置，所以这一排在"文革"以后新出现的平房及小街,现在也就被叫作拱背桥街。

就在这个不起眼的拱背桥,发生过一件四川近代史上的大事。

清代的拱背桥地区,即从铜井巷以东直到城墙是一片空地,一条街道也没有。光绪三年(1877),具有维新思想的丁宝桢(有关介绍见"丁公祠街")从山东巡抚升任四川总督,他决定要在成都修建兵工厂,赴任时就把他在山东建立的山东机器局的主要助手曾昭吉以及几十名熟练工人一同带到成都。到了成都之后就选定拱背桥到下莲池一带的空地修建四川机器局,第二年投产。选定这片空地的主要原因是在于这里是金河东入府河的河口,机器局所需的燃料、材料可以通过小船由这条水上运输线送达。丁宝桢在这里共建大小厂房188间,主要生产步枪、子弹和火药(1880年又在南外古家坝专门修建了火药局),还生产过70多尊"劈山炮"。出于保密的原因,初建时不叫枪炮厂而叫机器局。当时的钢材还是罕见之物,所以厂房是用木材建筑的穿斗式结构。四川机器局是成都与四川历史上的第一家兵工厂,也是成都与四川历史上第一家采用近代技术的机械制造厂。光绪二十六年(1900),又在机器局旁边(与拱背桥相邻的东南里)建成银圆总局,成为成都最大的、也是最重要的造币厂

四川机器局大门　杨显峰提供

四川机器局主车间　杨显峰提供

清末的四川银圆总局厂内景　杨显峰提供

（银圆总局的经营部设在总府街），成都的第一盏电灯就是 1904 年在这里发光的。1905 年，机器局在望江楼对面的三官堂修建了规模更大的钢结构的新厂。机器局迁往新厂之后，这里仍然是一个兵工厂，先后由不同的军阀所控制，称为修械所，仍然可以生产和修理多种枪支，成都人一般称为"老厂"，其生产时断时续地一直维持到成都解放前夕。银圆总局则长期存在，制造银圆与铜圆，民国时期改名四川造币厂，一度是四川军阀的财政重地。当时流行的一副对联深刻地抨击了四川造币厂制造的劣币："一个银圆破、烂、哑；三个军长邓、田、刘。"

新中国成立以后，在原来四川机器局和四川造币厂的旧址改建了成都电机厂和红星印刷厂。红星印刷厂是中共四川省级机关印刷厂，在此一直经营到改革开放初期，大门开在北边的锐钯街。到20世纪90年代，在拱背桥街与东南里交会处，还孤零零地立着一道古老的照壁，当时笔者的家住在附近的龙王庙南街，曾经多次从那道古老的照壁前面经过，那应当就是四川机器局最后的一点痕迹，现在是连一点痕迹也找不到了。

清光绪二十九年（1903），成都最早的官办印刷厂"官报书局"开办于拱背桥（以后迁总府街），印刷政府的官报，有铸字、石印、切纸设备，职工最多时高达300多人，聘有日本教习，一度是成都规模最大的印刷厂。1926年，设备由王暨英买下，迁至忠烈祠街，成为私营的美利利印刷公司。

清光绪三十年（1904），成都最早的外语专科学校、为准备留学日本的青年人补习日文的成都东文学堂开办在拱背桥北侧的胡氏祠堂中。几年之后，原来在陕西街的四川陆军医院迁到本街。

大安正街

金河上最后的一座桥位于金河水快要流入府河的地方，原名下里桥，后改名为大安桥（成都的北门曾经叫大安门，北门大桥也叫大安桥，与这里的大安桥是同名的两座桥），初建年代无考，重建于清嘉庆十五年（1810）。因为这里的大安桥，所在沿府河西岸的这一段街道也就名为大安街。抗日战争中，这里还修过大安横街，所以大安街就改名为大安正街，这个街名一直用到现在。1990年的府河南河综合整治工程中，大安正街并入了整治之后的天仙桥路。

大安正街的南端就是府河与南河的汇流处，这里自古就是成都名胜，唐代在这里建成了合江亭,宋代在这里建成了合江园。楼台亭阁,花木繁茂,"江头放船去,苇间问渔子,岸深渔有家,凫雁在中汜"的水上美景,曾经吸引了无数游人与诗人。合江亭和合江园在宋末战乱中全部被毁,长期未得重建。一直到了改革开放之后,才在这里重建了一个新的合江亭。

大安正街小巷　1993年　赖武摄影

从大安桥沿金河上溯,在大安桥与拱背桥之间,原来还有铁板桥(具体位置不详)和普贤桥(在今清安街),均已不存。

从半边桥到大安桥,是现在仅从街名上还可以见到的金河上的桥梁。这些桥都已经见不到了,如果把这些以桥命名的街连起来画一条线的话,20世纪70年代还在成都城中流淌的金河的大致流向也就基本可以复原了。宋代的金河上只有8座桥,到了清代后期竟然增加到20多座桥,虽然金河不宽,河上的桥也不大,但是这种密集的桥梁分布,也正是成都市区经济发展、人口增多的一个标志。

平安桥街附平安巷

成都市中心原来有围绕皇城的御河,御河上原来共有8座桥,但是能够留到今天的桥名只有平安桥。

平安桥是御河西边偏北的桥,桥西侧的街道在清代叫平安桥正街,民国时改为平安桥街,2003年街道改造之后并入了西华门街。在平安桥街以西,原来还有平安巷(初名平安桥西巷)。

平安桥街　2001年　赖武摄影

　　清光绪三十年（1904），在法籍主教杜昂主持之下，由法籍神父骆书雅设计监造（骆书雅于1916年继任主教，直到1948年，去世后葬于成都），由来自川西农村的信仰天主教的工匠担任掌墨师负责施工，经过约10年时间，于平安桥街建成了成都市规模最大的中西合璧建筑风格的天主堂（这里原来已经有过教堂，但是在1895年的"成都教案"中被毁），堂名"圣母无染原罪堂"，由"主教公署"和"总堂"两部分组成，自建成之后就一直是天主教川西教区主教座堂，又称首堂、总堂，现在仍然是成都教区规模最大的天主堂。平安桥天主堂长期以来一直是川西地区天主教的中心，目前仍然是四川省天主教成都教区所在地。2003—2006年间，为了配合街道整治，又进行了全面的维修，新增了礼仪广场。

　　平安桥天主堂是我国西南地区规模最宏大、建筑最豪华的天主堂，这座中西合璧式建筑的天主堂，以罕见的楠木柱结构为主（教堂内有高达6米、直径0.35米的楠木柱108根），已经被确定为全国文物保护单位。

　　据有的研究者认为，这座教堂的建筑有一个十分罕见的特色，就是没有采取世界各地教堂建筑几乎成为通例的十字形布局，而是按照汉字的"悚"字

·桥·

平安桥天主堂　1928年　［法］杜满希提供

平安桥天主堂主教公署　2008年　喻磊摄影

形布局。左边的建筑是总堂的大小经堂,既像一个"十"字架,又像汉字的"竖心"形。右边的建筑是主教公署,则是汉字"束"的形状。两边放在一起,就是一个汉字的"悚"字,而"悚"字又和"竦"字相通。这种别出心裁的布局也可以说是煞费苦心,就是想要教徒们自警自律,"天主威严,令人望而肃穆恭敬"。因为在此之前发生的若干"教案"大多是部分教徒依仗教会势力胡作非为所造成的。也正是出于这个目的,这个本来应当完全西化的天主堂内部是古典罗马教堂的格调,外观上却一点也看不出其他同类教堂常见的特色,其大门是一个典型的中式大门,青砖青瓦坡屋顶,既有点像庙门,又有点像官府(当年门外还有照壁)。这至少从外观上减少了与中国传统文化的冲突,减少了中国人的敌视与对立。平安桥天主堂的建筑特色在全国所有的天主堂中是独一无二的。

平安桥天主堂的花园中原来种有百年树龄的伊拉克枣树两株,一直被称为一雄一雌,为我国西南地区所仅见。"文革"中雄株被占用住户烧死,现仅存雌株。

平安桥天主堂以南,天主教会于1874年在原来的马道街上建有圣婴院,于1903年建有圣修医院。圣修医院有病床280张,具有慈善性质,收费极低,贫者甚至可以免费,所以一般人都称之为慈善医院。医院中不仅有法国和

平安桥天主堂侧面　2008年　喻磊摄影

·桥·

刚建成的圣修医院　杨显峰提供

美国医生,还有一位中文名字叫孔仁的匈牙利籍牙科医生。新中国成立以后改建为铁路医院。改革开放以后,铁路医院迁建到火车北站西南侧,这里改建为成都市人民政府的第三办公区。

平安桥天主堂对面,是如今在成都市中心名气很大的白果林茶园。那里原来有白果(即银杏)树100多棵,是1918年由天主堂栽种在御河边上的,到1949年只剩下39棵。1983年,市政部门在这里进行了综合整治,建成了成都市中心第一个全开放的小游园。

通顺桥街

文殊坊以南、草市街南口以西的通顺桥街对于很多成都人来说并不很熟悉,这条街上过去应当有过的通顺桥现在也看不到痕迹。但是如果说到爱道堂,很多成都人可能都会知道。

爱道堂始建于明初,原名圆觉庵。明末被毁后,清乾隆八年(1743)重建,咸丰八年(1858)增修,长期由比丘尼主持,是成都城内著名的尼庵,最

其他用作街道名称的桥　　213

20世纪90年代的爱道堂　青羊区文管所提供

盛时寺庙建筑加上附属建筑占据了大半条通顺桥街。民国时期，寺庙日渐衰落，庙中女尼不得不变卖庙产。1928年，圆觉庵由四川省佛教会接管，更名为"十方爱道念佛堂"，简称爱道堂。"爱道"二字来源于佛经《大爱道比丘尼经》，是抚育佛祖的姨母的名字。当时的爱道堂规模不大，自1941年以后有隆莲法师在此为尼，以后又担任堂主，创建莲宗女众院，培育尼众人才，因而在我国佛教界声名远播。

　　隆　莲（1909—2006）俗名游永康，乐山人，出身书香门第，著名学者郭沫若曾经是她外祖父的学生。她自幼聪慧过人，多方寻师求学，诗词书画、英文、藏文、佛学、医学，无所不精。她在父亲安排下参加全省的县政人员、普通文官、高等文官考试，均名列第一，名震蜀中，被公认为巴蜀才女。1941年，正当省政府即将宣布她为全省第一个女县长的时候，从13岁开始即长斋奉佛的她悄然离开在四川省政府秘书处工作了4年的办公室，遁入空门，在爱道堂削发为尼，并且终身以爱道堂为修行与居住之所。作为我国著名高僧能海大师的高足，她在佛门讲经说佛数十年，是公认的佛学教育大家。1984年，中国佛教协会决定建立我国第一所尼众佛学院，正是因为成都有隆莲法师，所以学院建在了成都铁像寺，并请她出任院长和主讲人，为佛教界培养了一批又一批有学问的女尼。在她的经堂上，有她亲笔题写的对联："利己利人勤修三学；爱国爱教上报四恩。""三学"指

隆莲法师
20世纪80年代王文相摄影

戒、定、慧，"四恩"指国土恩、大众恩、父母恩、师长恩。隆莲法师有多种佛学著作传世，并参加了《汉藏大辞典》和《世界佛教百科全书》的编撰工作，生前是中国佛教协会副会长、四川省和成都市佛教协会的名誉会长、全国政协委员、四川省政协常委。原中国佛教协会会长赵朴初称她为"中国第一比丘尼"。

由于有隆莲法师的声望，在国家与众教友的大力支持之下，爱道堂在改革开放后建立了爱道堂佛学院和爱道堂网络女众佛学院。2001年完成了全面的改建与重建，成为成都最著名的寺庙之一。

成都市区过去的通顺桥不止一座，还有一座在牛市口左侧，现已不存。

玉带桥街

对于成都人来说，玉带桥的名字可谓人尽皆知，可是在这里却既见不到桥，也见不到河的踪影。据有的老人说，在清末时期玉带桥都还有一条小水沟，有一座小桥，民国初期军阀混战才招致完全桥毁河填的。

从前面谈到的通顺桥，这里的玉带桥，到下面的桂王桥、梓潼桥，今天都是既没有河，也没有桥，很可能都是唐宋时期的解玉溪上几座老桥的历史

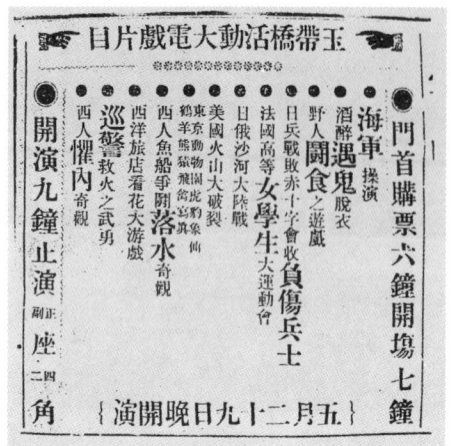

1909年的《通俗日报》所载的"玉带桥活动大电戏"广告

记忆。在玉带桥的东西两侧，至今还有东玉龙街和西玉龙街，也可能是因为当年解玉溪流经于此蜿蜒有若游龙而得名。玉龙是形容河道曲折，玉带是形容桥面狭窄，从留存至今的这些地名中，我们隐约可见解玉溪的一些蛛丝马迹。1950年曾经翻修过桂王桥街到梓潼桥正街的街道，不少人亲眼看到过挖开之后显现出来的石砌河堤遗迹，那应当就是过去的解玉溪的遗迹。

1909年，从日本留学回来的成都人陈果，带回了电影放映机和若干电影短片，在玉带桥街开办了"电戏放映馆"，设有正座和附座（即加座），场内备有茶水、香烟、点心、瓜子，有点像茶馆，是成都第一家电影院。此前在新街后巷子的华昌公司与桂王桥街的成都图书局中都在放映"电戏"，但都不是专门的"电戏放映馆"。从陈果的"电戏放映馆"在《成都日报》《通俗日报》上所刊登的广告来看，当时所放映的影片都是纪录片，诸如《日俄对马岛海面大战》《英国伦敦风景》《西洋洗澡之新趣》《西洋客店盗窃大幻术》，还没有一部故事片。

桂王桥街

从历史记载来看，清代就已经没有人在桂王桥地区见过河道，而桂王桥也只是保存在桂王桥北街天主教堂中的一道长约一丈的园林式小桥。到了当代，就只留下了桂王桥街的地名，连小桥的影子也见不到了。今天的成都人所称的桂王桥实际上是包含了呈十字形的桂王桥东街、桂王桥南街、桂王桥西街和桂王桥北街四条街道。

过去有关桂王桥的介绍资料都认为这座桥是明代桂王府园林中的一道小

桥，故而得名。笔者认为这种说法难以成立，因为明代蜀王后辈之中没有"桂王"之封，也就不可能有桂王府，故而桂王桥的得名由来目前还只能存疑。

清代的桂王桥街生活过几位重要的文化名人。

有"蜀中第一书家"之誉的顾复初（1813—1894）是清末流寓成都的著名学者，从咸丰二年（1852）至光绪二十年（1894），就住在桂王桥西街的寓所小墨池山馆。40多年间，他在成都留下了大量的诗篇和墨迹，今天我们在成都各旅游胜地所见到的一些最著名的对联，不少都出自他手，如望江楼的名联"引袖拂寒星，古意苍茫，看四壁云山，青来剑外；停琴伫凉月，予怀浩渺，送一篙春水，绿到江南"，草堂的名联"异代不同时，问如此江山，龙蜷虎卧几诗客；先生亦流寓，有长留天地，月白风清一草堂"都是他的作品。武侯祠中惠陵前的名联"一抔土尚巍然，问他铜雀荒台，何处寻漳河疑冢；三足鼎今安在，剩此石麟古道，令人想汉代官仪"，署名是完颜崇实，其实也是出于顾复初的笔下。完颜崇实是当时的成都驻防将军，而顾复初是将军府中的幕宾，他必须为将军大人代笔。

1900年，出生于简阳、曾在尊经书院读书、去过日本考察的成都著名的维新派学者、编辑出版家、企业家傅崇矩（1875—1917，又名傅樵村），从原来担任采访的《蜀学报》退出，在原桂王桥北街33号他的家门口挂出好几个招牌，创办了好几项事业。其中最重要的是开办了成都图书局，编辑出版新式书报。他先是在家中创办了成都第一家算学馆，与总教习苏星舫一道合办了宣传西学的《算学报》，是用木版刻印的。1902年又在家中创办了成都第一份使用白话的《启蒙通俗报》（最初也是用木版刻印的），同时还经销北京、上海的新式书报。他还设置了两处公益性的阅报公所（一处就在他家里），提供80多种全国各地的报刊和几种日本、香港报纸免费给市民阅读。1906年，《启蒙通俗报》改版为《通俗日报》，1909年另办《通俗画报》，都由他亲自负责编辑出版，所以他被时人称为"成都报界的开山祖师"。他创办了五四前后对于传播新思潮、开启四川民智极为重要的华洋书报流通处。他从日本买回"电光戏"即电影放映机，在成都图书局内放映电影，这是仅次于新街后巷子华昌公司的成都第二家放映电影的场所。他编撰的新式书籍与绘制的新式地图有数十种，他出任过四川红十字会会长。所有这些行动，对于清末时期的成都乃至

1909年创刊的《通俗画报》　四川省图书馆藏

全省新文化运动的兴起都有过很大的促进作用。傅崇矩为我们留下的最重要的文化遗产，是他一手编写而成，在1909年石印出版的8册《成都通览》，这是一部清末成都的百科全书。书中附有"七十二行现相图"114幅和"成都的游玩杂技"19幅，是当时成都市井百态的一次集中展示，这在所有的成都文献资料中也是唯一的。故而著名文人刘师亮写了这样的《竹枝词》："百花丛里葬诗魂，千古文章付梦痕。自有《成都通览》后，至今人说傅樵村。"傅崇矩自己则写过这样一首诗："少小从军笔屡投，男儿三十未封侯。士非知己难为用，生不逢时亦自羞。且著新书消岁月，愧无多迹到非欧。西方教育东方遍，试看支那得胜不。"仅仅享年42岁的傅崇矩是成都近代文化史上值得大书特书的人物。1980年，笔者曾经邀约几位朋友一道整理出版了他的《成都通览》，以表示对他的纪念。多年来，成都文化界无论是对他本人的研究还是对他的大量旧著的整理与研究都显得很不够。相反，远方的德国却有学者在专门研究他与他的著作，而且特地到成都进行过调查采访。

清光绪九年（1883），成都最早的"吴卓夫照相馆"由吴绍伯（又名吴卓夫，天主教徒，由平安桥天主教堂司铎杜融介绍到上海徐家汇土山湾印刷所学会了照相与石印技术）开设在桂王桥南街，除了人像，也影印书画。现藏于四川省图书馆的杨遇春的《宣勤积庆图》上下两册，就是由这家照相馆影印的。到1904年，成都照相馆增加到4家，另三家是广东人梁友戎、梁伯伟兄弟开在皇华馆街的"有容照相馆"，东玉沙街的"蓉城张萃贤照相馆"和具体地址已经不明的"神方驻景楼照相馆"。这时的照相馆已经可以在照片上着色，成为有色彩的照片。同是在光绪九年，吴绍伯又在桂王桥南街开了成都第一家石印社"涤雪斋",用购自上海的一台石印机印制书籍和地图。1918年吴绍伯病逝,"吴卓夫照相馆"与"涤雪斋"石印社关门歇业。但是,成都以及川西地区的石印技术基本上都是由"涤雪斋"直接或间接传授的。这一使用范围很广的印刷技术一直使用到新中国成立以后才逐渐被淘汰。民国时期和新中国成立初期的很多印刷品都是石印的,而贴在墙壁上的各种较大的布告,则全部都是使用石印技术印成的。笔者于新中国成立初期在绵竹读初中时多次去石印店玩,一个目的就是提前看到一两天后才会贴在墙上的布告。

抗日战争时期,国画大师张大千曾经在成都生活数年,他在成都城内的主要住所就是和平街的严谷声家与桂王桥东街的张姓朋友家,也在城外昭觉寺住过,在郫县太和场(今团结镇)住过,在灌县青城山住过。他自己修建的住宅则仅有一处,至今还保存在金牛宾馆大院中。

桂王桥南街在清代也叫作恒隆当街,因为在街上有一家著名的当铺叫恒隆当。以当铺作为街名,由是可知当时的当铺在社会生活之中的重要。

二仙桥路

位于成都城区东北方向的二仙桥地区是今天成都重要的物流与仓储中心。这里不仅有二仙桥路,还有以二仙桥为名的很多条街道,可以总称为二仙桥地区。可是,却见不到二仙桥。

二仙桥在过去是有的,它是过去出北门之后到龙潭寺的乡村土路上横跨沙河支流的小桥,位置在今成都木材防腐厂内,建于清代初年,扩建于道光五年(1825),桥边有供奉道教神仙吕洞宾与韩湘子的小庙,有两个神仙曾经在此桥相会的传说,所以叫作二仙桥,当地人又叫作遇仙桥。1918年重修之后成为一座石拱桥,新中国成立之后小河已经没有流水,石拱桥也因为修建工厂而被拆除,但是二仙桥这个地名被一直保留了下来。

今天住在车水马龙、尘土飞扬的二仙桥地区的居民可能难以相信,清代时期二仙桥下的流水十分清澈,桥头小店用河中流水做成的河水豆花还在附近颇有名声。清末民初时,每年冬至节过后,很多川北地区的乞丐都会来到

成都理工大学(原成都地质学院)博物馆里亚洲最大、最完整的合川马门溪龙
2009年　苟世建摄影

成都赶灯会和花会，这里就是各路乞丐年终大聚会、问亲寻友、交流信息的集散地。

二仙桥东三路有成都理工大学，其前身是1956年创建的成都地质学院。成都理工大学博物馆是四川省最大的自然博物馆，收藏与陈列的恐龙化石有30多具，其中包括已发现的亚洲最大、最完整的合川马门溪龙。

三洞桥路

三洞桥是1935年建于二道河（关于二道河的介绍见"西郊河"）上的一座三孔石拱桥，新中国成立以后新建西安路时，被改建为很短的平桥，原来经过石桥的小道也变成了宽阔的街道。近年来这条路又经过了扩建，三洞桥路的起止也重新界定为从三洞桥向北直到西大街，成为城市中心的大道，在很多人的眼中这里似乎已经既没有河也没有桥了。一直到民国初年，这里还是绿柳清波、河湾如带，故而这一段河道又被称为"带江"，三洞桥头紧邻二道河的中华老字号川菜馆"带江草堂"也就是由此得名。

"带江草堂"原名三江茶园，由原来在郫县犀浦开店的邹瑞麟开设于

1937年。成都文士陈践石见此处竹篱茅舍、小桥流水、花木扶疏,遂从杜甫诗句"每日江头带醉归"得其意趣,更名为"带江草堂",使之成为成都川菜馆中最文雅的店名。因为带江草堂的当家菜品是邹家祖传的大蒜红烧鲢鱼,所以一般都称作"邹鲢鱼"("邹鲢鱼"所卖的鲢鱼从来都不是鲢鱼,而是四川方言中所称的"鲢巴郎",也就是鲇鱼。"邹鲢鱼"只用产于成都西郊清水河中的"鲢巴郎",而四川人所称的白鲢才是动物学分类中的鲢鱼。因为四川没有野生的鲢鱼,为了与鲢鱼相区别,所以也可以把"鲢巴郎"叫作土鲢鱼)。顾客落座之后,亲眼看厨师从窗外把河中大竹笼中的野生土鲢鱼捉上来,用著名的郫县豆瓣、犀浦酱油、温江独蒜、汉源花椒为主要佐料精心烹制,让人在极为舒适的环境之中得到最佳美味的享受,故而邹鲢鱼远近闻名。抗日战争时期,邹鲢鱼是成都所有川菜馆中最有名气、最受欢迎的名店之一,不仅得到若干军政要员的称赞,也得到张大千、徐悲鸿等文化名人的欣赏。新中国成立以后,朱德、陈毅、郭沫若等都曾到此品尝。1959年,郭沫若还当场将精美的鱼肴命名为"浣花鱼",并题诗曰:"三洞桥边春水深,带江草堂万花明。烹鱼斟满延龄酒,共祝东风万里程。"陈毅于1961年所题的诗句"野田观农稼,溪边饮酒来"至今仍然挂在带江草堂内。

带江草堂
2009年　袁庭栋摄影

邹瑞麟正在制作"邹鲢鱼"
20世纪60年代　高华敏摄影

沙河上的中三洞桥　2003年　韩国庆摄影

沙河上的下三洞桥　1998年　唐跃武摄影

既然是三个桥洞的桥就可叫三洞桥，成都当然就不可能只有一处三洞桥，例如在沙河上就有上、中、下三洞桥各一座（前几年在沙河整治时重新修建之后还刻有《古三洞记》的"古三洞桥"，就是过去的中三洞桥），只是没有成为街道名称罢了。

·桥·

金沙桥街

二道桥以北、同仁路以西有一条分为两段的小街,北边的一段叫金沙桥下街,南边的一段叫金沙桥上街,中间以西郊河上的小桥金沙桥为界。所以要把这条小街分为两段,是因为这里是成都市金牛区与青羊区的分界处,桥南边属青羊区,桥北边属金牛区。

这里的金沙桥与目前闻名遐迩的成都金沙遗址没有关系,是因为过去曾经有人在这里的西郊河里发现了金沙而得名。无论是金沙遗址所在地的原来的苏坡乡金沙村,还是这里的金沙桥,都与河中的沙金、与在河中淘沙金有关。包括锦江在内的成都河流中的确含有少量沙金,过去的成都人也有人在河中淘沙金。据老年人回忆,直到新中国成立以后,在府河的东门大桥一带,都还有人在河中淘沙金。他们用的是最原始的方法,手中端着一个很大的簸箕,从河底舀起河沙之后就在水中不断地摇晃筛选,从中找到罕见的沙金(川西地区都叫麸子金)。在天仙桥后街,还居住过多家以淘金为生的专业户。1958年以后,锦江中就看不到存在了若干年的淘金者的身影了。

金沙桥街1号院内,曲艺工作者采访贾派竹琴唯一传人张永贵。
1985年　付兵提供

二道桥街

在同仁路与奎星楼街相交处往西，跨西郊河向西安北路方向有一条小街，叫二道桥街。这条小街的历史很短，原来是抗日战争时期为了躲避日本侵略者的轰炸，在成都西城墙上开出一道进出的豁口之后逐渐形成的乡村小道。这里原来本没有桥，也是为了城内居民跑警报的方便而临时建成的，因为地处二道河流入西郊河的汇合处，所以小桥就叫作二道桥。新中国成立以后，这里逐渐形成了一条小街，所以就叫作二道桥街。

有必要说明的是，这里的二道桥是民国时期命名的老二道桥。成都还有在新中国成立以后命名的新二道桥，二者不能混淆。沙河在与成彭公路相交处的东侧位置有一条向南流去的支流，叫作小沙河，向南穿过了二环路北三段与一环路北三段，一直到北门大桥西侧流入府河。二环路北三段与一环路北三段在越过小沙河时，所建的桥就被命名为一道桥和二道桥。由于这两座桥只是街道上的小桥，所以并不为大多数成都人所知。但是当新建的通往新都的北新大道（北新大道基本上是沿着小沙河而建的）于2007年通车时，媒体上介绍北新大道在城内的起点是二道桥时，不少成都人才明白，原来今天的成都有两处二道桥。老二道桥在二道河上。当年在二道河内还有一条一道河，紧靠城墙边，大约在1958年前后，拆了城墙填了河，城墙没有了，一道河也没有了。

通锦桥路附通锦路

通锦桥路是因为在饮马河这条小河上有一座通锦桥而得名。过去这里并没有桥，抗日战争时期为了城内居民疏散跑警报的方便，在西城角街的城墙上打开了一个豁口，并在豁口以外的饮马河上修建了一座简易的木桥，当时并没有命名。1952年改建之时，这里还是郊区田野，所以就以方便郊区群众进出锦城之意命名为通锦桥，1966年扩建。今天已经成为大街的通锦桥路在过去当然是没有的,其前身是抗日战争时期开辟出来的一段小街——西城角街,两边都是农田,新中国成立以后逐步扩建,其基本规模一直到1964年才全面形成。

通锦桥路以西、马家花园路以北有一条通锦路,当然也是以通锦桥而得名的。这条街道在今天的成都已少为人知,但是却是成都古代最著名的寺庙之一的万佛寺的故址。

万佛寺建于南北朝时期,初名安浦寺、再兴寺。唐开元十六年(728)新罗僧人无相重建,改称净众寺,又名竹林寺。南宋改为净因寺,元末明初改名万福寺。寺庙在明末被毁,清康熙年间重建之后改名万佛寺,但是规模较过去要小得多。唐宋时期的诗人对于这座寺庙有过不少的吟咏之作。自1882年到1954年,这里先后出土了从南朝的刘宋到唐代的细沙石质佛教石刻造像200多尊,经研究应当是唐武宗会昌年间(841—846)全国毁佛寺之时被毁的佛像,由后人特意埋于地下的。这一批主要收藏在四川省博物馆的佛像极为精美,不仅是目前已经发现的成都市区内时间最早、价值最高的一批佛教文物,也是四川省美术史上不可多得的雕塑精品。

万佛寺出土的唐代石刻佛像
王大明提供
四川省博物院藏

古代成都为世界文明做出过不少贡献，其中广为人知的一项是在北宋时候发明了全世界第一种纸币——交子。当年交子在成都的制造地在古代文献之中没有见到任何记载，唯一留下来的可靠记载是在南宋时期，交子发明一百多年以后，专门制造交子专用纸的造纸工场"移寓城西净众寺"（见费著《楮纸谱》）。宋代的净众寺即清代的万佛寺，其旧址就在今天通锦路的铁道部第二勘测设计院。近年来有不少学者提出，应当在这个宋代制造交子专用纸的旧址，设立一个永久性的纪念交子诞生的纪念碑。

抗日战争时期，树德中学曾经疏散到此办学。1947年，由著名学者魏时珍主持的国立成都理学院也曾经设在这里（成都理学院的前身是1940年开办在三槐树街的私立川康农工学院）。新中国成立以后，成都理学院并入川大，校舍划归铁路系统使用至今。

一洞桥街

从东大街往东，经牛王庙街过一环路，就是一洞桥街，这是过去老成都出东门到牛市口上东大路的必经之路。

清代在这里还有一条小河叫砖头堰，下游流入府河。康熙十三年（1674），为了便于将东山一带的砖石竹木运入城中，以供重建成都城内各种建筑的需要，特地在河上修了一座小型的红砂石拱形桥，下面只有一个桥洞，所以就叫作一洞桥，后来就把这里形成的街道叫一洞桥街。1925年改建以后，拱桥变成了平桥。如今砖头堰和一洞桥均已不存，只留下了两个地名。

一洞桥街和下面的一心桥街在"文革"之中都曾经被改名为胜利东路，1981年恢复本名。近年来在扩建东大街向东的出城街道时，在一环路以外新建了一条更宽更直的锦东路直达二环路（过去从东大街往东，从一环路到二环路要经过一心桥街和大田坎街，是一条弯路），原来的一洞桥街就并入了锦东路而成了锦东路最西边的一段。

一心桥街

从一洞桥街继续往东就是一心桥街,它的得名是因为过去这里在一条灌溉小渠之上有一道单孔石桥,桥头又有一个小庙,当地人就取"一心向佛"之意把小桥命名为一心桥。后来这一片逐渐形成了街道,也就名叫一心桥街。

一心桥街位于老成都东大路的起始位置,是过去成都人从陆路向东的主要通道,新建的成渝公路(成渝公路1932年建成,1932年8月1日在重庆举行了通车典礼,当时的名称叫成渝马路)必须从此经过。抗日战争时期,大量投军抗日的青年人大多要在此报到入伍,在此领取军衣、剃头换装,再分别被送往集训的军营,所以这里经常可以见到父母送儿上前线、妻子别夫泪双流的感人场面。成都的文化界人士多次在此进行鼓舞士气的宣传活动。著名的话剧与电影《抓壮丁》中王保长的扮演者陈戈(当时名陈谦益,四川自贡人,从1934年考入成都大同电影学校直到1940年赴延安之前,一直在四川从事进步话剧演出)就曾经多次在这里演出过抗日战争时期最著名的街头活报剧《放下你的鞭子》。

一心桥街　20世纪90年代　赖武摄影

20世纪70年代的"三花"茶叶袋
王大明提供

一心桥街长近一里,过去在成都很有名气的成都茶厂就在这条街上。成都茶厂以出产茉莉花茶而出名,其中三级茉莉花茶又因价廉物美而受到成都人的欢迎,成为畅销多年的拳头产品,"吃三花"这几个字曾经是20世纪50年代到80年代成都人口中最常用的词语之一。改革开放之后,成都茶厂改制为四川三花茶叶公司,"三花"也就成了著名的商标与品牌。为了更好地发展,三花公司已经迁往成都茶叶主产地蒲江,近年又与蒲江的绿昌茗茶叶公司合组为四川绿昌茗三花茶叶集团,"三花"仍然是一个令人深深怀念的品牌。直到今天,在成都还能听到"走,弹(啖)三花"这一流行于成都的方言,意思就是几个人一起惬意地品尝茉莉花茶,摆龙门阵。

金仙桥路

金仙桥路位于北巷子以北、通锦桥路以南,过去是北巷子的北边一段,抗日战争期间才划为金仙桥街,因为街北部的小河桃花江上有座名叫金仙桥的小桥而得名。金仙桥在过去是一座石拱桥,本名金花桥,因为与城内金河上的金花桥重名,抗日战争以后改名为金仙桥。近年进行街道扩建时,把南边的北巷子并入,改名为金仙桥路。

根据《成都通览》的记载,清代在金仙桥以东还有一座蚕丛墓,应当是在成都城内存留的唯一一处为古蜀先王所修建的墓葬,遗憾的是这座墓葬没有留下其他的任何实物或文献资料。

成都丝绸厂和四川丝绸研究所就设在这条街上。改革开放以后,这条街上形成了一个规模不小的丝绸制品市场,成都人一般称之为丝绸城,是目前四川省内最大的丝织品服装市场。

同善桥街附化成街

在二环路西三段外侧,成都人相当熟悉的欧尚超市以南,有一组以"同善"为名的街道,这些街的得名,都是因为这里的磨底河上原来有一座名叫同善桥的三孔石桥。石桥建于清代道光四年(1824),乃是周围乡里共同行善、集资修建的桥梁,所以名叫"同善桥"。建桥的余款,又用在桥头修了一座不大的观音庙。同善桥修成之后,大大方便了附近的群众,于是又有一周姓人家用化缘募捐的方式集资在其北边的磨底河上于咸丰十年(1860)再修了一座三孔石

20世纪40年代磨底河边　王华提供

同善桥下的磨底河　2009年　袁庭栋摄影

桥，因为是化缘募捐而成，所以就命名为化成桥。化成桥1947年曾经重建，时任四川省主席的邓锡侯还题写过"古化成桥"四个大字（据前辈回忆，过去四川各地由邓锡侯所题署的匾额均为其幕僚巫翼之代笔）。化成桥今已不存，但是今天还有化成街和内化成、外化成小区。

同善桥至今还在，近年间已经改建为钢筋混凝土桥梁，位于新建的香榭名苑北侧，仍然在过去的老位置。

清代成都的同善桥不止一处，东御河上还有一座同善桥，西北郊的石堤堰上也有一座同善桥。

百寿路

在西一环外的白果林小区中有一条不短的百寿路，东起一环路西三段，西到金罗路。这是一条改革开放之后在农田中新建的道路，它的旁边还有百寿巷。

百寿路与百寿巷的得名，都是因为在附近的磨底河上有一座小桥叫百寿桥。这座桥至今仍在，就在百寿路与金罗路交会口的南边，已经改建成了钢筋混凝土的桥梁。

落虹桥街

在庆云北街和庆云南街交叉口以东有一条落虹桥街，可是却见不到桥梁的痕迹。这条街本来叫庆云东街，因为这条街的东口过去曾经有一条明沟，沟上有一座拱桥，弯曲的形状有如落地的彩虹，清代的文士就把这座桥叫作落虹桥，所以这条街又名落虹桥街。因为靠近东较场，而东较场是清代华阳县衙处决人犯的刑场（清代成都县衙处决人犯的刑场在北较场）。被处决的死刑犯被押过此桥即到刑场，往往被吓昏过去，成都民间称之为吓掉了三魂七魄，所以周围人又都把这座落虹桥称之为落魂桥，于是这条街的名字就被写成了落魂桥街。一直到了1941年，才把这个大为不雅的名字恢复为落虹桥街。落虹桥早

落虹桥街　2001年　赖武摄影

已不存，现在街名仍然叫作落虹桥街。

成都过去被人们称为落魂桥与落虹桥的小桥还有一处，就是年丰巷中的年丰桥。因为那里邻近莲花池坟地，是比庆云东街这一地区时间更长的杀人刑场，所以当地老百姓也把年丰桥叫作落魂桥，在书写中也就写为落虹桥。只不过这一称呼在民国后期就逐渐少有人用，所以现在知道的人已经不多了。

星桥街

星桥街位于九眼桥北端的西口。在一环路与滨江路修建以前，长期是九眼桥到市中心的主要通道。这条街上过去有一座小桥名叫星桥，传说是取自唐诗中"火树银花合，星桥铁锁开"的诗句命名的，因为这里过去既有水码头，又有九眼桥，曾经有十分繁华的景色。1926年在为街道命名时，虽然桥已不存，但仍然以桥为名，把这条街命名为星桥街。

星桥街上过去有较多的餐馆，最有名的是在"文革"前都还在开业的临河而建的川菜馆"大埊春"，笔者曾经多次在此用餐。"大埊春"中这个"埊"字是武则天时期按武则天的旨意新造的"地"字的异体字。当年武则天为了标

星桥电影院　1975年　杨显峰提供　　　　正在拆迁的星桥街　1997年　韩国庆摄影

新立异，新造了一批怪字通令全国使用，诸如"日月当空"的"曌"就是新的"照"字，"山水土"就是新的"地"字之类，武则天去世以后也就停止使用了。"大垦春"的店招使用这个怪字是为了吸引人们的注意，也真起到了吸引人们注意的作用，"大垦春"成为老成都东南一带最著名的川菜馆。

青龙街附青龙巷　青龙正街　青龙横街

位于骡马市以西的青龙街对于成都人来说是不陌生的，它的得名与一座青龙桥相关。

青龙街这一片很早就有一片水塘，据研究很可能是秦国张若主持修筑成都城墙时取土而形成的，早期名叫龙堤池。自唐宋以来，就有记载说汉代著名学者兼文学家扬雄年幼时就生活在这水塘旁边。他读书用功，写字很多，天天在此洗砚洗笔，竟然把水塘的水都洗得变黑，所以这水塘就被叫作"扬雄洗墨池"，简称"洗墨池"。如宋代的宋京就在《扬子云洗墨池》一诗中说："君不见子云草玄西郭门，一径秋草闲黄昏。何须笔冢高百尺，池墨黯黯今犹

青龙街　1999年　冯水木摄影

成县中礼堂后面的洗墨池　摄于1933年6月18日　杨显峰提供

成都子云亭　1934年
庄学本摄影　杨显峰提供

存。"相传唐玄宗年间担任成都最高长官的章仇兼琼（这是一个对成都地区水利建设有过重大贡献的地方官，曾经在成都任职多年，著名的通济堰、蟆颐堰最初都是他主持开凿的，今天都江堰市离堆公园内的堰功道上有他的塑像）有一天晚上梦见了水中的龙女，于是就在洗墨池边修建了祭祀龙女的龙女祠。到了宋仁宗时，龙女祠加以扩建，改名为龙女堂，并在龙女堂的左边小溪上修建了一道桥。按照古代对天空中星宿"四象"的传统称呼（即左青龙、右白虎、前朱雀、后玄武），就称之为青龙桥，以后在桥边形成的街道也就叫作青龙街。青龙街这一街道名称一直使用到了今天。

为了纪念扬雄，从唐代开始这里就陆续修有一些建筑（宋代还有记载说早在南齐时就建了草玄院），宋代有草玄亭、准易堂、解嘲亭、吐凤轩、洗墨池等。明代万历年间曾经重修洗墨池，池北建有草玄堂，池前建有子云亭，但是在明末清初的战火中尽毁。清代曾经重建的子云亭，民国时期仍然存在。抗战时期为了躲避日本侵略者的轰炸，这里的成都县女中迁出城外到茶店子办学，1946年又把校园中的子云亭也拆往茶店子，重建于今新成灌路旁的茶店村老年活动馆处，20世纪70年代因为扩建成灌公路而被拆除。

扬　雄（前53—公元18）字子云，西汉时成都人。相传郫县友爱乡是他的故里，至今尚有扬雄墓等纪念地。他是我国古代著名的百科全书式的学者与文学家，汉赋的代表性作家，又著有哲学著作《法言》与《太玄》，他写的《輶轩使者绝代语释别国方言》是世界上第一部研究方言的著作，他写的《蜀王本纪》是目前能够见到的最早研究四川地方史的著作。早在晋代，他在成都的住宅就是后人凭吊的文化遗址，如左思在《咏史》诗中就已经有"寂寂扬子宅，门无卿相舆"的诗句。在过去的岁月中，很多地方都有他的纪念地，单是在四川各地的子云亭就有多处，目前最宏伟的子云亭在绵阳西山。而唐代大诗人刘禹锡在《陋室铭》中的名句"南阳诸葛庐，西蜀子云亭"，更是使子云亭和扬雄的大名流传得更远。

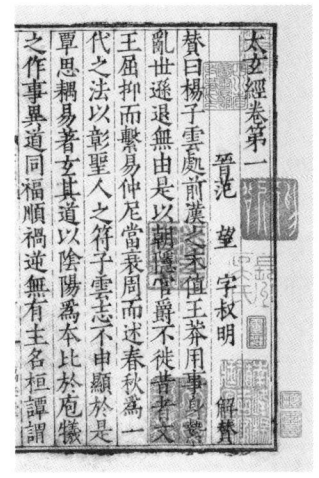

扬雄《太玄经》十卷
四川省图书馆藏

洗墨池的水面虽然逐渐缩小，但是直到清末民初仍然存在，有亭有桥，绿荫接地，游人还可以垂钓。清道光元年（1821），四川提学使聂铣敏在原址兴建了著名的墨池书院。咸丰三年（1853），又从帘官公所街迁来了芙蓉书院，成为当时成都的一个教育中心。清末兴新学，于1905年4月12日将墨池书院与芙蓉书院合并，改制为成都县立高等小学堂，1907年改建成都县立中学，而在其隔壁另建成都县立小学堂。民国时期又在成都县中的旁边开办了成都县立女子中学（大门开在背后的署前街）。新中国成立以后，成都县中迁出南门外修建了新的校舍，改名为成都七中，而在成都县中的地方，将原来在华西坝的华西协合中学迁入，开办了成都第十三中学。由于校区在城内难以扩大，十三中2000年迁至八里庄小区，更名华西中学，后又成为成都电子科技大学附属中学。十三中迁出之后，这里多年办学的历史暂告结束。不过它的文脉并未中断，街头还可以见到以墨池为名的商店，还建有民办的成人教育学校墨池学校。它背后的青龙巷中的华协电影院就是1979年利用原来十三中校办工厂翻砂车间改建的，所以取名"华协"，来源于十三中的前身华西协合中学。华协电影院在1989年发展成为全国第一家多厅的华协影城。2011年11月1日，华协影城因为旧城改造而停业，将选择其他合适的地点重建。

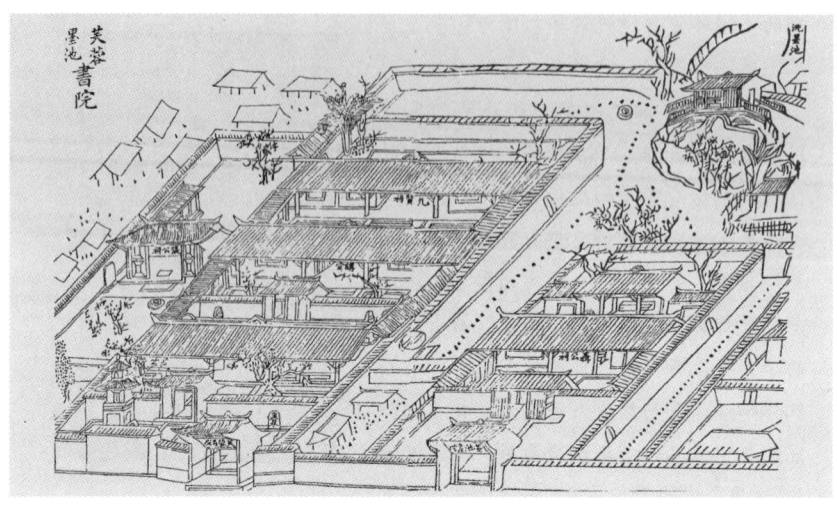

清代的墨池书院、芙蓉书院　原载同治《成都县志》

民国时期的成都县立中学是成都最著名的中学之一，长期与华阳县立中学、成属联合中学鼎足而三，当时的成都可谓无人不知"成、华、联"。新中国成立后，原成都县中与成都县女中合并，1952年更名为成都七中，1954年迁南外磨子桥新建校舍，至今仍是全国名校，而且在校园内新建了子云亭和与之配套的步韵廊。

由于青龙街上的学校师生较多，所以民国时期成都最著名的文具纸张商店"鸿兴公"的总店就开设在本街东口，以后又在南大街开有分店。当年的学生要买学习用的新产品诸如坐标纸、蓝黑墨水、固体墨水（冲水即可灌注钢笔，一直到新中国成立初期还在普遍使用）等，都是到这家"鸿兴公"。

青龙街以南是成都市第三人民医院。清末这里曾经是习艺所，民国时在此建立了南薰中学。抗日战争时期南薰中学迁到城外石灰街，1941年建立在正府街的中央大学医学院的教学实习医院——成都公立医院，1943年迁到了这里。1945年中央大学医学院迁回南京，因为成都公立医院原来就是中央大学与四川省政府合办的，所以四川省卫生处1946年5月将成都公立医院改建为四川省立医院，这也是四川省立的第一所医院。1950年2月，更名为川西医院。1952年10月再次更名为四川省人民医院。1954年，四川省人民医院一

20世纪30年代的成都
县立中学校门
杨显峰提供

1952年成都县立中学更名为成都七中。图为"文革"中位于磨子桥的成都七中学生在校门留影。
王学成摄影

20世纪前期的墨池图书馆　杨显峰提供

20世纪80年代的第三人民医院　杨显峰提供

分为二,一部分迁至西门外修建的新址,就是今天西一环路上的四川省人民医院,一部分留在原址,开办了成都市第三人民医院。

1941年成立的成都公立医院的首任院长戚寿南(1893—1974)时任中央大学医学院院长,他是美国霍普金斯大学的医学博士、我国著名心脏内科专家与医学教育学家,心电图的创始人之一,我国现代内科医学的主要奠基人,1922年就担任了北京协和医学院附属医院的内科主任,曾任中华内科学会首任会长,是当年名满全国的一代名医,也是1948年代表我国出席世界卫生组织成立大会上的代表。2011年是成都第三人民医院的前身成都公立医院成立70周年,为了永远纪念首任院长戚寿南在近60年中为我国医学事业的杰出成就,2011年2月28日在成都第三人民医院举行了戚寿南塑像的落成揭幕仪式。

青龙街的北边有一座外形与周围建筑风格差异很大的小楼——青羊区少年宫,它是在原来的基督教公谊会福音堂以及福音堂所开办的广益学校的基础之上改建的。广益学校开办于1908年,是与华美学校、华英学校并列的成都最早的教会学校之一。

广益学校与广益同学会大门　1920年

青龙正街　2007年　陈维摄影

青龙街以北，还有一条青龙巷。改革开放后在成都最早引入一系列新的经营理念的华协电影院就在这条小巷之内。

在今天的水井坊社区，还有一条以青龙为名的青龙正街和一条青龙横街。青龙正街在清代的名称也叫青龙巷，因为当时有一座雕刻有龙形图案的砖牌坊而得名。新中国成立以后，因为与青龙街的青龙巷同名，故而改名为青龙正街，在青龙正街东侧一条横出的小街，则命名为青龙横街。近年来这一片正在进行较大规模的城市改造，青龙正街目前还在，但已缩短，而且已经变成了一条狭窄的小巷。青龙横街已消失，并入了新建的水井街。

在王化桥街北边，过去有一条与田野相邻的小巷也叫青龙巷，已经在旧城改造中被拆除。

街·巷·志

街巷

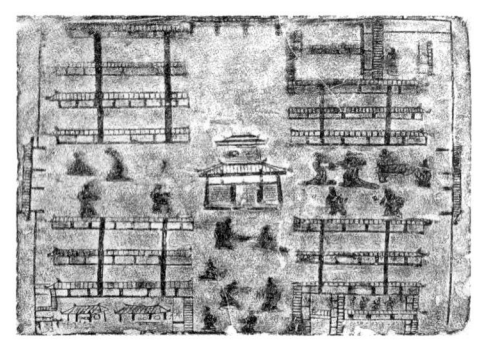

汉画像砖中的市井　/　成都市新都区文管所藏

　　成都城市街道建设的第一个高峰时期是在汉代。这是一块发现于成都市郊、命名为《市井》的东汉时期画像砖。汉代成都的商品经济十分发达，左思《蜀都赋》说是"市廛所会，万商之渊，列隧百重，罗肆巨千，贿货山积，纤丽星繁"。在成都城内专门建有"成市"，其外有墙有门，其内有专人管理。我国的画像砖主要出土于东汉墓葬，地区多在四川，四川又主要在成都郊区。这些画像砖可视为反映汉代成都地区社会生活的一幅幅画卷。

成都是我国著名的历史文化名城，从战国晚期修筑城墙、规划街道到今天，成都已经有了2300多年的建城史。当时的街道名称只留下了一个，这就是在《蜀王本纪》和《华阳国志·蜀志》中所记载的"成都县本治赤里街"，"张若徙置少城内"的"赤里街"。按照古代五行学说中南方的代表色为赤色的说法，"赤里"应当是成都南边的街道。目前公认为学术水平较高的民国《华阳县志》曾经肯定地说："旧志（按：指清代嘉庆《华阳县志》）仍称赤里，今则通呼南大街，而赤里之名隐矣。"但是近年来有一些学者提出了异议，如王文才先生在他的《成都城坊考》中就认为赤里应当在"少城南外"。笔者认为，这种说法应当更为合理。

古老的成都城曾经多次被毁，多次重建。特别是由于明末清初战乱的毁灭性摧残，成都城完全变成了一片废墟，只有瓦砾而没有一间完整的房屋，只有野兽出没而没有一户居民。新中国成立以后经过文物部门的多年调查，今天的成都城区找不到一处明代的建筑物，通过清代前期的逐渐恢复与重建，才有了今天的成都城。所以，今天成都城区的街道布局的基础都是清代的（但是清代的成都城是在明代的基础之上建成的），今天成都老街道的名称基本上也沿用清代的，只有极少数是用了清代以前的名称。

由于上述的原因，近代成都的人口构成中极为重要的特点是，基本上由清代前期的移民浪潮"湖广填四川"时从近20个省份入川的移民所构成，四面八方的移民使成都成为一个名副其实的移民城市。正如清康熙《成都府志·序》所说："百十秦、晋、楚、豫中，土著仅一二人焉。"清代有关成都最重要的著作《成都通览·成都之成都人》也说："国初乱平，各省客民相率入川，插占地土，故现今之成都人原籍皆外省也。"这种情况给成都城区街道和郊区乡镇的命名带来的一个重要特点就是颇具移民文化的印记。其重要表现就是在街道的命名中以同乡会馆命名的明显地要比其他城市多，而以张家、李家之类形式命名的街道则不多，就是乡镇中也很少看到北方极为常见的李家村、张家庄式的命名。在以移民为主的清代成都，是没有如北方常见的几代传承式的大家族或世家豪门式的大户的。

除了上述的一个与其他历史文化名城不同的显著特点外，从街道名称来看，清代重建的成都城还有一些古代城市中比较普遍的特点。关于这一点，过去的研究者曾经有过一些很好的总结，例如1992年出版的、由吴世先主编的《成都城区街名通览》中就有过以下一些统计：

第一，成都作为四川盆地底部的中心城市和长江上游最大的经济中心，商业、手工业气息很浓。据清末的《成都通览》一书记载，各类不同的商帮有69个，反映在街道名称之中的有如棉花街、染房街、打金街、草市街这样的街道就有33条。

第二，成都作为我国道教的发源地和早期佛教传入的地区之一，寺庙众多。据《成都通览》一书记载，不算规模太小的土地庙，清代的成都有165个寺庙，平均每三条街就有一个。这些寺庙今天大多已不存，但是却留在了很多街道的名称中，诸如龙王庙街、城隍庙巷、喇嘛寺街、小天竺街……

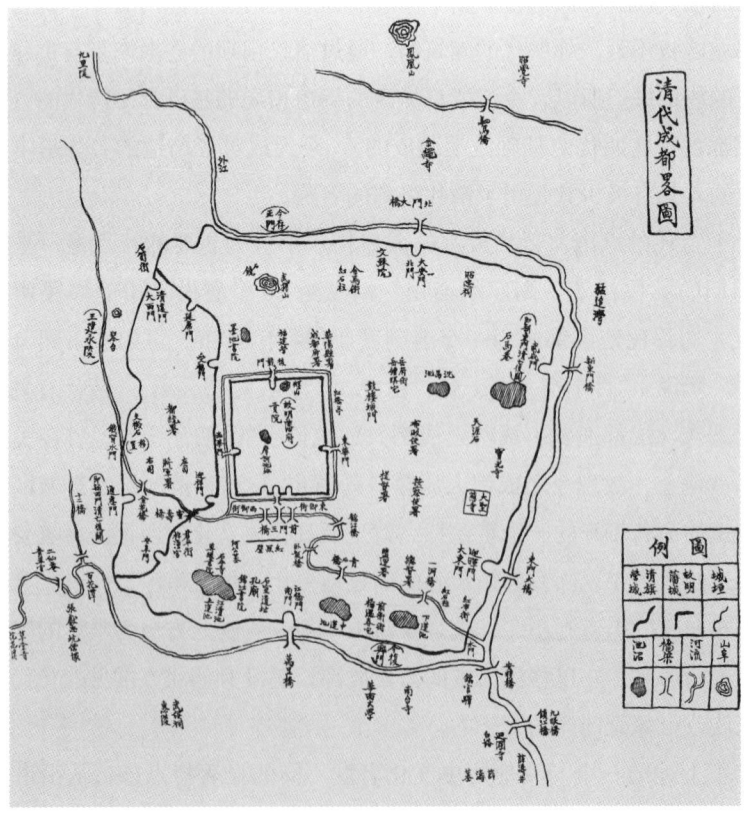

清代成都略图　李思纯1936年绘制　李德琬提供

第三，成都作为一座因水而兴、因水而盛的城市，自秦汉以来长期依靠着都江堰水系的滋润，城外有二江抱城，城内有两河穿城，水网如织，池塘如星。清代的成都街道中有73条是因河流与桥梁而命名，诸如金河街、锦江街、青石桥街、玉带桥街之类；有37条是因池塘而命名，诸如方池街、王家塘街、下莲池街、塘坎街之类。

第四，成都作为一座以蓉城为名称的城市，树木葱茏、繁花似锦、街巷多绿、环境优美，单是桂花巷、梨花街、竹林巷、槐树街这样的街道名称就有56条之多。

古代的成都有多少条街道呢？早期情况不明。南宋淳熙四年（1177），著名诗人范成大任成都制置使时，曾经用砖铺设了成都的主要街道14条，计3360丈。这是第一次见到街道数目的记载，同时也是成都街道建设之中重要事件。这以后，长期缺乏这方面的统计数字。我们现在所能看到的两个较为详细的统计数字都是清末的，一个数字是确数，见于宣统二年（1910）《四川官报》的统计：成都共有街道438条（其中又有主要街道117条），小巷113条，总共551条；与《四川官报》大致同时的《成都通览》则统计为516条。另一个统计数字是约数，但是对于街道情况有明确的记载，见于周询《芙蓉话旧录》："全城四门及附郭街道，大小五百有奇。时未改筑马路，街面最宽者为东大街，宽约三丈，次则南大街、北大街、总府路、文庙前后街，皆二丈许，其余多不及二丈。各街面悉敷以石板，两旁有阶，高于街面四五寸，阶上宽二尺内外。两旁人家屋檐悉与阶齐，雨时行人可藉檐下以避。水沟悉在阶下，平时与街面同复以石，故俗呼为阴沟。城内外各街平坦，无一陂陀。"生活在清咸丰、同治年间的吴好山在他的《成都竹枝词》中则这样写道："名都真个极繁华，不仅炊烟廿万家。四百余条街整饬，吹弹夜夜乱如麻。"

成都城区街道铺上石板是继南宋时期铺砖之后的又一件大事，时间在清乾隆四十二年（1777），由四川布政使查榕巢主持完成。竣工之后，还规定各种车辆不准入城，以保护石板不被用铁箍包裹车轮的鸡公车碾坏。那么要在城内街道上运送各种物资又怎么办呢？只能是背负与肩挑。为了方便大量背背篼入城者的歇息，在街道上还立有一些半人高的石柱用来暂时放一放不落地的背篼。不过，不准鸡公车入城的这一规定很难完全实行，因为当时的鸡公车是川西地区最主要的交通工具，不入大街也要入小街，所以成都市政管理部门一直到1929年都还在重申类似的禁令。

民国时期成都的街道数目，据1935年9月1日《新新新闻》报上的一个调查统计，说全市街巷为667条（据当时的统计，从辛亥革命到抗战爆发，成都新修街道有50多条）。据1939年的成都市政府《年度工作述要》称，当年的成都街道为576条，总共约长120公里。据《成都城坊古迹考》对新中国成立初期的统计，"总计城内城外九区段，共有干街229条，支街巷505条，合计734条"。成都民间长期流传着一句俗话："成都城三十六条大街，七十二条小巷。"这是按古代的传统说法，以三十六、七十二形容其多而已，是一个极不准确的说法。

还有一点需要说明的是，清代以来的成都方言，"巷"字如果是在词尾（如多子巷、燃灯巷），一律加以儿化而读为"巷儿"，至今亦然。

对于民国时期的成都街道，《成都城坊古迹考》中有这样的描述："成都各街巷原来比较窄狭。商业较盛街道，夏季由沿街店铺集资搭过街凉棚，又街巷或有栅门及牌楼者。街面则全用石板、石条敷砌。民国十三年（公元1924年）杨森强令各街店铺向后退缩，加宽路面，以便通行汽车，于是栅子、牌楼均被拆除，亦无法再搭过街凉棚，路面改为三合土，民国二十年以后又逐步变为碎石路。"这里提到的1924年对成都街道的整治是新中国成立以前对成都街道最重要的一次整治。那时的杨森由北洋政府任命为"督理四川军务善后事宜"，他自己兼任四川道路分会名誉会长，又任命部下师长王缵绪为成都市政公所第三任督办，将全市分为五区，分三期拓修全市主要马路，经费由各街区自筹自管，市政公所派出人员监修。第一条拓宽改建的马路是东大街，已经破碎的老石板路改建为三合土路，路面拓宽到大约8.3米。第一条基本上属于新修的马路是春熙路。

成都市民国时期的人口从1937年开始逐年有详细统计，1937年是463154人，发展到1949年是651487人，其中最多的年份是1940年，因为外省移民的增加而高达843371人。

新中国成立以来，成都的城市建设日新月异，街道变迁延续不断。特别

· 街巷 ·

航拍成都第一图 1936年 [德] 卡斯特尔摄影 杨显峰提供

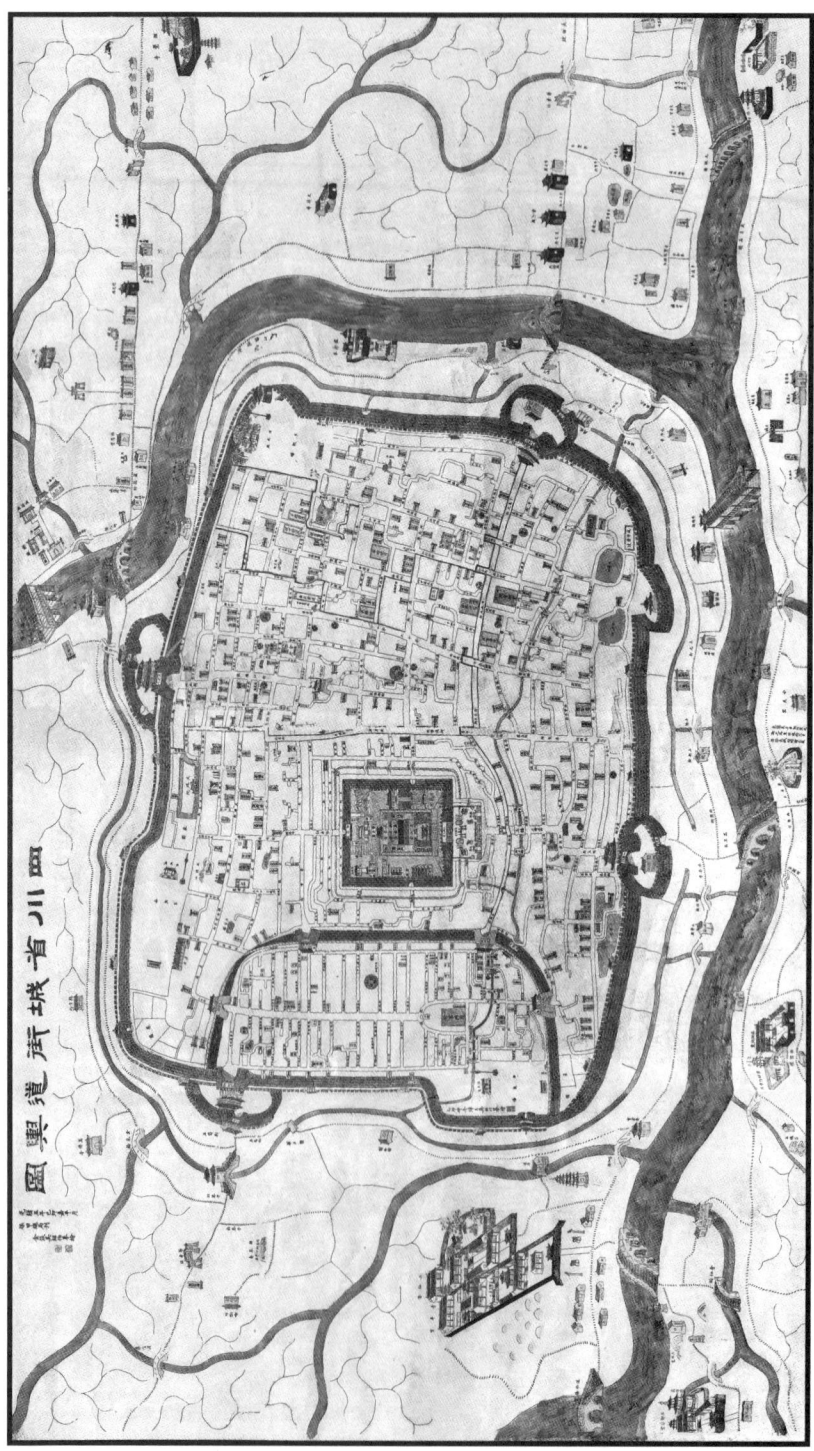

四川省城街道舆图 清光绪五年己卯嘉平月 保甲总局刊 金苑灵绍伯纂绘 四川省图书馆藏

是改革开放以来,成都市政建设的速度只能用"惊人"二字来形容,一些土生土长的成都人如果离开几年再回成都,就有可能找不到路。街道的变化不是年年在变,而几乎是天天在变。旧的街道在拆,新的街道在修,有的地方在合并,有的地方在改道,有的街道被重新命名,有的街道已恢复旧名……正因为如此,连市政管理部门也难以制作出一份相对稳定的成都街道名录。据笔者所知,1981年成都市第一次地名普查之后公布的材料,成都城区共有街、路、巷和居民点1087个。成都市地名领导小组只在1983年正式颁布了一次《成都市地名录》,共收入成都地名1337条,其中大多数都是街道名称。这以后,由成都市地名领导小组改建的成都市地名委员会(办公室设在成都市民政局区划地名处)一直未能再次编印新的《成都市地名录》,这就给我们进行研究与考察带来了很大的困难。

  2005年11月,成都时代出版社出版了由成都市地名学会、成都市地方志办公室资料信息处在2005年8月共同编写的《成都街名指南》,资料下限的时间是截至2005年11月。该书无统计数字,据笔者的统计,该书共收入了三环路以内的街巷1871条。虽然这不是权威机构发布的资料,但也是相关职能部门的专业人士编写的,准确性是相当高的,也是笔者在工作中经常参考的重要资料。此书应当是迄今为止最新的成都街道名录。

  要了解成都的街道,就应当有最详细与准确的地图。笔者所见到的不同时期的成都地图不下20种。成都的老地图中最详细的是前面已经提到的《成都市街道详图》,成都新地图中最新、最详细的不是各种纸质地图,而是互联网上的"E都市"(www.edushi.com)。

  下面,就让我们从不同的侧面,走进成都的街巷。

以方位数字命名

我国绝大多数城市的街道布局都有一个贯穿东西线与南北线的十字架主通道,都有一个公认的市中心,可是这一特点在成都却很不明显,甚至可以说基本上不具备这种特点。如果看看今天的成都城区地图就会明白,今天的东大街与西大街是不对接的,中间错开了很大的距离;今天的北大街与南大街也是不对接的,中间也错开了很大的距离,无论是过去成都人心目中的市中心盐市口,还是今天成都人心目中的市中心天府广场,都不是东大街与西大街的连接处,不是北大街与南大街的连接处,这是成都街道布局相当独特的一点。

成都的街道布局所以出现这种情况有两个原因:

一个原因在前面曾经谈到,成都城从早期建城一直到清代最后一次重建,都不是正南正北向的街道布局,特别是东边唯一的城门老东门不在正东方,实际是在东南角;而西边唯一的城门老西门也不是在正西方,实际是在西北角。

另一个原因是因为清代的成都城的西部是满城(亦称少城),中心是贡院,市中心的交通被切割,所有的街道都必须在满城与贡院外面拐弯。老成都人把盐市口视为全城的中心,严格来说是一种不得已的说法,因为老东门的位置严重偏南,老西门的位置又严重偏北,整个城区的中心与西部又被贡院与满城占据,盐市口毕竟向东可以直接出老东门,向北可以直接出北门,而出老南门就必须要拐弯,出老西门则必须要拐一个更大的弯。

笔者手边有一张绘制于1950年8月的《最新成都街市图》,图中用粗线条标示出当时的主要交通路线如下:

从老东门到老西门的主要交通路线是下东大街、中东大街、上中东大街、城守东大街、上东大街、西东大街、盐市口、下西顺城街、皮房街、中西顺城街、上西顺城街、西玉龙街、骡马市街、青龙街、八宝街、西大街。

从北门到老南门的主要交通路线是青果街、上草市街、下草市街、上锣锅巷、下锣锅巷、玉带桥街、上西顺城街、中西顺城街、皮房街、下西顺城街、盐市口、锦江路、光华街、红照壁街、上南大街、中南大街、下南大街。

如果我们把上述的两条主要交通线连接起来的话，可以很明显地看出，不是一个东—西、南—北方向的"十"字，而是一个东南—西北、东北—西南方向的"×"字。

当我们明白了成都街道的这一特点之后，我们再来进入一条条以方位命名的街道。

东大街附城守街

从盐市口一直到老东门，过去统称为东大街。清代的东大街是从东大路入城之后到市中心的主要街道，所以不仅是成都全城最宽的街道，街面都用红砂石板铺盖，而且也是全城最繁华、最重要的街道。1892年，一个西方人来到成都，曾经写下了这样的观感："沿东大街而行，从发光的油漆柜台和绚丽的商品陈列，看到了繁荣和祥和，并逐渐意识到在这个西部城市居然有着一条如此干净、宽阔和如此面貌的街道。在沿长江上溯漫长的旅途中，有此发现使我感慨万千。"（转引自王笛《街头文化》第49页）

东大街因为全长近1600米，所以从来都是分为几段的，但是在不同的时期名称又不完全一样，例如最西边的一段在清代叫西东大街，新中国成立以后改为东大街上段，"文革"中改为胜利中路三段，1981年又改为上东大街。目前的东大街从西到东分为上东大街、城守东大街、东大

民国初年的东大街　［法］杜满希提供

街、下东大街四段。

上东大街西起盐市口,东至春熙路南段口,在成都餐饮界颇有地位的成都餐厅和后来在这里开设的成都小吃城原来即在街北,两年前已经拆除。

今天的上东大街与青石桥交会口处有一幢大楼叫泰华商城,是一个专业的服装批发市场。这里在清末与民国前期曾经是成都最著名的回族企业家马裕隆经营的大型企业"马裕隆"。

1890年,南京的回族商人马裕隆派其子到重庆开设商店,主要是出售自己生产的各种扇子。1899年发展到成都。1907年,就在这个位置开设了著名的"马裕隆"商号。从店门外的两块招牌"各国通商货品"、"苏杭雅扇发行"就可知道,"马裕隆"一方面继续经营扇子,一方面成为成都最早的一家主要销售外国商品的商店。法国香水、瑞士钟表、英国呢绒、德国颜料、美国收音机都能在这里买到,而且"马裕隆"还连续在商业场和春熙路北段开设了两家分号,所以也可以说是成都最早的连锁型经营商店(它还在上海、南京、重庆设有"联号",主要用于转运货物)。由于一场火灾让"马裕隆"受到毁灭性的打击,再加上后辈闹分家,"马裕隆"最后的掌业者马晓珊遂于1932年将家产

东大街　1909年　［美］张伯林摄影　杨显峰提供

分家之后关门歇业。在这个位置，开过茶厅，新中国成立以后开过在成都颇有名气的东城区中草药医院。直到不久以前，在青石桥北街的一家叫作"王麻子饭店"的商铺后墙上，还能见到写有"马裕隆墙界"五个大字的石碑。

关于"马裕隆"商号，还有两件事值得一提：一是1926年，"马裕隆"从上海购回了在成都街头奔跑的第一辆英国哈雷牌双缸摩托车，被时人称为"打屁车"，这种称呼在民间一直流行到新中国成立以后。二

从盐市口望东大街　1983年

是1929年，"马裕隆"开始向制造业发展，设计生产过当时最为时尚的小提琴、行军床、台球桌、胶合板家具，甚至还试造了三部钢琴。虽然这些产品的生产与销售都未能成功，但却是成都最早生产这类商品的先行者。此外，成都第一批自行车也是"马裕隆"从英国邓禄普公司进货到成都出售的。因为标牌是一个老人头像，所以成都人都称为"老人头"。

"马裕隆"歇业之后，上东大街又有同类的商店"正大裕"继起。抗日战争爆发前，更有实力的"宝元蓉"开设在中东大街与走马街相邻处（"宝元蓉"是1920年开办于宜宾、发展至全国乃至东亚的民国时期的大型民族资本企业"宝元通"在成都的分号，它在重庆的分号就叫"宝元渝"）。这些商号让东大街长期保持了百货业的商气，正如《锦城旧事竹枝词》所说："桥北（指青石桥以北）巍然马裕隆，下江洋广首蜀中。接踵开张正大裕，异军突起宝元蓉。"新中国成立以后，在原"宝元蓉"旧址开办过专供外宾购物的友谊商店。

以方位数字命名　253

20世纪50年代的东大街　成都市建设信息中心提供

上东大街上有两家著名的药店，一家是卖中药的"森记"，首创了在一服中药之中每味药都用小包分包并放入药名标签的售药方式，还随药赠送竹制框架蒙上纱布的滤渣器。另一家是卖西药的"华洋大药房"，不仅药品最多，而且是全省首次在店中陈列有人体解剖模型与人体生理教学挂图的药房，抗日战争时期还自制一些急救药品，受到人们的普遍欢迎。此外，上东大街以东的东大街上的中西大药房创建于光绪二十七年（1901），也是成都最早开业的西药房之一。

城守东大街西接上东大街，东边止于红星路口。以"城守"为名是因为它的北面有一条南起东大街、北到科甲巷的小街叫城守街，城守街得名于清代的城守营衙门设于此街的南口。城守营是清代在设有驻防八旗军队的城市专门设置的一种武职衙门，负责该城的防备与治安（按：过去介绍城守街的资料都说这里在清代设有城守游击署的官衙，此说不确。清代没有城守游击这一设置，应当是城守营，主官是参将。道光十六年（1836），成都城守营参将奉命与峨边营游击换防，成都城守营的主官改为游击，方可以将主官称为城守营游击，仍然不能称为城守游击署）。城守营衙门废除之后，在原址开办了省立中城小学。清末民初，成都开设学校不少，有官办与私办之分。因为还没有设市，所以官办就只有省立学校与县立学校之分。当时计划全城开办东、南、西、北、中5所省立小学，结果只开办了4所，即这里的中城小学、下汪家拐的南城小学、鹦哥巷的西城小学、童子街的北城小学。四川省立图书馆迁入之后就一直设在这里,一直到改革开放之后四川省图书馆建立了新馆,这里都还有专门阅读古籍的特藏书库与阅览室。

　　四川省立图书馆筹建于清末的1909年,开馆于民国初年的1912年,最早设在人民公园内,由四川著名学者林思进担任馆长,是我国最早建立的公共图书馆之一。1939年2月28日,新建于城守街原来中城小学内的四川省立图书馆正式开馆,蒙文通、伍非百、穆济波等先后出任馆长。蒙文通任馆长时,曾经发起组织"成都中国史学会",成立大会便是在这里召开的。新中国成立以后,四川省立图书馆更名为四川省图书馆。现有馆藏文献460万册,是四川省最大的图书馆和全省图书馆学与情报学研究交流的中心,也是我国西部最大的公益性文献信息基地,四川省图书馆学会秘书处和四川省中心图书馆委员会办公室都设在这里。目前它还是国家"全国文化信息资源共享工程"和"全国联合编目中心"的西部中心。改革开放后,图书馆正门改到了蜀都大道的总府路上。

　　民国时期闻名全川的刀剪铺"廖广东"的总店设于城守街,人们最熟悉的春熙北路店只是其分号。此外,重庆、乐山、涪陵等城市也都有"廖广东"分号。

　　城守东大街是当年读书人经常来往的地方,所以"文革"以前这里开有好几家古旧书店专门为读书人服务,是当时成都的三大古旧图书中心之一(另

城守东大街　1970年　冯水木摄影

两处是祠堂街与西玉龙街）。1962年，笔者急需一部很难买到的小字本《周礼正义》，就是这里的一家旧书店多方想法为我寻到的，让我至今难忘。

20世纪20年代，曾经在日本参加过光复会、辛亥革命后任过四川省参议员的著名爱国民主人士彭劭农（1874—1968）在城守东大街开设了一家"三泰长"纸张店（最初是在走马街，不久即迁城守东大街）。这家纸张店曾经长期是中国共产党的非正式秘密联络站，很多地下党员与进步人士都经常在"三泰长"中暂住或隐藏，地下党所需要的印刷用纸也长期由"三泰长"免费提供（彭劭农的6个子女有5个参加了中国共产党，有4个奔赴延安。曾任八路军总部电台队长的彭为工1942年5月26日与左权参谋长一道突围时，因为日寇的同一颗炮弹在身边爆炸而牺牲）。"三泰长"的这种特殊功能一直坚持到实在无力继续经营而在新中国成立前夕将商店出售给别人为止。

在这条街上，过去有几家很著名的餐馆。街东口"味之腴"的东坡肘子曾经被公认为川菜中最正宗的东坡肘子（"味之腴"由龙道三、李敬之、吴思诚等五人共同创办于1943年，以东坡肘子、粉蒸肉和鲜肉包子而闻名全城，匾牌也是从碑帖中集的苏字）；以腌卤制品为特色的"香风味"开设在本街中部（"香风味"由龙成祥与郑树云开办于1946年）；街西口是全市最有名的价廉物美的豆花饭店"荣盛"。遗憾的是这三家著名餐馆因为各种各样的原因都于近年停业。在城守东大街与走马街转角处有成都著名小吃"三义园"，因为是三位投资者共同创办，遂以桃园三结义的故事而命名。主厨师傅是一位聋哑人曹大亨，他所烹制的牛肉焦饼与牛肉刀削面是成都牛肉类食品中可以与小笼蒸牛肉比肩的难得美味，而又以牛肉焦饼远近闻名。新中国成立以后三义园迁往上东大街，当时只要是过了盐市口往东走，远远就能闻到牛油加葱香的浓烈香味。《锦城旧事竹枝词》这样咏其事："'三义'同心刘关张，每过门前闻饼香。莲灯高竖光闪闪（按：指三义园过去在门前设炉，炉前竖一高竿，竿上置一莲花开瓣状的彩灯，作为夜间的标志），欲识滋味会亲尝。"改革开放之后，"三义园"曾经迁往下东大街营业，其风味特色大不如前，现在则已完全消失。关于"三义园"有一点需要说明：由于曹大亨不是回族，所以他制作的牛肉焦饼不是清真食品，成都的穆斯林是不吃的。成都穆斯林喜爱的饼类美食是皇城坝一位马姓回民开的"酥饼家"制作的方形清真酥饼。

· 街巷 ·

东大街与红星路交会路口，挂灯笼的仿古建筑是川菜馆蜀风园。2001年　周筱华摄影

　　成都自清代以来长期以茶馆之多闻名全国，甚至有"成都大茶馆，茶馆小成都"之说。据清末的《成都通览》统计，当时成都共有茶馆454家。又据1934年成都市政部门的统计，成都茶馆有748家，这是新中国成立以前成都茶馆数目最多的记载（这以后的有关记载，1941年是614家，1949年是598家）。民国时期历史上规模最大的茶馆、也是民国时期最新式的茶馆"华华"茶厅就开设在城守东大街。"华华"茶厅是抗日战争时期由商人廖文长开办（廖文长也由此而担任了成都商会茶业同业公会的理事长），整个茶厅被划分为三厅四院，有多个出入通道，上千个座位，60多名员工。茶叶是川西各县出产的上好茶叶，花茶是自家开设的"华华"茶号专门制作，用水是每天用大板车从城外运来的南河水（在没有普及自来水的过去，成都城外的河水优于城内的井水，故而老成都泡茶只用河水，到新中国成立初期都还能够看到有的茶馆中保留下来的"河水香茶"的挂牌），不用其他茶馆中瓜皮长衫的堂倌而改为全色工作服服务生，电灯代替了煤气灯，电扇取代了人力拉动的蒲扇（用人力拉动吊在房顶上的蒲扇是过去很多公众场合在夏天用以招徕顾客的常见方式，一直到新中国成立以后笔者还在戏园与理发店中"享受"过这种土风扇），还有留声机放着唱片，故而享有"西南第一茶厅"的美誉。但是好景不长，抗日战争以后的几年，物价飞涨，百业萧条，"华华"茶厅在新中国成立

以方位数字命名　　257

之前只得关门歇业，只保留了开在上东大街的"华华"茶号继续营业。新中国成立以前，整个东大街共有大小茶馆13家。

城守东大街在老成都人的口中又被称为"水池子"，原因是民国时期为了商业繁华的东大街的消防需要，市政部门在城守街南口修建了一个用石板砌成的半圆形的蓄水池。因为是成都城区内大街上唯一一个蓄水池，故而"水池子"也就成为这一地区的代称。这一水池一直保存到东大街的扩建。

东大街西接城守东大街，东边止于南糠市街口。这一段东大街过去曾经名为中东大街，在春熙路修建之前，从这一段到盐市口是全成都最繁华的商业街区，很多著名商家都开设在这一段街区内。

东大街北面在清代有安徽人修建的泾县会馆，是成都众多会馆中为数不多的县级会馆（根据目前所见到的资料，当时的县级会馆还有设在北打金街的江西吉水会馆，设在棉花街的江西石阳会馆和湖北黄州会馆，设在北纱帽街的湖北黄陂公所），清末会馆中还开办了泾县高等小学堂。

在东大街上，开设过在四川近代历史上为四川的经济文化发展起过重要作用的"麻乡约"。

"乡约"的本义是农村中实行保甲制度之前的乡村小吏，负责为众人上传下达、排忧解难，在四川方言中引申为好管闲事的热心人，所以直到今天我们还能在老年人口中听到"乡约地保"这一称呼。清代道光年间，四川有一位抬轿子出身的陈洪义，在多次为官家抬长途官轿之中得到了官府信任，并在各交通道路上结交了若干朋友，因为脸上有麻子，遂被人们称之为"麻乡约"。他从走南闯北的实践中看到了当时的社会急需一种传达信息、流通物资的渠道，遂于咸丰二年（1852）在昆明设立了一家"麻乡约信轿行"，专门为人送信、安排长途抬轿、运送货物和银钱。最初的重点是在川滇之间，很快发展到西南三省，在成都的总店就开在东大街的泰和号旅店内。由于麻乡约管理严格（例如他将递送的邮件加以分类，"火烧信"有如今天的特快专递，将信封烧去一个小角，必须尽快送到；"幺帮信"有如今天的挂号信，用油纸密封，挂上一小小木牌，绝对不能丢失或水浸），诚信守法、吃苦耐劳，业务愈来愈大，人员愈来愈多，信誉愈来愈高，不久就成为西南三省著名的民间送信运货机构，和另一家业务性质相近但规模较小的"世昌和信局"一道，被西南各地共称为"大帮"。在政府设立邮政系统与交通系统之前,"大帮"为西南三省的经济文化发展发挥过难以估量的作用。有《锦城旧事竹枝词》称赞:"长年商贸客他乡,货运转输费商量。家报平安捎来喜,信誉昭昭有大帮。"陈洪义本人于民国初年去世,"麻乡约"继续经营。后来由于邮政局的建立和交通系统的逐渐畅通,也由于民国政府交通部在1933年命令全国的民信局必须停业,"麻乡约"的长途抬轿业务于1928年前后停业,送信送钱业务于1935年停业,货物运送业务则一直维持到1948年。

下东大街西接东大街,东边止于东门大桥。这一段大街是过去众多行人从东大路进城之后的第一段大街,过去在今天南糠市街口处立有一座过街牌楼,横额上写着"既丽且崇"四个大字,民国初年修建马路时被拆除。

下东大街街北有成都府城隍庙,有关介绍见"城隍巷"。

下东大街靠近原来城门洞的北边,有成都骨科医院,成都杜、何、杨、郑四大骨科之一的杨氏骨科代表人物杨天鹏长期在此诊治。

成都府城隍庙旧址　1999年　冯水木摄影

下东大街上的东门骨科医院　1997年　王晓庄摄影

杨天鹏（1902—2005），安岳人，自幼学习武术兼攻骨科，拜师周云武和刘元福，曾专门到少林寺学艺。1930年正式出师，在川内各处行医，1943年在成都下东大街开办"天元堂"诊所。新中国成立之后，他将"天元堂"捐给国家，并在此基础之上成立了成都东城区骨科联合诊所，以后又改名为成都东城区骨科医院、成都骨科医院。杨天鹏在治疗中以独到的理筋手法闻名远近，著有《杨天鹏骨伤科治验心法》，拍摄有《杨天鹏理筋手法》等专题片，后辈编写有《杨天鹏骨伤科治验真传》一书。他享年103岁，是成都享年最高的名医，还在1998年倡导成立了杨天鹏长寿研究所。

自清末一直到新中国成立以前，东大街还是成都最著名的地摊夜市所在地，最热闹的区段是从盐市口到城守东大街，而且各段有所侧重：盐市口到南新街口，主要是古董、玩具、鞋帽、乐器；南新街口至走马街口，主要是书画、字帖、铜器；走马街口至城守街口，主要是各种食品、小吃。

著名诗人流沙河在《蓉城旧影三首》中有一首专门写东大街："东大长街算最长，川军铜像对朝阳。行商坐贾排千铺，接踵摩肩聚四方。书籍馆中勤读典，城隍庙里乱烧香。价廉荣盛豆花饭，亮嗓幺师正喊堂。"

从清代以来就一直称为东大街的这条古老街道也曾经改过名，这就是在那全民陷入疯狂的革命热情的"文革"初期，在一片革命口号声之中，从牛市口到通惠门的东西主通道曾经被改称为胜利路，东大街则成了其中的一段，叫胜利中路。与此同时被改名的还有西大街，被改名为红光路，春熙路被改名为反帝路，致民路被改名为红专路，盐市口被改名为英雄口，牛市口被改名为胜利口……一直到1981年，才在拨乱反正之中恢复了原名。

南大街附红照壁街 花照壁街 光华街

南大街从红照壁西口到老南门大桥，在清代曾经名为赤里街，它的北端是红照壁街。

红照壁街名来源于一堵红色的照壁墙，它是明代坐北朝南的蜀王府最南边的界限，正对蜀王府的大门（据记载，蜀王府大门距红照壁为630米），原来是石砌墙体，外涂古代皇家专享的红色，所以人们称为红照壁。这个红照壁体量不小，长度超过 20 丈，高度超过 3 丈，厚度约 4 尺，在明末并未全毁，墙体在清代还保留着，但是逐渐被周围的房屋所遮掩。1925 年，残存的红照壁被市政当局以银洋 10000 元的价格卖给了商会，由商会拆除之后再把石料与墙砖转卖给修房的人家。

因为红照壁是蜀王府最南端的界线，供普通老百姓通过的南大街就只能从红照壁开始，不能与市中心相连接。清代重建的南大街又是依照明代的格局而修建的，这种格局又一直保持到了今天。

红照壁街北 1954 年修建了当时西南地区规格最高的四川剧场，有 1000 多个舒适的软座。1958 年四川人民艺术剧院从重庆迁来成都以后，就长期以此作为自己演出话剧的场所，涌现出了刘莲池、高群、孙滨、张国立等全国知名的表演艺术家。这里在清代是成都府所辖的理事同知府，是当时专门处理满汉军民诉讼事件的衙门，民国时期曾经改建为成都女子师范学校附属小学。

红照壁街南在清代原本是一处不重要的小衙门，但在清末的新政中却是很重要的四川省咨议局的所在地，原来的大门开在南边的纯化街，民国时期是国民党四川省党部和成都市党部所在地，民国后期的四川省参议会也设在这里。新中国成立以后改建为红照壁礼堂，并把大门改到了北边的红照壁街。

红照壁四川剧场和旁边的芙蓉餐厅　1958 年　杨永琼提供

上南大街25号附1号　1990年　赖武摄影

1964年四川省政治协商会议的办公地点迁到这里，一直到改革开放之后才迁至老南门大桥西侧的锦里东路，红照壁的原址则修建了川信大厦。

红照壁街南侧，过去有一家全城出名的商店名叫"万里香"，专门卖海椒面（辣椒粉），原料以龙泉山的二荆条（一种品质优良的辣椒）为主，小工就在店中当场舂制。每天有若干家庭主妇来买一两二两的海椒面，但其主要销路却是成都若干大户人家的全年性订货和给若干大小餐馆的不断供货。直到今天，很多老一辈成都人都还记得一走到红照壁就会闻到那种扑鼻的海椒飘香。

今天的南大街分为上南大街、中南大街、下南大街三段，成都以腌卤菜闻名的餐馆"利宾筵"长期开设在这里。清末在本街有一座火神庙，民国时与草市街的火神庙同为全城南北两大米市之一。民国时期的南大街上还有著名的刘氏大宅"九道门槛"，一进数重，要先后跨过九道门槛，故名。

南大街民居　1996年冬　韩国庆摄影

成都以"照壁"作为街道名称的原来还有花照壁街,在茶店子路的北侧,那里原来的袁家大院有一座建于清光绪十年(1884)的砖砌彩绘照壁,已于1948年垮塌,现在只留下了花照壁的地名。

红照壁以东的光华街是因为红照壁而得名的。光华街在明代原名地藏巷,因为巷内有供奉地藏菩萨的地藏庵。清代改名为光华街,因为这里与红照壁相邻,而当阳光照射到红照壁上的时候,便有壁影生辉的效果。

光华街地藏庵中供奉的是佛教八大菩萨之一的地藏菩萨。地藏菩萨是佛家弟子十分崇拜的菩萨之一,因为按照佛教的说法,观音菩萨与地藏菩萨各有分工,观音菩萨负责在阳间普度世间的众生,地藏菩萨负责在阴间救度地狱中的罪鬼,所以同样享受人间供奉的香火。

光华街有新老之分。老的光华街在盐市口的西南方,北起梨花街,向西南方向延伸到红照壁街,曾经是老成都从北到南的最主要通道之中的一段。改革开放之初,为了疏通盐市口向南去的交通瓶颈,新开了一条从人民南路与红照壁交口向东北到盐市口的新街(当时是通过烟袋巷与粪草湖街,现在是通过新扩建的大业路),用以代替狭窄的光华街,它的位置又正好在光华街之南,所以就命名为新光华街。

改革开放之初,我国第一家民营的股份制商业银行成都汇通城市合作银行1986年成立于新光华街上。成都汇通城市合作银行虽然已经在2000年被成都市商业银行接收,但是作为新中国的第一家民间银行,它仍然在我国当代金融史与改革开放史上占有应有的一页。

小南街

小南街与南大街毫无关系,也不相邻。

小南街有新老之分。老的小南街北起祠堂街,南到君平街,其得名是由于清代的满城。因为它位于满城之内,而且在最南部,是进入满城南门通阜门(通阜门的位置在今天小南街与君平街交口处稍北一点的小南街上)之后的入城通道,当时把通阜门称为小南门,所以就把这条街称为小南门正街,进入民国以后,简化为小南街。近年来在城市改造之中,小南街作为长顺街的南延线而被延长,向南直到南河,成为一条很长的新的小南街。

民国初年,小南街北口临金河之处(今努力餐附近)建有一处闹市之中的竹篱茅舍,大门上写着"柴扉"二字,著名的民国女杰杜黄就住在这里。

  杜　黄(1879—1929)本名黄铭训,湖北汉口人,自幼喜新学、善社交,与四川长宁人杜德舆(又名杜关,号柴扉)结婚之后,改名杜黄,并于光绪二十七年(1901)迁居北京。她在北京结识了辛亥革命时期的著名女英雄秋瑾,志趣相投,结为姐妹,并投身于民主革命与女权运动。她先在家中开办杜氏女子家塾,然后在四川营胡同创办四川女子学堂,这是北京最早的女子学校。光绪三十年(1904),经秋瑾介绍参加同盟会,是北京同盟会的第一个女会员。她奉同盟会总部的指示,在北京创办《中国妇女会报》和《国光报》(亦称国光新闻社),在天津设立同盟会京津据点,成为同盟会军事部的唯一女成员,参加了一系列反清活动。她又与已经参加同盟会的丈夫一道联络北方各省的帮会组织,在北京成立哥老会的公口"乾元公",专门从事反清活动,为革命者筹措经费,被四川辛亥革命元老熊克武称为"女孟尝"。当年震动朝野的几次谋刺活动如炸摄政王载沣、炸袁世凯(未遂)、炸宗社党首良弼,她都参与策划并提供炸弹,成为公认的"同盟女杰"。武昌起义之后,她把在北京牺牲的同盟会四川籍的四烈士全部礼葬于万牲园(今北京动物园),并亲写挽联,如给成都的彭家珍烈士所写的挽联是:"霹雳应手神珠驰,亏君戎马书生,尽抖擞神威,当十万横魔剑;子规夜啼山竹裂,怅我刀弓侍婢,认模糊战血,留千秋坠泪碑。"袁世凯窃国以后,杜关与杜黄夫妇拒不与袁合作,辞去在京一切官职,回到杜关的故乡成都,联络各方力量反袁。此时杜黄身染重病,在医治数年之后,于1921年毅然出任四川第一支女兵队伍的司令官,挥旗练兵。1923年,她与另一位蜀中女杰胡兰畦(有关介绍见"酱园公所街")组织四川妇女联合会,这也是成都历史上第一个妇女联合会。杜关与杜黄夫妇晚年的时候更多是在草庐之中潜心书画,门前挂有"小楼流水樊川宅;老屋秋风工部家"的对联。1929年秋,夫妻二人相隔11天先后逝世,留下了一段在蜀中久久流传的佳话。

20世纪初小南街上的金河桥　　［法］杜满希提供

小南街　20世纪90年代　严永聪摄影

　　1943年，成都市利用原来小南街上的成都市立第一小学的校舍开办了成都市立医院，由彭道尊担任院长。虽然规模不大，只有50张病床，却是成都市官方建立的第一所综合医院，内、外、妇、儿、五官科俱全。这所医院以后迁到了致民路，就是新中国成立以后的成都市第二工人医院和今天的成都市第七人民医院的前身。

西大街

成都的西大街只有很短的一段，不与城中心相连，偏处于城区的西北角，这种情况在清代就已形成。清代的成都城的西部是满城，满城北城墙的位置就在今天西大街的北边，今天的西大街是满城中最北的一条胡同，因为正对清远门（也就是成都的老西门）所以名叫清远胡同。清远胡同在长顺街之西，与之相对的还有东边的一条胡同，因为顺着满城的城墙，所以叫顺城胡同。民国时期拆除满城之后，因为清远胡同是出老西门的必经之路，所以就改名为西大街，顺城胡同则改名为八宝街。八宝街以东是原来在满城之外的青龙街，西大街的西边则是紧邻城门的西月城街。这样，成都人从骡马市拐弯向西走出老西门就要经过青龙街、八宝街、西大街、西月城街这四条街。严格来说，这四条街实际上是一条街的四段，有如东大街分为几段一样，所以不少成都人干脆将其统称为西大街。

1995年被国内贸易部认定为"中华老字号"的成都著名小吃"谭豆花"的创始人叫谭玉成，于抗日战争以后开业于西顺城街上的安乐寺，当时

20世纪70年代的西大街　1970年　冯水木摄影

西大街上的"小谭豆花"　20世纪90年代　成都市建设信息中心提供

是摆摊经营,其所经营的麻辣鲜香、价廉物美的豆花面受到人们的喜爱。新中国成立以后迁到盐市口经营,正式以"谭豆花"为店名,仍然主营豆花面。改革开放之后,盐市口地区进行城市改造,"谭豆花"被拆除,餐馆一度歇业。近年来,谭氏后人予以恢复,以"小谭豆花"的店名开业于西大街,经营以豆花面为主的多种川味小吃,保持了价廉物美的优良传统,颇受消费者的好评。

四川省歌舞团自1953年成立以来(1984年改制为四川省歌舞剧院)一直就在本街的北侧,至今未迁。

西月城街附月城街　北月城街

西大街往西靠近原来老西门所在的城门洞的那一段是西月城街,所谓的"月城"是古代城墙体系的一部分。

我国古代的城墙是一个城市最重要的防护性建筑,城门洞是其中最容易被攻破的薄弱环节。为了加强城门的防御能力,古人就在城门之外再修一个大约为半圆形的微型小城,敌人必须首先攻破小城,才能接近大城的城门,而守军从大城与小城的城墙上向下射箭或抛下滚木石,是很容易将进入小城的敌人

·成都街巷志·

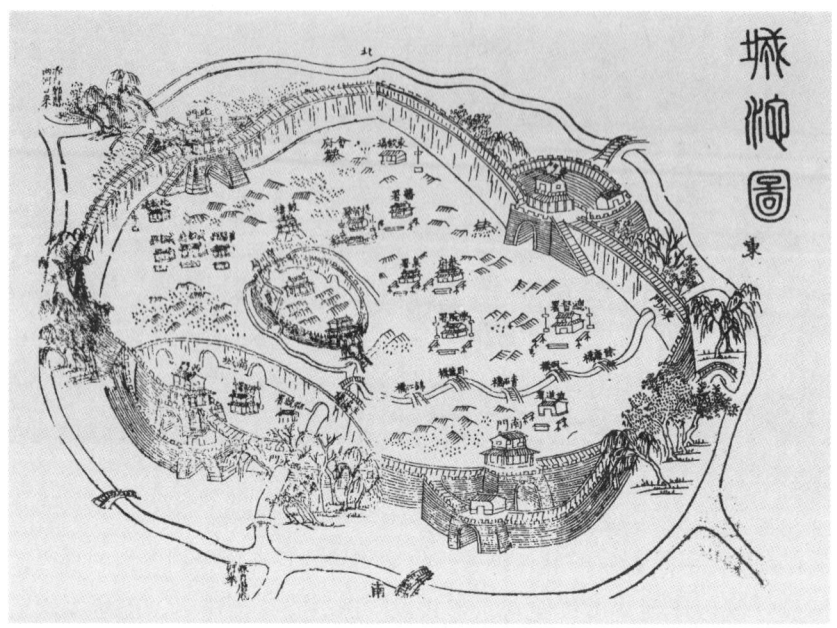

清代成都示意图　原载同治《成都县志》

清末时在成都城墙下望月城　[美]满理摄影　杨显峰提供

予以消灭的。守军如果要出城,也是先出大城门之后暂时停在小城之中,关闭了大城门之后再开小城门出城,这样就可以防止守军出城的时候被敌人突袭攻入大城门。古代的城门外大多有这样的小城,因为形状有如半月,所以叫作月城,又因为从城墙上往下看有如大瓮,所以又叫瓮城。成都西门的这个月城一直到1952年才完全拆除,拆除之后修成的这一小段街道就命名为西月城街。

作为一个古老城市的城墙,原来成都的每个城门洞子都有月城。抗日战争时期把月城拆除以后,在原地形成的小街都叫月城街,所以以前成都曾经出现了东、南、西、北四门的四条月城街。新中国成立以后,保留了西月城街、北月城街和东门的月城街(无"东"字,过去又名瓮城子)。

北大街

北大街是传统的从北门大桥入城之后的主干道。由于清代的这条干道在入城之后并未直走,到今天的北东街口就有了一个拐弯,所以北大街就只有从北门大桥到北东街这一段,而北东街以南拐弯之后入城的街道则名为草市街。直到今天,北大街到草市街的连接处仍然保持了这个拐弯。

北大街　1917年　[美]甘博摄影

以方位数字命名　269

北大街　1997年　赖武摄影

北大街曾经长期分为三段。在北大街的最北端，民国初年拆除了北门的月城之后形成的出入通道北起北门大桥，南至马道街口，曾经被命名为天星桥街，因为这里过去有天星桥而得名。在天星桥街的西侧的民房背后，又形成了一段依断墙而形成的弯月形小街，就名为北月城街。这条北月城街一直保存到近年才在街道扩建中被拆除。从马道街口到珠市街口曾经被名为青果街，因为当地有青果市场而得名。青果街以南到草市街才叫北大街，所以过去的北大街比今天更短。1981年三街并为一街，统称为北大街。

小北街

小北街与小南街颇为相似，也是与北大街根本不挨边，距离很远，位置在宁夏街以东、灯笼街以西，已经在前几年的城市改造中被拆除。

小北街的得名也是由于清代的满城。它位于满城的北城墙之外，因为它的西口原来就是进入满城的北门延康门，当时延康门与大城的北门相对，称之为小北门，所以在民国时期满城拆除之后，就把这条城墙以外的街称为小北街。很特别的是，一般城市的北街都是南北向的，这条小北街却是东西向的。

小北街　1992年　陈锦摄影

北东街

与文殊坊的酱园公所街的东口相对的，就是北东街。北东街的得名是因为它位于北大街的东面，得名的时间是清光绪年间。

北东街西口的北面是北大街，南

北东街46号院　1997年　周筱华摄影

面是草市街，在它与草市街交会口的位置，清代是著名的北门火神庙，所以北东街也被人们称为北门火神庙街。

北东街上一院门　1997年　赖武摄影

东大路

这是一条长约两公里的大道，既是一条新街道，也是一条老街道。

在老成都人的口中，过去出牛市口往东去往重庆方向的大路就叫东大路，它并不是一条有具体的起点终点的街道。当成渝公路修成之后，民间把成渝公路也叫作东大路。新中国成立以后，牛市口地区修建了占地范围很大的成都无缝钢管厂，原来的成渝公路的起点部分成了厂区，成渝公路绕过成都无缝钢管厂而改道，但是老的成渝公路最开始的一小段保留了下来，这就是从原来的得胜下街直到成都无缝钢管厂大门（一号门）的一段，当时就作为一条街道而沿用了东大路的名称。"文革"中曾经把整条东大街及其向东延伸的街道统称为胜利路，这一段是最东头的一段，叫作胜利东路一段。1981年恢复了东大路的名称。近年来在成都东郊工业区外迁的大潮中，成都无缝钢管厂整体迁往青白江，原来的厂区陆续改建为民用与商业用房，东大路也就沿着向东的方向向前延伸，修建成了长约两公里的宽阔大道，仍然沿用了东大路的名称。目前的东大路从西到东，也就是从城内向城外的方向延伸，起点仍然是二环路东四段（相当于原来的得胜下街），穿过沙河一直到新建的驿都大道。

水东门街

水东门街是一条小街,位于府河边原来的迎曦上街以西,北接中道后街,南接北顺城街。这条街是民国初年新开新东门(即武成门)之后新建的街道,因为有一条下水道从这里排入府河而得名,所以不要把水东门误解为一座城门,成都从来就没有叫作水东门的城门。

成都还有一个民间叫作水东门的地名,也不是一座城门,而是过去金河穿过老东门南边城墙下面汇入府河的地方,具体位置是在原来的金河边街。

东胜街附西胜街

在清代满城之中,长顺街南段的两侧有两条胡同,因为胡同中分别有驻防将军下属的主办吏、户、礼三部事务的右司衙门,和主办兵、刑、工三部事务的左司衙门(吏、户、礼、兵、刑、工这六部是我国古代从隋唐以来中央政府管理天下各方面事务的行政职能部门,清代的驻防将军是皇帝以及满蒙贵族派驻在全国几个军政要地的最高代表,实际上不管理地方的具体政务,这里仿六部而设立的衙门主要是处理满蒙同胞的内部事务和对地方政府进行监督。关于驻防将军,见"将军衙门"),所以东边的胡同就叫左司胡同,右边的胡同就叫右司胡同。进入民国,废除胡同的称呼,重新命名。为了表示辛亥革命胜利之后的新形势,又因为两条胡同正值将军衙门的两侧,于是就改名为东胜街与西胜街。

东胜街东头北侧的原左司衙门在民国时是民宅,后来由四川军阀唐式遵在这里修建了沙利文饭店(唐式遵的公馆也在东胜街,位置在今四川省文化厅),是民国时期成都最好的西式饭店,当年成都富家子弟的新式婚礼大多在此举行。抗日战争爆发之后,在举国为前线募捐的热潮之中,唐式遵将沙利文饭店的产权捐赠给市政府作为社会公用,由中国共产党地下组织领导的东北救亡总会成都分会曾经设在这里,后来这里设立过美军联络处,抗日名将宋哲元离开军队之后到成都时(宋哲元将军夫人是四川绵阳人,所以他自己生命的最后时

1950年3月，成都市首届各界人民代表会议在原沙利文饭店的这个会议室中召开。
杨显峰提供

光是在四川度过的，死后也葬于绵阳)，就曾在此居住。1948年，四川省参议会也曾经迁于饭店内办公。成都解放之初，入城的中国人民解放军负责人与四川地下党负责人正式会师，是在这里举行的，成都市第一届各界人民代表会议也是于1950年3月16日在这里举行的。这以后，成都市政协一直设在这里。

沙利文饭店中建有沙利文艺术剧场，1938年开业，演出话剧、相声、京韵大鼓和各种歌舞，是民国时期成都演艺形式最多的演出场所。

我国当代的传奇女子董竹君在成都的旧居有两处，其一在将军街，另一处就在东胜街。

董竹君

董竹君（1900—1997） 江苏海门人，出身穷苦，13岁时被卖入妓院为"清倌人"，即卖唱女，学唱京剧。在妓院中结识了在辛亥革命中曾经出任蜀军政府副都督和蜀军总司令、此时正被袁世凯通缉的夏之时，她以心相许，逃出妓院，与夏之时秘密结婚之后到日本留学，时年只有15岁。1917年，她随夏之时回到夏的老家四川合江。1919年来到成都，先住东胜街，后迁将军街东头今儿童医院处（夏公馆内实行西式的分餐制，这在成都是第一家）。董竹君在成都创办了

1919年，董竹君（右三）夏之时（右四）与家人在东胜街家中花园。
夏大民提供

成都第一个黄包车公司"飞鹰黄包车公司"，又开办了专收女工的富洋织袜厂。因为难以忍受封建大家庭的封闭与桎梏，更不满意夏之时愈来愈严重的消极沉沦，遂放弃了华贵悠闲的生活，与夏之时分手（1934年宣布离婚），于1929年独自带着父母和四个女儿回到上海。她历经艰难困苦，依靠智慧与才能，成为我国现代第一代女企业家，先后创办了群益纱管厂和闻名全国的锦江川菜馆与锦江茶室（以锦江为名，就是她对于十年成都生活的怀念和她自己与锦江边的女诗人薛涛有相近身世的感怀），还创办《上海妇女》杂志。同时她追随革命（她在1930年就申请加入中国共产党。党组织从各方面考虑之后劝她以党外人士身份全力办企业，以多种方式支援革命工作，她接受了这种安排），以她的社会关系与经济实力为中国共产党做了很多有益的工作。新中国成立后周恩来总理曾经专门设家宴感谢她为革命事业所做出的巨大贡献。新中国成立初期，她将在当时价值3000两黄金的所有产业捐给国家，并根据中央与上海市的安排，在锦江川菜馆与锦江茶室的基础之上开办了上海第一家可以接待国宾的锦江饭店，亲自出任董事长与总经理，使锦江饭店成为我国在世界上最为著名的饭店之一，她在有生之年先后接待了134个国家的500多位元首与政府首脑。她还一直担任全国政协委员，在晚年亲自动笔写作自传《我的一个世纪》。她去世以后，她的祖籍所在地江苏省海门市专门为她建立了董竹君纪念馆。她传奇的一生被拍为31集电视剧《世纪人生》，四川省川剧院也演出了川剧《都督夫人董竹君》。

四川电视台长期设在东胜街。四川电视台这个位置，曾经是民国时期成都最著名的恶霸与特务头目冷开泰在抗战后期修的公馆。

西胜街在明代有石犀寺，相传其前身是晋代的王羽捐出自己的私宅所修建的龙渊寺，后改名为空慧寺，很可能是成都城区内最早的佛寺。唐代改建之后更名为圣寿寺，是唐代全国七大佛寺之一，也是与大慈寺东西并列的成都第二大佛寺，也和大慈寺一样有大量的精美泥塑与壁画，以有"小李将军"之誉的李升所绘的《出峡图》与《雾中山图》最为出名。玄奘到成都学习佛法时曾住此寺，而且就是在此受戒（有的文章说玄奘受戒是在大慈寺，不确）。圣寿寺内有石犀一座，相传为李冰治水时期的遗物，也是古代成都著名的古迹，所以民间也称圣寿寺为石犀寺或石牛寺，杜甫、岑参、陆游等都有诗咏怀（成都二江在唐代改道之前，内江很可能是从这里流过，所以才会在江边安放石犀，陆游也才会在《谒石犀庙》诗中有"江回陵谷变，碑断市朝非"的感叹）。清代建满城时，石犀寺被迁往南较场侧，在原石犀寺旧址修建了右司衙门，所以李哲生《题咏西胜街石犀》说是"成都古犀今一存，右司井巷西城根"。

光绪末年，在右司衙门旧址开办了第二小学堂。1913年，初建于玉皇观街的省立第一中学迁到这里，这是四川由政府开办的最早的一所省立中学，成都人一般都称为省一中。五四运动之后，省一中是当时成都革命风气最浓的中学之一，有五分之一的学生加入了共青团，社会上有"要革命，到石犀"的口号，李硕勋（当时名李开灼）、阳翰笙（当时名欧阳本义）都曾经是该校的学生领袖。1928年，该校师生与反动当局的斗争中爆发了声势浩大的学潮，反对国民党党棍杨廷铨担任校长，并在2月14日的冲突中将杨廷铨打死，当年称为"一中事件"。2月16日，当局以此事件为由逮捕全市进步师生100多人，当天下午将中共党员袁诗荛等14人枪杀于下莲池。2月22日，宣布将省一中停办。1933年，由几位四川地方实力派人物共同开办了协进中学（董事长陈离，董事有张志和、吴景伯、陈书农等，临时校址原来在燕鲁公所），1934年迁入原省一中校址办学。协进中学仍然是当时革命力量很强的学校，先后有20几位中共地下党员在校执教，在教师与学生中都建立有党支部，学生支部成员最多时有80多人。特别是在抗日战争时期（为了躲避日本空军的轰炸，1939—1943年迁到新繁龙藏寺办学），蜀中进步人士将其称为"四川的陕北公学",成都流传着"要革命,读协进;要救国,到陕北"的顺口溜,龙藏寺被称为"小延安"(据统计,从协进中学走向延安与其他革命工作岗位的学生有100多人)。新中国成立之后协进中学先后改名为清协联中(由原清华中学与协进中学合并而成)、成都二十八中和金河街中学,1993年恢复协进中学旧名,2009年更名为成都树德协进中学。

李硕勋

李硕勋(1903—1931) 高县人,1921年入省立一中读书,1922年6月11日,在四川最早的马克思主义者王右木的领导下,他与同乡、同校又同班的阳翰笙以及高师学生童庸生等在成都《国民公报》上刊登了《四川社会主义青年团成立宣言》(四川社会主义青年团是中国共产党在四川建立组织之前四川最早的党团组织)。1922年11月因被四川军阀刘成勋通缉,乃离开成都到上海入上海大学学习,继续从事革命活动,1924年转为中共党员,从事国共合作工作。他曾经被选为全国学生联合会会长,担任过国民党上海市党部秘书长。1926年担任中共武昌地委组织部长,次年参加南昌起义,任起义军的十一军二十五师党代表兼政治部主任。起义军在广东失利之后,由朱德、周士第和他三人组成了前敌委员会率领部分起义军转入湘南继续活动。10月,他受命潜回上海向党中央汇报工作。此后,他被党中央派往各地从事地下工作,曾经担任中央军委委员、浙江省委军委书记、江南(含当时江苏、安徽、浙江、上海几地)省委军委书记、广东省委军委书记、红七军政治委员。1931年7月在海口被捕,9月5日在海口东较场壮烈牺牲。李硕勋烈士的夫人赵君陶(1903—1985)是中国共产党早期著名领导人赵世炎的胞妹,1926年入党,曾任湖北妇女协会宣传部长、中共中央妇女工作部负责人。大革命失败后,在成都等地以教师职业为掩护从事地下革命工作。抗日战争时期在中共中央南方局领导下开办保育院,保护和抚育了大批少年儿童。抗日战争胜利以后继续在教育战线工作,1985年在北京逝世。李鹏同志就是李硕勋和赵君陶的儿子。

阳翰笙

阳翰笙（1902—1992）高县人，1920年入省一中读书，与李硕勋同为四川社会主义青年团创始人之一。因为被四川军阀通缉，乃离开成都到上海入上海大学学习，1924年加入中国社会主义青年团，次年转为中共党员。曾任广州黄埔军校政治教官，参加过南昌起义，任起义军总政治部秘书长。南昌起义失败以后，转入文化战线工作，1928年任中国左翼作家联盟党团书记、中共中央文化工作委员会党团书记。抗日战争中出任国共合作的国民政府政治部第三厅主任秘书和文化工作委员会副主任。新中国成立以后，曾任政务院文教委员会副秘书长、国务院总理办公室副主任、中国文联副主席和党组书记、中国影协主席。他是著名的剧作家与小说家，电影《万家灯火》《北国江南》，话剧《天国春秋》《草莽英雄》是其代表作。

我国杰出的地质学家黄汲清1917年至1921年在四川省一中就读。

黄汲清

黄汲清（1904—1995） 仁寿人，1924年入北大地质系读书，从此开始了他一生的地质生涯。1929年至1930年，他完成从陕西经四川到贵州的地质考察，写成了著名的《中国南部二叠纪地层》等名著，得到了国际地质界的高度重视，同行多称他为"黄二叠"。1932年到瑞士留学，获博士学位。1936年归国后即入中央地质调查所，先后任地质主任、副所长、所长。1937年组织西北石油考察队到西北考察，发现了我国第一个油田——玉门油田。1938年又在四川进行考察，在隆昌圣灯山找到并钻井采出了天然气，建成了四川省也是我国第一个天然气田（在此以前，主政四川的刘湘特聘德国地质石油专家萨尔菲尔来川找油找气两年，在多处钻井勘察之后得出的结论是"四川没有有经济价值的油气"）。这以后，他又考察了著名的四川威远气田、新疆独山子油田，从而在世界上第一个提出了具有重大意义的"陆相生油论"和"多层多期生储油论"。他的工作不仅全面推翻了欧洲地质学家给我国所下的无油无气的错误结论，而且为我国逐步展开的石油天然气开采奠定了坚实的基础，故而被尊称为"中国石油之父"、"一代地质宗师"。1945年，他完成了《中国主要地质构造单位》这一世界经典巨著，创立了"多旋回说"等重要理论，建立了中国大地构造理论体系，成为我国历史大地构造学的创始人与奠基人。1946 年，他入选为中央研究院院士，1948 年，主持完成了 1：300 万中国地质图，对我国的地质工作具有极大的指导作用。

　　1949 年，他去欧美进行科学访问，国民党方面尽一切力量动员他去台湾，但是他坚决回到了重庆北碚的中国地质调查所，迎接大西南的解放。新中国成立以后，他作为中国石油地质局总工程师，和另一位地质学家谢家荣一道，领导科技人员先后发现了克拉玛依、大庆、大港、胜利等大油田和四川的大气田，他还主持调查发现了著名的中梁山煤田和东川铜矿。他曾任中国地质学会理事长、中国地质科学院名誉院长、苏黎世大学名誉教授、美洲地质学会名誉会员、苏联科学院外籍院士。黄汲清晚年留给中国科技界的"重磅炸弹"是 1978 年 11 月 14 日在全国科协代表大会上所言："可以得出结论说，大庆、大港、胜利油田的发现与地质力学完全无关。"黄汲清给后人留下的最著名的一句话刻在他自己使用的地质锤上："生不愿封万户侯，但愿一敲天下之石头。"

　　西胜街东口的少城小学也是一所办学很早的学校。它的前身是清光绪三十年（1904）在满城中拆除少城书院之后，使用拆下来的材料开办的八旗高等小学堂，1912 年改名为少城高等小学堂。据有的老人回忆，这个小学内旗杆下的基石就是古老的石犀石破碎之后的残石。

　　1949 年 1 月，成都地下党的负责人蒲华辅、华健被捕，马识途、王宇光根据上级的安排去香港。10 月，在川西的地下党组织成立了川西边临时工作委员会，以李维嘉为书记，主要领导"川康边人民游击纵队"（总部设在雅安，下属有 8 个支队和两个直属大队）。根据临时工作委员会的决定，11 月 5 日在成都的地下党组织成立了"川西边地下党留蓉临时工作部"（简称"临工部"），由王逸平任书记。"临工部"是中国共产党在旧成都的最后一届地下组织的指挥部，在短时期内为游击队转送成员，筹集武器弹药与药品，保护国家财产和档案文件，策反，准备彭县起义，迎接成都解放，做了大量工作。这个"临工部"就设在西胜街上的金城银行宿舍中进步人士王宏实的住所内。

东安北路附东安南路

今天成都内环线上的府河沿岸,东边主要就是两条宽敞的大街,南部是天仙桥北路和天仙桥南路,北部就是东安北路和东安南路。北起新华大道、南达蜀都大道的东安北路和东安南路这两条相连的大街(中间以新东门桥为界)过去都是没有的,是在府河南河综合整治以后新建的。

在武成大街与新东门桥之间,原来有一条小街叫东安街,是在1914年新开武成门(即新东门)之后才逐渐形成的进出新东门的通道,因为地处新东门之内,故而在1925年正式命名为东安街。这一片原来基本上都是城墙边的空地,俗名渣滓坝。随着新东门的开通而逐渐增加了一些房屋,抗日战争时期就形成了一些小街,在东安街以北增加了东安北右街、东安北左街。沿着府河向南,1942年又增加了东安南街。改革开放后在府河南河综合整治中,将这些沿府河的小街拆除之后,修成了今天的大街东安北路和东安南路。

东安街临河民居　20世纪90年代　严永聪摄影

东玉龙街附西玉龙街

在城市的街道命名中，凡是名称相同而仅以东西或南北来区别的街道，绝大多数都是两条街道相互连接的，或者是与一座建筑两侧相对的。可是成都的东玉龙街和西玉龙街不同，虽然是一东一西，它们之间还隔着几条街。从西玉龙街去东玉龙街要经过玉带桥街、白丝街、忠烈祠西街、太升南路、康庄街。这种情况在今天会感到难以理解，可是在过去却很好理解，因为过去的成都是一城两县，东边是华阳县，西边是成都县，各有一条玉龙街并不奇怪。与此相似，两个县还各有一条红石柱街，各有一组上、中、下河坝街，各有一条娘娘庙街，各有一条青龙巷，各有一条坛神巷，当时人并不会感到混淆而难以区分（关于一城两县的划分见"正府街"）。

20世纪50年代四川省新华书店员工的合影
朱缨提供

由于西玉龙街与玉带桥街一道形成了市中心的一处交通要道，所以为成都人所熟悉。东玉龙街在改革开放之后也曾经一度为很多人所知，因为在它与玉沙路之间曾经有一个很大的大发家电市场。在它的对门，曾经是四川省新华书店所在地。改革开放之后，在书店大楼中又曾经有过成都最著名的民营书市。

可能是一种巧合，曾经是四川省新华书店所在地的东玉龙街与西玉龙街在过去都曾经和四川的书籍报刊印刷与发行有关。

清同治十年（1871），四川官书局在东玉龙街成立，创始人岳威信，因为设在成都，故而一般人都称为成都书局。这是成都最早开办的官办出版发行机构。

清光绪二十九年（1903），官方在四川官书局的基础之上，于东玉龙街设立了官报书局，购置有铅印与石印设备，筹备编辑出版《四川官报》（在还没有报纸发行之前，官报相当于官方散发的内部新闻公报，内容包括上谕、奏折、公文、论说等，以册页形式散发）。次年，由四川总督府名义主办的四川历史上第一张官办报纸《四川官报》正式出版。后来官报书局改名为官立印刷局，在印刷官报的同时也印刷书刊。辛亥革命以后，《四川官报》与《成都日报》同时停办，但是官立印刷局发展成了四川印刷局，是当时成都较大的印刷厂之一，一直到1925年才停办。

光绪三十年（1904）十月初十，为了庆祝慈禧太后生日，成都历史上第一张日报（每旬首日停刊一天）《成都日报》在官报书局创刊，由官报书局总办钱叔楚兼任社长。《成都日报》一直到清政府垮台、四川军政府成立之后，即1911年12月1日才停刊，一共出报7年，是清末成都出报时间最长的一张日报。我们今天要了解清末的成都，它是极为重要的资料来源。《成都日报》

1904年的《四川官报》
四川省图书馆藏

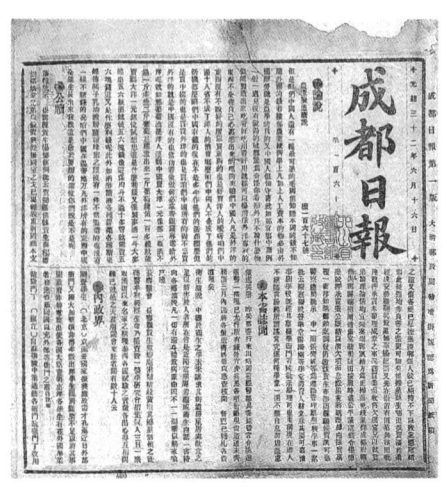

1906年的《成都日报》
四川省图书馆藏

用铅字排印,也是成都第一份报版形式的报纸(过去在成都出版的各种"报"都是装订成册的书刊形式,而不是平面的报版形式),相当于今天的小 16 开,双面印刷,每日 4 张 8 页,其宗旨是"开辟商民风气,灵通中外新闻",但是不议论国事,不评论人物,每天都有米价、丝价等物价信息。从 1911 年 5 月开始,还出版专页副刊"文苑"。

成都著名风味食品"金玉轩醪糟店"早期开设在东玉龙街,后迁盐市口。

西玉龙街和相邻的玉带桥街在过去则曾经是成都著名的古旧书籍一条街,与学道街、祠堂街并列为清代与民国时期成都三大书市之一。过去没有现代的印刷技术,全靠手工版刻的书籍价格是比较贵的,而传统文化的各种典籍又是可以一代一代传下去继续使用的,所以在过去的城市中,古旧书业从来就是一个比较大的产业。清同治年间,成都第一家古旧书店清远堂在西玉龙街原同福巷对面开业。清光绪年间,成都古旧书店共有 7 家,5 家在西玉龙街(另两家在南大街和文庙前街)。到了民国年间,成都的古旧书店和古旧书摊愈来愈多(据统计,在 1949 年还有 170 多家),西龙街上更是鳞次栉比,其收售量在我国西部诸省位居第一,在全国也居前十名之中。著名的旧书店还有苏成纪

成都古旧书店部分老同志的合影　20世纪80年代初　苏永江提供

（是新中国成立之前成都古旧书业中的4个地下党员之一，曾组织同业互助的"寒林会"，新中国成立以后在四川人民出版社工作，与笔者曾经是同事）的"成纪书店"、薛志泽的"新民书店"（一度是成都古旧书业首户，自己也编书、刻书，曾担任同业公会理事长）、傅金榜的"集古书局"（傅是在学道街开设茹古堂的黄致祥的大弟子，能背诵张之洞的《书目答问》）、赵明德的"明月书局"（赵为军官下海）等。新中国成立以后这里最大的旧书店是由原来多家书店合并建立的成都市西城区古旧书店（与此同时，还成立了东城区古旧书店，都是在1958年成立的集体所有制书店），相邻的玉带桥、锣锅巷、白丝街、大红土地庙、大福建营巷还有一些摆在街道两旁的书摊，故而有好书者写过如下的《竹枝词》："不厌百回读旧书，玉龙街上立踟蹰。一编在手忘饥渴，问舍求田计自疏。"笔者也曾多次在这里选购古旧书籍。改革开放之初，西城区古旧书店在这里进行了一次库存展销，笔者曾经用了两天时间在这里为当时所供职的四川人民出版社选购各种古旧书籍，想把《四部丛刊》《四部备要》和《万有文库》这三大丛书尽可能配齐。当时的定价是前两种每册两角，后一种每册一角。这次展销之后，西玉龙的古旧书店就宣告结业解散，不复存在。

今天的西玉龙街有好几家高档家具商店，有人称之为高档家具一条街，

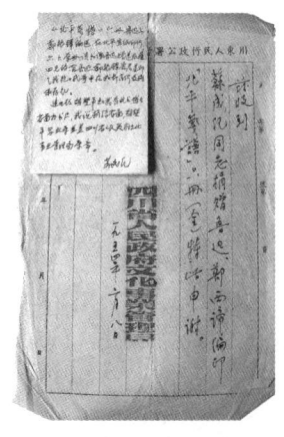

▲ 新中国成立初期成纪书店负责人捐献给国家的古旧书籍收条　苏永江提供

▲ 西玉龙街　1970年　冯水木摄影

其实这也是渊源有自。民国时期的成都由于生活水平不高,多数人家的家具又是请木匠到家中定做,所以家具商店一直不多。当时的中低档家具店南城集中在状元街,北城集中在锣锅巷。在与锣锅巷相邻的西玉龙街开了一家名叫"震康"的家具店,无论门面的大小与家具的档次都被公认为全市之冠。

玉龙街是如何得名的,目前还没有很准确的说法。较为可信的说法是,解玉溪流经这里时,水流清澈如玉,河道蜿蜒如龙,沿河的街道就被称为玉龙街。

东龙须巷附西龙须巷

东龙须巷和西龙须巷是两条小巷,位于督院街南侧。督院街北侧是清代总督衙门所在地(也是今天的四川省人民政府所在地),总督衙门在街道之上就有如龙头,对面的

西龙须巷　2009年　陈维摄影

小巷就只能是龙须,所以在清代就把这两条小巷命名为东龙须巷和西龙须巷(另一说认为,当年小巷中有几家织造草席的作坊,织造草席的席草又名龙须草,故而得名龙须巷)。

清咸丰年间,法国传教士在东龙须巷中修建了一座天主教堂公信堂,是成都城内修建最早的天主教堂之一(从目前所见资料,仅晚于光大巷天主教堂)。这以后才又有了平安桥、一洞桥、向荣桥、桂王桥、张家巷等地的天主教堂。民国时期公信堂停止使用,建筑也被拆除。

西安路

　　成都的西安路实际上是一大片区,包括西安北路、西安中路、西安南路,以及西安北路一巷到西安北路三巷、西安中路一巷到西安中路八巷、西安南路一巷到西安南路二巷的一大片地区,位置大致在西郊河以西、十二桥路以北、永陵路以南这个范围内。西安路的"西安"不是指陕西的西安这个地名,其本义是西门平安。西安路在民国初期是成都西城墙外的一条小路,可以从通惠门入城。1931年,粗加修建之后称为环城右路,两边多是农田,少有人居。抗日战争时期,这里逐渐增加了不少城内外迁的居民和外地来蓉的人,房屋也逐渐增多,成为一条常有人行的街道。当时街道中还有小河,河上建有木桥。1947年桥被冲垮之后,川军著名将领邓锡侯(时任四川省主席)出资加募捐将木桥改建为石桥,并在桥两端扩建道路。工程完成之后,附近的人就把这座石桥命名为晋康桥(邓锡侯字晋康),同时也把桥南的路段命名叫晋康路,把桥北的路段命名为西安路,寓意为西门地区平安。新中国成立初期,皇城坝地区进行了大规模的拆迁改造,大量原来在皇城坝地区生活的居民以及其他一些地区的拆迁户被迁到这里,西安路成了一条比较热闹的街道,并把晋康路与西安路一并称为西安路,以后再分为西安北路、西安中路、西安南路,再以后又有愈来愈多的以"西安"命名的街巷。

西安中路　20世纪90年代　严永聪摄影

北新街附中新街　南新街　新街后巷子

这是几条相连接的街道，位于城区的市中心，北端是总府路，南端是东大街，东边与春熙路平行。

清代的北新街上有一个鼓楼，规模比鼓楼洞街的鼓楼小，一般都叫作小鼓楼，所以这条街本来叫作小鼓楼街。清代中新街上有一个栅子（关于栅子的介绍见后"栅子街"），因为地处市区的中心，一般都叫作中栅子，所以这条街本来叫作中栅子街。光绪三十年（1904）小鼓楼和中栅子都被拆除，所以就改街名叫北新街与中新街，同时又把南边的街道命名为南新街。中新街东边还有一条小巷，则叫作新街后巷子。这几条街巷的位置一直未变，至今仍存。

1906年，在清政府实行新政、号召振兴实业浪潮的影响下，陕西籍成都商人陈雍伯与舒氏三兄弟等13人发起筹建启明电灯公司（公司正式登记注册是在1910年）。1909年7月，陈雍伯之子、曾任《四川官报》总编辑的陈天养从天津购回一台100千瓦的蒸汽锅炉直流发电机，在中新街的启明电灯

成都市城门口的街灯　1917年　［美］甘博摄影

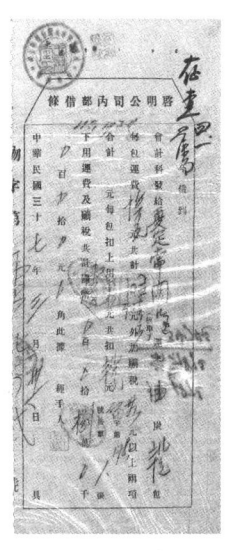

20世纪40年代成都启明公司内部借条
王大明提供

清末《成都通览》所载的成都早期电影"电光戏"

公司厂房内开始发电,在南新街、东大街一带共安装15支光(即15瓦)的电灯300盏,每晚供电5—6小时。由于光线很微弱,成都著名文士刘咸荥还为此而新制了一个灯谜,谜面是"启明电灯——《桃花源记》一句破",谜底就是《桃花源记》中的一句话:"仿佛若有光。"虽然每盏灯每月电费高达1.5个银圆,相当于一个低收入家庭一个月的开支,这却是成都市民第一次享受电灯,是第一次为市民供电(成都的第一盏电灯出现在1904年,发电机安装在拱背桥的四川兵工厂内,只供四川兵工厂、成都银圆局以及住在总督府内的四川总督锡良等极少数官员使用。1908年,在商业场内设立的悦来电灯厂发电,但是只供商业场内部以及附近极少数用户使用)。两年后,启明电灯公司相继购置安装了三台发电机,到清政府被推翻时,总装机容量为194.5千瓦。1924年,启明电灯公司与市政公所商定,在督院街、走马街、南打金街安装了路灯17盏,并于10月9日亮灯,这是成都第一次使用电光源路灯(成都最早的路灯是清末周善培开办警察事务时在1902年设置的,是一种挂在街道旁木杆之上的灯笼,里面使用菜油的"亮油壶",全市共有2000盏,高约2米,每天晚上由警察安放,每盏灯每月用菜油5斤,所以当时的市民把这种路灯叫作"警察灯")。不过,一直到1936年,全市只安装了电路灯985盏。到成都解放时,虽然总共安装了2300盏,可是还能够使用的只有800盏左右。启明电灯公司后来在相当艰难的环境之中一直维持到新中国成立以后,是民国时期成都市唯一的供电公司,发电厂设在外东的椒子街。抗日战争时期,考虑到日本侵略者可能对工厂的轰炸,又在外东高板桥麻柳湾开设了分厂(因为当时的国民政府经济部长是翁文灏,翁对启明电灯公司相当支持,所以这个分厂就以翁的号"咏霓"命名,叫咏霓湾电厂。高板桥的麻柳湾又叫咏霓湾,就是这样得名的)。此外,启明电灯公司还在郫县与彭县设立了分公司,分别安装了100千瓦与200千瓦的发电机。直到成都解放,启明电灯公司的总发电能力为3500千瓦。

在清代,成都民间的钱庄银号大多设在北新街及其附近,如北新街的翁永聚公,南新街的郑兴盛长、万镒源,南暑袜街的焦恒丰裕,学道街的乔宝丰厚、孟同泰蔚等,几家山西票号如蔚泰长、蔚丰厚、蔚长厚、协同庆等也都开设在南新街。从北新街、中新街、南新街到附近的暑袜街、春熙路这一地区,从清代到改革开放时期都是成都的金融中心。成都历史上最早、最重要的两家银行"浚川源银行"和"大清银行"就是清末开设在暑袜街的。北新街上,抗日战争以前开设的银行有私营大川银行、私营华庆丰银行、私营和成银行,抗日战争时期开设的有私营涪泰银行,最重要的是属于刘文辉的二十四军系统的济康银行。中新街上,抗日战争以前开设的银行有私营川康平民商业银行(由原来的川康、平民、商业三家合并而成)、私营川盐银行分行,在抗日

和成银行旧址　杨显峰提供

北新街民居　1991年　唐跃武摄影

战争时期开设的有私营昌泰银行、私营怡和银行、私营建设银行、私营信华银行、私营华康银行。南新街上，民国初年开设有私营大中银行分行，抗日战争时期又开设有私营胜利银行和私营永美厚银行。由于这一地区金融机构是如此的密集，可以认为民国时期成都的经济态势基本上是在这一地区决定的。正如《锦城旧事竹枝词》所说："银行银号集资财，鳞次栉比集新街。名公钜子长舞袖，操纵金纱（按：指民国时期影响市场最重要的黄金与棉纱）有后台。"改革开放以后，国营的商业银行与民营银行迅速增多，外资银行也进入成都，直到今天，这一地区仍然还有多家银行。

1914年，孙维良等人集资将原中新街23号至29号的一个公馆与几间铺面改建成为锦新舞台，川剧、话剧、京剧都演，其特点是有一个仿欧式的用人力转动的旋转舞台。可是，由于"用料不坚"，"楼架危险"，1924年被市政公所下令停演。

新街后巷子因为与春熙路相邻，虽然不宽却很热闹。清光绪三十年（1904），成都第一次放映"美国活动电戏"即电影（当时我国还没有"电影"这一称呼），就是在新街后巷子25号的华昌公司。这一年的《成都日报》在夏历冬月初三（公历12月9日）刊登了目前已经见到的成都最早的电影广告："美国活动电戏，本月初三开演，售女客票、男客票，初四日愿观者速来买票，每位五角，仆童减半。住所在新街后巷子二十五号门道。华昌公司白。"

东新街

成都的东新街和北新街、中新街、南新街并不相邻，而且命名的由来也并不相同。

东新街是一条小街，位于庆云西街与新华大道的三槐树路之间。这里原来是一片菜园，民国时期形成街道，1924年命名。因为是一条新街，又位于东较场旁边，所以就名叫东新街。

著名的川剧表演艺术家周企何生前就住在本街。

周企何（1911—1988） 成都人，本名圆圆，因为纪念业师何玉山而改名企何。5岁学戏，9岁登台，1926年加入最著名的川剧大本营三庆会，师从名师唐荫甫。原来学小生，18岁时因倒嗓，在名丑唐广体的指引下改学丑角，经过广采博收，刻苦努力，终于成为一代名丑。他善于精心刻画人物的内心世界，表演洗练准确，生活气息浓厚，讲口生动明晰，早在抗日战争时期就得到文化界的高度评价，单是张大千赠给他的各种书画作品就有40多件。新中国成立以后参加第一届全国戏曲观摩演出大会即获一等奖；1954年

1952年，周企何（右）与阳友鹤在第一届全国戏曲观摩演出大会上演出《秋江》。

周企何演出川剧折子戏《迎贤店》
20世纪80年代　余小武摄影

1987年，巴金回成都时与周企何(前中)、舒元卉(前右)的合影。　李舒摄影

在第一部川剧艺术片《川剧集锦》中出演《秋江》，被称为"身手不凡，浑身是戏"的"川剧幽默大师"。他戏德高尚，开诚无私，乐于奖掖后进，扶危济困，是当代川剧界公认的泰斗级表演艺术家。周企何病逝之后，一直喜爱他表演艺术的巴金老人特地给侄儿李致写信说："请代我在他的灵前献个花圈。生命虽短，艺术永在。他会活在观众的心中。我还保留着去年10月在成都和他喝酒谈笑的照片，那情景如在眼前。"

北巷子附南巷子

石灰街与西月城街交口处的北边与南边，就是北巷子与南巷子。

今天的北巷子与南巷子的位置，是清代老西门城墙外面的南北通道，在清代就有了北巷子与南巷子的名字。民国时期实际上已经成为西门上较大的街道，但是名字未改，仍然叫巷子，却应当算是成都被称为巷子的街道中最宽敞的巷子。西门城墙拆除之后，北巷子与南巷子又成为老西门地区的一个地理位置的坐标，著名的王建墓与三洞桥也都在南巷子的旁边。近年来在旧城改造之中，北巷子并入了北边的金仙桥街而成了新建的金仙桥路的一部分，南巷子也并入了南边的三洞桥路。

正因为北巷子与南巷子的位置，所以在老成都人口中与心中的老西门，应当是指的这里。可是由于新中国成立以后拆除了城墙，又长期把西门汽车站设在营门口，所以在成都人口中与心中的老西门的位置也就移到了西门汽车站。

成都西门一带的主要清真寺西关寺，原来就在南巷子。

1985年，我国第一所专门培养高级烹饪人才的四川省烹饪高等专科学校在北巷子创立。经过两次扩建之后，目前的四川省烹饪高等专科学校拥有龙泉校区、清江校区和北巷子校区三个校区，以最新的龙泉校区为主要校区，已经有了10个系、30多个专业，在校学生6000多人。2003年四川省烹饪高等专科学校与四川省农业管理干部学院合并，正式升级为四川旅游学院。

成都过去有两条北巷子；另一条是内城北巷子，是改革开放之后扩建的太升北路最南面的一段，已经消失在宽阔的太升北路之中。

北城街

这是一条小街,位于东门大桥内侧、下东大街以北。因为地处清代东门的月城以北,抗日战争期间拆除了东门的月城之后,这里逐渐形成了两条小街,南边的一条被命名为月城街,北边的一条就被命名为北城街。月城街和北城街都已在近年的城市改造之中被拆除。

东二巷附西二巷

人民中路的两侧、东御河沿街和西御河沿街的北边,就是东二巷和西二巷。

这一带在清代是贡院背后的居民区,而且有不少的回族同胞在此聚居,清代前期就把这一带所形成的小巷分别命名为东一巷、西一巷、东二巷、西二巷……到了清代后期,就只剩下了东二巷和西二巷,而且一直保留到今天。

原来的东二巷21号,即今天中房集团大楼那个地方,当年曾经是田颂尧的公馆。

东二巷　2001年　赖武摄影

田颂尧（1888—1975） 成都龙泉驿人，早年参加辛亥革命，曾入保定军官学校第一期学习，以后长期是川军重要将领。1920年任师长，1924年由北洋政府授上将军衔，任四川军务帮办。1926年任国民革命军第二十九军军长，长期驻防川西北地区，自设川西北银行。1932年与刘文辉的第二十四军争夺防地，曾经在成都展开巷战。1933年初被蒋介石委任为川陕边区"剿匪督办"，蒋命其进攻红军，多次战败之后，被撤去军职。以后寓居成都，长期赋闲，曾经着力兴办教育，先后担任过荫堂中学与龙泉驿中学的董事长。1949年他随刘文辉、邓锡侯、潘文华在彭县起义，迎接解放。新中国成立以后任西南军政委员会参事室参事、四川省人民政府参事、四川省政协委员。

　　田颂尧在成都的故居目前还保存有一处，就是他修建在龙泉山上长松寺旁边的别墅"唯仁山庄"（田颂尧笃信儒学，办有不定期宣扬仁学的刊物，写有《唯仁论》一书，故别墅以"唯仁"为名）。

一水巷附二水巷

　　位于今梁家巷地区北一环内侧解放路二段的东边有两条很窄的小巷，分别名为一水巷与二水巷。原来在这里有一条小河，群众取水多从小巷中通过，所以就名为水巷子。新中国成立以后地名普查时，就把这两条过去都叫水巷子的小巷分别命名为一水巷与二水巷。

一街坊附经一路　纬一路

　　新中国成立初期，黄田坝地区兴建峨眉机械厂和清江仪表厂，即今成都飞机工业公司和成都航空仪表公司，除生产区之外，还修建了大片的生活区，发展到今天也就成为城西的黄田坝新区。当年的生活区是按规划一次修建的，其间相当整齐的通道逐渐形成了街道，后来在地名普查时就以最简便的办法，仿经纬线的格局为街道进行命名，于是在黄田坝地区就有了今天的经一路、经二路、经三路、经四路和经五路，纬一路、纬二路、纬三路、纬四路、纬五路、纬六路、纬七路和纬八路，清河一支路、清河二支路、清河三支路和清河四支路，一街坊、二街坊、三街坊、四街坊、五街坊、六街坊、七街坊和八街坊这样的地名，在成都的各个地区中显得十分另类。

在府河北岸的曹家巷地区，新中国成立初期新建了一片以几个建筑公司为主的宿舍区，也曾经以序数编号的"街坊"命名，但是它的正式名称应当是曹家巷一街坊、曹家巷二街坊，大家口中所叫的一街坊、二街坊只是一种简化的俗称。

二道街附三道街　四道街

在今长顺街北端的两边，清代时是满城中的几条胡同，到民国时期，胡同名称不再使用，逐渐都有了新的名称。由于这几条街地处满城的北端，从北往南数的第一条胡同，就是今天的西大街。为了方便，就把当时没有较为明显特征的第二条、第三条、第四条胡同分别叫作二道街、三道街和四道街。

二道街　1996年　赖武摄影

二道街以长顺街为界分为东二道街和西二道街。东二道街向东原来是接东城根街的,新中国成立以后东城根街重修时将过去的斜街取直,在新建的取直后的东城根街北端以东,就出现了一段斜行的老东城根街。与此同时,取直后的东城根街北端又把东二道街截去一段,这一段街的东头仍然与老东城根街相接,西头就与新建的取直的东城根街相接了。这一段连接在老东城根街与新建的东城根街之间原来的东二道街的一段,就被命名为横东城根街。

当代川剧一代宗师阳友鹤生前就住在西二道街。

阳友鹤(1913—1984) 彭州人,原名阳永清,8岁入金兰科社学习川剧,工旦角,艺名筱桐凤。他在川内多处搭班学艺,广采博收,悉心出新,在剧本、唱腔、表演、服装、化装等多方面都有所改革。1931年在重庆演出时即名噪一时,1938年被百代公司请至上海录制唱片。1940年演出新排的《凤仪亭》,受到郭沫若、田汉、阳翰笙等人的高度赞扬。新中国成立以后,1952年在第一届全国戏曲观摩演出大会上得一等奖。1956年赴京参加第二届戏曲观赏讲习会,讲解《川剧旦角的基本功训练与表演要求》,以后由中国戏曲研究院派专家记录整理出由梅兰芳作序的《川剧旦角表演艺术》一书,再版三

20世纪50年代阳友鹤授徒
张蜀华摄影

中国唱片厂灌制的阳友鹤演唱的川剧《刁窗》唱片 刘永禄提供

次，在全国产生很大影响，全国多种地方戏曲都请他讲课或者传授技艺。他先后担任西南川剧院实验学校教务主任、成都戏曲学校校长、成都市川剧院副院长、中国戏剧家协会四川分会名誉主席。他文武兼备，唱、做、念、打无所不精，是公认的川剧一代宗师，为川剧艺术的发展做出了杰出的贡献。1980年，中华人民共和国文化部、全国文联、中国戏剧家协会及省、市文化部门在成都联合举办了"阳友鹤舞台生活六十年纪念"活动。

三道街本来应当以长顺街为界分为东三道街和西三道街，东边的仁里胡同原来就是分为两截的，而且有上半截巷或东半截巷的名字，所以民国时期仍然保留了上半截巷的旧名而没有改为东三道街，以后就只有西三道街被称为三道街。

四道街本来也应当以长顺街为界分为东四道街和西四道街，东边的胡同原来就分为集贤胡同和永兴胡同两段，而永兴胡同因为有木质的过街楼，所以民国时期就把永兴胡同改名为过街楼街，而把集贤胡同叫下半截巷。这样就只有一条四道街了，这就是西四道街。

1918年5月15日，《戊午周报》（后改名《戊午日报》）在四道街45号创刊（后迁刀子巷今多子巷46号）。该周报的主要支持者是老同盟会员和当时拥护孙中山先生的部分川军将领，在全国主要城市和海外近10个大城市有代派

阳友鹤与"川剧四大名旦"：陈书舫（左二）、竞华（左一）、许倩云（右二）、杨淑英（右一）。 20世纪80年代　高华敏摄影

处和特约记者,稿源丰富,反帝爱国立场鲜明,很受读者欢迎。每期发行3万份以上,巴黎和会期间超过4万份。该报在1918年9月24日的"新论"栏目中刊载了世界著名马克思主义者河上肇的《马克思社会主义之理论的体系》一文,向四川人民全面地介绍了《共产党宣言》。

成都中医学院附属医院原来就设在四道街,后迁至西一环路以后,又在原址设立了四川省中医中药研究院。此外四川省皮肤病防治研究所也设在本街。

十一街至十七街

今天成都南河以南从新南门到九眼桥的这一片地区,抗日战争以前基本上是一片农田。抗日战争期间为了方便城内的群众跑警报,在南城墙上新开了复兴门(即新南门),门外的南河上新修了复兴桥(即新南门大桥)。当时,作为大后方的成都迎来了愈来愈多的从沦陷区撤退到成都的各界同胞,为了解决城内住房的压力,就在这一片地区陆续修建居民新村,新村中从北

安顺桥附近十一街至十七街临河民居　20世纪90年代　陈锦摄影

向南的三条主干道被命名为致民路、龙江路和新生路，与主干道相交的支道就以两位数的序数来命名，从东到西就有了十一街、十二街、十三街、十四街、十五街、十六街、十七街。在经过了若干变化之后，十一街、十三街、十四街、十六街均已被拆除，十二街、十五街都被分为了北街、中街、南街三段。

四川现代著名诗人、学者向楚的晚年生活就是在十一街度过的。

向　楚

向　楚（1877—1961） 字先乔，又作仙樵，重庆人，四川著名学者与诗人赵熙的得意弟子，被誉为"赵门三杰"之首（另二人为周善培和江庸）。1906年加入同盟会，是重庆地区辛亥革命的主要宣传者与组织者之一。武昌起义爆发后，重庆成立蜀军政府，向楚出任秘书院长，此后又参加讨袁、护法等民主主义革命活动。1917年在广东护法军政府任孙中山大元帅府秘书，1918年任四川省政府秘书长和政务厅长，曾几度代理省长。1924年以后，全力从事教育事业，先任四川国学专门学校校长，以后长期任成都高师、成都大学、四川大学等校的教授、中文系主任、文学院院长、文科研究所所长，并一度代理四川省教育厅厅长，是时有蜀中"活字典"之誉。

成都解放前夕，四川大学校长黄季陆出走台湾，向楚在极度困危之中代理校长职务，与中共地下党员配合，竭力免除了驻军的骚扰，将四川大学完整地保护下来移交给解放之后的军代表。以后，向楚继续任川大教授，并任四川省文史馆副馆长、民革中央团结委员，被安排住在距川大很近的十一街的住宅之内。毛主席与周总理1954年有意在北京成立一个备顾问的"诠释馆"，委托两位蜀中前辈周善培与向楚筹组，但因两位均属年高，故未能建成。1956年，革命前辈吴玉章

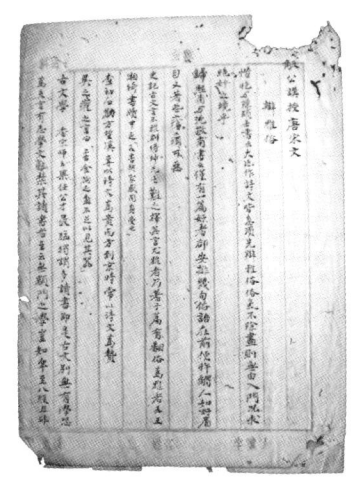

向楚川大授课讲稿　彭雄提供

请向楚入京执教中国人民大学，向楚也以年迈多病为辞，并推荐另一位蜀中名家谢无量为代。向楚病逝之后，吴玉章、陈毅、刘伯承（向楚和刘伯承在大革命年代结为至交，刘母80寿辰的寿词和刘父逝世后的碑文都是向楚所撰）、郭沫若等均曾致哀。向楚是四川现代最著名的学者与诗人之一，也是四川学人公认的民国时期蜀中的"林（思进）、龚（道耕）、向（楚）"三位大师之一，对四川文化教育界有过十分重要的影响。由他担任总纂的《巴县志》是公认的全国名志，对于巴蜀文化的研究具有很高的学术价值。

新一村附新二村

在成都的新建街道之中，诸如北站东一路、北站东二路、玉林一巷、玉林二巷之类的名称很多，其得名的含义一望可知，不用再作介绍。但是新一村和新二村却值得一谈。

新一村位于十二桥以南，文化公园以北，原是农田，新中国成立之初的1951年，政府在当时极端困难的经济条件下，在这里修建了一大片平房，将居住在皇城坝地区那些十分破旧的篾墙草顶房屋中的贫民迁到这里，共入住居民4598人，当时把这里命名为劳动人民第一新村，简称新一村。

新二村位于通锦桥以北，西体路以东，原来也是农田，也是1951年为了解决皇城坝地区贫民的居住困难而新建的，有平房78栋，当时的名字叫劳动人民第二新村，简称新二村。

新一村和新二村是新中国成立以后新建的最早的居民新村，当年的简易平房如今都已经在改革开放之初重建成了六层的住宅楼，但是这两个名字一直保留着。

上面所介绍的以数字命名的街道只是成都街道的一部分，还有一些我们放在了其他部分，诸如二仙桥路、三官堂街、四圣祠街、五福村街、小天二路至小天九路等，一些不太重要的则未收录。过去有一副趣联，是集以数字命名的老成都街道名称而成："三官四圣七家巷，百寿千祥万福桥。"上联中三加四得七，是加法；下联中百而千而万，是进位。这副趣联中提到的老街巷如今在成都都还能够找到。

· 街巷 ·

以军政官署命名

督院街

位于东大街以南、红星路以西的督院街在明代是巡抚衙门所在地,清代初年仍然是巡抚衙门所在地。雍正九年(1731)在成都设四川总督,也就改为总督衙门所在地。清代的总督衙门民国初年毁于火灾,在其旧址处,民国时期先后是四川督军署、四川省长公署和四川省政府所在地。新中国成立之后,先后是川西行署(新中国成立初期,四川分为川东、川南、川西、川北四个行政区,由四个行署分别管理)与四川省人民政府所在地。也就是说,从明代到现在,一直都是四川省最高行政机关的所在地(这其中只在三个短时期有所变化,一是民国初年的四川军政府、督军府曾经在皇城办公,到1919年熊克武将四川督军署从皇城迁回督院街之后就再未迁出;二是1934年刘湘任四川省

前往总督衙门的清朝官员　1905年　[德]魏司摄影

1908年四川要员与外国领事在总督府内的合影（前排左四为赵尔巽，右三为赵尔丰）　［法］杜满希提供

主席时曾经把四川省政府短期设在重庆，1935年迁回成都之后就未再迁；三是抗日战争时期为了躲避日本侵略者的轰炸，当时的四川省政府曾经迁往西外茶店子叶家大院子临时办公）。可是总督衙门的所在地为什么不叫总督街而叫督院街呢？这个"院"字是什么意思呢？

总督这一官职出现在明代，最初是临时性设置，是皇帝派出的中央大员到地方上去总管、督察某项重要的军务或者重大的工程，由于具体任务与管辖范围并不相同，因而每个总督的具体官衔也不相同，如"总督陕西三边军务"、"总督漕运兼提督军务巡抚凤阳等处兼理河道"之类，总督二字只是一个简称。清代的总督仍然是简称，虽然在名义上还是临时的设置（一个标志就是不用四四方方的官府大印，而是长方形的军务关防），但事实上已经转变成了固定的官职，是中央派出的全面管理一片地方的最高军政官员，少数是管理一省，如四川总督，多数是管理几省，如两江总督。由于总督要行使行政、军事、监察等多方面的权力，所以在官衔上就要把几方面的最高职务全部写上，如四川总督的全称就是"兵部尚书兼都察院右都御史、总督四川等处地方、提督军务兼理粮饷、仍管巡抚事"。这其中的"兵部尚书"是清代的最高军事长官职务,"都察院右都御史"是清代的最高监察长官职务,有了这两项职务,总督就有权节制调动军队,就有权纠察百官,才能真正成为封疆大吏。正因为如此,清代的总督经常自称为本部堂、本部院。督院街中这个"院"字就是这样来的。由于成都的总督衙门位于全城的南部,所以在清代官场中一般都把成都的总督衙门简称为"南院"或"院上"。

清代的总督衙门东侧,有一个花园叫习静园,为乾隆年间的四川总督福康安所建,是成都的高级官员们的游憩场所,清代后期也称为"南苑"。民国时期曾经做过川康绥靖公署的办公处,新中国成立以后并入了四川省人民政府。

当年的总督衙门斜对面,即原四川省民政厅(前几年才迁往东门大桥东侧)的那个地方,因为位于金河北边,清康熙七年(1668)由四川巡抚张德地主持建有祈水庙,清末改设营务处,民国时期为军队驻地。在四川军阀割据时代的1926年底,占据成都的二十四军军长、四川军务善后帮办刘文辉(此时的四川军务督办是刘湘,驻于重庆)、二十八军军长、四川清乡督办邓锡侯、二十九军军长、川西北屯殖军总司令田颂尧三方为了共同统治成都设立的三部统率办事处,后改名为三军联合办事处,就设立在这里,并在此制造了成都近代史上的"二一六"惨案和多起"清党"、"清共"惨案。那个时期也是经济不振、币制混乱的时期,当时成都有过这样一副对联:"满市银圆破烂哑,三军都督邓田刘。"

由于督院街是几百年间四川省的最高行政机关所在地,所以近代四川的很多重大历史事件都发生在这条街上。例如在清末的四川义和团运动中,成都出现过一位传奇女领袖,她就是出生在原华阳县石板滩的客家女儿廖九妹。她自幼习武,胆大心细,人称廖观音,17岁时统率上万人马与清军在川西地区多次大战。光绪二十八年八月十三(1902年9月15日),她亲率一支突袭队,在倾盆大雨之中用竹木长梯翻越成都南城墙,手举三角红旗,直奔督院街总督衙门,先后杀败几股清兵,使得全城乱成一团,所有官署大门紧闭,鼓楼上的报警战鼓一直不停。廖观音在督院街和走马街与清军激战一场之后,又安全地从南城墙翻越而出,整个行动只牺牲了5位战士。廖观音夜袭督院街的壮举使清政府大为震惊,四川总督兼成都将军奎俊几天之后即被清政府革职。

作为辛亥革命前奏的四川保路运动是一次轰轰烈烈的大规模武装革命斗争。1911年9月7日，在全四川都已卷入罢课、罢市、抗粮、抗捐的群众运动，四川保路同志军已经在资中罗泉井会议上正式成立的紧急关头，四川总督赵尔丰悍然逮捕了四川保路同志会领袖蒲殿俊、罗纶、张澜、颜楷等9人，然后在总督衙门内的大堂之前大开杀戒，命令四川营务处总办田征葵率督署卫队向上千请愿群众开枪，当场打死市民32人，伤者无数。第二天，又枪杀前来吊丧收尸的群众数十人，下令三天不准收尸，这就是著名的"成都血案"。"成都血案"的直接结果是：9月8日，保路同志军发布檄文公开起义，在成都东外的大面铺、西河场、赖家店一带开始激战；9月10日，4万保路同志军围攻成都；数日之内，成都城下的保路同志军云集20万之众，全川各地战火不停；9月25日，荣县独立，在中国大地上建立了第一个资产阶级革命性质的新政权；10月10日，武昌起义爆发。11月27日，大汉四川军政府成立，清政权在四川的统治宣告结束。12月22日，赵尔丰被尹昌衡部下从总督衙门中抓获，押至皇城明远楼侧斩首示众。

赵尔丰在督院街大开杀戒的日子在老成都的心中有如刀劈斧砍，因为1911年9月7日正好是夏历七月十五，是旧时的万灵节，民间都称为鬼节，认为是阎王老爷关鬼门关的日子，而赵屠户正是在这天大开了鬼门关。

1911年9月7日总督府外被杀民众　　［法］杜满希提供

解放战争时期，成都革命群众多次在督院街的四川省政府大门前举行要民主、要自由、反饥饿、反内战的游行示威斗争。1948年4月9日，是蒋介石特别挑选的著名反动军阀王陵基接任四川省主席、举行就职典礼的日子。四川大学、华西大学等校学生5000多人到督院街游行请愿，一路高呼"反对饥饿，要平价米"、"停止内战，改善生活待遇"等口号，川大教务长叶麟教授等也和大家一同前往（川大校长黄季陆当时不在成都）。王陵基命令千余军警以武力镇压，当场抓捕学生132人，打伤刺伤学生200多人，川大女生游训天受伤最重，被军警的刺刀刺穿下腹。第二天，王陵基宣布设立"特种刑庭"，在报上公布了各学校"奸匪"58人的名单。只是迫于全国各界民主力量与四川地方实力派的压力，王陵基才未敢大开杀戒，被捕学生也在一周之后被释放。游训天后来就在川大工作，笔者在川大读书时，她是川大的工会主任，笔者曾经听过她回忆"四九惨案"的报告，至今记忆犹新。

除了若干重大的政治事件在这里发生之外，清代的总督衙门还有一件与成都的千家万户日日夜夜的生活有关的大事，就是"放炮"。一直到保路风潮将成都城内的日常生活完全打乱之前，总督衙门头门外每天都要定时"放炮"（这种炮不是战场上用的管状炮，而是宽距不到一尺的铁盒状，放在地上点着之后，只有巨大的声音而没有弹片，民间一般都称为"铁炮"。笔者幼时曾经

1949年12月成都解放，旧政府大门挂上了中国人民解放军成都市军事管制委员会的标牌，国民党四川省政府的牌子被扔在地上。　　王文相摄影

1950年1月成都军事管制委员会集体合影,前排左二为李井泉,左三为贺龙,右三为周士第。

亲自见过与听过"铁炮"放炮),黎明一炮叫作"醒炮",擦黑一炮叫作"头炮"或"起更炮",一个时辰(相当于今天的两个小时)之后再放一炮,就叫"二炮"或"二更炮"。当时全城的老百姓都是按炮声安排作息时间,鼓楼报时也得以"放炮"为准。凌晨的"醒炮"响了之后,家家户户就要起床了,一天的劳作也就开始了。晚上的"二炮"以后,大街小巷的打更匠就要口中高喊"起二更了,关好门窗,小心火烛"之类的话语,沿街敲响更锣,老百姓叫作"打二更"或是"起二更",家家户户也就关门熄灯、上床睡觉。

走马街

走马街和督院街相邻,是从春熙路去督院街的必经之路,走马街的得名也与督院街密切相关。

清代的走马街东边有总督衙门,西边有提督学院衙门,北边有按察使衙门,走马街就位于三大衙门之间,大小官员与递送公文者要骑马,这里每日间来往的马匹之多当然是可想而知。由于来往过路的马匹成了这条街的主要景色，所以就被叫作走马街。在古代汉语中，"走"的本义是跑，即所谓"疾趋曰走"，而不是慢步走（慢步走在古代汉语中应当叫"行"）。走马街的走马，正是跑马的意思。

走马街与春熙路南北相接，与东西方向的东大街形成了一个十字口，在民国时期一度是成都最繁华的商业口岸之一。在走马街上开有私营的汇通银行总行，还有在老成都人记忆中印象很深的三家著名商号：第一家是中药店"肖长兴"号，它制作的膏丹丸散质量优良，特别是它的"瓦片药"是治疗过去极为流行的皮肤病"干疮子"（即疥疮）的最佳药品，包括笔者在内的这一辈四川人儿时几乎都用过。第二家是自产自销的"马正泰"绸缎庄，它所生产的产品曾经在南洋劝业会上获得特等奖。第三家是与东大街交口处的"宝元蓉"百货公司，是著名的"宝元通"公司的分公司。直到今天还在营业的邮政支局的前身，则是民国时期春熙路地区最重要的成都市邮政一支局。

当年的走马街上还有一家十分特殊的银行——建业银行成都分行。

建业银行总行在重庆，成立于1943年，是由爱国实业家范旭东与中共党员龚饮冰（这是一位1923年入党、长期以佛教居士身份从事党的秘密工作的传奇式人物，早在1927年就担任了中共中央的主管会计，长期为地下党筹措活动经费。新中国成立以后曾任中国银行总经理、轻工业部党组书记、中央统战部副部长）共同创办，受中共地下党领导。1945年增资以后，龚饮冰占总股本的44%，为第一大股东，并出任总经理。实际上，他的股本就是中共党组织的投资，他在银行中的收入也就是党组织的收入。建业银行在全国共有7个分行，成都分行于1944年10月开业，初在湖广馆街，不久就迁至走马街。中共党员张显惠（又名李应吉，当时任副经理，新中国成立以后曾任外经部副部长）、孙克钦、华永福（即中共川康特委委员华健）等都在银行内工作。这家银行在成都众家银行中不显山不露水地一直经营到成都解放，为中共做了大量工作。成都解放之初全市有70多家银行与钱庄，第一家被批准恢复营业的就是建业银行。

走马街上还有一家名为"乡村"的餐馆，以用"回扣豆瓣"（即红糟豆腐乳汁）为主要调料烧成的"香糟肉"闻名。更为受人称赞的是对顾客一视同仁，穷人进来，只买一大碗"冒儿头"（碗上堆尖尖的米饭），一碟最便宜的小菜，"堂倌"（即今天的服务员）仍然笑脸相迎，还会送上一碗免费的便汤，是当年全成都最不嫌贫爱富的餐馆。

在走马街与督院街拐角处，一直到十几年前还是一弯两层楼房，楼下是商家铺面，楼上是民居。这里在抗日战争时期曾经是法比瑞同学会的会址，当代艺术界著名人物马思聪、吴作人、关山月、庞薰琹等来成都时都曾经在这里居住。

走马街西侧过去还有一座尼庵叫普贤庵，民国时期就已不存。

将军衙门

今天的金河宾馆一带，成都人都称之为将军衙门，在旁边还有一条将军街。在这些地名之中的"将军"，并不是一般意义上对高级军官的尊称，而是一种专门而又特别的官称。

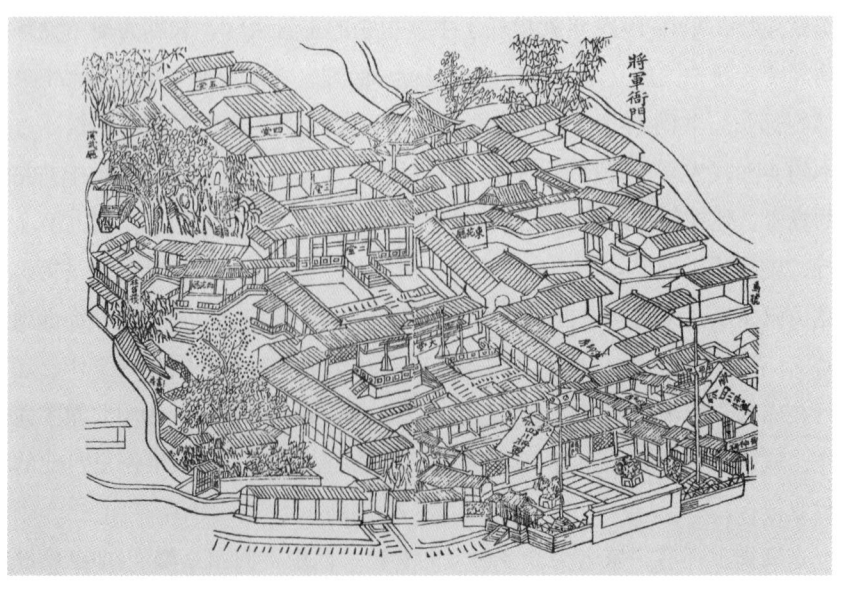

将军衙门图　原载同治《成都县志》

四川军政府都督尹昌衡（前左）、副都督罗纶（前右）会见德国领事馆官员。
1911年　［德］塔玛拉·魏司提供

    清王朝初期在全国的军事要地都驻有八旗重兵，以驻防将军为最高统帅。以成都为例，其官衔的全称是"镇守四川成都等地方将军、统辖松建文武、提调汉土官兵、管八旗事"，一般都简称为成都将军。将军只能由满蒙贵族担任（清代中叶以后，在特殊情况下汉族总督可以短期代理将军的职务，但不能叫兼任，只能叫兼署。在古代官制中，"署"就是代理的意思。例如成都人相当熟悉的同治时期汉族四川总督吴棠就兼署过成都将军），除了负责当地的军事防务之外，还是当地满蒙八旗事务的总管，其实质是朝廷或满蒙贵族派在当地的最高代表，是皇帝的耳目。在当时各省的官职序列之中，除了少数以御前大臣、大学士的官衔出任总督者外，将军的地位都在总督之前，居于首位，表面上不具体管理地方政务，但对所有的地方官员都有监视之责，可以将地方的一切情况独自密报清廷，而地方上的最高官员总督与巡抚给清廷的重要奏章上报时都得有将军的副署，否则就不得上奏，不能起任何作用。例如清末的四川总督、人称赵屠户的赵尔丰在逮捕保路同志会的领袖蒲殿俊、罗纶等人之后，一心要把他们处死。可是在上奏朝廷之时，将军玉昆不同意，不副署，赵尔丰就无法上奏，当然也就杀不了他们。

    四川在清代初期满蒙八旗的最高官员只设副都统，第一任副都统是法喇，统率有八旗兵丁与家属共5000余人。乾隆四十一年（1776）始设将军，首任将军为明亮，今天的金河宾馆所在的地方，就是清代的成都驻防将军的衙门。清代前期的将军衙门因为在名义上是驻军的指挥所在，所以建筑并不宏伟。清同治七年（1868），在当时的驻防将军崇实的主持下（崇实在成都任职多年，又爱好书法，现在成都的武侯祠等地还可以见到他所题写的匾额楹联），对其进行了大规模的扩建与改建，成为一座中轴二门五进、两旁多院并有花园的大型建筑，大门上的两道匾额上写着"望重西南"和"控驭岩疆"，表明了将军衙门的权威与职责。

清政权被推翻之后拆除满城时，将军衙门只是把大门拆掉了，多数建筑继续使用，一直是民国时期军事部门的办公场所，北洋系的陈宧，滇军的罗佩金，川军的熊克武、刘成勋、杨森、刘文辉、刘湘等将领都曾经在这里办公。刘文辉的二十四军司令部曾经长期设在这里。抗日战争初期，蒋介石的军事力量逐步进入成都，于1935年11月5日在这里正式成立了重庆行营驻蓉办事处，1939年2月13日正式成立了国民政府军事委员会委员长成都行辕，故而一直是蒋介石集团在成都最主要的据点之一。从1940年到成都解放，这里又是四川全省最大的特务机构四川省特种工作委员会（由在川的军统、中统、宪兵、三青团系统合组，1946年曾经改名为四川省党政军干部联席会议，但是仍然按习惯简称为"特委会"）的所在地，设有关押政治犯的特别监狱，曾经关押过大量的中共党员和革命志士。1949年12月7日深夜，在成都发生的对革命志士的疯狂大屠杀所以会发生在十二桥，就是因为这些革命志士中的大部

国民党四川省特委会设在将军衙门中的监狱　杨显峰提供

分都是从关押在将军衙门的特别监狱中押出去杀害的,十二桥就在将军衙门的西侧。

将军衙门在新中国成立以后长期是成都军区的第三招待所,改革开放以后就在原来招待所的旧址修建了金河宾馆,但是仍然还是成都军区的第三招待所。

将军衙门附近的金河　20世纪60年代　王文相摄影

藩库街附藩署街

清代省一级行政机构的最高长官是总督或巡抚(凡是驻有总督的省就不设巡抚,没有总督的省就设巡抚,只有江苏一省例外,因为是江南重省,事务繁多,是督、抚并存)。清初的四川先后是由川陕总督和川湖总督管辖,川陕总督和川湖总督都不驻四川,所以就设立四川巡抚为四川的最高军政长官。雍正九年(1731)设立四川总督之后四川就不再设巡抚,而由四川总督总揽全省军政。省级行政事务又是由三个官员分别负责,这就是分管民政钱粮的布政使、分管刑狱的按察使和分管教育科考的提督学政(也称提学使),共称为"三司",布政使官阶为从二品,按察使和提督学政官阶为正三品。

布政使的官衙全称是"承宣布政使司",意即上承天子命令宣布政教,下训民众进行治理,一般都称为藩署,承宣布政使司的主官就是布政使,一般都称为藩司、藩台,是在总督之下全省最重要的行政长官。清初的四川藩署先是设在今天的商业街,由于修建满城,遂迁到城中今天四川报业集团的那个位置,在民国时期曾经演变为戏院与宅院,而在商业街原藩署旧址则设置了副都统衙门。藩署前面原来有一个空坝,是用来供官员们停轿拴马的地方,在清末逐渐形成了一个"扯谎坝",又逐渐修建了若干房屋,形成了一条街道。这条街道就名叫藩署街,藩署街一直到1988年因为修建红星路商场与电子大厦才被拆除。但是在原来的藩署街以东的位置,却还有一条小街叫藩库街,至今还在红星路二段以东。

藩库就是当年藩署下属的官家仓库,设有专门管理仓库的官衙叫藩库厅,所在的街道也就被命名为藩库街。按照明清时期的有关规定,这个仓库不是可有可无、可大可小的,是必须设立而且还有一定的规格,不仅在"恒、丰、萃、益"四个银库中装着全省税入的几百万两白银,有如全省的中央金库,还要根据省城中官民人等的多少储备足够的物资,以防万一省城被敌军围困或发生其他灾难时能够保证在三个月之内城内军民有吃有穿,有基本的物资供应,所以这个仓库又名为"广济库",规模不小。藩库还有一个重要功能,是保管全省包括户口、钱粮、税收、恤济等各方面的重要簿籍,有如一个重要的档案馆。

1911年12月8日的"成都兵变"(有关"成都兵变"的介绍见"东较场")使藩库不仅被抢而且被焚,这以后藩库不再使用,成都"大成会"就在这个旧址之上开办了大成学校,以身列成都"五老七贤"之一的著名学者徐子休担任校长(为了纪念徐子休一生办学育人的功绩,他逝世之后由他的门生故旧集资在藩库街东头创办了"霁园先生图书馆")。大成学校的前身是成都守旧派文化人与五四新文化运动相对抗的一个重要阵地,名叫孔圣堂,招收弟子不学新学,只读经书。改办为大成学校之后学校中建有大成殿,供奉孔子牌位,宣布"宗旨则尊孔读经,以国学为本,科学为辅",每月朔望之晨,全校师生都必须向孔子牌位行三拜九叩礼。大成学校后来改名为私立大成中学,虽然开设课程与其他中学大致相同,但仍然是一年级要读《论语》,二年级要读《春秋》,孔子诞辰日要祭祀,所唱校歌的最后几句是"孔子集大成,为来世开太平,灿灿兮,峨眉雪照泰山云"。新中国成立以后与华阳县中合并,发展为今天的成都三中。

在成都现代史上,经常会提到"五老七贤"这个对社会名流的统称,在老一辈成都人的口中直到今天还不时听到这一说法,在本书中也会多次提到。

·街巷·

所谓"五老七贤",是民国初年成都人对一批居住在成都的社会名流的统称。他们都是曾经在政界或学界有过较高地位与影响的老人,虽然总的来说思想比较守旧,但是都有很高的文化修养,都有一批门生弟子,都热心社会活动和公益事业,经常为公众解除一些一般人所难以解决的社会问题,直至挺身而出制止军阀在成都进行的混战,所以在社会上有很高的知名度,受到公众的尊敬。抗日战争时期,著名爱国人士黄炎培在成都时,曾经在他的《蜀游百绝句》中写道:"劫后民劳未息肩,每闻政论出耆年。蜀人敬老尊贤意,五老当头配七贤。"有蒋介石"文胆"之称的陈布雷也曾经这样写道:"在成都又半月余,曾往谒方鹤斋、徐子休、尹仲锡、周奉池、徐申甫诸老,此数君者,成都所谓五老七贤,乃一般人认为方正不阿者也。"不过当年并没有一个明确的界定,说哪几位算是五老,哪几位算是七贤,只是一个笼而统之的泛称。可以大致界定的是,他们都曾经在民国初年被四川督军、辛亥革命元老熊克武礼聘为顾问或高级顾问。下列各位都可以算是当时公认的"五老七贤"的知名人士:

20世纪40年代华西大学特聘教授:前排中间三位从左到右为刘咸荥、方旭、曾鉴,皆属"五老七贤"。 四川大学档案馆提供

以军政官署命名　313

方　旭（1852—1940）　字鹤斋，安徽桐城人，前清翰林。曾任华阳县令、川东道道台、四川留日学生监督、四川省学务处提调，曾创办《四川学报》。

刘咸荥（1857—1949）　字豫波，双流人，前清拔贡。曾任成都府中学堂监督、四川省咨议局议员，长期在多所学校任教，并从事慈善事业。

宋育仁（1857—1931）　字芸子，富顺人，前清翰林。曾出使欧洲四国，创办《渝报》《蜀学报》，组织蜀学会，任尊经书院山长、四川国学学校校长、四川通志局总纂。

吴之英（1857—1918）　字伯锡，名山人，前清优贡。曾任《蜀学报》主笔、存古学堂监督、四川国学院第一任院正（即院长）。

徐　炯（1862—1936）　字子休，成都人，前清举人。曾在成都江南会馆创办著名的私塾"泽木精舍"，蜀中知名人士朱青长、尹昌衡、熊克武、张群、戴季陶、谢持等都是他的学生，又创办通省师范学堂，曾任四川留日学生两任监督、四川教育总会会长。

骆成骧（1865—1926）　字公骕，资中人，前清状元，翰林院修撰。曾任四川临时议会议长、四川高等学校校长。

赵　熙（1867—1948）　字尧生，荣县人，前清翰林、御史。曾主持重庆东川书院与川南经纬学堂，著名诗人，蜀中文坛泰斗。

尹昌龄（1869—1943）　字仲锡，郫县人，前清翰林。曾任贵阳道尹、四川军政府审计院长、四川政务厅长、成都慈惠堂总理，创办培根工厂、培根学校。

邵从恩（1871—1949）　字明叔，青神人，前清进士。曾任四川军政府民政部长、民主宪政促进会主席，被周恩来誉为"和平老人"。

林思进（1873—1953）　字山腴，成都人，前清举人，创议成立四川省图书馆并任馆长7年，曾在成都多所学校任教，著名诗人。

颜　楷（1877—1927）　字雍耆，成都人，前清进士，翰林院编修。曾任川汉铁路股东会会长、四川法政学校校长。

除上述诸位之外，前清拔贡、隆昌人曾鉴，前清翰林、成都人曾培，前清翰林、富顺人陈忠信，前清举人、成都人文龙，原四川督军、双流人周道刚，原川军第一师师长、成都人徐孝刚等也常被列名于"五老七贤"之列。这些老人自己有时也承认自己属于"五老七贤"之列。如赵熙1948年去世时，刘咸荥送了如下的挽联："五老中还剩二人，悲君又去；九泉下若逢二子，说我就来。"而且果然出言成谶，刘咸荥真的在第二年病逝。

当代著名学者任乃强生前长期居住在藩署街。

任乃强（1894—1989） 南充人，我国当代著名的历史学家与民族学家。他于1928年写的四川《乡土史地讲义》是四川第一部乡土史地教材，他集40年之力完成的《华阳国志校注图补》是今天研究我国西南古代历史与地理的必读书。他曾经亲身到四川西部的藏区长期考察，并与瞻对（今甘孜州新龙县）甲日土司之女罗哲情措结为夫妇。当他创办的我国第一个民间藏学研究团体"康藏研究社"出版《康藏研究月刊》时，罗哲情措出任了以筹措经费为主要职责的总务干事。在藏学研究上，他写出了著名的《西康图经》，第一次将《格萨尔王传》译为汉语并第一次将其定性为"史诗"（1930年首次在《四川日报》发表时名为《藏王传》）。1943年，他绘出了百万分之一的"康藏标准全图"和"西康省分县图"，为康藏研究填补了一大空白。新中国成立之初，他以对康藏地区的深入了解和详细绘制的地图为西藏的和平解放大业做出了重大的贡献。虽然在新中国成立之后他遭受了多年的不公正待遇，但是在改革开放之后，他虽已八十高龄，但仍为我国的黄金矿采事业贡献力量，写出了《四川黄金史》和《青藏高原采金刍议》。任乃强先生还是成都学术界著名的"多宝道人"，他曾经在四川大学开设中国农业史课，写有长篇小说《张献忠》和《长生岛》，是四川第一位搜集、研究和雕刻皮影的学者。据老人们回忆，他当年居住在藩署街时，曾经出资在街上修建了一座公共厕所供街道上的居民使用。在那个时代，藩署街上的公共厕所是全成都第一家也是唯一的一家私人修建在街道上的公共厕所。

任乃强与罗哲情措

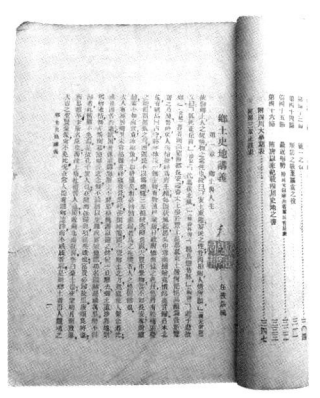

任乃强早期著作《乡土史地讲义》 袁庭栋提供

布后街

布后街因为位于布政司衙门（也就是前面说到的藩署）之后而得名，与布后街相对以前也曾经有过布前街，就是今天的华兴东街。华兴东街的名字是在民国时期由布前街改称的。

布后街原来东起干槐树街，西到慈惠堂街。修建红星路时，新开的红星路二段把布后街分切为东西两段。后来在对红星路二段进行整治时，将布后街东段并入了干槐树街，只将原来的西段保留了布后街的名称。

清代的布后街上建有西江公所和河南会馆，这两个会馆现在均已不存。西江公所即广西会馆，在成都有两个，另一个在金玉街。河南会馆在成都也有两个，另一个在状元街。布后街的这一个河南会馆是成都众多会馆中面积最小的一个会馆。

在川菜发展史上具有里程碑式作用的著名川菜馆"荣乐园"于1912年初建于湖广馆街兴隆庵，第二年就迁到这里，1933年扩大改建为一楼一底的大型餐馆，一直到1980年才迁往骡马市。

《星星》诗刊1957年第一期
成都市图书馆提供

新中国成立以后，四川省文化艺术界联合会以及下属的四川省作家协会、四川音乐家协会、四川美术家协会、四川戏剧家协会等多家协会，以及这些文化团体所编辑的多家刊物如《四川文学》《星星》诗刊等编辑部，长期都在布后街2号的大院里办公（现在已经并入了干槐树街，在原来布后街背后的新巷子19号还有省文联使用的一个院落），四川的著名作家如沙汀、艾芜、流沙河、孙静轩、周克芹等都曾经长期在这里工作和居住。一直到近年扩建红星路之后，文联等单位的大门才改为开在红星路上。

沙汀

沙 汀（**1904—1992**） 本名杨朝熙，安县人。1922年入四川省立第一师范学校读书，接受五四新文化的影响，并开始走上文学创作的道路。1929年到上海，与任白戈等共同创办"辛垦书店"，1932年出版第一本小说集《法律外的航线》，同年参加左翼作家联盟，以后曾任左联秘书兼散文组组长。1936年加入中国共产党，1938年赴延安，任鲁迅艺术学院文学系代主任，并到晋西北等抗日根据地体验生活，进行创作。1940年到重庆开展革命工作。"皖南事变"之后疏散回到家乡安县，创作了反映四川农村生活的著名三部曲《淘金记》《困兽记》和《还乡记》。新中国成立以后，先后任西南文联主席、中国社会科学院文学研究所所长等职。暮年因患眼疾双目失明，回到成都养老，1992年12月14日病逝于成都。

艾芜

艾 芜（**1904—1992**） 本名汤道耕，新繁人。1922年入四川省立第一师范学校读书，接受五四新文化的影响，并开始走上文学创作的道路。1925年只身走向社会，寻求属于自己的世界。他从昆明南下，徒步穿行边疆的少数民族地区到达缅甸、新加坡，以后到达上海，参加左翼作家联盟。1935年出版小说集《南国之夜》和《南行记》，笔下奇异的边疆风情和对下层劳苦大众的生动描写使他得到了"流浪文豪"的美誉。这以后他还有多部深刻反映社会下层人生活的作品问世。新中国成立以后，他写出了新中国第一部反映现代大工业题材的长篇小说《百炼成钢》。在重返云南边疆之后，1964年出版了《南行记续编》。他一生中共出版了各种作品40多种。1992年12月5日病逝于成都。

(上二图为彭小岷提供)

  沙汀和艾芜是我国文坛上罕见的双子星座，同年出生于川西的农村，同年进入成都的学校，同在一班学习（据他们二人的老师张秀熟老人告诉笔者，他们二人还曾经是同桌），同时走上文学创作的道路，长期在上海与成都保持着深厚的友谊，同为我国的著名作家，同年同月在成都病逝，辞世日期只隔9天。

沙汀(左)和艾芜(右) 李致提供

沙汀和艾芜作品书影 成都市图书馆提供

四川省文联所在的原布后街2号大院，是清代道光、咸丰年间任过直隶按察使、四川布政使等高官的孙治晚年所建的孙家花园，是清代成都的著名私家园林之一，中西合璧，精致典雅。民国时期是辛亥革命元老熊克武的旧宅"息庐"，大院共五进，可分为七个小院，原来每院中均栽培花木，曲廊互通。新中国成立以后，由于修建成都市第三幼儿园和新建红星路时被占用，现在的四川省文联只是原来"息庐"的一部分。

年轻时的熊克武
［法］杜满希提供

熊克武（1885—1970） 四川井研人，1903年去日本留学，1905年加入同盟会，并被选为评议员，成为孙中山先生的忠实信徒。1906年，奉命返回四川组织反清革命斗争。曾经在泸州、成都、宜宾、广安、乐山等地多次组织武装起义。1911年，他在广州参加著名的广州起义，带队炸开了两广总督府的后墙。1912年，南京临时政府任命他为蜀军北伐军总司令，次年又担任四川讨袁军总司令。1915年参加讨袁护国，任四川招讨使。1917年，孙中山先生又任命他为四川靖国军总司令，次年任四川督军，1921年任川军总司令兼四川省省长。1924年被选为中国国民党中央执行委员，孙中山先生任命他为建国联军川军总司令。1925年，他在广州因蒋介石捏造的罪名被拘捕，囚禁于虎门炮台，1927年才予以释放。从此以后，他不再担任有实职的军政职务，但是终身都站在反蒋的战线上。1949年7月1日，他联合四川的地方实力派组成川康渝民众自卫委员会，任主任委员。12月，与刘文辉策动川西起义。12月15日，他又领衔在成都市内贴出了拥护中国共产党和中央人民政府的布告。新中国成立以后，他出任了西南军政委员会副主席、全国人大常务委员会委员、民革中央副主席。1970年病逝于北京。

抗日战争时期，布后街上建有成都大戏院（其前身是在修建春熙路中暴富的房地产商俞凤岗私宅"俞园"中的戏台），演出各种戏剧。1939年春节，由上海辗转入川的洪盛评剧团在此开台，是成都演出评剧的开始。著名的新又新川剧班长期在此演出，当年还是青年演员的川剧表演艺术家阳友鹤为了推广改良川剧，在这里上演了著名的时装戏《是谁害了她》，曾经引起不小的轰动。新中国成立以后，成都大戏院的房产由川西日报社收购，成为后来四川日报社大院的一部分。

20世纪40年代的成都大戏院　杨显峰提供

学道街

"学道"是在前面谈到过的清代省级行政机构中的"三司"之一，主管全省学校与科举考试，全称是"钦命提督某省学政"，简称学道，尊称为学台，只能由翰林或进士出身的官员充任。为了防止地方上在科举考试中徇私，各省的总督或巡抚非但不能决定提督学政的人选，就连保举推荐都是绝对不允许的。所以，提督学政不算是总督或巡抚的属官，而是直属中央派遣，再加上

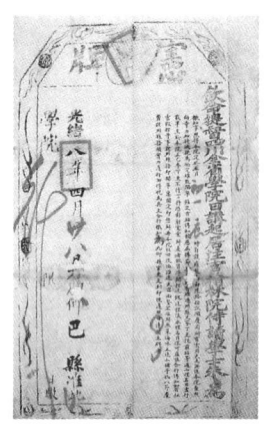

清光绪八年（1882）四川提学使发到各州县的"宪牌" 四川省档案馆藏

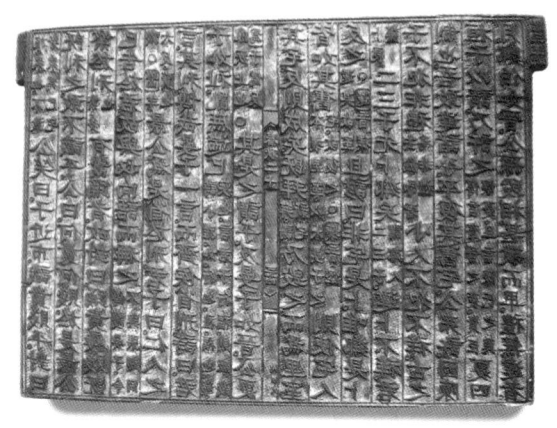

学道街的清代雕版印刷版片 袁庭栋提供

有一个"钦命"的头衔，就有钦差的性质，虽然无军政大权，但是在地方上相当受人尊崇。

提督学政的官署叫提督学院，以后改称提学道。清初的四川提督学院设在鼓楼街，后迁学道街（其旧址是明代的巡按御史衙门），学道街当然也是由此得名。在学道街的西端原来还有成都府的考棚，全府十六县的学子在通过了县试之后就在此进行府试，通过之后才能参加由提督学政主持的院试，成为附学生员，也就是一般人所称的秀才。在学道街的东端有宪历局，每年全省的历书（古代的历书是由官府颁发的，所以称为"皇历"，这一称呼至今在老一辈人口中还可以听到）必须由此发出，各州县只能照此翻刻印卖。

由于学道街所具有的上述特有的文化氛围，在湖广填四川的移民浪潮中，从江西来到成都的一批以刻书为业的书商与刻书工匠从乾隆年间开始，陆续在这条街上开设书铺，刻印并发售书籍，因为书铺名称中多有"经"字或"元"字，如"肇经堂""玉元堂"等，所以被称为"经元八大家"。到了清末时，在这条街以及相邻的青石桥街与古卧龙桥街一带的书铺多达四五十家，或刻印，或贩卖，成都最著名的民营木刻版书铺"志古堂"（四川著名的学者型书商周达三主持的晚清四川第一书坊，一直到 1950 年才关门歇业），最大的官办木刻版书铺"存古书局"，新式的铅版书商"二酉山房"（清末成都最著名的实业家樊孔周于1884年所开办，附设有免费读书处）、"点石斋"等大书局都开设在这里。从上海进入成都发行"洋版"书籍的大书局如商务印书馆在相邻的青石桥北街开店、中华书局在相邻的古卧龙桥街开店，直到春熙路建成之后才迁往春熙路。学道街加上相邻的古卧龙桥街和青石桥街不仅是清代整个西南地区书籍业务中心，也是成都历史上第一条名副其实的文化街。《锦城旧事竹枝词》中这样写道："'志古''存古'誉锦江，千年人记蜀版香。宋椠元镂俱难见，幸有'尊经'（按：指尊经书院的版刻书籍）旧版藏。"

民国时期，原来的学道衙门开设过四川省通志馆和四川省立高级工业职业学校。抗日战争时期高级工业职业学校迁往城外的茶店子（地址在今天的成都二十中），以后一直在花牌坊街办学，就是后来的成都电子机械高等专科学校。

新中国成立以后，四川省教育厅和后来的四川省教委长期在原学道衙门旧址办公，直到几年前才迁往陕西街原四川省高教局地址办公。四川省教委迁走之后，原址仍然是《四川教育》等省教委下属单位的办公地和省教委新宿舍大楼所在地。原来的四川省科学技术委员会和现在的四川省科学技术厅也设在本街，位置就在原四川省教育厅的斜对面。

川剧一代名家萧楷成故宅就在学道街。

设在学道街的四川省立成都高级工业职业学校大门
杨显峰提供

萧楷成（1878—1950） 崇州人，其父兄均是川剧艺人。他11岁即登台唱娃娃生，1912年进入川剧大本营"三庆会"，是川剧界小生行当最著名的演员之一，还能司鼓。1913年担任"三庆会"专门培养学员的"升平堂"堂长，1930年接任"三庆会"会长，对川剧的乐队、服饰、排练均有所改良。1946年因病瘫痪，将会长一职交与贾培之。后来的著名川剧表演艺术家如唐荫甫、白玉琼、周慕莲、司徒慧聪、陈书舫等都是他的学生或受过他的悉心指教。他的艺术心得的总结"无我是他，传神感人"8字与当代的表演艺术完全相通，对后世影响很大。

四川著名教育家、革命老人张秀熟在新中国成立以后长期住在学道街，只是在晚年的最后时期才迁往指挥街的新居。

张秀熟（1895—1994） 平武人，在江油龙郡中学读书时受四川最早的马克思主义播火者王右木的影响而走上革命道路。1916年入成都高等师范学堂学习，在1919年的五四运动中担任四川学生联合会执行部理事长。1921年应张澜之聘到南充中学任教，是原国务院副总理罗瑞卿大将年轻时的老师。1926年在成都高师附中任教期间加入中国共产党，负责领导大学生支部，原国家主席杨尚昆当时既是他的学生，又是他领导下的团支部成员。1927年10月，他担任了川西特委和成都市委（这是中国共产党第一届成都市委）书

1991年张爱萍上将(左)在成都看望张秀熟(中)，右为李致。　　李致提供

记。1928年成都"二一六"惨案发生后,他担任了中共四川省委代理书记,同年10月被捕,一直到1936年才被营救获释,任中共川康特委委员,公开身份仍然是中学教员。1940年"皖南事变"之后,按组织安排撤退回到平武老家隐蔽,同时从事川西北地区党的工作。新中国成立以后他出任川西行署文教厅厅长、四川省副省长兼教育厅长、四川省文物管理委员会主任、四川省地方志编纂委员会副主任,直到"文革",是全省唯一的十几年不变职务的厅长。改革开放以后,他长期任四川省人大常委会副主任,直至百岁高龄逝世,留有由笔者为他整理、编辑、出版的《二声集》一书。

张秀熟的诗文集《二声集》
袁庭栋提供

提督街

提督这一官衔是一个通行的简称,全称是"提督军务总兵官",在清代是全省绿营兵的最高指挥官。所谓绿营,就是区别于满蒙八旗之外的汉族军队,因为以绿旗为标志(满蒙八旗是正黄、正白、正红、正蓝、镶黄、镶白、镶红、镶蓝,没有绿旗),所以称为绿营兵或绿旗兵。在八旗兵丧失战斗力之后到太平天国时期的勇营兴起之前,绿营是清政府最重要的武装力量,提督也就是全省最高级别的军队指挥官。清代各省的提督并不都是驻在省会,往往驻在军事要地,四川提督原来是驻在雅安,乾隆时期才移驻成都。成都的提督衙门就在今天的提督街,提督衙门的两边原来还有马道、箭道和营房。

因为这条街是提督衙门驻地,所以清代这条街上最引人注目的商铺是武器铺,专门出售刀枪弓箭盾牌等。这些武器的购买者并不是都要去打仗,主要的还是为了参加科举制度下的武科考试。所以当清末停止武科考试之后,这些店铺很快就关门歇业了,但是有一项业务却作为传统工艺保留了较长的时间,这就是弓箭的制造。提督街上最著名的弓箭铺"骆大兴"号的高徒武正福新创了"长新"弓铺（地点在西大街），一直开店到抗日战争时期，1942 年被日本空军轰炸之后歇业。

1917 年，时任四川靖国军总司令的熊克武下令将原来的提督衙门改建为公园，而且命名为"中城公园"。因为经费的原因，一直到 1922 年才将公园基本建成。孙中山先生去世之后，为了纪念中山先生，于 1926 年 7 月改名为"中山公园"（为了纪念孙中山先生，当时在全国各城市纷纷建立中山公园，据不完全统计，包括台湾在内共有 267 座，是全世界数量最多的同名公园。经过多年的变迁，2011 年在我国大陆与台港澳地区仍然还有 87 座中山公园）。由于公园缺乏管理，里面既有政府机关、茶馆摊贩、花鸟市场，也有社会上三教九流的谋生者，被人们称为"扯谎坝"。新中国成立以后，于 1951 年改建为成都市劳动人民文化宫，陆续建成了礼堂（兼影剧院）、图书馆、展览馆、体育馆和多种体育比赛场地、科技活动楼、露天舞场、茶园等，一直是全市最重要的文娱与体育活动的中心，是一代成都人文化休闲的第一选择。2005 年，新的劳动人民文化宫在金沙车站附近的青羊大道开始建设，提督街的旧文化宫随之关闭拆除。2007 年 12 月 24 日，新建成的更现代化的成都市劳动人民文化宫正式启用。

可能属于巧合，这个在提督街多年的劳动人民文化宫 1926 年以后曾经是

民国时期的中城公园　刘永禄提供

成都市工会的办公地。成都市工会于1926年成立于南府街上的川主庙，不久就把办公地点确定在中山公园的宜风茶楼（新中国成立以后成为文化宫中的录像厅）。1927年3月18日，根据全国总工会的决定，成都市工会改名为成都市总工会，仍然在这里办公。

20世纪50年代"大跃进"时期成都市劳动人民文化宫内的"英雄榜"　王大明提供

20世纪80年代末青年人在成都市劳动人民文化宫排队买演出票　周刃摄影

1976年1月成都各界群众在劳动人民文化宫哀悼周恩来逝世　杨显峰提供

成都市劳动人民文化宫内举办成都首届美食节　1991年　唐跃武摄影

成都所有的公园之中必有茶馆，而且往往有好几家。中山公园中也有茶馆，不同的是在茶馆外面还挂有十几个木牌，上面写着"富顺县旅省同乡会"、"屏山县旅省同乡会"等川南一带的同乡会，这是成都茶馆诸多功能的一个比较明显的反映。多数同乡会、同学会不挂牌，可能是因为中山公园内的茶馆不是街道茶馆的关系，所以就挂出了这样的十几个牌子，在过去的成都算是较有特色的一处。

在清代后期与民国时期，成都茶馆的诸多功能之一就是袍哥组织（当时称为"公口"）和商业帮会的会址或联络信息中心，大多都不挂牌（也有少数袍哥的公口在茶馆里面的墙上挂着一个不大的"某某社"的牌子），例如顺城街"安乐寺茶馆"是粮油业，下东大街"闲居茶楼"是纱布业，上东大街"留芳茶馆"和春熙南段"清和茶楼"是绸缎业，春熙东段"江楼茶社"和大科甲巷"观澜阁"是印刷业，提督街"魏家祠茶社"是皮货业，商业场的"品香茶馆"则是业内共知的枪支鸦片交易市场。

成都在清代没有见到有公共厕所的记载，"要解手，茶馆走"是人们常说的口头禅。民国时期修建了一些公共厕所，到1943年，全市城区已经有公厕531个，全市第一个"模范公厕"就设在中山公园。当时的这个"模范公厕"

仍是旱厕，但有人定期打扫，其卫生设施就是一项——定期洒生石灰。

1946年，成都开办采用近代管道送水技术的自来水公司，从送仙桥下取水供城内的若干个供水点使用，为此而修建的全城唯一的大型水塔就修在中山公园内，众多的成都市民就是在这里第一次看到了大型的"钢骨水泥"建筑物是如何建成的。这个水塔一直到新中国成立以后仍然在继续使用。

抗日战争中牺牲的著名将领饶国华将军的塑像原来就塑立在中山公园之中，同时还立有由当时的国民政府主席林森题写的"饶上将国华纪念碑"，均已在新中国成立之后被拆除。

饶国华

饶国华（1895—1937） 资阳人，出身贫苦，1911年从军，1918年毕业于刘湘在合川开办的军官传习所，以后逐步被提升为高级军官。他一生带兵以"护国、卫民、爱兵"六字为座右铭，在铜梁驻防时因为扶助农耕而被当地称为"饶菩萨"。1937年七七事变之后，他以川军一四五师中将师长上书请求参战。9月即率部开往前线，在二十三集团军总司令唐式遵指挥下保卫首都南京东南一线。11月23日，日军第十八集团军牛岛师团向泗安、广德进犯。在敌军飞机、坦克、重炮的进攻之下，饶国华率军以简陋的装备从27日开始在广德与敌军殊死搏斗，身先士卒，终因消耗太大与补给不济而失陷广德，部队被迫收缩于十字铺据点，陷入日军包围之中。饶国华在写下遗书之后，于12月1日凌晨拔枪自戕。饶国华阵亡之后，被追赠为陆军上将，1938年1月23日国葬于资阳县宝台乡干溪沟。1938年3月12日，毛泽东主席在延安各界的追悼抗敌将士大会上说过，饶国华诸将领"给了全中国人民以崇高伟大的典范"。1940年，成都人民为他塑造了铜像。1983年9月10日，四川省人民政府追认饶国华为革命烈士，资阳县人民政府重新修整了干溪沟的烈士陵园。

1942年，在当时的成都市市长余中英支持之下，成都市银行开办于本街（具体位置在原来的文化宫侧），是一家商家与政府合资的股份制银行，董事长是著名企业家兰尧衢。这家成都市银行一直经营到新中国成立之初停业。

提督街北侧原有祭祀三国时期刘、关、张的三义庙，始建于清康熙年间，因为火灾而毁，乾隆五十二年（1787）重修，道光二十年（1840）再次复修，四进五殿，规模不小。在其东侧还有祭祀诸葛亮的丞相祠，是成都市内除了武侯祠之外又一处同祭刘备、关羽、张飞与诸葛亮的祠庙。清代后期，成都鞋业公会曾经设在三义庙内，还在大殿上悬挂着"神圣同臻"的大匾（因为按《三国志》中的记载，刘备年少时"与母贩履织席为业"，所以被后世的制鞋业奉为行业神）。三义庙虽然地处闹市，但是由于民国初年在庙中开办了益州工业社（这是成都最早生产肥皂的小工厂），后来的官办成都市总工会又设在这里，故而整个建筑得以基本保存，未被拆毁。因为城市建设的需要，三义庙于1997年被整体搬迁到了武侯祠的诸葛亮殿后面重建。今天很多到锦里游玩的游客也许不会知道，从锦里到武侯祠的出口出去所见到的那座建筑，就是从市中心拆迁重建的三义庙。

成都被人们称为"茶馆甲天下"，当年在三义庙中当然也有茶馆，而且不止一家。最有特色的是曾经有一家不大的茶馆是以聋哑人茶客为主，吃茶的一个个都是用手势进行比画，被人们称为"哑巴茶社"，而茶馆的本名反倒被人们遗忘了。

1943年，有"蜀中禅门大居士"之称的著名佛学大师袁焕仙（1887—1966）与蜀中著名居士傅真吾、肖静轩、朱叔痴、但懋辛、贾题韬等人在三义庙中成立了著名的"维摩精舍"，在三义庙中讲禅说法，编辑出版《维摩精

三义庙　20世纪80年代　青羊区文管所提供

舍丛书》，其"旨趣"是"燃先圣之心灯，续众生之慧命，揭宇宙之至理，轨万有之一行"。这是与另一位著名的佛学大师欧阳竟无在南京成立的"支那内学院"并称的我国近代最有影响的两大佛教居士团体，培养了一大批佛门弟子，其"首座大弟子"就是后来名满中外的南怀瑾。

提督街西口的解放军影剧院正在举办"革命样板戏影片"会演　20世纪70年代

在提督街的西口，有在成都颇有名气的国民电影院，1942年2月15日建成开业，也可以演出话剧，新中国成立以后改建为解放军影剧院。

国民电影院旁边当年开有一家知音书场，成都曲艺界不少著名艺人如李德才、贾树三、曾炳昆等都曾经在此献艺。

成都颇负盛名的中药店"萧集翰"、三江布鞋店、群力食堂和"耗子洞"烧鸭店等老店原来都在本街。

"萧集翰"是老成都众多药店之中唯一的一家产品远销外省的药店，由萧特之于清光绪二十六年（1900）开办。萧特之本是一个文人，从"萧集翰"的名称可知原本不是药店，而是一个装裱店。因为萧特之自幼习武，配制的药酒很有疗效，应友人之请也就附带在装裱店中出售自家生产的药酒。由于药酒愈来愈有名，装裱店也就逐渐转为专业的药店，还在全城开设了几家分店。虽然总店先后设于南大街与水津街，但是提督街这一家影响最大，它所生产的药酒特别是虎骨酒长期远销西北各省，名声很大，一度成为成都唯一的一家可以与北京同仁堂、杭州胡庆余堂、广东陈李济、上海童涵春堂并列的我国著名药业老店。直到今天，成都还有萧集翰药业公司在继续经营各种中药与成药。

成都当代最著名的布鞋制造与销售店三江鞋店初名"达三江",于1920年开设在本街南侧,创办人是原来在暑袜街开小布鞋店的王绍泉,1943年改名为三江鞋店。在西方传入的皮鞋普及之前,人人皆穿布鞋,除了家中自己做的家制布鞋之外,手工作坊生产的成都布鞋以"三江"最为有名。民国时期的提督街除了三江布鞋店之外,还有著名的男式鞋店"载人舟"、女式鞋店"步生莲",《锦城旧事竹枝词》里有这样的描述:"载人维舟履翩跹,娉娉婷婷步生莲。名播三江夸独好,输与皮鞋一着先。"新中国成立以后,在三江鞋店的基础上成立了三江鞋厂(开办在花牌坊街40号),工人最多时有300多人,邓小平、张爱萍等川籍革命前辈都曾经定做他们所喜爱的三江布鞋。由于多方面的原因,三江布鞋的生产逐渐萎缩,2010年底,只剩3名老职工的三江鞋厂关厂歇业。

成都最著名的"耗子洞"烧鸭店开设在本街,过去只卖烧鸭子。"耗子洞"本名"福禄轩",由张国良开设于20世纪30年代,因为初开时门口是一条小巷似的通道,遂有了"耗子洞"的俗称。这个俗称奇特而好记,流传很广,以至在后来就以俗称代替了本名,但是也一直有人以创始人张国良之姓而

提督街　20世纪90年代　赖武摄影

称其为"张鸭子"。新中国成立以后,"耗子洞张鸭子"也就成了它的店名,如今已是著名的中华老字号。

需要说明的是,今天的成都人往往把"张鸭子"的代表性产品误解为樟茶鸭,甚至把樟茶鸭作为一种四川名菜的品种名称。其实,"张鸭子"的代表性产品是软烧鸭子,也就是今天俗称的"成都烤鸭";樟茶鸭只是它的一种次要产品,而且传统的称呼是叫烟熏鸭。软烧鸭子的制作与北京烤鸭有相似的地方,都是要在外刷调料、内填香料之后用挂炉烤熟,但是在入炉之前还要先在卤水锅中出一水。最主要的不同是吃

耗子洞张鸭子　陈志强提供

法:烤熟之后不是只切肉片,而是全部砍成块,再加入以"窝子水"(即烤制时用碗盛接的从鸭子身上滴下来的原汁)为主并加入其他调料制成的卤水。吃完鸭肉之后,卤水可烫菜、下面、蘸锅盔,这与北京烤鸭的吃法完全不同。

著名的面食店"大可楼"(其实并没有楼)当年也开在本街。20世纪30年代,"大可楼"仿西式糕点的做法生产了一种成都人过去没有见过的包子,取了一个在当时算是最为时髦的名字叫"海式包子"。其特点有二:一是不用肉馅,只用洗沙与玫瑰两种馅,故而可以如面包一样冷食而不需蒸热;二是面粉选用精粉,颜色很白,个头比传统的包子要大而形状较扁。这种包子在当时很受欢迎,有《锦城旧事竹枝词》记其事:"包子冷食首创新,名呼'海式'沿街闻。不见高楼知'大可',微物竟得市人亲。"直到今天,成都有的小吃店仍然在卖海式包子,不少老成都仍然把大而白的包子叫作海式包子,但却不是当年的海式包子了。

新中国成立以后,成都著名小吃"夫妻肺片"开在本街。改革开放之后,成都著名小吃"钟水饺"也从荔枝巷迁到本街,在有了分店之后这里的

"钟水饺"就成为钟水饺总店。提督街上原来还有成都唯一的一家鲁菜馆"齐鲁食堂",以及唯一的一家专做苏菜的"三六九"餐厅。民国时期在全城颇负盛名的清真馆"真清"和西餐馆"撷英"餐厅也在本街。"真清"的老板是位女性,她主厨制作的炖牛肉号称全城第一。"撷英"餐厅除了有肝膏、花生酱等时尚的特色产品,在二楼上还可以举办文化活动,连张大千的画展都曾经在此举行,这在民国时期的成都餐厅中是别开生面、唯一无二的。

清代后期与民国时期,提督街上有成都最著名的食醋生产厂家"精益醋庄"(位于三义庙的门口),以及豆豉生产厂家"口同嗜",如今还在人们口中流传的川菜调料精品"太和豆豉",最早就是由"口同嗜"生产的。

曾经被周恩来称为"中国当代理学大师"、被学术界尊为"儒释哲一代宗师"、与梁漱溟、熊十力并列为新儒学"现代三圣"、抗战时期曾在乐山主办复性书院、新中国成立以后出任中央文史馆副馆长的马一浮(1883—1967)生于成都,5岁时随家人返回祖籍绍兴。笔者一直未能找到他生于成都哪条街巷的资料。2013年夏天,一位游学美国的成都学人相告,说他在美国的一篇文章中见到一位学者说过,马一浮生于成都提督街。此说尚待查证,但是有必要附载于此。

盐道街

位于岷山饭店北侧的盐道街因为过去设有四川盐茶道的官署而得名。

在我国古代社会中,对于盐和茶叶这两种与国计民生密切相关的物资的流通,长期采用国家专卖的政策。四川的井盐是西南地区的经济命脉之一,四川生产的边茶是进行茶马贸易的战略性物资,地位十分重要,所以元代专门在四川设置茶盐转运司进行管理,明代升级为茶盐都转运司。到了清代,仍然继承这一做法,专门设立了四川盐茶道这一机构负责统一管理盐政、茶政和马政,所以也可以称为盐茶马道,这在全国各省是唯一的一例(在其他省都是设盐法道或盐运使,只管盐政)。

"道"在古代曾经是一个行政区划或一个行政机构的概念。唐代的"道"最初是一个监察区的名称，后来变为了最高的地方行政区划的名称，比后来的一个省还要大。到了宋代，"道"这种区划改称为"路"（所谓"道"或"路"的本义，就是在重要道路两边的一大片地区）。明清时期的"道"则分为两种，一种是省级行政机构中的办事机构，有点像今天的厅局，如清代就有盐茶道、督粮道、巡警道、劝业道；一种是在省级行政区划之下的一级行政机构，如清代的四川就有成绵龙茂道（简称川西道）、建昌道、永宁道、川北道、川东道，有如今天的地区或地级市（这种"道"因为有巡察、兵备的任务，所以一般称为"分巡道"或"兵备道"）。各个道的主官一般都称为"道员"或"道台"。"道台"这一称呼今天在各种文艺作品中还经常可以见到。

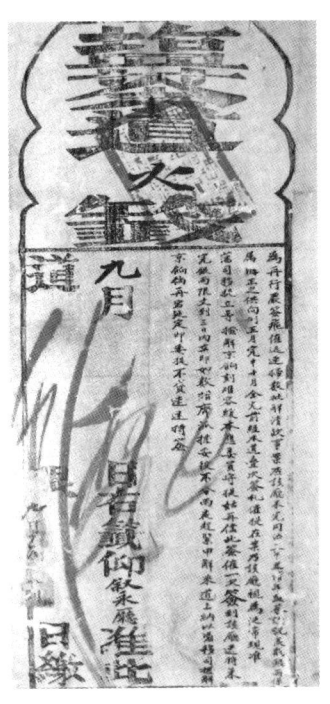

清同治二年（1863）四川盐茶道火签 四川省档案馆藏

清代的四川盐茶道衙门初建于雍正五年（1727），在经历了一场火灾之后于乾隆四十九年（1784）重建，旧址就在今天盐道街中学和盐道街小学的位置（有研究者认为这里在宋代与元代就是管理盐茶专卖事务的转运使衙门的所在地）。由于盐茶道是只赚不赔的官卖机构，资金雄厚，所以当年的衙门修得十分讲究，叠院幽径，花木葱茏。民国初年在这里开办了高等师范学校，1918年高等师范学校迁入皇城之后，原来在东马棚街的省立第一师范学校迁到这里办学（省立第二师范学校办在重庆，因为在文庙后街还有省立女子师范学校，所以成都人一般把这里称为省男师），1935年又改名为省立成都师范学校，还增加了附属小学，这就是今天盐道街中学和盐道街小学的前身。

近年来，盐道街小学为了塑造校园文化，为"盐道"二字赋予了新的内涵，在教学大楼上雕刻了"做人间真盐，立天下大道"十个大字，还在校园中

建在清盐茶道衙门旧址的盐道街小学　20世纪70年代　成都市盐道街小学提供

刻有多种相关的阐释文字。据笔者所见,这是成都市近年来对老街道名称加以新的诠释之后为新时代的城市文化建设服务的最典型的一例。

清代担任过四川盐茶道这一职务的官员中,有一位是不能不作介绍的,他就是赵藩。

赵　藩

赵　藩（1851—1927）　云南剑川人,白族。他考中了举人之后连续五次赴京会试均失败,34岁时进入云贵总督岑毓英幕府任职,同时担任岑家的家庭教师（今天到昆明旅游的人,几乎都要去大观楼欣赏那副一度被称为天下第一长联的名联,名联的撰写者是孙冉翁,书写者就是当时正在做幕僚的赵藩）。1902年,已经官至四川总督的岑毓英之子岑春煊任命他担任四川盐茶道兼管通省厘金。这时候,正是四川义和团风起云涌之时,慈禧太后调岑春煊入川,就是认为原来的四川总督奎俊对四川义和团镇压不力,要岑春煊采取一切措施迅速进行血腥镇压。岑春煊秉承慈禧的旨意,进入成都之后第三天就在昭觉寺公开斩杀俘虏一百多人。赵藩不同意这种做法，曾经多次劝过岑春煊，但是岑都置若罔闻，于是他决心以一种特殊的方式再次公开地劝阻岑春煊。他听说岑春煊要在1902年11月陪客人游览武侯祠，于是就精心编写了一副对联，刻好之后派人悬挂在武侯祠诸葛亮殿前。这就是如今名满天下的"攻心联"："能攻心则反侧自消从古知兵非好战；不审势即宽严皆误后来治蜀要深思。"岑春煊在大庭广众之下见此对联，十分不悦，只是碍于赵藩是自己的老师，也不便当面驳斥，不久就把赵藩贬到川南的泸州去当地方官。但是在此之后，岑春煊执政的方针的确有所变化。赵藩在辛亥革命前弃官回滇，投身云南独立，襄赞他的另一个学生、云南著名政治家蔡锷的护国运动。1920年任云南省图书馆馆长，主编《云南丛书》，为云南的文化教育做出不小的贡献。

"攻心联"至今仍然高悬于武侯祠诸葛亮殿前，成为武侯祠中最受游客喜爱与称赞的历史文物之一。1958年毛泽东主席游武侯祠的时候，曾在此联面前驻足良久，凝视玩味。据传"文化大革命"期间中央调刘兴元到四川主持工作，毛泽东主席就专门嘱咐他：到了成都，认真去读一下武侯祠的那副对联。

赵藩在成都留下的名联还有一副，题于宝光寺，与武侯祠联深剖政事不同，着笔在深剖人心，虽然充满禅味，同样受到很多人的喜爱："试问世间人，有几个知道饭是米煮？请看坐上佛，亦不过认得田自心来。"

民国时期，在盐道街上的师范学校对面有一家著名的"蜜桂芳"花生糖店，其产品全城闻名，一些小贩提篮叫卖于大小街巷，"盐道街花生糖"的声音不时可闻。正如《锦城旧事竹枝词》所描绘的："花生粘脆满城香，'盐道'无盐却有糖。过街声唤听来熟，纵是微物岂易将。"新中国成立之后经过公私合营，"蜜桂芳"成为国营文华食品厂的著名品牌。

自从1953年开始，四川人民出版社一直设在盐道街3号，改革开放以后分出的各家专业出版社也都在此处办公，直到成立四川出版集团以后，2005年才迁到了槐树街等处新址。

1974年修建盐道街西头的岷山饭店时，发现了一处重要的古代文化遗址，在古蜀时期文化层中发现有铜鼎、铜剑、船棺和大量陶器，在秦汉时期文化层中发现有铁器、冶铁废墟和漆器，还有长达20～30米的古柏树17棵。

根据有关资料的研究，今天的盐道街一带过去与金河相邻，很有可能就是从五代到宋代成都最著名的园林名胜西园的所在地。单是从当时诗人笔下的

"西园十咏"的名称即可知昔日的盛况。其名称为：西园、玉溪堂、雪峰楼、海棠轩、月台、锦翠亭、潺玉亭、茅庵、水阁、小亭。

总府街

总府街这个名称很容易让人产生误解，认为就是总督官衙所在的街道，其实这个总府与清代的官衙无关。明代时这条街的北侧是四川都指挥使司官署的所在地。明代的都指挥使是全省的最高军事长官，他的官衙叫作都指挥使司，一般简称为都司或总府，所以明代这条街就称为总府街，清代各省没有都指挥使这一设置，也就没有总府之称，不会与其他官衙相混，所以街名就沿用了总府街的旧名。总府街的西头是在暑袜街口，原来总府街的东头是在福兴街口，比今天要长一些。1958年扩建改造东风路以后，原总府街的东边部分成为东风路一段，今天则是蜀都大道中的总府路的东段。

总府街在清代和民国初年与东大街同为成都最繁华的商业街道，春熙路建成之后，更形成了市中心最重要的商圈。清末的银圆总局、商务总局、成都

民国时期的总府街　成都市建设信息中心提供

总商会,民国时期的凤祥银楼、三友实业社、上海食品公司,都开设在总府街。成都著名的餐饮店如竟成园、明湖春、朵颐、淡香斋、畅和轩、冠生园、哥哥传、赖汤圆等也都开设在总府街。

成都著名小吃的主要代表"赖汤圆"的创制者赖德顺(字源鑫,一生中主要以字行,所以知道他的本名者不多)是资阳人,生于光绪十三年(1887),13岁时来到成都

赖汤圆　20世纪50年代　陈志强提供

投亲,随叔叔以挑担卖汤圆为业。叔叔过世之后继承其业,每日晨起出门,在城隍庙等地叫卖:"奈汤圆,热热和和的奈汤圆。"时间一长,人们就把他的汤圆称为"奈汤圆"。其实在他的口语中,"奈"是他家乡的方言土语,就是热得发烫的意思,至今在四川人所称的"小川北"地区仍然流行。披星戴月数十年之后,1937年他从挑担改为开小店,干脆就以与"奈"完全同音的自己的姓氏作了招牌,叫作"赖汤圆"。除了坚持传统的水磨吊浆方法制作汤圆粉子之外,赖汤圆还开创了三个很成功的第一:一是用鸡油与黑芝麻制馅,为此还派人在市场上打出了"专收鸡油"的牌子;二是每碗四个汤圆四种馅:枣泥、冰橘、玫瑰、附油桃仁;三是加白糖芝麻酱做蘸碟。这种吃法至今在全国的汤圆名店中仍然是唯一的一家,所以有《锦城旧事竹枝词》记其事:"锦里汤圆说赖家,蜚声众口黑芝麻。一碟糖酱添滋味,后继方兴莫漫夸。"笔者清楚地记得,一直到20世纪50年代后期,赖汤圆的店铺还开在今天总府路人行天桥南端的位置,那里原来有条很小的小巷叫地镇板巷,赖汤圆的店铺就开在小巷口(赖德顺家住中山街,其故宅几年前才在城市改造之中被拆除),店面不大,一楼一底,大约有20平方米,只有几张桌子,大鼎锅摆放在临街处,做汤圆的师傅在上面的小楼中不断将做好了的汤圆装在用一根绳子系着的竹篮中从窗口上吊下来,下面的师傅接到竹篮后再取出汤圆放到鼎锅中去煮。

赖源鑫以挑担卖汤圆立业,稍有积蓄之后就尽力公益事业。他先在九思

巷开办资阳同乡会，专门接济从家乡来成都求学就业的贫困老乡。1939年，他又在资阳开办储彦中学，让贫困人家子弟入学读书。根据笔者所见资料，成都商界在家乡办学济贫者，他是唯一的一个。

根据成都市公安局老同志的回忆，1952年6月底（即成渝铁路通车前夕）的一天早晨，住在永兴巷招待所的邓小平同志曾经"摆脱"了警卫人员，独自一人漫步到赖汤圆店中吃汤圆。

"朵颐餐厅"创办于20世纪20年代，因为城市建设需要拆迁而于1965年歇业。"朵颐"有位师傅叫温兴发（1907—1977），他制作的泡菜香脆鲜嫩，经年常鲜，远近闻名，一度成为四川泡菜的著名代表而被誉为"温泡菜"。1959年由中国轻工业出版社出版的我国第一本关于中国泡菜的著作《四川泡菜》一书，就是在他口述技艺经验的基础之上编写而成的。

总府街上的"群力食堂"是在新中国成立之初由原来的"荣乐园"的主要班子集体开办的，最初开在梓潼桥正街，不久迁到总府街，是当年成都的著名餐馆之一。1958年3月的成都会议期间，毛泽东主席和贺龙元帅等中央领导人曾到这里用餐，品尝了豆渣鸭脯等传统川菜名菜。

成都总商会于清光绪二十九年（1903）在总府街成立，时间不长的四川商务总局也设在总府街。在成都总商会之内还附设有成都商事裁判所（以后更名为成都商务公断处）。1929年，成都总商会改名为成都市商会，仍然设在这里。

总府街上最重要的商业建筑是商业场，将在下面的"商业场街"进行专门介绍。

总府街上今天的四川宾馆与皇冠假日酒店的所在地，就是明代的都指挥使司衙门，清代办了课吏馆，就是给那些用钱买了官（清代叫作"捐官"）的候补官员补习与考试的地方。清末改建为四川官班法政学堂，用以培养改良新政之后的新派人才，四川有不少后来在政治舞台上显露头角的知名人士都是这所法政学堂的学生。

今天王府井商场的所在地过去也是在总府街上，这里的前身是1959年修建的在成都颇有影响的红旗剧场。而红旗剧场的前身，是1912年由双流士绅周俊卿领头集资在清末银圆总局旧址上建成的旧式剧场群仙茶园，有座位1300个，男宾在楼下，女宾在楼上。开园时请来上海的丹桂班演出京剧。丹桂班是以女演员为主体的戏班，乐队与剧务是男姓，台上的演员则全是女性，这是女演员在成都第一次登台，算是开了新风，可谓时髦之极，以至成都人都把丹桂班称为"髦儿班"。当时有《竹枝词》写道："髦儿班子本新鲜，一串珠喉步步莲。岂是蟠桃开盛会，居然仙女聚群仙。"由于当时成都风气未开，守旧势力视女演员登台为大伤风化，以至曾经留学日本的护理四川都督胡景伊以"幸祸导淫，为害滋大"为由，下令禁演。1926年，几位曾经留学法国的新派青年发起集资，将群仙茶园改建为智育电影院（以放映大厅中的表示经营宗旨的一副对联"启迪民智，辅助教育"而得名），4月15日开业，既放电影，也演戏剧。最特别的是，电影院还按传统茶园的功能在后面附设了旅馆。抗日战争时期，很多著名的文艺界人士来到成都，在电影院老板、爱国民主人士罗元俊的支持下，在此举办过很多文艺活动，以著名的"左联"领导人、中共党员阳翰笙为首的，以著名演员白杨、赵慧琛、路曦、吴茵、谢添、施超等为主的"上海影人剧团"在成都演出的主要场地，就是智育电影院。第一场演出是在1937年12月14日，剧目是陈白尘创作的《卢沟桥之战》。以后还演出过《沈阳之夜》《流民三千万》《汉奸》《雷雨》《日出》等话剧，都曾经轰动一时。剧团一度改名为成都剧社，并与入川的上海业余影人协会合作演出了《民

▲ 1947年的智育电影院电影票，上面印着米老鼠和唐老鸭。
刘永禄提供

◀ 20世纪40年代的智育电影院
杨显峰提供

"文革"时期的红旗剧场(智育电影院旧址)　王文相摄影

族万岁》《凤凰城》《太平天国》《钦差大臣》等话剧,成为当时全国最高水平的话剧团。1940年,智育电影院又与苏联驻华大使馆合作,演出了《列宁在一九一八》《夏伯阳》等一系列苏联影片,在电影院大门上挂出了列宁的巨幅画像。1946年智育电影院引进了美国的"狄弗莱"放映机,其放映质量与音响效果都超过了新明电影院,成为成都上座率最高的电影院。新中国成立以后智育电影院只演电影,一直保持到红旗剧场建成。

关于成都舞台上女演员的出现,这里补充一点史实:成都本土最早的川剧女演员是1923年登台的张月婵与着凤琼,但是因为受到家庭的坚决反对,很快即退隐回家,算是昙花一现。直到1928年登台的王学君(本名江彝贤)才开始在川剧舞台上站住了脚跟,以后的女演员也就陆续增多。至于话剧舞台上第一次出现女演员,是在1930年(见"古卧龙桥街")。到1935年,新开办的东方戏剧学校则首次招收了30多名女学员。

智育电影院的筹建者之一程子健是四川早期的共产党员,曾任中共四川省工委书记、代理特委书记,新中国成立后曾任中共四川省委和西南局的统战部长。他留学法国时就学习过电影机械,是电影技术的行家。为了地下党活动的方便,他出任了智育电影院的院务经理,在人来人往之中开展各种革命工作,并把电影院作为地下党的秘密据点。就在电影屏幕的背后,特地修建了一个特殊的"三通"房间，可以通向观众大厅楼厢、电影院后门和办公室，这样，就使地下党同志无论是开会或者接头都十分方便而安全。这个秘密据点一直使用了多年而未被国民党特务发觉。

1949年12月25日，在中国共产党地下组织和四川地方实力派进步人士的多方努力下，成都各界人士集会，宣布成都和平解放。这次重要集会就是在智育电影院举行的。

智育电影院的筹建者是4个四川人，即程子健、邹昕楷、邓典承、卢丕模，都曾去法国勤工俭学。在四川电影事业上出力最多的是出生在成都中和场的邹昕楷（1887—1979），他先于1925年在重庆开办社育电影院，未能成功，1926年将设备迁到成都开办了智育电影院。1934年又与友人合办了大同电影公司和大同电影学校（详见千祥街）。

老总府街的北侧，清代建有福建会馆，是清代末年成都诸多会馆中面积最大的会馆，现已不存。

老总府街的南侧，春熙路北口以西几十米的地方，在十几年前还是成都市群众艺术馆与成都市曲艺团的所在地（成都市群众艺术馆已迁至草堂路，成都市曲艺团已并入成都市歌舞剧院）。这里在新中国成立以前是五月文化茶社，其中就有曲艺演出，新中国成立以后建立了五月文化服务社，1951年底在这里成立了成都实验书场，1957年扩建为成都市曲艺队，1978年改名为成都市曲艺团。作为成都曲艺界各个曲种代表人物的一批表演艺术家，如唱扬琴的李德才、卓琴痴、叶南章、张大章、洪凤慈，唱清音的李月秋，打金钱板的邹忠新，唱竹琴的裴墨痕、杨庆文，说相书的曾炳昆，说相声的娄外楼与

扬琴艺人李明清（左）、卓琴痴（中）、刘松柏（右）。1978年　付兵提供

以军政官署命名

成都市曲艺团的演出　20世纪80年代　付兵提供

金钱板表演艺术大师邹忠新表演《武松打虎》　20世纪80年代　张徐提供

戴质斋,唱京韵大鼓和北京单弦的盖兰芳等,都曾经长期在这里演出,所以很多文化界人士都把这里视为当代成都曲艺界的摇篮。

民国时期成都各茶馆的曲艺演出都是"单打一",即唱扬琴的只唱扬琴,说评书的只说评书。第一次把多种曲艺形式集中到一家茶馆演出的茶馆,也是在总府街,就是于1942—1947年开办在智育电影院对门的新世界茶厅。这里把当时群众喜爱的曲艺如扬琴、竹琴、双簧、大鼓、相书艺人都请来演出,每天午晚两场,到了演出时间(当时叫作书场)就停卖闲茶,只卖书茶,同时允许不买茶者站着听(当时叫作"听战国"),生意兴隆,群众赞扬。后来是因为房主坚持要收回口岸,才被迫关门停业。所以,新世界茶厅应当是成都第一个进行综合性曲艺演出的场所。

"五月文化服务社"二楼上的棋园1959年发展为成都棋艺俱乐部,1972年更名为成都棋艺辅导站,以后迁往兴隆街33号,1981年正式定名为成都棋院,成都的很多著名棋手都是在这里培养出来的。2013年3月,成都棋院又迁回到总府街14号,原来的小楼已经变成了高高的春熙商汇广场。

在数不清的成都茶馆之中,总府街在民国时期有一家经营方式比较特别的茶馆叫"濯江",是成都众多新闻记者聚会聊天、集中交换信息的茶馆。在这个茶馆喝茶可以每月初预交一笔固定的并不高的茶钱,以后就不用每次给茶钱,十分方便。

抗日战争胜利以后，处处见茶馆的成都出现了最早的几家咖啡茶座，最著名的就是在总府街上的"紫罗兰"、商业场中的"白玫瑰"和商业场外的"纽约社"。在"纽约社"的旁边则是当时在成都很少见的毛肚火锅馆（是白味的，有如后来的菊花锅），店名很洋化，叫作"白宫"。

新中国成立以前，成都市民逐渐有了刷牙的习惯，但是当时我国西部不能生产牙膏，所以大多数人家都不是用牙膏而是用比较低级的牙粉。总府街上的"上海家庭工业社"生产的无敌牌牙粉就是当时最受欢迎的名牌牙粉，行销川西各县。

指挥街

与盐道街相邻的指挥街因为"指挥"这个武职官员而得名，不过这个官衔并不是清代的，而是明代的。明代实行卫所制度，在全国各地进行驻防与屯田，各卫的官署叫卫指挥使司。成都作为省城也设有卫指挥使司，由都指挥使管辖，主要负责省城的治安保卫，类似后来的警备司令部。指挥街就是因为明代的卫指挥使司设在本街而得名。清代不设卫指挥使司，而是沿用了这一街名。

1986年，在指挥街基建工地上，发现了一处重要的古代文化堆积遗址，包括从古蜀时期到近代不同时期的文化层。在古蜀时期的文化层中发现了水利工程遗迹，在唐代文化层中发现了四把骨柄牙刷，毛孔为两排六孔，这是我国也是全世界最早的牙刷实物，西方最早有关牙刷的记载见于1722年的法国，比成都晚了一千年。

著名音乐家与诗人叶伯和的故宅就在指挥街。

叶伯和（1889—1945） 我国现代音乐史与文学史上一位重要的先行者。他出生于原郫县金泉乡雍家渡的一个客家家庭（祖籍广东梅县），从小聪颖过人，13岁即考中秀才。父亲叶大丰是尊经书院学生，在清末的新学浪潮中倾心接受新学，于1907年带着儿子叶伯和与叶仲甫一道去日本留学，两年以后一道学成归国回到成都。在指挥街的叶氏旧宅的大门两边，分别悬挂着两个牌子：一边写着"律师叶大丰"（叶大丰的次子叶仲甫学的也是法律，当时也是成都最早的著名律师之一），一边写着"音乐家叶伯和"。这在当时的成都是破天荒的第一例。叶伯和一家爱好音乐，他的母亲喜爱抚琴，他家有一位叫叶介福的前辈是著名古琴大师张孔山的弟子，曾协助整理刊行著名的《天闻阁琴谱》。正因为有这种家学渊源，他选择音乐为终生事业，在日本留学时进的是日本音乐的最高学府东京音乐学院（与我国早期的著名音乐家萧友梅、李叔同是同学与朋友），1909年回到成都后即成为一个杰出的音乐家。1912年他在祠堂街关帝庙中成立"和字班"科社（也叫"剧部"），在成都第一次培训京剧演员，排练演出京剧，让四川本土的京剧演员30多人第一次登上舞台，演出了两年多。1915年，他出任四川高等师范学校音乐科主任，主持开办了我国大学中第一个音乐专业"乐歌专修班"，并在成都的多所学校任教，是中国西南地区第一个教授西方音乐理论、五线谱、钢琴与小提琴演奏的音乐家，是我国西南地区当之无愧的新音乐启蒙者与奠基人。1924年，他出任成都通俗教育馆音乐室主任，开办了钢琴、风琴、提琴、胡琴、昆曲、唱歌六个补习班，组建了成都第一支中西乐混合乐队，举办了成都最早的声乐演出。1927年在我国西南地区第一次举办了"德国音乐家贝多芬音乐会"，以纪念贝多芬逝世一百周年。1932年他发起成立了成都第一家民间乐社"海灯乐社"（"海灯"二字系谐音音乐家"海顿"），每个周末在他家中排练，平时在学校与电台演奏贝多芬、海顿、柴可夫斯基等大师的名曲，还举行过纪念王光祈逝世一周年、纪念鲁迅逝世两周年的音乐会，举行过支持抗战的义演。"海灯乐社"的钢琴家就是他的女儿叶胜男和叶有男。他所写的《中国音乐史》是我国第一部中国音乐史，1922年在成都昌福印刷公司出版了上卷，目前全国仅存一册，藏于中国艺术研究院音乐研究所；1929年11月在成都《新四川日报》副刊连续发表了下卷，1987年9月才在成都被研究者发现。

叶伯和又是我国最早用白话写新诗的开拓者之一，当年有"成都的泰戈尔"之称。他的新诗创作开始于1915年左右，要早于胡适的1916年，是我国用白话文写诗的第一人。以下就是被他自己称为"白描的歌"的我国最早的新诗中一首极富蜀文化气息的《杜鹃》："杜鹃开，杜鹃啼，花也有此名，鸟也有此名。花开我心喜，鸟啼我心悲。两样物，同样名，一样感触两样情。"1920年

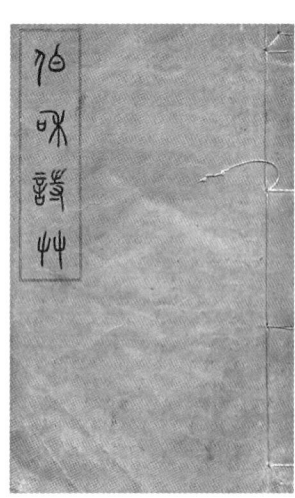

1920年出版的《伯和诗草》

1937年叶伯和（前排左三）与海灯乐社同人在少城公园为抗战募捐

5月他出版了白话诗集《诗歌集》和《伯和诗草》，只比胡适的《尝试集》晚三个月（《诗歌集》的全称是《叶伯和著的诗歌集前三期撰刊》，此前曾经把三期诗歌分期印行散发，其时间肯定要早于《尝试集》，可惜的是现在连一本前三期的诗歌集都未发现），比郭沫若的《女神》早了一年又三个月。郭沫若明确说过："他诗的主义与泰戈尔差不多，我是很相信的。"著名诗人康白情也有类似的评价。他同情贫苦，关注下层，写有《乡村妇人》《插秧》《疲乏的工人》。他还在1922年发起组织了四川第一个文学团体"草堂文学研究会"，主编印发了四川第一本文学杂志《草堂》。《草堂》虽然只出版了四期，但是在第一至第三期上都发表了年纪只有19岁的巴金的最早的诗歌与译作。叶伯和可以说是最早发现并支持巴金的伯乐。另外他还在1924年出版有论文集《叶伯和著述丛稿》。叶伯和健康欠佳，长期患严重的神经衰弱，中年丧妻，抗战中指挥街住宅被窃，在乡间修建的房屋又遭火灾，加之眼见国事日非，心情抑郁，忧怀难释，于1945年11月6日深夜投井自尽。

为了让今天已经快要被人们遗忘的叶伯和得到应有的关注，这里再引录他所写的诗歌《心乐篇》第九首："我想和她接吻，却被无情的白云遮断！听啊！山泉流着，好像是特为她传电话，小鸟儿歌着，又像是替她作邮人。我忍不住了，便大声呼她，但她只从幽深的山谷中，照着我的话儿应我。"

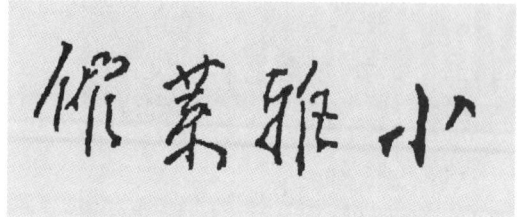

李劼人手书"小雅菜馆"

1930年夏,著名作家、美食家李劼人因为不满军阀对教育的摧残,追随成都大学校长张澜从成都大学辞职。为了维持生计,借债300银圆,在他家住宅旁边的指挥街118号(今民航售票处后面)开设了由著名学者吴虞命名的"小雅"餐馆,最初的命名是"小雅轩"三字,后来只用了"小雅"二字。"小雅"墙上贴着"概不出售酒饭,堂倌绝不喊堂",只卖风味菜和面食,菜品不多但很精致,面食主要品种是炖鸡面、番茄撕耳面、金钩包子。李先生夫妇亲自下厨掌勺。"小雅"从不雇工,忙时也只有学生钟朗华一人帮忙,所制菜肴还要在报上刊登广告。虽然这家餐馆只经营了一年多,但是却为成都饮食史留下了一段佳话。《锦城旧事竹枝词》这样赞誉"小雅":"小雅菜肴调制精,诱人色味似天成。往来座上无俗客,浅斟低酌到微醺。"由于名声远播,生意也好,遂被恶势力所觊觎。1931年12月,二十四军一个连长支使绑匪将李劼人刚满四岁的儿子李远岑绑票。

指挥街 20世纪80年代 苟世建摄影

李劼人不得不忍气吞声通过袍哥大爷邝瞎子从中斡旋，举债1000银圆，方将幼子赎回（这次和邝瞎子打交道让李劼人对于成都袍哥人物有了十分具体的了解，对他后来的文学创作很有帮助，他的名著《死水微澜》中罗歪嘴的原型就是邝瞎子）。"小雅"餐馆也就关门歇业，美食家李劼人从此再也不染指餐饮行业。但是，他在"小雅"所经常供应的菜品却永远留在了蜀中美食家的记忆之中：豆豉葱烧鲫鱼、酒煮盐鸭、干烧牛肉、蟹羹、粉蒸苕菜、青笋烧鸡、怪味鸡、黄花猪肝汤、厚皮菜烧猪蹄、肚丝炒绿豆芽、夹江腐乳汁蒸鸡蛋、凉拌芥末宽粉皮。以上菜肴的制作均不放味精，不加香料，不用明油，不上色彩，原汁原味，自然本色。

正府街附照壁巷

　　成都自战国后期以来一直是整个四川盆地的首府，今天的四川省这个行政区域先后叫作蜀郡、益州、剑南道、成都府路、四川行省、四川布政使司、四川省，而今天的成都市这个行政区域则先后叫作蜀郡和成都府。自从唐肃宗至德二载（757）因为唐玄宗避"安史之乱"来到成都暂住而将成都由蜀郡升级为成都府之后，除了在元代称为成都路之外，一直叫作成都府。成都府的官衙从宋代到清代都在今天的正府街。成都府在唐代辖10县，宋代辖9县，明代辖25县，清代辖16州县（成都、华阳、简州、崇庆州、汉州、温江、郫县、崇宁、新繁、灌县、新津、新都、彭县、双流、什邡、金堂），过去有人把这16个州县名编成一个顺口溜："成华简崇汉，温郫崇新灌，新新彭双什，金堂十六县。"直到今天还经常可以听到的"温郫崇新灌"一语，就是这个顺口溜的第二句。

　　我国古代的一般情况都是每个省有首府（即今省会），首府之下又有一个首县，管理首府所在城区。成都府自古以来就是首府，可是在首府之下却有一个很特殊的现象——一城两个首县，或叫两县同城。由于成都经济繁盛，人口众多，县务繁忙，自唐太宗贞观十七年（643）开始，将成都府下面的成都县一分为二，东边为华阳县（开始叫蜀县，蜀县的名称只使用了15年就改名

民国三十五年成都县政府发给都江堰流域各县办理地方水利工程经费的收据（左图）
王大明提供
民国时期华阳县政府发的腰牌（右图）
刘永禄提供

为华阳县），西边叫成都县，两个县都是首县。两县在城内大致上是东南部为华阳县，西北部为成都县，具体的分界按清同治《成都县志》卷一的记载是："南自满城小南街、君平街、陕西街、贡院正街、状元街、西丁字街交华阳县界，东南自青石桥起，直上南暑袜街、北暑袜街、喇嘛寺止，街心分界，西偏为成都县，东偏为华阳县。"两县也都管辖各自的郊区，就郊区的范围来看，华阳县要比成都县大，清代后期的华阳县管辖场镇38个，分为9个区。成都县只有场镇12个，不分区。如果从城区来看，华阳县与成都县的人口大致相等，虽然华阳县的面积只占全城的三分之一，可是繁华的商业区则大多在华阳县。这种长期两县同城的行政区划在全国极为罕见，是古代的成都十分繁盛的一个具体表现（在人口极度减少的清初，曾经在康熙九年将华阳并入成都县，到了雍正五年，又分置了华阳县）。直到今天，在成都人的语言中，如果要表示只能用现金进行交易，绝不赊欠，也不用实物交换，歇后语"成都过华阳，现过现（县过县）"，就是这样来的。

一座城池之中一府两县、两县同城，这在我国是很少见的现象。据笔者多年来对此现象的考察，我国古代最早出现这种现象是在隋代修建了新都大兴城（也就是后来唐代的长安城）之时，曾在城中分设了大兴和长安两县，两县的名字后来虽然有所变化，但基本格局为以后所长期保留。曾经作为元、明、清三代国都的古都北京（古称顺天府），也曾经长期是大兴和宛平两县同城。曾经作为明初国都的南京古称应天府，也曾经长期是江宁和上元两县同城。此外，就只有人口极为密集的江浙地区，有过几处类似的现象：苏州府是吴县与长洲两县同城，杭州府是钱塘与仁和两县同城，湖州府是乌程与归安两县同城，绍兴府是山阴和会稽两县同城，嘉兴府是嘉兴与秀水两县同城。成都在唐代即是一府两县、两县同城，这在全国是古都长安以后的第二例，在我国西部是除古都长安之外唯一的一例，这也是古代成都十分繁盛的一个具体体现。

正府街及其周围在清代和民国时期是官衙较多的地区。在正府街街北的西端有成都府衙门和成都府监狱（今四川省检察院驻地，相传是三国时诸葛亮的丞相府所在地，所以成都府衙门上刻有"古天府"三个大字，成都建市以后杨森在这里办过天府中学），东端有华阳县衙门（在今成都市公安局办证中心，相传此地是五代时期前蜀皇宫中的飞鸾阁旧址），还有后来的四川高等审判厅和后来的四川高等法院（新中国成立以后的四川省高级人民法院长期都在当年的四川高等法院旧址办公，大门都还开在正府街上，几年前才迁到蜀汉路新址。而四川省人民检察院、成都市公安局仍然还在正府街地区办公，只是大门开在了人民中路和文武路）。在正府街西边的署前街，则有成都县衙门。正因为成都府、华阳县、成都县的三个衙门从宋代以来就集中在这里，所以在老成都长期流行着这样的民谚："正府街，成都府，成都、华阳两衙署，喊冤告状一通鼓。"这里还有一个有趣的现象是：多年的华阳县衙却是在成都县的区划之内，用今天的话说，应当是一块"飞地"。为什么会出现这一极为罕见的现象，文献上没有记载，应当是为了两个县衙都靠近府衙，办事方便。用今天的说法，就是尽可能地提高行政机构的办事效率。

两县同城的这种格局，在不大重视城市规划与建设的古代，可以长期保留，可是到了近代就会显得矛盾丛生，不利于城市的发展。辛亥革命以后，在一些新派人士建议下成立了一个城议会，用来研究与处理有关全城的一些公共事务，协调解决一些矛盾。从1921年开始，成都就开始筹划建市。1921年成立了市政筹备处，由当时的成都卫戍司令刘成勋委任省会警察厅长王暨美为筹备处处长。1922年，当时的四川省省长公署按当时的新政，仿照其他省的办法，宣布以成都为省会，设一个市政公所对省会进行管辖，市政公所设督办为

正府街　1999年　赖武摄影

主官，先后出任督办的有刘成勋、陈泽霈、王缵绪、罗泽洲、陈光藻，均由军人担任。1928年9月1日，在原来的成都市政公所的基础之上，成都市正式成立，第一任成都市市长是二十八军的师长黄隐。此后民国时期的历届市长是陈鼎勋、吴景伯、罗泽州、钟体乾、稽祖佑、陈炳光、杨全宇、余中英、陈离、陈炳光（再次出任）、李铁夫、乔诚、冷寅东，共14任。成都市政府的第一处办公地点就在岳府街上的岳府故宅，后迁忠烈祠街，1934年迁往鼓楼南街。

为什么成都会在1928年建市？这是因为当时的国民政府内务部有一项规定。一个城镇的人口必须达到30万人才能建市设市政府。成都在1926年的人口数量达到31万余人，经四川省政府于1927年转咨内务部查核之后，内务部才得以复咨同意，所以才在1928年建市。

成都正式建市之后，虽然华阳、成都两县仍然存在，两个县政府也都在城内，但是只管郊区事务，不再管理城区，城区事务由市政府统管，两县同治一城或者说是两县分治一城的格局才得以结束。到了抗日战争时期，两个县政府也都迁往城外，华阳县政府迁到中兴场，成都县政府迁到茶店子。新中国成立以后经过了几次调整，撤销了华阳县和成都县，把原来华阳县的城区部分改称为东城区，原来成都县的城区部分改称为西城区，新建了金牛区专门管理郊区事务。

民国时期的成都市先是分为5区33镇，到1945年重新划分为14个区（一直到新中国成立初期，还沿用过14区的划分），其中城区8区，郊区6区。全市人口1937年是46万人，1949年是65万人。人口最多的时期是1940年和1941年，均为83万人。成都市的面积在1935年曾经较初建市时有过一次扩大，但是详细的图册一直到 1945 年才有准确的划分，成都县的面积为 4247 亩，华阳县的面积为 4301 亩。这里说到的"民国时期的成都市先是分为 5 区 33 镇，到 1945 年重新划分为 14 个区"，包含了一段今天的成都人难以想到的成都历史，即成都曾经有过庆云镇、春熙镇、君平镇、仁厚镇、青羊镇、水津镇等 33 个"镇"。因为 1928 年成都设市时，把全市分为了东、南、西、北、外东等 5 个区，每区以下的行政区划叫作"镇"，有点类似当代的街道办事处，而不是集镇的"镇"。

正府街的南侧有一条小巷叫作照壁巷，因为过去在这里有一面府衙前的照壁，故而名照壁巷，照壁直到现在仍然存在。

民国时期，四川地方实力派代表人物杨森在原来的成都府衙门旧址开办了天府中学，先后担任校长的是他的舅子肖寿眉和他的姨太太汪德芬。抗日战争爆发后，为了躲避日本侵略者的轰炸，天府中学迁往郊外。1941 年，内迁成都的中央大学医学院就在天府中学旧址建立了与四川省政府合办的成都公立医院，同时也是它的教学实习医院，所以也称为国立中央医院，在民国时期是成都仅次于华西大学附属医院的医院（公立医院的门诊部和内科、儿科的住院部设在正府街，另有外科、妇产科的住院部设在南薰巷，牙科设在布后街）。这所医院 1943 年迁到青龙街，就是今天的成都市第三人民医院和四川省人民

1943 年的国立中央医学院　　［英］李约瑟摄影　杨显峰提供

以军政官署命名　*351*

20世纪50年代初的成都著名酿造品老字号"太和号"商标　王大明提供

医院的前身。

在老成都人生活中极富盛誉的"太和号"酱园于清咸丰年间开设在正府街（"太和号"的前身是开设在棉花街上的"元利贞酱园"），不久就在全城开设了5家分店，主要产品太和酱油是在成都享誉多年的名牌酱油，民国时期的年产量一般在30万斤左右。

署前街附学署街　厅署街

署前街过去是与正府街相邻的重要街道，新中国成立以后因为新建人民中路，就把这两条街分在人民中路的两边。明清时期的成都县衙门就设在这条街，署前街的名称也就是因为成都县衙署而得名，所以又名县前街。新中国成立以后，原来的成都县改为成都市的西城区，原来的成都县衙所在地改建了小学和区教育局。据当地老人告知，当年成都县衙是一个五院两厅的大院，现在的红光小学旁边的几间平房就是成都县衙最后一进院子的房间。

署前街南邻青龙街，成都县立中学就设在青龙街。过去的中学多实行男女分校，所以在开办成都县立中学之后，又开办了成都县立女子中学，而且就建在成都县立中学的北面，大门也就开在署前街。

成都过去还有两条以"署"为名的街道，都是因为清代的官署设在该街而得名。

今天的人民中路三段从文武路到白家塘街的一段，就是新中国成

清代成都县衙的柱础
2006年　韩国庆摄影

· 街巷 ·

红光小学内的清代成都县衙门建筑遗存　2006年　韩国庆摄影

署前街　2002年　赖武摄影

以军政官署命名　353

立以后在原来的学署街的基础之上扩建而成的。所以名叫学署街，是因为清代成都县的教谕署设于此街而得名（清代华阳县的教谕署设于石室巷）。教谕是主管全县教育与科举的官员。民国初年，教谕署撤销，教谕署的旧址及其附近的空地建成了北城公园，以后又改名为四川省科学教育馆。

今天的江汉路东头在铁箍井街到千祥街的一段，新中国成立初期还叫厅署街。所以叫作厅署街，是因为清代的华阳县典史署的官署设于此街而得名。典史是一个县中地位低于县令的小官，主管狱囚捕盗，所以其官署一般又称为捕厅，厅署街的名字也就由此而来。

西府北街附西府南街

西府北街与西府南街原来本是一条西府街，位于署前街与正府街之间，因为地处成都府衙以西而得名于清末。后来以过去正府街与西府街的交口为界，分为西府北街与西府南街两条相邻的街道。

长期以来，西府北街与西府南街都是很冷清的小街，可是随着近年来成都经济建设的迅速发展，这里已经成为高楼林立的骡马市商圈的核心部分。根据有关部门的规划，西府北街与西府南街将与其相邻的青龙巷一道成为继春熙路步行街和红星路步行街之后的成都第三条商业步行街。

东府街附南府街

东府街和南府街是盐道街东边两条相接的小街，得名于清初。清初的四川不设总督，由川陕总督或川湖总督管辖，总督不驻成都。顺治十四年（1657）设四川总督之后，总督也是驻于重庆，直到雍正九年（1731），四川总督才驻成都。在此之前，为了处理军政事务，曾经在盐道街东头偏北位置设立临时性的总督行署府（曾任过清朝国史馆总裁的董诰绘过一幅珍贵的清代早期的《成都府图》，虽然简略，但是上面就有"总督行署"的位置），署府之东就叫东府街，署府之南就叫南府街。

在一些介绍老成都的文章与书籍中长期有一种说法，说这两条街的得名是由于当年成都府辖区太大、知府的公务太忙，于是就在东府街、南府街和西府街这三个地方分设了派出机构，为知府大人分担成都府的东片、南片和西片的若干事务，这三条街也就因此而命名。这种说法在文献上没有根据，加之南府街和东府街这两条街完全相连在一起，如果真的是要分设派出机构的话，这种安排也是不可能的。

在南府街今天成都市职工大学的地方，原来是民国时期就已开办的南府街小学。而其前身则是早在唐代就已建成、又在清代重建的川主庙（据《太平寰宇记》的记载，这座川主庙的创建者是唐代著名政治家李德裕）。几年前，笔者还在大门外残存的石柱上读到过石刻楹联上联的四个字"水平六字"。据记载，这副对联的全文是："威慑蛟龙，不仅水平六字；劳成沟洫，特隆肸响（按：肸响一词出于司马相如的《上林赋》，意为散布、影响）三巴。"正因为成都最大的川主庙在南府街，所以南府街过去也被叫作川主庙街。

川主庙是过去在四川各地十分常见的寺庙，仅犍为一县在清代与民国期间就建有45座之多。川主庙内供奉的"川主"就是修建都江堰的李冰和李二郎父子（李二郎是民间传说与神话中的人物），这是广大蜀人对率民治水、千秋造福的英雄李冰父子世世代代的尊崇与怀念。清政府为了顺从民意，鼓励水利与农耕，于雍正五年（1727）敕封李冰为"敷泽兴济通佑王"，李二郎为"承绩广惠显英王"，命令春秋两季必须举行官方祭祀，于是川主庙也被称为通佑王庙。成都的川主庙不止一处，如在驷马桥、青龙场、九眼桥过去都有川主庙，目前还保留在地名之中的只有茶店子的川主庙，旧址在原来的茶店村三组，在1958年才拆除。

1926年10月10日，在中国共产党成都特支的领导之下，由原来的劳工联合会发展而成的成都市工会（1927年3月改名成都市总工会）就是在这个川主庙中成立的，由成都特支的负责人刘亚雄、钟善辅分任正副会长。

清光绪十年（1884），成都电报局在南府街成立，创办人周保臣，同年建成了四川第一条电报线路，经重庆到宜昌，再由宜昌向全国各省转发电报。两年后，上海电报总局又在文庙前街开设官督商办的商电局，以后线路逐渐增

1926年成都市工会成立地址——南府街川主庙　　成都市工会机关刊物《工友》
中共成都市委党史研究室提供

南府街茶社书场　1990年　陈维摄影

多，并可以经上海向国外转发。到1908年，省内的电报线路已经可以远至巴塘、理塘。

清末民初成都的外科名医、被喻为疮科圣手的黄雅亭家住南府街，他开的医馆也就在南府街。黄家有一个精致的菊园，候诊者可以在赏菊中放松身心，缓解疼痛，在当时很受患者的喜爱。新中国成立以后，黄氏后人在红照壁地段医院继续行医，远近慕名而来的求治者仍然是络绎不绝，笔者曾经多次见其盛况。

南府街邻近中莲池与小淖坝，位于旧城之中最南部地势相对较低的片区，所以一遇夏日暴雨，往往就要出现短期的水潦。清人曾经有《竹枝词》写道："三莲池涨水满陂，一带人家都不支。最是南府街洼下，雨中门板当船施。"

著名川剧演员贾培之在成都的故宅就在原南府街13号。

贾培之（1884—1954） 温江人，本名廷福。1909年开始学艺，1927年加入成都"三庆会"，1930年任副会长，1948年任会长。他技艺精研，讲求艺德，是继康芷林之后坚持川剧改良的领军人物，也是公认的泰斗级生角演员，在川剧界与康芷林并称为"圣人"，百代公司为他灌制的多张唱片曾经风靡一时，国画大师张大千也因为倾慕他的演技而与他成为至交。新中国成立后，历任大众剧院院长、重庆实验川剧院院长、西南川剧院副院长等职。1954年当选为第一届全国人民代表大会代表，同年10月28日病逝于成都。他的唱腔刚劲有力，讲白雄浑敦厚，20世纪30年代就有人写诗称赞："不甘市井没英雄，粉墨登场学醉翁。铁板桐琶供啸嗷，至今尤唱大江东。"1952年在京演出《柴市节》后，观剧的毛泽东主席称赞说："作者是文天祥，你也是文天祥！"

在东府街上原来有一个东府街小学（南府街小学与东府街小学已经先后并入盐道街小学），而其前身也是一座寺庙，叫净慈寺，初建于明正德十五年（1520），重建于清乾隆五十三年（1788）。抗日战争时期，大量的文化人来到成都，包括白杨等著名演员在内的很多文艺工作者都曾经客寓于此，把这里作为他们继续工作与战斗的栖身之处。

南府街23号　1989年　陈锦摄影

帘官公所街

在今天玉沙路以北，有一条街叫帘官公所。曾经有不少人因为不了解"帘官"的含义，以为当官应当是清廉之官，所以把街名写为"廉官公所街"。其实"帘"字是对的，帘官公所的名称并没有错。

帘官是古代科举考试时代的称呼。为了保证在科举考试阅卷过程中的保密，阅卷官的门口在开门时也必须挂上帘子，所以当时就把科举考试中的阅卷官与管理考场的官员称为"帘官"。阅卷官负责阅卷，叫作内帘官，其他的负责巡视考场、纠劾违章、组织誊录（为了杜绝通过认识考生的笔迹而进行舞弊的现象，所以考卷都要请人重新抄写一篇，再呈入阅卷，当时叫作誊录）者称为外帘官。由于试卷太多（四川在清代中期以后是全国人口大省，每年的考生有一万多名，又要连试三场），所以帘官的数量不小。他们在成都居住的地方又是不能接待宾客的保密场所，所以就出现了专门的帘官公所，有些类似今天高考阅卷时的招待所，只是保密级别更高而已。

清代咸丰以前，成都的帘官公所是借用的湖广会馆。今天的帘官公所街原来是拐枣树街的北段。清嘉庆六年（1801），时任成都知县的张人龙在这条街上的慈云寺中开办芙蓉书院，所以有了芙蓉街的街名。到了清咸丰初年，芙蓉书院迁往青龙街洗墨池畔，四川提学使何绍基（清代的著名学者与书法家，至今还挂在草堂工部祠前的成都最著名的对联之一"锦水春风公占却；草堂人日我归来"就是他撰写的）将芙蓉书院旧址改建为专门的帘官公所，这以后街名就改为帘官公所街。清末废除科举之后，没有了帘官，就在原来的帘官公所中开办了警察学堂，民国初年警察学堂停办，又在原址办过岷江法政学校。

清代末年，政府仿效日本，在全国设立警察。四川省最早的警察局就是清光绪二十九年（1903）由当时的四川巡警道周善培在本街原来的保甲总局旧址上建立的警察总局。第二年，警察总局迁往皇华馆街。这以后，全省各地才逐步有了警察。

20世纪30年代，帘官公所街北端有一个富丽堂皇、花木扶疏的大院落，内有不同等级与风格的客厅和住房,在相邻的兴禅寺街还专门辟有隐蔽的车辆出入通道。此院主人是从湖北入川的名妓花老四,手下有妓女近30人,四川军政匪商各界的头面人物经常在此出入,一些军政大事在此密谋,包括大宗的军火、鸦片贸易在内的一些地下交易在此成交。刘湘去世之后,国民党军统密探通过接近花老四而在此窃取了川军的大量内部机密,致使四川地方实力派对抗蒋介石全面控制四川的计划失败,花老四被川军师长彭光汉派人杀死,这个大院顿时衰落,不久即转卖他人成为民房。

成都人民的优秀儿子田家英就出生在帘官公所街。

田家英(1922—1966) 本名曾正昌,祖籍双流,出生在帘官公所街一个开中药铺的平民家庭。1930年入北城小学,1933年入南薰中学,1934年13岁时以"田家英"的笔名在《华西日报》等报刊发表文章。1936年加入中华民族解放先锋队,并考入成都县中,不久因参加抗日救亡运动被开除。1938年去延安入陕北公学学习,同年入党。1941年进入中央政策研究室工作。

1959年庐山会议后田家英在九江—南京的客轮上　吴冷西摄影

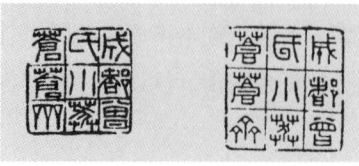

田家英书斋"小莽苍苍斋"印章

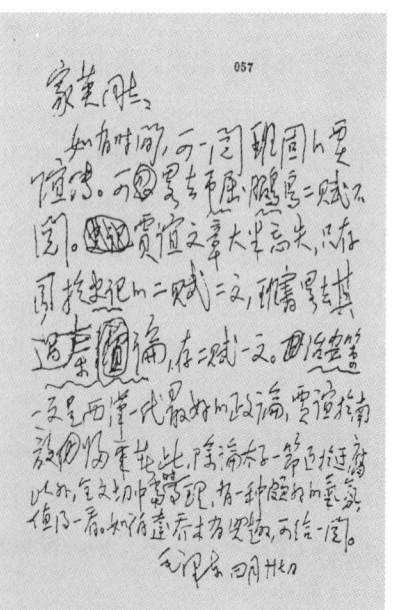

毛泽东给田家英的信

1946年被毛泽东选中担任从苏联回国的长子毛岸英的教师，从1948年开始任毛泽东秘书直至去世。他是党史上著名的"五大秘书"之一，也是毛泽东身边最重要的秘书，连日记、印章与存折都是交他保管，所以周围的同志半开玩笑地称他为"掌玺大臣"。新中国成立以后，他还担任了中央办公厅副主任兼秘书室主任、中央政治研究室副主任、《毛泽东选集》出版委员会办公室主任，是《毛泽东选集》四卷本987条注释的主编。田家英聪明过人，英才俊发，学识丰富，为人正派，敢于直言，但是从1959年庐山会议开始即被指为"右倾"，至"文革"开始更不为江青、陈伯达之流所容。1966年5月22日被勒令停职反省、交出文件并搬出中南海，次日他即悲愤自杀于中南海内的永福堂之中（他是"文革"中屈死的第二位中共高级干部，仅晚于"三家村主帅"邓拓4天），年仅44岁。1980年3月28日，党中央为他平反昭雪，在八宝山召开了隆重的追悼大会。

（上页图由曾自提供）

大科甲巷附正科甲巷　小科甲巷

春熙路东段以东有一条大科甲巷，相邻还有正科甲巷和小科甲巷（原来的小科甲巷已经在城市改造之中被拆除，现在的小科甲巷是在新建的利都广场旁边新形成的一条巷道，只是被重新命名为小科甲巷，与过去的小科甲巷的位置不是一个地方），都是如今春熙路商圈中的繁华路段，被称为"第二春熙路"。

"科甲"的本义是在科举考试之中列名考榜。因为早在汉代的博士弟子考试中就有甲、乙、丙、丁四科，唐代的进士考试也有甲、乙科，所以后人就把科举考试称为"登科中甲"，也称为"科甲"。清代的各县秀才来成都参加科举考试时多居住在这里的客栈之中，所以这几条街巷就有了"科甲巷"的名称，得名于清乾隆五十一年（1786）。

1995年，成都考古工作者在大科甲巷地下发掘出了唐宋时期的大型地下排水系统，不仅反映了古代城市排水系统的高水平，更是以事实否定了西方学者长期以来关于我国古代没有大型城市排水系统的错误结论。

在春熙路建成之前，清代主管全省司法刑事的按察使司下属的司狱署与

·成都街巷志·

1994年日本NHK电视台正在拍摄大科甲巷修建伊藤洋华堂前的原址　王学成摄影

1995年大科甲巷发掘的唐宋时期地下排水系统　李绪成摄影

其直辖的监狱就设在这里（按察使司的主官叫按察使，一般通称为"臬台"。"臬"即圭臬，即标准的意思，表示用法量刑均以此为标准。民国时期在清臬台下属司狱署与监狱旧址建四川省财政厅，新中国成立以后改建为成都市第一人民医院门诊部），清代很多著名的反清人士都曾经被关押在这里。例如四川近代史上著名的"大足教案"的领导人余栋臣（1851—1912），辛亥革命的著名烈士、曾经被孙中山先生任命为西南大都督、在临牺牲的刑场上高吟绝命诗"牡丹将放身先残，未饮黄龙酒不甘。若有同志继我者，剑下孤魂心自安"的佘英（1874—1910）。太平天国的翼王石达开（1831—1863）在大渡河兵败之后，以"舍命以全三军"的精神于同治二年（1863）6月13日投身清营，被押送成都，也是关在这里。6月27日，就在臬台的监狱之内被清政府"凌迟"处死。"凌迟"就是民间所说的活剐之刑，是古代最重也是最残酷的刑罚，当天同时被"凌迟"处死的还有太平天国大将曾仕和与黄再忠（处死石达开等人的刑场在不同记载中共有4处，除了这里，还有北较场、督院街口、九眼桥北的莲花池）。据在场监斩的四川总督骆秉章当时给朝廷的奏报："石达开临刑之时，其枭桀之气见诸眉宇，绝非寻常贼目等伦。"

20世纪末，春熙路上的锦华馆以及相邻的科甲巷进行了全面的改造，2006年11月，建设部门在科甲巷与锦华馆相邻处立了一块三米高的汉白玉诗碑，上面刻着一首相传为石达开所著的《入川题壁》诗（这首诗可以肯定不是石达开本人的作品，而是清末民初文人的伪作），其目的就是为了纪念当年在这里被杀害的石达开。遗憾的是立碑者在诗碑的背面没有一个字的说明，全诗八句又只刻了六句："大盗亦有道，诗书所不屑。黄金若粪土，肝胆硬如铁。策马渡悬崖，弯弓射胡月。"（所遗的最后两句是"人头作酒杯，饮尽仇雠血"，可能是考虑到有点血腥味，故而略去。）以致笔者在那里询问了三位就在诗碑附近开店或上班的市民，竟然没有一个人知道为什么要在那里立这块诗碑，甚至有两人根本不知道石达开是何许人也。从这一事例中可以看出，我们的建设部门在兴建这类城市文化景点时，还应当把工作做得更细致一些。

大科甲巷与春熙东路相邻处的青年宫电影院原名新明电影院，由张镜清、廖立夫等数人共同筹建（也有记载说筹建人是季叔平和杨吉甫），开办于1924年4月，是成都历史上开设的第一家以"电影院"为名、而且是以放映故事片为主的电影院（成都有电影的时间比这要早，但是过去是称为"活动电戏"或"电戏"，放映的地方叫"电戏馆"，是以放映纪录片为主，例如大科甲巷中的观澜阁茶园在1914年就曾经演过"电戏"），刚开始时是租用锦华馆内中华基督教青年会的体育室改造而成的电影院，共有1200个座位，堂厢坐男宾，两边楼厢坐女宾，后面楼厢为包厢，可以男女同坐，这个时候春熙路还没有建成。刚开始时所使用的电影放映机据说是被砍了脑袋的清末总督赵尔丰家中留下的遗物，最初是由出国考察宪政的清朝大臣端方从海外买回来的。1930年，有声电影第一次在成都出现，放映地点也是在新明电影院。1936年，新明电影院迁到自己修建的新址（即新中国成立以后的青年宫电影院，这里的老地名叫马王庙，原来是光明电灯公司旧址。原来锦华馆内新明电影院旧址仍然保留着，改建成了后来的大华电影院），大门开向城守街49号，座位共有1329个，仍然分为堂厢和楼厢，楼厢在后面，不再分男女，还安排有双人座，即日后的情侣座，这在成都影院中是第一家。新明电影院主要放映进口的美国好莱坞的电影（当年的进口影片都是原版，未曾翻译配音，所以电影院都是聘请精通英语的人手持大型话筒在银幕后面用嘴进行现场翻译讲

青年宫电影院　1975年　杨显峰提供

解，这种讲解者大多是归国的留学生，故而当时的《竹枝词》有"博士无聊说电影"的讥刺）为主，所以在民国时期的成都四大电影院（即新明、智育、昌宜、大光明）中长期位居首位，一直营业到1949年。新中国成立以后收归国营，1950年改名为青年宫电影院。新中国成立以前的成都一共有14家电影院，新明电影院与总府街的智育电影院是公认的当时成都最高档的电影院。新中国成立以后的青年宫电影院仍然是成都放映设备最好的电影院，其"天极牌"放映机与"辛泼莱斯"牌放声机都是由苏联专家护送来蓉并进行安装调试的。1985年，青年宫电影院又成为成都第一家安装空调的电影院。2005年，由于科甲巷街区进行全面改造，青年宫电影院也随之被拆除。

青年宫电影院东侧，原来有老成都著名的慈善机构与古建筑精品正心堂，是新津纯阳观内的忠孝堂在城区内的分支，修建于1922年。新中国成立以后，正心堂解散，原有建筑用作了成都市糖果糕点公司的库房，笔者曾经慕名进入参观，那是一处成都罕见的四层砖木结构楼房，四方均有楼梯，楼上是名副其实的走马转阁楼，整个建筑十分完好而且精致。这座建筑曾经列名成都市级文物保护单位，前几年也被高大的商业建筑所取代。

20世纪80年代的正心堂　杨显峰提供

（正面）

（背面）

正心堂建设科甲巷纪念章　刘永禄提供

清乾隆五十一年（1786），移民入川的宋代著名理学家朱熹的后人在大科甲巷修建了朱氏祠堂，这是一处两进的四合院。相对于分布在全川其他地方的朱氏祠堂，这里被称为朱氏总祠（正是因为这里在当年修建有朱氏总祠，所以朱氏后人有一种说法认为，这里原来的地名叫诸葛庐，因为朱氏后人中的举子们共议，买下了这里范刘二姓的房产，改修朱姓总祠，并取"登科中甲"中的"科甲"二字为祠巷之名，才有了科甲巷这一街巷名）。由于城区内地域有限，朱氏总祠后来搬到东郊的十陵镇重建，至今仍存，每年农历九月十六的朱熹诞辰，川内各地的朱氏后人都要选派代表聚于十陵镇的朱氏总祠举行祭祀活动。由于东郊兴建成都最大的人工湖青龙湖，十陵的朱氏总祠正位于湖区之内，很快又得再一次搬迁，搬迁的新址目前尚未确定。

清代与民国时期的科甲巷曾经是成都若干手工艺人比较集中的地区，蜀绣店铺不少，各县的绣品多运到这里展卖。同时这里也是各种纸扎制品与儿童玩具制作商家最多的街道，不少老成都都说这里是当年成都儿童的天堂，所以有记述大科甲巷儿童玩具的《锦城旧事竹枝词》说："大头阔嘴笑嘻嘻，彩绘纸壳高耸鼻。刀剑抛光涂银粉，兔儿笼烛走东西。"

1957年新年在科甲巷中的小学生　　杨永琼提供

近代川剧的主要开创者、被称为"戏圣"的康芷林生前住家在科甲巷。

川剧大师康芷林

康芷林（1870—1930） 邛崃人，幼年曾学中医，后改学川戏，先后拜彭子元、何新田为师，又得到有"戏状元"之称的著名艺人岳春的指教，成为身怀绝技的一代著名的文武小生。现在还在全国舞台上大受欢迎的"变脸"原称"三变化身"，就是他在前人的基础之上发展定型的；"踢开慧眼"的绝技是他首创的；他独有的绝技翎子功则已经失传。近代川戏形成的最主要的标志是三庆会的成立，而他正是主要的发起人与负责人（三庆会的第一任会长是杨素兰，康芷林是副会长，杨去世之后即由康接任会长）。在三庆会中，他倡导设立了"升平堂"，专门培养青年后进；他倡导设立了"研精社"，每天演出结束之后总结演出得失；他倡导设立了"百寿图"，让所有演职员去世后一律平等列名供奉；他倡导建立了比较合理的工薪分账制，取消了主角收入过高的包银制。他一生为人正直，自律极严，能够尽己之力团结众人，先人后己，提倡"三德"（戏德、口德、品德），为提高技艺、净化舞台做出了杰出的贡献，故而被时人称为"康圣人"。1930年6月，他在盛暑炎炎的重庆抱病演出他的代表性剧目《八阵图》时，活活累死。时任四川省参议会会长的四川保路运动元老蒲殿俊送了一副流传至今的挽联："功盖三庆会，名成八阵图。"

上图由四川省川剧艺术研究院提供

联升巷

大科甲巷以南，城守街与红星路三段以西，有一条小巷叫联升巷。这里与科甲巷相邻，在清代也是各州县来成都参加科举考试的生员集中居住的地方。清光绪年间命名为联升巷，寓意对生员们科考顺利、步步高升的祝愿。

联升巷的西头背后就是原来位于城守东大街的四川省图书馆。四川省图书馆的特藏部（线装书库）曾经长期设在这里。新中国成立以后一段时间，四川省图书馆的大门也曾经开在这里。

联升巷　1999年　冯水木摄影

童子街

在今太升南路西侧有一条童子街,这里的"童子"并不是指的儿童。

在实行科举考试的时代,天下读书人都要通过科举考试才能进入仕途,所以天下读书人也都被纳入了科举考试的各级范围而有了各自的身份。以明清时代为例,读书人在通过了县、府两级的考试之后就称为童生,所以县、府两级的考试也叫童试或童子试。童生在没有经过多次考试而考中生员(也就是俗称的秀才)之前,不管你有多大岁数,哪怕已是白发老翁,也叫童生。人们所熟悉的《儒林外史》中的典型人物范进,就曾经是个考了20多次的童生。另一位典型人物周进,则是个60多岁还在考的老童生。成都的童子街,就是当年成都县主持童生应试的地方,所以这条街就叫童子街。

1912年6月13日,四川第一份妇女报《女界报》创刊于本街3号(后迁附近的冻青树街7号),主办者孙少荆、赵少函,主要撰稿人是著名学者吴虞、曾兰夫妇。该报专为女界立言,"以提倡女界道德、增长智识为宗旨"。曾

童子街大院内的小公馆　20世纪90年代　冯水木摄影

兰所写的发刊词《女界缘起》是蜀中宣传妇女解放的重要文献。由于经费的原因，该报只办了一年即行停刊。

笔帖式街

在大慈寺的东南边有一条不长的小街叫笔帖式街，很多成都人都搞不懂这个"笔帖式"是怎么回事。笔者曾经在这里问过几个就在笔帖式街生活的居民，他们也都搞不明白。

"笔帖式"是满语的音译汉写，满语的读音是"笔帖黑

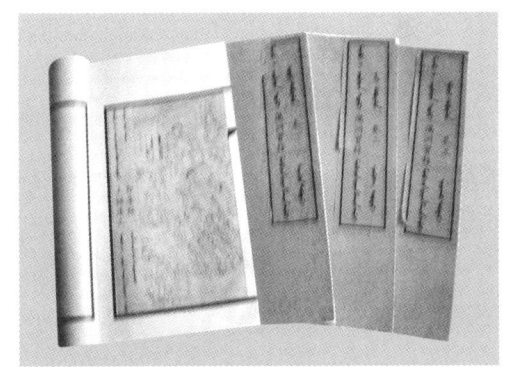

满汉文字对照的清代文献

以军政官署命名　369

笔帖式街上的清代笔帖式署旧址　1997年　周筱华摄影

式",本义是写字人,汉语意译是"书记人"。清代是满蒙贵族掌权的朝代,按规定凡是重要的文书都要用满汉两种文字书写,所以在总督府之下专门设立了一种负责掌管满文与汉文翻译事务的官职,就叫笔帖式。笔帖式办公的地方就叫笔帖式署,笔帖式署所在的街道也就叫笔帖式街。清代前期的这种翻译事务很重,凡是由四川送往中央的文书都要使用满汉两种文字。中期以后多数文书只用汉文,但是送达皇帝的文书仍然要用满汉两种文字,送达各部的文书虽然只用汉文,但是仍然要在笔帖式署签章。清代在成都有两处笔帖式署,另一处在玉石街(玉石街原来在今天的太升南路的一段,玉石街的街名已撤销),但是用作街名的就只有这条笔帖式街。在今天的成都市,以满语的译音为街名的街道也只有这条笔帖式街。

· 街巷 ·

义学巷

在下东大街与镋钯街之间有一条义学巷,北对南糠市街,至今仍存。义学巷的得名与清代的职官制度有关。

按照清代的有关规定,没有被吏部直接任命具体官职而又有可能担任官职的人,比如按照制度辞去官职回家为已故的先辈守孝,结束之后又要回到官场中做官的,或根据捐官制度(就是向朝廷捐钱买官,这是清代一直存在的制度,凡是遇到军需、河工、赈灾等有大的开支的时候,都要开捐集资。到清代中期以后,则是公开地卖官,但是捐官中的绝大多数都是只能享受官员的身份与特权,而难以真正得到为官一方的实职)可以当官的,都可以到主管职官事务的吏部去登记候选,由吏部根据各方面的情况提出当时可以分发去当官者的名单,再用抽签的方式决定到某个省或中央某个部门去听候委用。能不能得到任命,什么时候能够得到任命,都得由该省或该部门决定,这就叫候补。候补的时间因人而异,有的很快,有的很慢,也有的候补一辈子仍在候补的名单之

义学巷　1996年　陈锦摄影

以军政官署命名　*371*

内。从乾隆年间开始,到四川来等待当官的候补者逐渐集中居住到了义学巷。由于候补的时间遥遥无期,候补的岁月无聊而焦躁,这些候补者中的一些有识之士就把时间利用起来,在这里开办义学,免费授课,于是人们就把这条原来没有命名的小巷称为义学巷。

清光绪三十三年(1907),德国在成都最早开设的非正式领事机构领事署就设在义学巷,以后才迁往金马街和西珠市街。

爵版街

在红星路二段以东、干槐树街以南有一条小街,成都人过去把它叫作脚板街,街名牌也写的是脚板街。在附近还长期流传着这样的故事:明代著名道士张三丰当年曾经路过此地,为了救助贫苦渔翁,惩治不法贪官,脱下草鞋向地上一掷,就在青石板上陷进去了三寸深的脚板印,吓得贪官衙役们屁滚尿流地跑了。从此之后,这条街就叫作脚板街。

民间传说只是一个美丽的故事,并不是历史真实。其实这条街的正式名称应当叫爵版街,1981年在地名普查中已经改了过来。

爵版是明清时期官场的常用之物,当时的文武官员之间如果不很熟悉,在拜谒对方时就拿出一张写有自己姓名与身份的红纸(个别人也有用红色锦缎的),用以表示自己的身份,有如今天的名片,但是内容比今天的名片要多,上面除了姓名与官衔,还有籍贯、科举考试与官场的简历。当时把一般人使用的这种名片叫作名刺,而在官场中使用的写有官衔的名片则叫作名帖或手本。名帖大多不用手写而用木板刻印,因为上面有官员的官爵,就把这种专门的木刻版片叫作爵版(严格说来,这是成都的俗称,历代与官制有关的正式规定中无此称呼),有关官员将爵版拿回家中就可以不断加以印制。因为此街与清代主管全省最高行政事务的官署布政司署相邻,又与当时的照磨厅(布政司署之下主办省内各级官员任免升迁的具体文书事务的机构,设在布后街)相邻,经常都有官员到这里来办理各种事务,在这条街上就有几家店铺专门刻制爵版,所以人们就把这条小街叫作爵版街。

民国初年，爵版街上开办了一所志成法政专门学校（这所学校以后改建为志城高级职业学校，又改建为志城高中，是今天成都三中的前身之一）。1918年4月，由辛亥革命元老和留法勤工俭学倡导者之一吴玉章发起并担任名誉校长，开办了成都留法勤工俭学预备学校（这是吴玉章第二次在成都开设留法勤工俭学预备学校，第一次是1912年开设于少城内的济川公学，学生不多，影响也不大），学校就借用志成法政专门学校的校舍上课，校长也直接由志成法政专门学校的校长张春涛兼任，教务则由曾经留学法国的冯元勋主持。成都的这

青年陈毅

所留法勤工俭学预备学校是当时全国同类学校中规模最大的一所，学制一年。陈毅元帅就是该校的第一届学生，并因为成绩优异而被选为30名官费留学生之一，于1919年6月1日从沙河铺出发前往法国，开始了他的留学与革命生涯。该校共招生两届，第一届招收学生88人，毕业赴法留学61人；第二届招生240人，毕业赴法94人，其中包括李大章（当时名李畅英）、程子健（当时

成都留法勤工俭学预备学校的教学楼　　杨显峰提供

名程秉渊)、黄映湖等。没有去法国的很多毕业生都因为在学校中接受了劳工神圣等思想而成为成都早期工人运动的成员。由于吴玉章等人的努力,四川前往法国勤工俭学的学生人数占了全国总数的三分之一。除了上述者外,还有聂荣臻、刘伯坚、邓小平、赵世炎、傅钟等革命前辈和陈毅的哥哥陈孟熙,也包括在法国通过《周易》原理推论出太阳系还存在第十大行星的传奇式天文学家、出生于洛带镇的刘子华博士。革命元勋朱德和孙炳文不是勤工俭学学生,但也是在这股热流之中于此时去法国学习考察的。

另外还有几位早期牺牲的成都留法勤工俭学预备学校的学生:旅欧中国少年共产党发起者之一的肖朴生、中共天津地委书记李季达、中共四川省委临时书记穆青、国民革命军第三军参谋长许祖雄、中共郑州市委书记范易。

民国时期的著名学者与诗人林思进的宅居霜柑园就在爵版街13号。他为了给爵版街正名,特地编撰了一副嵌有"爵版"二字的嵌字联,由民国初年的著名学者兼书法家郑孝胥手书(另有一说是请辛亥革命元老、曾任大汉四川军政府都督的蒲殿俊所书),刻在门前:"天爵乃尊,湛冥自贵;大版为业,传颂无穷。"

林思进

林思进(1873—1953) 字山腴,号清寂翁,成都客家人(祖籍福建长汀)。1903年中乡试举人,次年即东渡日本学习考察,1904年回国。经过朝考,授官内阁中书,不久即告假返乡,绝意仕途,全力从事文化教育事业;曾倡议创立四川省图书馆并自任馆长,先后在多所学校任教,桃李遍蜀中。特别是他作为一代硕儒出任华阳中学校长7年,使之成为"全川中学的矩范",又一直身着长衫马褂手托水烟袋而在著名的教会学校华西大学执教20多年,更是传为佳话。1933年,他为华西大学写了校歌,其中有"东方有圣西方圣,大道一凿堪通"、"昭德方期四门辟,广乐岂限华风"等句,充分表明了他希望加速中外文化交流的美好愿望。他还主持纂修了著名的《华阳县志》(当时的成都市分为华阳与成都两县),成为今天研究成都地方史的最佳著作之一。他在我国传统文化的研究上有很深造诣,一些研究者把民国时期蜀中国学的成就称之为"林龚向之学","林"即指林思进,"龚"指龚道耕,"向"指向楚。

林思进又以诗作闻名全国，是与赵熙齐名的蜀中两大家。清末诗坛大家、陈寅恪先生之父陈三立曾经对林思进的诗作这样评价："才思格律，入古甚深。五古几欲追二谢（按：指谢灵运和谢朓），七言直攀高、岑（按：指高适和岑参），洵杰出之作者。目前所知蜀中诗，似与香宋（按：指赵熙）异曲同工也。"故而陈寅恪先生在抗日战争时期来到成都之后，特地于1944年人日（正月初七）在王仲镛、郭祝崧陪同下专门到爵版街拜望，以晚辈身份行跪拜大礼，并亲书一联相赠："天下文章莫大乎是，一时贤士皆与之游。"1945年，

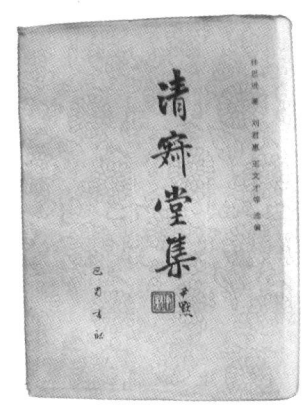

整理本《清寂堂集》
袁庭栋提供

来到华西大学任教的名满天下的著名学者吴宓，也曾经两次到霜柑园拜谒林思进。新中国成立以后，林思进出任四川文史馆副馆长。

诗文名满天下的林思进一生很少出版著述、发表论文，而且要求后辈对于发表作品应当极为审慎。这种态度对于蜀中学人有过不小影响。他对学生说过这样的话："多读书，少发表；先读书，后发表。一辈子读书，终身不发表，无碍；最怕老来不读书，喜欢发表。不是发表，乃是发疯！"

鼓楼洞街附鼓楼北街　鼓楼南街

在提督街以北，有好几条以鼓楼命名的街道，如鼓楼洞街、鼓楼南街、鼓楼北一街、鼓楼北二街、鼓楼北三街、鼓楼北四街等。

鼓楼在民间一般称为钟鼓楼，是古代每一个较大的城市几乎都有的官方建筑，楼上挂有钟鼓，早期用来在夜间报时，也就是现在在戏曲舞台上经常听到的更鼓，后来一般不再报时，只用在紧急时期鸣鼓敲钟以报警。成都的鼓楼建于明万历四十五年（1617），也是有鼓有钟，清代重建，名为韵远楼。楼为两层，下层一端悬钟，一端架鼓。因为楼下砖砌的拱门有如城门的门洞（门洞北面有如下的对联："二更三更五更，更更入耳，当归当出报时辰；男人女人老人，人人欢心，该睡该醒凭鼓声"），老百姓称之为鼓楼洞，所以这

20世纪20年代的鼓楼街　［法］杜满希提供

条街就叫作鼓楼洞街。对于原来范围只是在府河和南河之内的老成都来说，鼓楼既是报时报警的重要所在，又是当时的城市中心（我国古代城市在修建鼓楼时，为了有利于报时报警，往往都安排在市中心，这是古代城市布局的一种通例），正如清人《竹枝词》所写的："鼓楼西望满城宽，鼓楼南望王城蟠。鼓楼东望人烟密，鼓楼北望号营盘（按：指康庄街，因为康庄街命名之前就叫营盘街）。"

在没有战事与匪情的时候，城市之中报警的主要任务是报火警，所以鼓楼在清代也是全城消防救火的中心，也正如清人《竹枝词》所写的："鼓楼两爆火声传，夜望红光昼望烟。此地从来防备水，麻钩林立万家连。"鼓楼报警功能一直保留到抗日战争时期。那时如果发现有日本侵略者的飞机来到成都地区，防空部门就要发布空袭警报，城内的人们就立即往城外跑，以躲避日军的轰炸，当时叫作"跑警报"。空袭警报的报警装置有两种，一是鸣笛，还有一个就是在市中心的鼓楼洞子上挂一个红灯笼（与此同时，四面的城楼上也同时挂红灯笼）。之所以不敲钟，是因为早在清末时这口古老的铜钟声音就已经不响亮了。

成都的鼓楼1953年被拆除，拆除时鼓已破烂，就没有保存下来。但是鼓楼上的铜钟初铸于唐代贞观四年（630），原来是在城西的万佛寺，清雍正年间根据岳钟琪的命令移来鼓楼，重达3.5吨，是一件重要文物，拆鼓楼时移交给了文殊院保管，现已不存。

在成都的回族同胞中，对于著名的成都"清真十三寺"有这样两句话的评说："皇城寺最大，鼓楼寺最早。"成都市级文物保护单位鼓楼南街清真寺是成都历史上最早的一座清真寺，建于明初，清雍正年间重建，乾隆年间又进行了大规模的修葺，规模宏大，结构奇特，装饰精美，不仅是成都所有清真寺之冠，也是成都市内建筑水平最高的古建筑之一。抗日战争初期，梁思成领导的中国营造学社曾经对其详细考察，并由刘致平写成《成都清真寺并论战后建筑原则》一书。1941年遭受日军轰炸，大部分建筑被毁，仅有礼拜殿保存完好，其重檐工字形屋顶仍然为全国所罕见，是我国建筑技术史上极为重要的实物资

鼓楼清真寺大殿　　1939年　　梁思成摄影

▲ 鼓楼南街清真寺大殿中央藻井
　1939年　梁思成摄影

◀ 鼓楼清真寺礼拜堂
　1995年　王文相摄影

料。礼拜殿的正中原来挂有匾额一方，上刻明太祖朱元璋撰写的赞颂穆斯林的"百字圣号"，一般都称为"百字赞"。匾额现已不存，但是"百字赞"文字被回族同胞抄存，现在还可以见到。

　　清代，鼓楼南街的主要店铺是"估衣业"，也就是今天的年轻人所难以理解的旧衣业。在过去，各种旧衣服的买卖是一个市场不小的行业，清末这条街上有大小估衣店27家，故而又被人们称为"衣铺街"。由于会府的估衣业发展得更加兴旺发达，这里到民国时代就不再以估衣为主业，改为了以"行架"即家具业为主业。

鼓楼南街上原来的142号是新中国成立以后长期作为成都市公安局交通大队办公场所的"肇第",建于1931年,原是川军旅长石肇武(有关介绍见"宽巷子")的新公馆,是成都市内最有特色的公馆建筑之一。1933年石肇武在军阀混战中被李家钰部所杀,他的公馆被没收,成为当时的成都市政府所在地(民国时期的成都市政府先后设在岳府街、忠烈祠街,再迁鼓楼南街)。新中国成立以后,成都市政府迁出,改为交通大队的办公场所。"肇第"里面的建筑因为办公的需要而多有改建,但是砖砌的大门门楼长期完整地保留着,而且以其在建筑学上的价值而被评定为区级文物保护单位。成都方言中称胡作非为为"肇"。在老成都人口中,有一个长期广为流行的歇后语叫"石肇武的公馆——肇的(第)",就是由此而来。

鼓楼南街142号　20世纪90年代　韩国庆摄影

在清代和民国时期,成都陆续修建了一批官绅人家的公馆,是当时成都民居中的精品建筑。由于各种各样的原因,很多公馆都被改建或者拆除,成为老成都人心中的历史记忆。"肇第"由于没有位于通衢大街之上,又长期作为交通大队的办公地点,所以得以保存,是众多公馆中保存到最后的一座著名公馆,1996年被列为青羊区文物保护单位。到2006年,因为城市建设的需要,"肇第"必须拆除。为了保护这一建筑遗产,有关部门把"肇第"的大门迁建于老成都文化集中的文殊坊片区的白云寺街,大多数建筑材料包括大门上面的匾额仍是过去"肇第"的原物。

一代名医蒲辅周家住暑袜北一街,但是他执业的医馆一直在鼓楼北四街。在医馆大门上,挂着一副由病家赠送的著名的嵌名联:"医国重医人,先生是山中宰辅;救饥早救病,群众称世上伊周。"

蒲辅周

蒲辅周（1888—1975）　梓潼人，自幼承其医学世家的教育，18岁独立应诊，1934年到成都行医。他广收博采医学名家与民间医家之长，治病不分贫富，对穷苦者施以医药，特别是在1945年为扑灭成都小儿麻疹流行建立了奇功，迅速成为蜀中名医。新中国成立后奉调进京于北京中医研究院，又于1956年为扑灭河北与北京的乙型脑炎流行做出杰出的贡献。他曾经长期为周恩来总理等国家领导人与国际著名友人治病，并任中医研究院副院长、国家科委中医专业委员会委员、中华医学会常务理事、全国政协常委、全国人大代表。

(四川省艺术研究院提供)

成都最著名的药房之一的庚鼎药房于清光绪二十六年（1900）开设在鼓楼北二街。"庚鼎"二字来自于开业于庚子年（1900）药王寿诞（夏历四月二十八）和三人鼎力合作之义，并铸有镀金铜鼎一座作为标志。药房所制作的"渴龙奔江丹"专治各种恶疮，远近驰名（成都市药界人士过去曾尽一切努力想攻克"渴龙奔江丹"的制作秘方，一直无功而返。新中国成立以后，秘方掌握者曹彬如也是先后分为三次才全部献给国家）。新中国成立以后的成都中药材公司成品批发部，就是在庚鼎药房旧址上改建的。

鼓楼北一街原来有一家芙蓉亭茶社，开业于清光绪十八年（1892），是清末民初成都最著名的"书场"（即在茶楼之中的曲艺演出场所），而又以扬琴（过去称为"洋琴"，新中国成立之后才改称扬琴）最负盛名，曾经有"扬琴状元"之称的李联生（1887—1930，也写作莲生）和一代扬琴大师李德才都曾经长期在这里演唱，不知吸引了多少听琴人。《锦城旧事竹枝词》对此有如下记述："不见芙蓉不见亭，无山无水有琴音。哀弦三哭吴江冷，满座唏嘘掩面听。"

成都庚鼎药房生产的成药散剂
王大明提供

李德才（1903—1982） 成都人，自幼跟随盲艺人父亲李炳福学习扬琴，7岁即登台献艺而引起众人瞩目，10岁就开始演唱生涯，被时人称为"德娃子"，以至"德娃子"成了终身的艺名。他四处拜师学艺，长期在河边练嗓，并在前人"疙瘩腔"的基础之上创造了独具特色的"哈哈腔"。20多岁就闻名川西，其唱腔风格被称为"德派"。1935年，他与郭敬之等人到上海灌制了30几张唱片，畅销全国并远销东南亚，使四川曲艺第一次得到国内外的了解与赞誉，连著名京剧大师梅兰芳、程砚秋也极为称赞他的演唱。成都著名文士刘咸荥有诗赞道："乐意熙熙春满台，愁云都为管弦开。胸中块垒消完后，不尽诗意笔底来。"新中国成立以后，作为无可争议的四川扬琴第一人，他荣获了全国第一届曲艺会演荣誉奖，并被选为全国文联委员、中国曲艺家协会副主席。1979年9月，四川省文联举办了"李德才舞台生活七十年纪念演出"。1981年，他以78岁高龄加入了中国共产党。

关于李德才扬琴演唱的魅力，曾经有过这样一个真实的故事：1946年夏天，美国驻华大使司徒雷登来到成都，他的专车从西御街经过时熄火，只好停下修车。他从车内听见街边的安澜茶社中传来一阵阵美妙的乐声，使他如痴如醉而不想离开，并向接待他的四川省主席张群提出一定要聆听这位音乐家的演唱，张群只得改变接待日程进行安排，以满足司徒雷登的要求。被司徒雷登所推崇的这位音乐家，就是李德才。

鼓楼北街　2003年　王晓庄摄影

民国时期著名川剧演员天籁出生并长期居住在鼓楼街。

天籁

天籁（1894—1946）成都人，本名冯森，青年时期在北京学会了京剧，成为票友。1911年投身云南讲武堂，1915年参加讨袁战争，在泸州、纳溪战役中负伤。遂到成都定居。先是下海唱京剧，以后又学习川剧。1921年开始在少城公园的万春茶园当票友。1924年以"天籁"为艺名在总府街群仙茶园下海登台，以演唱川戏为业。由于他天生一副好嗓子，又有京剧基础，加之勤学苦练，不到几年就红遍全城。他把京剧韵味融入川剧胡琴与弹戏的"天派"唱腔成为当时最受欢迎的须生唱腔，他也被喻为"丝弦泰斗"。他独创的在唱腔中时哭时笑、时高时低、笑中有哭、哭中有笑的唱功，至今没有第二人能够完全掌握。他最红时一场戏的包银达到15个银圆，为全川第一。天籁也是旧社会川剧演员悲惨命运的一个典型。抗日战争时期成都最有名的川剧演出场所有三处，全都被军警头目所控制：春熙路"三益公"的老板是成都警备司令部谍查主任徐子昌，棉花街永乐剧院的老板是成都警备司令部情报处处长周国钦，布后街成都大戏院的老板是成都警察局侦缉队队长刘嘉兴。三家都要天籁去唱戏，他三家都不敢得罪，结果三家都得罪。由于过分劳累，他染上了鸦片烟瘾，嗓音也愈来愈差，不能再为三家老板卖命。1946年国民党高喊"戒烟救国"，还搞了个"六三禁烟节"。成都当局要杀鸡吓猴，就选上了既有知名度又无丝毫实力的天籁，打算在6月3日枪毙示众。天籁闻听这一消息，顿时吓成了打胡乱说的"天疯子"，成都当局也就没有对他动手，但是天籁已难以登台，没有了收入，靠当卖衣物养家治病。夏历6月13日，穷病交加的天籁死于永乐剧院前边的小院中。同行艺人大家捐助，才购得一口薄棺，将其葬于五桂桥曹家冲义地。

锦官驿街

合江亭以东的锦江北岸就是锦官驿街，过去十分重要的驿站锦官驿就设在这里。锦官驿街已经在旧城改造中被拆去大半，重建的锦官驿街已经不再是一条顺河而去的街道，而变成了一条围绕着一片新建筑的半圆形的街道。

在近代通信手段出现之前，我国长期使用的军政通信系统称为邮驿，就是在主要交通线上每隔一定距离（明清时期一般为60里）就设立一处馆舍，其中准备好食宿与车马船只，若干馆舍就组成一条驿道，各种政务军务公文和最重要的政务军务机要物资由专人沿驿道一站一站地往前传送，陆站用马，水站用船，在每站换马的陆站高速传送中，最快的速度一日一夜可达600里（按清代的记载，成都到北京是9天半，如果不要求高速，换马不换人也要18天至19天），发生战事时可达800里。但是这种高速驿递的使用办法有着严格规定，不能滥用。据周洵在《蜀海丛谈》中的回忆，"余在督幕先后七年，见用六百里者仅两次"。这种馆舍早期称为驿馆、驿铺、传舍、邮亭，元代以后多称为驿站（驿站、车站的"站"，是蒙古语"站赤"的简称），在清代则统一规定大者为驿，小者为站。清代从成都出发的四川省内陆路驿道有四条，东路通往巫山小桥驿与永宁（今叙永）赤水驿，起点是龙泉驿；南路通往越西驿与打箭炉（今康定）驿，起点是黄水河驿；西路通往汶川桃关驿，起点是郫筒驿；北路通往广元神宣驿，起点是锦官驿。例如从成都通往南路打箭炉的川藏驿道上的驿站与里程是：成都锦官驿—（90里）—新津武阳驿—（90里）—邛州来凤驿—（70里）—名山百丈驿—（70里）—雅安驿—（90里）—荥经驿—（90里）—汉源富林驿—（60里）—泥头驿—（80里）—沈村驿—（70里）—烹坝驿—（80里）—打箭炉驿。位于锦江码头边上的锦官驿不仅是成都最重要的通往京师的北路驿道的第一个驿站，也是发送四路公文的总的起点，在清初设有驿马40匹、马夫20人、杂役40人。成都往南还有水路驿站，第一个驿站是二江驿（在今中兴场附近）。

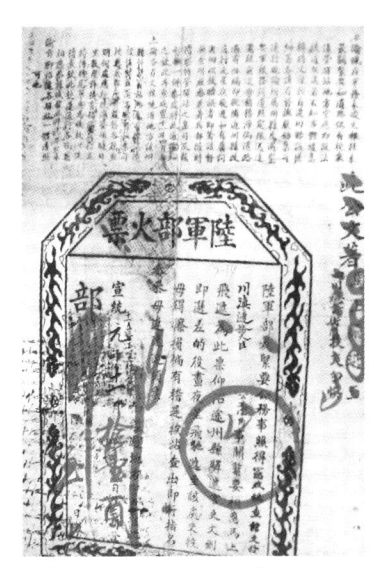

清宣统元年由驿站飞速传递的"火票" 袁庭栋提供

锦官驿作为一个驿站现在已不再存在，只留下了一个街名。但是每年桃花盛开的龙泉驿对于成都人来说是十分熟悉的。龙泉驿在今天是成都人从陆路向东的一个重要的交通枢纽，不过在当年只是成都东大路上的一

▲ 锦官驿街　20世纪80年代
　陈先敏摄影

◀ 锦官驿街居委会院门
　1997年　王晓庄摄影

个普通驿站，其规模还不到锦官驿的一半，仅有驿马12匹、马夫6人。

　　锦官驿街上原来的锦官驿小学，是陈毅元帅在成都读书的第一个学校。老的锦官驿小学已经被拆除，现在的锦官驿小学是向北迁移之后新建的。

　　1918年，由杨云龙等集资在本街开办了濯锦茶园，演出川剧。该园与警署有约，每年年终的腊月间进行募捐济贫演出，收入全部用于接济贫民。这一制度一直坚持到1927年茶园歇业为止。

民国时期成都著名的针灸世家蒲相澄、蒲英儒父子的针灸诊所就开在锦官驿街。著名中医何龙峰开办的"中医专门学校"（民国时期成都只开办过两所中医学校，另一所是李斯炽开办的"四川国医学院"，参见"兴禅寺街"）也在锦官驿街。

锦官驿民居　2003年　罗韵希摄影

锦官驿水井坊街区的老邻居搬迁之前的团拜　2003年大年三十　韩国庆摄影

沙河铺

自宋代以来，从邮驿系统中又分出了铺递系统，也称为铺司。早期的铺递系统与邮驿系统最大的不同是只负责公文传递而不管物资运输，其线路大多与驿道重合，也可以不走交通干线而走小道。到了清代则演变为邮驿系统全用马递，走大路，要求高速度；铺递系统用步卒，走小路，用于传递不能用马递传送的文件和不求速度的一般文件，是驿站的必要补充。成都东外的沙河铺、大面铺、界牌铺、山泉铺的"铺"，西外的安德铺、崇义铺的"铺"，就是这种铺递系统的遗存。只以成都近郊为例，今天已经不称为"铺"的一些地方如土桥、犀浦、天回镇、青羊宫、赛云台、斑竹园、苏坡桥，在清代都曾经是"铺"。

沙河铺是成都向东去的重要铺站，因为邻近沙河而得名，今天已经成了城东一大片地区的名称，以沙河铺命名的街道也有好几条。过去曾经长期把沙河铺写为沙河堡。在普通话和北方很多地区的语音中，"堡"字用作地名是读为"铺"的，可是在成都是从来不用"堡"字作地名的。在成都方言中，"堡"字也是没有"铺"这种读音的，虽然过去曾经长期把沙河铺写为沙河堡，年轻人也曾经读为沙河堡，可是老成都人却一直把这里叫为沙河铺，就是因为这里曾经是"铺"而不是"堡"，把这里叫沙河堡是错误的。

四川师范大学、四川省农业科学院、四川林业科学院、塔子山公园和望江宾馆都位于沙河铺地区。沙河铺的菱角堰还有著名作家李劼人先生

沙河铺中街　2003年　韩国庆摄影

四川师范学院校门　20世纪60年代　杨显峰提供

的故居菱窠，他的短篇小说《解放前夕一小镇》（后改名为《天快亮了》）就是以沙河铺为背景创作的。

四川师范大学原名四川师范学院，是新中国成立以后以川北大学为主体，并入了川东教育学院（原乡村建设学院）与原来四川大学、华西大学的部分专业，于1952年在南充组建的，而川北大学则是由抗日战争期间内迁到三台的东北大学的留川师生在1946年创建的，所以四川师范大学的校史是从1946年开始。1956年，四川师范学院由南充迁到成都沙河铺地区狮子山麓的新建校址。1964年，原成都大学（今西南财经大学）数理化三系并入。1985年更名为四川师范大学。发展到今天，四川师范大学已经拥有狮子山、东校区、成龙校区三个校区，成为四川省规模最大、学科门类最全的省属重点大学，全日制本专科学生近4万人，研究生近5000千人，同时还是四川省高校师资培训中心。

清宣统元年（1909），在当时的维新之风中，清政府在沙河铺以南创设了四川历史上第一个近代意义的农场，当时的名字就叫"第一农业试验场"，抗战时期扩建为四川农业改进所，这就是今天仍然设在这里的四川省农科院的前身。

·成都街巷志·

四川省农业改进所大门　1943年　［英］李约瑟摄影　杨显峰提供

四川省农业改进所旁用石笼砌成的试验性堤堰
1943年　［英］李约瑟摄影　杨显峰提供

1944年在沙河铺研制的"研轰三"式轰炸机　杨显峰提供

　　1940年，当时的空军首脑机关航空委员会和空军指挥部迁到成都沙河铺，各下属部门则分布在城内外各处。在全国人民日益高涨的抗日热浪之中，以航空研究院（设在距沙河铺不远的大面铺）院长黄光锐为主的一批技术人员决心在最简陋的条件下制造中国自己的飞机为抗战服务。经过艰苦的努力，先后生产出了教练机30架、滑翔机30架，其中大半是木质结构。最后，又造出了世界上第一架用四川特产竹子制作机身、机翼与副油箱的仿苏式轰炸机，而且在太平寺机场（当时是空军士官学校所在地）升上了天空。虽然飞行不久即因机械故障而坠毁，但这是在成都制造出来的第一架升上了天空的军用飞机，更是世界上第一架升上了天空的竹制飞机。据当事者回忆，是选用优质竹子的青篾片先涂上奶油，共用10层经过加奶胶层层叠压而成。这种竹制飞机后来未能在战场上使用，但是这种竹制副油箱曾经受到国外的青睐而被采用。

　　在下沙河铺街的原四川省林业科学院内，有民国时期著名人士谢持的墓。

　　谢　持（**1876—1939**）富顺人，清光绪秀才。1907年参加同盟会，一度担任成都地区同盟会的领导人，组织领导了未成功的成都起义。辛亥革命中参加重庆起义，出任重庆蜀军政府总务处长。1913年赴北京谋刺袁世凯，未能成功反遭逮捕，出狱后去往日本，在孙中山先生手下工作，曾任中华革

谢持墓　2009年　袁庭栋摄影

命党总务部副部长兼四川主盟人、大元帅府代秘书长、中国国民党中央总部党务部长、中央党部全权代表。但是他反对孙中山先生的三大政策，是国民党内右派西山会议派的首要代表。蒋介石执掌国民党大权之后，谢持虽然被选为中央常委，但是已经淡出权力中枢。1931年身患重病，以致半身不遂，只得长期在上海养病，但是一直呼吁团结抗日。1937年回川。1939年病故之后，国民政府明令以国葬之礼在成都外东岷江林场修建了墓园，由辛亥革命元老和著名学者向楚题写了墓碑。他的家乡自贡市将中心公园命名为慧生公园（谢持字慧生），即今天的彩灯公园。

新中国成立以后，在原来的岷江林场建立了四川省林业科学研究所，后升级为四川省林业科学研究院。前几年四川省林业科学研究院迁往星辉西路之后，研究实验中心等机构仍然还保留在下沙河铺街，所以谢持墓与墓碑也就一直保存在原四川省林业科学研究院内，虽然墓园已败，但是至今仍然可以见到。

东较场街附西较场　南较场

所谓较场就是古代驻扎军队的营房和练兵演武的大操场，古代原本写作校场，清代也写作较场，而在成都和重庆都是写作较场。清代在重建成都城时，在成都城内的东北、东南、西南、西北四角都留下了空地，并逐步建成东、南、西、北四大较场。四大较场中，最大的是东较场，影响最大的是北较场，最小、最不重要的是南较场，所以清人《竹枝词》中说"三莲池分上中下，三较场分西北东"，把南较场忽略不计。

东较场位于今天猛追湾游泳池以东，原来紧靠旧城墙的东北角，北面和东面都是城墙,南面和西面也有围墙,面积400多亩,在清代是绿营即汉族军队演武操练的场所。因为面积大,也是四川总督每年会操、检阅军队的地方。此外,每年科举考试中的武科也在这里举行。清代中叶以后,旧式枪炮逐渐装备了军队,东较场中也就开辟了射击的靶场。清代末年,训练新军,东较场与城北的凤凰山就是新军的驻地。1910年,四川总督赵尔巽在这里开办了陆军讲武堂。另外,东较场还是清代华阳县处决死刑犯时砍头的刑场。不过,从全年的使用情况看来,整个东较场的使用率并不高,如果不是会操与武举时期,平时基本上处于闲置状态,于是也就成了市民们的公共休闲场所。例如今天已经见不到的端午节"掷果会"狂欢活动的中心就是在东较场。

清末在成都东较场内演习冲锋的士兵　杨显峰提供

清末在成都东较场进行训练的士兵　杨显峰提供

"掷果会"又称打李子，是成都人端午节的一项群体性的娱乐活动，它的起源时间目前还未见到记载。每逢端午这一天，四乡贩卖李子的小贩们纷纷入城，以青少年为主的众多市民们也纷纷购买在当时极为便宜的李子装在衣袋里，相互投掷李子作为取乐。李子个小，不易摔破，大多数都可以从地上拾起来投掷多次，口渴了、肚子饿了还可以解渴充饥，所以"掷果会"这种群体性的娱乐活动很受青少年的喜爱，其中心就在东较场，而在其周边的城墙上，则站满了看热闹的妇女与小孩（民间还有一种说法，说是妇女吃了这种李子就能生男孩儿，所以妇女们也以能吃到这种李子为乐）。正如时人的一首《竹枝词》所说："较场撒李翠森森，衢巷遥传笑语声。"据记载，光绪二十一年（1895）的端午节这天，估计有六万之众的成都市民在东较场参加与观看"掷果会"。而就在这一天的下午，从东较场回家的市民在路过四圣祠街的教会医院时，因为一件小事与法国医生发生冲突，以致以此为导火线引发了著名的"成都教案"（介绍见"四圣祠街"）。清政府在镇压与平息了"成都教案"之后，遂宣布永远禁止端午节的"掷果会"活动。

成都历史上最杰出的一位表演艺术家魏长生在成都的住宅就在东较场街口。

魏长生（1744—1803） 金堂人，因为行三，一生中多被称为魏三。他在贫困的少年时期流浪到陕西，为求生计而投身同州梆子戏班学戏。自身的天赋加上环境的逼迫，使他以艺不惊人死不休的精神练出了浑身技艺，10年之后即名动秦川，成为关中最著名的梆子旦角演员。乾隆三十九年（1774）率戏班入京，以经过改进的"西秦腔"（又称西琴腔）获得巨大成功。被时人称为"魏长生于甲午岁入都，名动京师，凡王公贵位，以至词垣粉署（按：指翰林院）无不倾掷缠头数千百，一时不得识交魏三者，无以为人"。日本著名学者青木正儿在《中国近世戏曲史》中更是评他为"旦色界辟一新纪元的天才，得写实之妙者"。五年后，魏长生再次入京，仍然是"观者如堵"。以后他南下当时的戏曲中心城市扬州，引得南方各省艺人纷纷前来观摩学习，他也被称为"花部泰斗"（按：当时把昆曲称为雅部，昆曲之外的所有其他戏曲形式称为花部），他所独创的"跷工"表演程式和"梳水头贴片子"的化装艺术一直影响到如今。乾隆五十七年（1792），他回到成都，居于东较场街。将成都的梨园公会会址选定在华兴正街，并在这里仿苏州梨园公会格局进行修建，就是在这时由他牵头完成的。因为在其中塑建了梨园祖师老郎神（按：即李冰或李二郎），故而成都人都称之为老郎庙。嘉庆五年（1800），魏长生第三次入京献艺，依然声容如旧，风韵弥佳。终因岁月不饶人，三年后累死在舞台之上。因为他曾经以绝代的技艺让乾隆的一位爱妃收为"义女"，并入宫向乾隆夫妇谢恩，故而民间对他有"皇姑"之称，他在家乡金堂县城厢镇绣水的坟墓一直被当地人称为"皇姑坟"。

发生在东较场的最著名的历史事件是1911年的"成都兵变"。

在保路运动的声威中，清王朝在四川的各级政府土崩瓦解，1911年11月27日成立了由立宪派为主的大汉四川军政府。由于当时各种政治力量并未统一，城内城外基本是组成保路同志军的各地哥老会和原来清政府的巡防军与新军的天下，以立宪派领袖蒲殿俊为首的军政府并无多少权威。12月8日，军政府决定在东较场举行阅兵式，到场的刚刚归顺军政府的原清政府的巡防军十三营与新军一营竟然公开在索要军饷的混乱之中全场哗变，军政府都督蒲殿俊、副都督朱庆澜等人被迫翻越城墙逃走。一万多哗变的乱兵在全城大肆抢劫，各银行、票号、清政府的藩库（也是军政府的银库）、各大商号、富室人家无一幸免，仅藩库银即损失356万两，入夜多处火光烛天，这就是成都近代历史上著名的"成都兵变"。兵变的结果是四川军政府垮台，以原四川军政府军事部长、原清政府的四川陆军小学总办尹昌衡为首的新四川军政府建立。

这次兵变还留给四川一个新的词汇，就是"打启发"。因为当天的兵变是由尚在阴谋复辟的清政府前四川总督赵尔丰事先策划的，已经确定了当天哗变之后的联络口令是"启发"，于是当天哗变的乱兵们就不断喊着"启发"的口令进行联络和抢劫，成都市民一听到"启发"二字就知道四处抢劫的乱兵来了，于是就把抢劫的行为叫作"打启发"。这一称呼很快传遍全省，从此以后，在四川各地，都把抢劫行为称为"打启发"。

民国时期，东较场长期被不同建制的军队与军事单位占用，抗日战争时期曾经是联合勤务司令部的驻地。新中国成立前夕，原国民党军队中一些军官决定组织起义，迎接解放，曾经成立了成都城防司令部，也是设立在东较场内。这里也是附近学校举办运动会的大操场和市民们的公众休闲场所。清人《竹枝词》曾经这样写道："两会大操东较场，风筝放过又乘凉。茶瓜买向平芜坐，演武厅前话夕阳。"

东较场街的文化碑　2009年　苟世建摄影

抗日战争以前,成都没有飞机场。由于东较场面积大,南北长度超过600米,1933年5月26日(一作6月1日),中国航空公司使用小型的史汀生型邮政飞机"蚌埠"号试航沪蓉航线渝蓉段时,曾经试行在此降落成功,这是成都历史上使用的第一架民用飞机,也是在城区范围内降落过的唯一一架固定翼飞机。成都市的天空出现飞机的最早时间是在1915年,当时的北洋政府为了给在四川的北洋将领陈宦助威,运来了两架小型军用飞机在成都组装。其中的一架于9月2日在西较场做第一次飞行表演时就出事故而摔坏,另一架于9月16日在成都最早的简易机场凤凰山起飞成功,曾经飞临成都以及新都、灌县、温江、双流上空进行展示,向下撒过五颜六色的小纸条。这以后直到抗日战争期间一批新机场建成之前,成都所使用的机场一直就是凤凰山机场。成都历史上有飞机投弹始于1932年军阀混战时,刘湘的二十一军的军用飞机曾经向刘文辉二十四军驻守的成都投下了两枚小型炸弹,一枚投在拱背桥的造币厂内,一枚投在西二道街。

新中国成立以后,东较场仍然一直是军队用地,近年来这里已经逐渐转为民用,盖起了多幢住宅大楼,但是从这些大楼的"长城锦苑"、"君需苑"的名字来看,仍然还保留着长期以来与军队的千丝万缕的联系。

东较场街原来是东较场西墙外的便道,民国时期就用作了街名,现在已经成了一条大街,而且向南通过了今天的新华大道。

西较场在今天的通惠门路,清代在满城的西南角,是八旗兵丁进行操练的地方。民国时期一直是军队驻地,军阀混战时也就是战场,1917年川军刘存厚部与黔军戴戡部作战时,刘部曾经在西较场的城墙上架炮轰击皇城坝的黔军,造成了居民与房屋的巨大损失。西较场在新中国成立后长期是成都军区后勤部

西较场　1905年　[日]山川早水摄影　刘永禄提供

（今联勤部）的驻地。

　　清初规划的南较场在城内的东南部位，在光绪五年（1879）成都地图上的下莲池以东、金河以南地区都还标有"南较场"三字，但是这里的南较场并未建成。一直到了清末才在城内的西南部建了一个规模与面积都不大、而且与西较场相邻的南较场，实际上并未起到较场的作用，那里对成都文化最重要的作用是开办了著名的尊经书院。新中国成立以后，在南较场旧址修建了成都军区被服厂，即502厂，现在已经成为一片住宅区。

北较场西路附北较场后街

　　今天的成都军区领导机关驻地在清代为北较场，其北面是今天的武都路。而在北较场的西面，近年间新开辟了一条东城根街的北延线，南部的一大段被命名为万和路，北部的一大段都是沿北较场的西面走，所以就命名为北较场西路，成为今天还以北较场命名的唯一的一条街道。

北较场在清代前期原本是练兵习武之地，还修建有演武厅。清代中叶以后基本荒废，除了豫丰仓等几处官府的粮仓之外，大部分地区成了菜园竹林。加之这里又是清代成都县处决死刑犯时砍头的刑场，所以如果不是武科考试之期，少有人行。当时的《竹枝词》写道："北较场考武举人，文殊院侧武棚邻。闲时芳草行刑处，秋夜萤飞讶鬼磷。"

清代末年，设立并训练新军。光绪二十三年（1897），四川总督鹿传霖在这里开办四川武备学堂预备学堂，这是四川近代历史上第一所军事学校。光绪二十九年（1903），四川总督岑春煊将昭忠祠街的四川武备学堂迁至北较场（所以北较场在当年还有武备街、武备前街等小街）。光绪三十二年（1906），四川总督锡良在这里开办四川陆军小学堂。光绪三十三年（1907），四川总督赵尔巽在这里开办了四川陆军速成学堂、四川陆军测绘学堂。1911年，四川军政府都督尹昌衡又在这里开办了四川陆军军官学校。这以后，还开办过四川军官速成学堂和陆军讲武堂。这些学校为近代的四川军界培养了大批人才，川军大多数军官，包括一些著名的军阀都是从这些学校毕业，并形成了若干派系，如以武备学堂师生尹昌衡、胡景伊、周骏、刘存厚等为核心的"武备系"，以四川陆军小学堂毕业生和陆小学堂毕业之后又到保定军官学校读书的邓锡侯、田颂尧、刘文辉等为核心的"保定系"，以四川陆军速成学堂毕业的刘湘、杨森、唐式遵、潘文华、王缵绪等为核心的"速成系"，以四川陆军军官学校毕业的李家钰、罗泽洲等为核心的"军官系"，都是民国时期四川军政舞台上最重要的历史人物。可以说，北较场是四川现代史上众多军政领袖的摇篮。

1905年，在当时废科举、兴学校，并在很多方面都向日本学习的浪潮之中，在北较场举办了四川省历史上的第一次运动会。参加竞赛的有四川高等学堂、四川武备学堂等40多所学校，共有运动员3508人，比赛的主要项目是团体操和赛跑（那时还按日本习惯叫竞走）。三年后又在南较场举行了第二次运动会（当时叫四川省大运会），情况与上一次基本相似。直到1925年在西较场举办的第三次运动会（当时叫四川省运动会），情况才有所改变，有了球类、田径、体操、武术等比较全面的项目，成为真正意义上的近代体育运动会。

1935年，国民党蒋介石政府为了打破四川军阀完全统治四川的局面，决定在成都建立中央陆军军官学校（也就是过去的黄埔军校，此时总校已迁南

四川第一次运动会　1905年　杨显峰提供

蒋介石在北较场向中央军校学员训话　杨显峰提供

京，广州的黄埔军校只是分校）成都分校，并将建校地址选在了北较场。1935年11月，学校正式成立，其范围比清代的北较场要大得多（建成之后的军校面积是民国初年北较场的五倍），武担山一片地区就是这时扩大进来的，并在其四周原有街巷的基础之上改建了黄埔路、白下路、洛阳路、江汉路、昆明路五条街道，1938年军校全部建成。由于抗日战争全面爆发，中央陆军军官学

20世纪40年代的北较场中央军校二门　　王大明提供

北较场内的"黄埔楼"　　刘永禄提供

校南京本部也于1937年11月迁到成都,北较场也就被称为中央军校。此后的十多年中,这里一直是蒋介石集团在成都最重要的据点,所培养的学员正科班从14期到23期(北较场的中央军校最后一期学员如果按已毕业者算,只有于1948年冬天从各地入学、1949年12月毕业的23期;另有在1949年10月才入学的24期,因为很快就垮台了,所以未计算在内),还有高等教育班5期,毕业生总数超过万人,学校的建筑规模也愈来愈大,在西较场、东较场、南较场中,甚至在青羊宫、草堂寺、宝光寺中都曾经分设兵营或家属区。如果要算办学时间,成都的中央陆军军官学校(即黄埔军校)超过广州和南京。1949年底,蒋介石来到成都布置在大陆的最后顽抗,就是住在北较场中的"黄埔楼"(这座三层小楼已于1994年拆除)。1949年12月13日深夜11时,蒋介石就是从北较场出发去新津机场(有不少文章都说蒋介石是12月10日从凤凰山机场离开成都的,此说不确),离开大陆逃往台湾,从此再也没有踏上过祖国大陆的土地。成都解放时,中央军校总共还有师生及勤务团、教导团、游击干部训练班等人员四万多人(并不全部住北较场,有少数住在西较场、皇城等地),绝大部分都在解放军的强大攻势之下宣布起义。

北较场中有一座小山(只是一个较大的土丘)叫武担山,相传是古蜀王国时期开明王妃的墓葬,是五丁力士从武都担来的土垒成,所以也叫"五担山",山上有著名的石镜,据《太平寰宇记》所载,是"厚五寸,径五尺,莹澈可鉴",很有可能是古蜀时期大石文化的遗物。从唐宋以来这里就是成都市凭吊古迹的重要场所,杜甫曾经有《石镜》一诗写道:"蜀王将此镜,送死置空山。冥冥怜香骨,提携近玉颜。众妃无复叹,千骑亦虚还。独有伤心石,埋轮月宇间。"唐宋时期,这里还有过一座佛寺叫咒土寺,而且规模不小,唐代诗人姚合在《武担山寺》诗中形容:"开阁锦城中,余闲访梵宫。九层连画景,万象写秋空。天半将身到,江长与海通。提携出尘土,曾是穆清风。"据曾经在北较场基建工地做过考古调查的同志回忆,武担山是由从外地(极有可能是从北门外)运来的黄色黏土经过夯筑而成,肯定是人工所造。原中央军校建成之后,就在山上修建了七层的砖砌瞭望塔,过去可以见到的圆形的石镜也就被埋入了地下。加之自清代以来北较场长期是军事用地,多年来作为发思古之幽情的武担山也就逐渐被人们所遗忘了。但是过去这里却是成都城内唯一的一座"山",正如清代的《竹枝词》所写:"城里登山只此山,五丁担处葬花颜。武都土盖成都土,石镜松篁土两般。"

武担山上的石镜 1905年
[日]山川早水作 刘永禄提供

20世纪90年代初的武担山　杨显峰提供

武担山至今仍然被成都历史文化的研究者所关注，因为它是从古到今一直有文献记载的一座小山，所以是研究成都历史地理的一个定位的标志点，可以说是一个最重要的标志点。

前卫街

在红星路四段的西边，与王家坝街相对的地方过去还有一条前卫街，在新建锦兴路之后，成为锦兴路最东的一段，前卫街不再存在。

前卫街的名字一听就知道和军队有关，其来源是在明代。明代的军事编制是卫所制。"卫"既是指一个防区（一般是几个府州的行政区域，在非战争时期还有不小的屯田任务），也指驻于这个防区的军队，大约有5000多士兵，军籍都是世袭的。明代一个省（明代不叫省，叫布政使司）的军事指挥机关叫都指挥使司，简称都司。四川都司之下辖有好几个卫，其中成都前卫的驻地就在今天的前卫街，前卫街也就以此得名。由于前卫不是清代的名字，所以清代与民国时期的人就容易产生误解，曾经一度把前卫街误称为蔷薇街。

在原来的前卫街也就是今天的锦兴路东头，至今还有一个为四川省军区使用的已经不完整的大院，这就是清代著名武将杨遇春在成都的故宅之一，过去一直称为"宫保府"（杨遇春在成都市内有四处住宅，另三处在三圣街、文庙前街与国学巷）。

前卫街一大院　1989年　周孟棋摄影

杨遇春（1759—1837） 成都崇州人，中武举后入伍从军，随四川总督福康安先后征战甘肃、台湾等地，因武功逐渐提拔，官居陕甘总督，成为清朝的一代名将。他曾经在抗击英国殖民主义支持下的廓尔克入侵西藏的战事中、在平定英国殖民主义支持下的张格尔南疆叛乱的战事中立下赫赫战功。他经历乾隆、嘉庆、道光三朝，身经大小战事数百次，却无一次负伤，被称为古代军事史上少见的"福将"。嘉庆二十五年（1820）授太子少保，道光七年（1827）晋升太子太保，后封一等昭勇侯，道光十七年（1837）在成都病逝后晋封太子太傅。道光帝曾经赐诗于他，称他"官兼文武真难遇，志笃廉明永不更"。杨遇春是与岳钟琪齐名的明清两朝四川最著名的武将，也是清代四川除岳钟琪之外功勋最大、官阶最高的武将。在整个清代，除了清初降清的明朝大将吴三桂、孔有德、尚可喜、耿精忠、孙可望五人封王爵之外，武将的受封机会极少。就连号称有中兴之伟业的曾国藩、左宗棠、李鸿章也只是分别被封为一等侯、二等侯和一等伯，杨遇春能以军功被封为一等侯，是清代汉族将领中罕见的殊荣。

杨遇春所以被世人称为杨"宫保"而不是称为杨侯爷，是源于在清代官场中的一种习惯性的尊称。在我国古代长期有一种被称为"公孤"系列的地位极高却又完全是荣誉性的虚衔，就是以皇帝的师傅或太子的师傅为名的官衔，从唐代到清代基本固定为12种，按从高到低的次序为太师、太傅、太保、少师、少傅、少保、太子太师、太子太傅、太子太保、太子少师、太子少傅、太子少保。授予这种官衔的官员都是功高爵显的元老重臣，并没有具体事务，更不会真正去给皇帝或太子上课，完全是一种荣誉性的虚衔。清朝在康熙之后就不再立太子，也就是说再也没有太子了，可是这类与太子有关的六种虚衔仍然继续使用，而且较多次地使用，当时通称为"宫衔"。凡是授予"宫衔"者世人均尊称为"宫保"，所以杨遇春就是这样被称为了杨宫保，他的府第也就被称为宫保府。还有一位担任过四川总督的丁宝桢丁宫保，他家中的一道名菜传到了社会上很受欢迎，成为川菜中的经典菜品，这就是大家很熟悉的"宫保鸡丁"。如果了解了"宫保鸡丁"这道菜的来历，就不会误写为"公爆鸡丁"了。

杨遇春在前卫街的宫保府是道光十年（1830）杨遇春的长子杨国佐从安姓人家购得之后改建为杨遇春养老用的。杨遇春于道光十五年（1835）告老还乡之后，就住在这里，两年之后病逝（杨遇春死后的埋葬之地在今天崇州白塔湖的杨侯岛，岛上有杨遇春的塑像，乃是崇州的旅游胜地）。这座宫保府原来占地16亩，有房屋108间，内部还有演武场。新中国成立以后是四川省军区后勤部招待所驻地。由于多年来里面不断地有所改建，面貌已经变化很大，但却是今天在成都城区还能见到的唯一一座当年宫保府旧址。由于原来宫保府中的花园与果园都比较大，所以这条街又曾经被称为果子园，这个宫保府在清代后期也曾经被列名于当时的"成都四大花园"之一（另三处是忠烈祠街的可园、方池街的大夫第、正通顺街的李府）。

前卫街至今尚存的宫保府中的古树
2009年　韩国庆摄影

在杨遇春的家乡崇州南街上还有一座宫保府，原来本是崇州的江源书院。道光十三年（1833），崇州的地方官进行了大规模的重建，目的也是为了让杨遇春回乡养老。这座宫保府有大小13个院落，还专门建有宫保府所需的接旨厅、旗杆院，是成都地区最完整、最漂亮的

崇州宫保府庭院　20世纪90年代　周晓野摄影

官府建筑群。新中国成立以后这里曾长期是县委招待所。由于崇州进行城市改造，1999年对这座宫保府进行了迁建，并布置陈列为崇州博物馆，其中有杨遇春宫保府陈列室、《华阳国志》纪念馆（著名的《华阳国志》的作者常璩是崇州人）和崇州出土文物精品馆，永远供人们参观。

教练所街

在红星路四段东边，穿过王家坝街，原来有教练所街、教练所前街和教练所后街，老成都一般都把这里称为"教练公所"。

清末推行新政，仿日本警察制度在全国设立警察。清光绪二十九年（1903），从日本留学归国的四川巡警道周善培在帝官公所街成立了四川省警察总局。为了培养训练警察，又在这里开办巡警教练所。巡警教练所开办的时间很短，民国时期基本上又成了空地，老百姓就在这一片地区逐渐修房。由于这一片地区地势低，土壤潮湿，紧邻的城墙在民国时期又已经不再起作用，于

教练公所旧城墙残部　2009年　袁庭栋摄影

是老百姓除了在平地上修房也在城墙上面修房,所以教练所后街的很长一段实际上就建在了城墙的基础上面,是成都所有街道中很有特色的一段街道,以致在成都市公安局20世纪50年代所编印的《成都市街道索引手册》(笔者所见到的有1953年、1954年、1957年三种版本)中列出的街道有"教练所城墙上"和"教练所城墙下"两条街道,这对于今天的读者是会感到十分不解的。教练所街的城墙近年已被拆除,但是至今在下莲池街东侧的居民院中还保留有一段虽然很短却很完整的城墙,可以供人参观。

大福建营巷附小福建营巷

在西玉龙街北面的高楼之间有两条小巷,分别叫大福建营巷和小福建营巷。清代前期,曾经从福建调来一支军队,驻于成都,驻地就在这一片地区,老百姓就把这一地区叫作福建营,福建营中的两条小巷就叫大福建营巷和小福建营巷。

西玉龙街在清末与民国时期是一条文化气息较重的街道,街背后的小福建营巷中,曾经有多位著名文化人在此居住,如著名学者龚道耕的祖宅蘧园(俗称龚家花园)在这里,著名学者彭芸生的住宅和他开办的敬业书院在这里,著名史学家李思纯的住宅在这里,国立四川大学首任校长王兆荣的私宅在这里,著名诗人吴芳吉在成都时期的住宅也在这里。

> **龚道耕(1876—1941)** 成都人,前清举人,追求新学,终身以兴学育人为己任。从清末参加四川学务处工作以后,先是助父亲开办成都县小学,以后先后任四川省立第一师范学校校长、成都县立中学校校长、成都高等师范学校校长、成都师范大学代理校长。1929年以后不再任校长,仍然在四川大学、华西大学任教,1940年被当时的教育部聘为部聘教授,是四川最著名的教育家之一,真可谓桃李遍蜀中。他同时也是一位有成就的学者,一生有著述80余种,被称为一代经学大师,还曾主持《成都县志》的编纂,惜因病逝而未能完稿。

光绪三十年(1904)的一天,在龚家花园之中,在当时维新思潮的鼓动之下,加拿大朋友启尔德的夫人和立得乐的夫人向一批思想比较开放的成都女性大力宣传缠脚的坏处,力劝妇女界大胆放脚。宣传的结果,是在这里成立了成都第一个"天脚会",这也应当是近代成都的第一个妇女组织。"天脚会"为妇女放脚做了大量的宣传工作,编写印发了10万张《勿缠脚歌》,在成都影响很大,连四川总督岑春煊也发布了劝喻女子放脚的白话示喻。从此以后,成都乃至全川的妇女逐渐放脚,逐步结束了几百年来强制女性缠脚的罪恶行径。

王兆荣(1887—1968) 秀山人,1907年东渡日本留学,曾组织"丙辰学社",出任"留日学生救国团"干事长。1918年回国,创办《救国日报》,先后任北京法政专门学校教务长、安徽法政专门学校校长、学艺大学校长、中国公学总务长。1931年,成都师范大学、成都大学、四川大学三校合并成立国立四川大学,成为全国13所国立大学之一,这在当时的四川文教界堪称头等大事。经张澜推荐,当时的国民政府行政院于次年任命王兆荣为首任校长。他到任以后,为仍然处于军阀混战之中的极为不利的环境之下改善办学条件、保护学校与师生的安全、提高教学质量,付出了大量心血,也取得了很大成绩。特别是以下事迹一直在老成都人的口中流传:四川军阀混战时期,对成都破坏最大的1932年的"二刘之战"中,四川大学校本部所在的皇城一带成为双方展开巷战的主战场。11月16日,王兆荣与文学院院长、著名学者向楚一道冒着枪林弹雨出入战场与交战双方交涉,终于让双方在次日上午停火半小时,使被困校中的师生得以安全转移。1935年8月,迫于军阀的压力,王兆荣辞去四川大学校长职务。以后曾任私立成华大学校长、川北大学代理校长。新中国成立以后,曾任四川省人民政府参事室副主任、民革成都市委副主任委员、四川省中苏友好协会副总干事。

吴芳吉

吴芳吉(1896—1932) 江津人,3岁读《诗经》,5岁读《尚书》,10岁吟诗作画,13岁写成《读外交失败史书后》的3000字长文印发全县,是闻名乡里的"神童"。1910年被清华留美预备学堂录取,因为抗议美籍教师辱骂同学并拒不悔过,离校返乡,一边在各地学校执教(在四川,他曾任成都大学中文系主任、四川大学教授、江津中学校长,筹建重庆大学),一边奋力以诗歌创作为民疾呼,正如他在《戊午元旦试笔》中所说:"三日不书民疾苦,文章辜负苍生多。"著名的《白屋吴生诗稿》就是 1926 年在成都大学任教时出版的,他也因之被后人称为"白屋诗人"。他的长诗《婉容词》被誉为近现代文学史上最成功的作品之一(改革开放之后,《星星》诗刊曾经重新发表)。1932 年 4 月,他在重庆为公众朗诵为歌颂十九路军抗击日寇而创作的《巴人歌》,当场晕倒在讲台之上。5 月 9 日病逝,年方 36 岁。吴芳吉在成都只生活了几年,但是他笔下对成都的描绘却一直被后人视为最优美的佳句,例如这两首《竹枝词》:"成都富庶小巴黎,花会年年二月期。艇子打从竹里过,茶亭长傍柳阴低。""夕阳处处闻歌管,芳径人人赛锦衣。城阙连宵都不禁,骑驴更醉草堂西。"

马镇街

在红星路一段的西边,列五中学所在的那条小街叫马镇街,它东接鎣华寺街,西接小关庙街,街上最重要的建筑是列五中学,这是成都所有学校中唯一一所以革命先烈的名字命名的学校。

列五中学的前身是始建于 1904 年的叙府公立中学堂。"叙"指清代的叙州府,也就是今天的宜宾市,因为这所中学是当年叙府各县在成都的同乡集资开办的学校,所以校名为叙府公立中学堂。辛亥革命后改名为叙属联合县立旅省中学堂,成都人都简称为叙属联中(1939 年—1946 年迁至郫县唐昌镇城隍庙办学)。1944 年为了纪念叙属联中的创办人张培爵,正式更名为列五中学。辛亥革命以前四川同盟会的很多重要会议都曾经在这里召开,革命文件与武器弹药也往往存放在这里,著名革命前辈吴玉章曾在学校任职,很多学生都成为革命军人(例如曾任同盟会京津分会军事部长、孙中山大元帅府参军长、国民政府参军长的吕超就是该校的学生),所以这里应当是成都近代革命史上的一个值得重视的纪念地。新中国成立以后统一编号为成都第五中学。改革开放以后,恢复列五中学旧名。

1955年成都列五中学初七班全体师生留影　成都列五中学提供

张培爵

张培爵（1876—1915） 字列五，荣昌人，1905年任旅省叙属同乡会会长，与叙属同乡创办叙属联中。1906年参加同盟会，并以叙属联中为据点开展反清革命活动，曾参与策划成都起义和泸叙起义。1909年与杨庶堪、朱之洪、黄方、谢持、熊克武等组织"乙酉学社"，成为四川同盟会的核心。1910年赴重庆，成为同盟会重庆支部负责人，继续进行革命活动。武昌起义爆发后，张培爵与其他革命党人率敢死队夺取了重庆政权，宣布重庆独立，被推为蜀军政府都督。重庆的蜀军政府与成都的四川军政府合并后，任四川都督府副都督。辛亥革命的果实被袁世凯篡夺之后，他多次拒绝了袁世凯的利诱，拒不与袁合作而与孙中山合作，积极进行反袁活动。1915年1月被袁世凯抓捕，3月4日于北京狱中被害。1935年，国民政府在荣昌为烈士举行了公葬典礼，重庆市当局在重庆炮台街（今沧白路）树立张烈士培爵纪念碑。在今天列五中学的校园内，塑有张培爵的半身铜像。

自辛亥革命以来，四川军政界上层人士有一个显著的特点，就是热心教育事业，投入巨资开办了不少的学校，张培爵创办叙属联中应当是这股风气之中的开山祖师。自此以后，如夏之时在包家巷创办锦江公学，孙震在宁夏街创办树德学校，杨森在正府街创办天府中学，刘文辉在东胜街创办建国中学，张志和与陈离等人在西胜街创办协进中学，向传义在原锦江街创办蜀华中学，曾南夫在青龙街创办南薰中学，刘文彩在安仁创办文彩中学等。

马镇街得名于原来设在街中的马政司衙门。我国自宋代开始，正式由官府管理茶马贸易，把内地（主要是川西地区）出产的茶叶（这种茶叶比内地所用的茶叶要粗放一些，要经过熬煮之后才能食用，一般称为边茶，又因为都是压制为砖的形状，人们也称为砖茶）运往西部少数民族地区，出卖之后又买回马匹运往内地，作为军政用马。这种茶马贸易长期保持，成为当时官府的一项重要职责，而成都也就成为千百年来茶马贸易的主要管理中心，而成都郊县也就成了边茶的生产中心和茶马古道的起点。在今天，从成都经雅安通向西部少数民族地区的茶马古道已经成为新时期文化旅游的一条热线。马镇街从宋代以来就是四川地区管理马政的衙门所在地，曾经名为马务街、马政街，清代名为马镇街，有可能是同音的误写，也可能是由于街道之上人马繁杂，有如市镇。马政司官衙的旧址，就在今天的列五中学。

清代马镇街上建有孔氏宗祠，是目前笔者所知的成都城区唯一一家可以与曲阜孔氏后裔家谱续谱的孔氏祠堂。遗憾的是这家祠堂的家谱已经在"文革"

马镇街　2002年　赖武摄影

中被毁掉，只知目前成都这一孔氏支派的最小班辈是"祥"字辈与"令"字辈。

曲阜孔子后裔在古代被称为"圣裔"，经多年繁衍而形成若干支派，但是在元末经孔子第54代孙孔思晦确定行派并经明太祖朱元璋颁赐天下之后，所有孔氏后裔均按行派（行派在四川一般又称为班辈，孔氏的行派在明初以后又续过两次）命名。从清代到现在的行派是"兴、毓、传、继、广、昭、宪、庆、繁、祥、令、德、维、垂、佑、钦、绍、念、显、扬"。据2009年的调查资料，目前在全国最高的行派是第67代"毓"字辈，最低的是第83代"念"字辈。据孔氏后裔的统计，目前在全国各地的孔氏后裔（按我国古代宗法的传统习惯是以男系计算）共有200万左右。

马道街

马道就是可以跑马射箭的道路。清初在满城之外的东、南、北三方的城墙之内辟有专门的六条马道，供绿营兵丁练习跑马射箭之用。这些马道后来多形成了街道，所以成都也就有过好几条名叫马道街的街道。

马道街原来在平安桥街以南、西华门街以北，近年来将以上三条街加宽取直，合并为一条街，统名为西华门街。这条马道街位于清代的贡院以西，当贡院举行科举考试的乡试时这里就是试场的马道，同时也是清代前期满城内的八旗兵丁使用的马道，所以得名马道街。

1889年，天主教传教士在原马道街75号设立了施药室，1903年扩建为圣修医院，由玛利亚方济各会女修会管理。1910年再次扩建，有病房104间，病床280张，是当时成都的一家重要医院，尤以外科手术见长，在抗战时期的大轰炸中，是政府列名的抢救伤员的重点医院。新中国成立以后，医院由西南铁路工程局接收，改成成都铁路医院，就是今天位于二环路北二段的成都铁路中心医院（成都大学附属医院）的前身。

1938年3月8日，我国第一所由中国人自己创办的特殊教育学校"私立明声聋哑学校"在马道街19号开校。这所学校的创办者与主持人是我国著名的特殊教育家罗蜀芳。

南马道街　2001年　赖武摄影

罗蜀芳（1906—1994） 成都人，1930年考入北京朝阳大学，原本学的是法律，可是当她在二年级时接触到特殊教育这一在当时极为罕见的教育领域之后，就决心把一生献给特殊教育事业，为中国40万盲聋哑人（这是当时的粗略估计数）服务。1932年，她来到山东烟台的启喑学校学习。这所学校是美国传教士米尔斯于1887年创办的，是当时我国唯一的一所特殊教育学校，并设有培养师资的启喑聋哑师资学校。可是，从入学到两年之后毕业，启喑聋哑师资学校就只有罗蜀芳一个学生。成都当时也有一所特殊教育学校，是由美国传教士夏时雨1922年创办的中西慈善盲哑学校，先办在王家坝，后搬昭忠祠。由于办学条件太差，此时已到了没有校长的地步，年届65岁的夏时雨力邀罗蜀芳回乡接办。1933年，罗蜀芳回到家乡，接办了中西慈善盲哑学校（以后改名为成都基督教会盲哑学校，又名私立盲哑学校）。与此同时，她又想方设法筹办了中国人自己的私立明声聋哑学校，尽管开校时只有4个学生。经过5次迁校，4次搬家，艰苦异常，再加上抗战期间的大轰炸，学校一直维持了下来。有的专家称她是"民国成都的女武训"。1943年，她又开办了第一所由中国人自己开办的盲哑师资培训班，在几年间培养出了80多个特殊教育的专业人才。新中国成立之后，她将私立明声聋哑学校和成都基督教会盲哑学校献给国家，合并改建为成都盲哑学校，由她担任校长。经过多年的发展，就是今天设在一环路北一段的成都特殊教育学校。罗蜀芳在晚年还从事著述，为后人留下了《怎么样管理盲哑学校》《如何与聋哑儿童建立感情》《四川聋哑人扫盲识字课本》等著作。

抗日战争全面爆发之后，中共中央决定重建四川省工委，派当时在延安的邹凤平和廖志高到成都担任正副书记。1937年12月，他们到达成都，就在马道街的天主堂隔壁租下了一个小院，将四川省工委机关设在了这里。这个机关工作到1938年底才结束。

成都过去被称为马道的街道较多，例如：

在今天的东门大桥两侧，过去在城墙内有较长的马道，一直到新中国成立以后，那里都还有北马道街与南马道街。20世纪50年代末城墙拆除之后，这两条马道街一同消失。

北门大桥两侧，过去在城墙内也有较长的马道，一直到今天，那里都还有东马道街与西马道街。例如人们比较熟悉的四川建筑设计院就位于东马道街。

下面要介绍的西都街与东都街也曾经叫作西马道街与东马道街。

西都街附东都街

在南门大桥的两侧，下南大街的两边，过去在城墙内也有较长的马道，清代后期正式命名为东马道街和西马道街。因为与成都城内另外的东马道街和西马道街重名，所以在民国时期就把西马道街改名为西都街，新中国成立之后，东马道街又被改名为东都街。不过在附近居民的口中，一直把这两条街习惯性地称为东马道街和西马道街，以至于在新中国成立以后仍然可以见到把这两条街写为东马道街和西马道街的地图。

西都街和东都街已经在城市改造之中被拆除。

中道街附中道后街　中道西巷

在今天的武成大街以北、天涯石北街以东，有一条小街叫中道街，在其附近还有更小的中道后街和中道西巷。按照常理，既然名为"中道"，就应当

· 街巷 ·

中道街　2001年　赖武摄影

还有东道和西道，可是在附近却找不到任何东道或西道的痕迹，这是为什么呢？这条街原本是在东较场外面的马道南侧修建的街道，而清代成都城内有好几条分布在东南西北的马道街，为了与其他的马道街相区别，所以就命名为中道街。严格来说，中道街应当是中马道街的简称。

江汉路附洛阳路　昆明路　白下路

在北较场的南边，是作为新华大道一段的江汉路，江汉路的东口有洛阳路，西口有昆明路，洛阳路的北口又有白下路。

成都的街名中很少有用我国其他大城市的名字命名的，可是在这里却集中了好几处：除了洛阳与昆明，江汉在这里是武汉的代称，白下则是南京的古称（南京市北金川门外原有白下城，今有白下亭，公元626—635年南京称为白下县），这里是作为南京的代称。这是为什么呢？

1935年，国民党政府为了打破四川军阀完全统治四川的局面，决定要在成都建立中央陆军军官学校（即黄埔军校）成都分校，建校地址选在了北较场，遂将一大片地区划入了军事禁区，将居民全部迁出，并将军校范围内及相邻地区的几条小街都重新命名。原来的观音堂街改名为黄埔路（就是今天从成都军区南大门进去到过去军校大门之间的主干道），原来的苦竹林街改名为江汉路，原来的丰豫仓街改为昆明路，原来的仁风里街（清代曾经名叫武担山街、武备前街）改为洛阳路，原来的武备街（又名止戈里）改为白下路。命名的方法是选择当时黄埔军校在各地设校的所在城市来命名，即南京总校所在的南京，武汉分校所在的武汉，洛阳分校所在的洛阳，昆明分校所在的昆明。

江汉路、洛阳路、昆明路、白下路的名称与军事或兵营有关，前面介绍过的宁夏街、大小福建营巷也是与军事或兵营有关，所以我们可以说，成都以我国其他大城市的名称为街名的街道基本上是与军事或兵营有关。之所以说基本上，是因为还有两条街是与军事或兵营无关，这就是金陵路与西安路。这其中的由来请参见金陵路与西安路部分。

白下路的前身既叫作武备街，又叫作止戈里。一条街同时有两个名字，而且还有"止戈里"这样文雅的名字，这在成都是不多见的。所以会有武备街和止戈里这两个名字，是因为在传统的训诂中，"武"的本意应当是"止戈"，即停止战争，其根据是《说文》对"武"字的解释"止戈为武"（根据今天古文字学的研究，这种解释是不对的，"武"的本意应当是持戈前进）。

昆明路　1994年　赖武摄影

慈惠堂街

我国历代都有官办的慈善机构,用于收养老弱孤寡,赈灾救难。清代的官办慈惠堂于雍正十三年(1735)设于本街,有田产数百亩作为基金,但是在民国初年的军阀混战之中行将崩溃。1923年,由官办改为绅办,清末翰林、曾任过西安府知府、贵州贵阳道尹、四川军政府政务厅厅长的成都著名文士、"五老七贤"之一的尹昌龄被推举出任慈惠堂总理,1925年又出任了统筹全市救恤事务的成都市救恤事业董事会主任。尹昌

尹昌龄

龄不仅克勤克俭、尽心尽力于慈善事务(虽然慈惠堂一度财力雄厚,赈济众人,但是尹昌龄从不领取一文薪金,不坐轿,午餐自费,连跟随的一只爱犬也不准吃慈惠堂中的食物,他终身未置产业,在马王庙后街的住宅都是向洪君亮租的私房),更重要的是变过去的纯消费机构为若干个生产机构,尽可能让每个残疾人都成为生产者。慈惠堂不仅开办盲童教养所、女婴教养所、贫民借贷所、孤穷子弟教养所、北门丞相祠义学、培根义学、文诚义学(这是丁宝桢后人将丁公祠及其田产全部捐出开办的),学校中孤儿要学习多种课程,还有文学专修班,藏书室中有《万有文库》《四部备要》等大量书籍。还在培根路开办培根工厂,使培根火柴行销全国,在天涯石北街开办民生工厂,生产各种日常用品,最多时在城郊开办了各种生产服务机构30余所。由于慈惠堂采取赈济与生产相结合,加上社会的捐赠,曾经有堂产田地近万亩,房屋200多间,每年可以赈济大量贫民,单是抗日战争中收容的孤寡残疾就高达8000多人。抗日战争中为躲避日本侵略者的轰炸,400多位盲人被安排到乡村中400多户堂产佃户之家,由于尹昌龄当众向众佃户跪地磕头相托(这一跪曾被人称为"惊天一跪"),并对有关事项妥善安排,几年之后,盲人竟然无一人病故,全部回到慈惠堂(尹去世之后,成都无数人自愿参加送葬,走在队伍最前面执仪仗的就是数百位盲人,实为中外唯一)。通过20年的努力,成都慈惠堂为社会

救济做出了重大贡献,成为全国闻名的慈善机构,尹昌龄也被公认为民国时期最成功、最受人尊敬的慈善家(例如慈惠堂的堂产中,有8000多亩田就是用民国时期著名的财神孔祥熙出于仰慕之心而私人捐赠的20万元购买的)。由于尹昌龄克己奉公,锐意经营,善意昭然,成绩卓著,成都各界人士在他1943年去世以后曾经在少城公园中为他塑造了一尊铜像,希望他永远被后人瞻仰。铜像的作者是在成都塑造过多件作品的著名雕塑家刘开渠。

尹昌龄去世以后,四川著名民主人士、中国民主同盟主席、很早就是慈惠堂理事的张澜于1943年出任慈惠堂的名誉理事长,慈惠堂也就成为成都民盟组织的重要据点和成都民主活动的一个重要联络处,很多岗位的负责人都是中共党员或民盟盟员。四川地方实力派代表人物刘文辉与潘文华加入民盟的仪式是1944年冬在慈惠堂张澜的办公室中进行的。成都解放前夕的1949年12月25日,成都市市长冷寅东、"治总"司令王缵绪(按:蒋介石为了阻止成都解放和在成都解放之后继续进行破坏,特地命令当时的西南长官公署副长官、川军将领王缵绪以其部队组织了西南第一路游击纵队。但是王缵绪在中共地下党的策动之下,决定相机起义,并将他所率的部队称为"治总",即王治易总部的意思,因为王缵绪字治易)、四川省参议会议长向育仁、成都市参议会议

文幼章(右)、张澜(中)、何北衡(左)1943年于慈惠堂合影。
杨显峰提供

· 街巷 ·

慈惠堂街　20世纪90年代　王健摄影

长傅双无等人就是在慈惠堂中协商之后共同决定宣布起义,并于第二天开大会宣布成都和平解放。新中国成立以后,民政部门另有福利院的设置,慈惠堂停办,但是在清代就有的慈惠堂的街名却一直保留了下来。现在的慈惠堂街是一条小街,位于红星路二段布后街的西边。今天书院西街的新华职中大院,当年也是慈惠堂的女婴教养所等几个机构的所在地。

慈惠堂还为成都的文化事业做出过有益的贡献,培养了一批被称为"堂派"的扬琴人才。

慈惠堂原来设立的瞽童教养所主要是教这些盲童学习算命技巧之后去沿街叫卖,为人算命。尹昌龄认为这种方法不是上策,决定设立瞽童教养所音乐科,让盲童按照我国古代以瞽者为乐师的传统学习扬琴演唱,遂任命何茂轩为瞽童教育所所长,由杨卓然等8位热心者担任义务监督员,延请盲人扬琴名家沈子啸等为教师,专门教这些盲童学习扬琴。从1924年开始,瞽童教育所就成为培养扬琴人才的专门学校,4年为一期,建班授课,按我国的传统做法,以"慈、惠、大、成、发、达、永、久、勉、自、未、定、蒙、天、之、佑"为班序,各班学生也以此为排行命名,一共坚持办了10期。慈惠堂为这些盲人制作了漂亮的演出服装,配戴上墨晶眼镜,由聋哑人引路,外出演出之时竟

以军政官署命名　417

然引起轰动。著名文士刘师亮有《竹枝词》写道:"墨丝眼镜亮光光,结伴而行慈惠堂。角色齐全生旦丑,不施粉墨就登场。""轻敲檀板追潘郎,慢抚扬琴拷红娘。何方优伶满城串,取下眼镜是瞽盲。"到1950年"自"字班结束,为四川培养了近200名扬琴人才,而且被业内称之为熔成都扬琴南会派与北会派于一炉的"堂派"(成都扬琴艺人在清代后期有南会派与北会派两大流派,以每年三月初三的清明会和九月初九的九皇会时在南北两边的演出来区分。南会派演出地在暑袜南街白象庵,其特色是行腔华丽;北会派演出地在灶君庙街灶君庙,其特色是工稳淳厚。两大流派之中又以由王化有、李联生、叶兰章、李德才为代表的南会派影响最大,因为南会派艺人多居住东华门一带,故又被称为东华门派)。著名扬琴艺人洪凤慈、张体慈(即张大章)就是"堂派"的第一届学生,新中国成立以后培养扬琴新人最成功的成都市东城区曲艺队的主要教师,基本上都是当年的"堂派"艺人。

中共地下组织领导之下的成都妇女联谊会于1946年3月8日在慈惠堂中成立,并在当天的大会上宣布了《成都妇女联谊会三八节宣言》,明确提出了"为建设自由民主的新中国而奋斗"的目标。

民国时期成都的文坛奇才刘师亮生前就住在慈惠堂街12号。

刘师亮

刘师亮(1876—1939) 内江人,自学成才,于1929年创办《师亮随刊》,每10天左右出版一期,用明白易晓、直指时弊、讽刺幽默、妙趣横生的谐诗、谐联、谐文对丑恶的社会现实进行深刻的鞭挞,受到广大群众的欢迎,也遭到被鞭挞者的痛恨。1933年,《师亮随刊》社被军阀捣毁,他被迫逃亡上海。1935年1月,在上海友人帮助之下创办了仍然以讽刺时弊为主旨的《笑》刊,只出版一期即被当局查禁。这以后,他编写了哥老会历史名著《汉留史》。1935年9月回到成都,次年恢复出版《师亮随刊》,但是因为身心俱疲,创作锐气大减,故而销量不佳,不久停刊。1939年,刘师亮因为心脏病而去世。刘师亮一生作品甚多,直到今天,他所创作的、在成都文化史上独树一帜的"谐联"(即讽刺时政与人事的白话对联)仍然还在流传。例如讽刺杨森修马路时拆除民房后不予安置的对联:"马路已捶成,问督理何时开滚？民房将拆尽，愿将军早日开车！"讽刺当局收取苛捐杂税和民不聊生的对联："自古未闻粪有税；而今只剩屁无捐。"直刺时政的对联："民国万税；天下太贫。"1931年当军阀准备捕杀他时，他在自家门上贴出这样一副自挽联，可谓平生写照："伤时有《谐稿》，讽世有《随刊》，借碧血作贡献同胞，大呼寰宇人皆醒；清室无功名，民国无官吏，以白身而笑骂当局，纵死阴司鬼亦雄。"

育婴堂街

育婴堂街位于红星路一段西侧，方正东街之南，因为过去建有育婴堂而得名。

育婴堂初建于清雍正年间，专收穷苦人家和非婚生子无法养育的遗弃婴儿，雇有乳母哺养，名额限在60名以内，弃婴断乳后即可由人领养。1925年，育婴堂并入慈惠堂，成为慈惠堂的下属机构。由于当时重男轻女的习俗严重，育婴堂原来在这条街上还专门建立了一个女婴教养公所，以后也并入了慈惠堂，但是当年所称的育婴堂街的街名一直未改。

成都育婴堂保育院盥洗间　1938年　杨永琼提供

清光绪二十二年（1896），加拿大基督教会的英美会女布道会在本街（校门一度开在方正东街）开办了华英女校，这是成都市最早的女子学校，先只有初小，继办高小、初中、高中。原来的初中与高中分别是两所学校，1938年合并，并改名为私立华英女子中学。1939年为了躲避日本侵略者的轰炸，学校一度迁到彭州。华英女中的办学理念与方法都独具特色，而且成绩卓著，成为当时的成都名校之一。

华英女中教学质量颇高，特别以音乐教学与活动闻名全市，建有专门的琴房，先后为我国培养了一大批音乐人才。据统计，新中国成立以后在我国各高校担任音乐教授和在艺术团体担任主要负责人的就有20多人，如我国第一位女指挥家、原中央音乐学院指挥系主任、中央歌剧院首席指挥郑小瑛是该校高十五班于1946年春季毕业的学生；又如高七班学生孟宇（王润芳）是华英女中最早的共产党员之一，后去延安，毕业于著名的鲁迅艺术学院声乐系，是歌剧《白毛女》中喜儿最早的扮演者之一，后曾任中央歌舞团副团长。

注重学生体质是华英女中的突出特点（郑元英校长说过：日本兵身体肥壮，四川兵骨瘦如柴，所以强调"国强必须人壮"），除了一般的体育活动和定

20世纪30年代的华英女中琴房　杨显峰提供

期检查身体之外，最有特色的是在学生伙食上，每周制定营养食谱，早餐要在稀饭中加入骨粉与麦麸，课间要轮换食用牛奶、豆浆、鸡蛋等，贫血者则加食猪肝。

华英女中还一直重视家事课，内容包括家庭布置、家庭财务、仪容服饰、烹饪、育儿等，而且有专门用于实习的"家政房"，由两个学生组成"家庭"，带着一个幼儿园的娃娃，学校拨给一定的费用，从事煮饭、洗衣、带孩子等全部家务，"毕业"时要做出一桌宴席，请教师来对其全面表现讲评打分。1946年秋，该校受四川省教育厅的委托开办了专科的家事班，成为全省唯一的一所培养家事人才的学校。

1952年12月，华英女中改建为成都第十一中学，是当年成都保留下来的四所女子中学之一（还有三所是成都一中、成都十中、成都六中），1958年才开始招收男生。为了探索女子中学的办学经验，成都十一中从1997年开始重新招收女生实验班，2000年经成都市教委批准正式加挂成都市女子实验中学的校名，成为四川省唯一的一所女子中学，也是目前我国为数不多的18所女子中学之一，其知名度仅次于北京的华夏女中和上海三中。

我国当代著名作家刘心武于1942年6月4日出生于这条街上，八岁时才到北京生活。刘心武在《红楼梦》研究中提出了以秦可卿为中心来探索《红楼梦》中所反映的历史真相的独树一帜的观点，著有《画梁春尽落香尘——解读红楼梦》一书，在学术界中有"红学中的秦学"之称。据刘心武先生自己说，他所以会特别关注秦可卿并从中发现很多值得研究的线索，一个很重要的原因，就是因为在《红楼梦》第八回末尾这样写道："因当年无儿女，便向养生堂抱了一个儿子并一个女儿。"明确说秦可卿是出自养生堂，清代的养生堂就是育婴堂，而刘心武自己因为生于育婴堂街，所以他才会对秦可卿特别关注，终于从中发现了探索《红楼梦》中所反映的历史真相的重要线索。

清代除了有育婴堂之外，还有专门收养孤儿的慈幼堂，位置就在今天羊市街鹦哥巷成都卫校的地方。鹦哥巷原来就叫慈幼堂巷。民国时期慈幼堂停办以后才改名为鹦哥巷。

茗粥巷

在府河边天仙桥后街的西边,有一条很短的小街叫茗粥巷。

茗粥的本义就是茶和粥。我国古代的慈善机构一般都要在天寒地冻的冬天向贫苦无依的穷苦人家施粥,有时还要在酷热难当的夏天施茶(清代成都在4个城门洞都设有施茶处),这种施粥的地方就叫作粥棚或粥厂。明嘉靖年间在这条小巷中建有茗粥庵(地址在原天仙桥前街小学校),相传是大慈寺开办的用以施粥的小庙。清代时由官方继续在这里设立粥厂(清代的成都设立了两个粥厂,一个在北门的豆芝庵,叫作北厂;一个就在这里,叫作东厂),茗粥巷的得名就由此而来。按清代的规定,每年从夏历十月初一开始施粥,次年正月底结束,每天早上施粥一次,来喝粥的"穷民"平均每天约2000人。为了让"穷民"真正得以维持生命,还规定粥必须是稠粥,插入筷子不倒,每一升(约合今1.5公斤)大米煮10碗,碗则规定用大的"鱼碗"(成都也称"红碗",就是现在有的餐馆还在使用的蒸大份蒸肉、烧白的那种有黄黑釉的土碗,比一般的饭碗要大,可以装鱼)。官府必须派员"每日监视下米及维持秩序,使强壮者不至争先,老弱废残者不至向隅"。粥厂的经费来源是在清乾隆年间奠定的,当时由官府筹措了20万两银子,交给几家大的银号做行善本金,这几家银号以后就每年拿出利息2万两银子供粥厂使用。清人周询在《芙蓉话旧录》中记载了成都粥厂的有关情况之后说:"此厂始自何时,已不可考,然行之多年,所济实无量也!"

以市场作坊命名

盐市口

盐市口是成都人公认的市中心，是老成都东西通道和南北通道的交会点，四川人叫作"十字口"。正如清人在《竹枝词》中所写："东西南北一城环，四条大街对四关。十字分开详细算，东华门是正中间。"东华门就在盐市口的西侧，可是这个老成都城区的十字口却不是一个真正的十字，而是错开的。就是说，从东边的东大街到西边的东御街并不是一条直线，而是有向北再向西的两个拐弯（造成这种情况的原因见前"东大街"），所以盐市口并不是城市规划之中的十字口，而是在没有其他的十字口的情况下不得已而为之的代替品。这种格局一直保存到今天，东西方向的街道仍然不是一条直线。

2009年2月，盐市口西侧的人民商场二期工地下面发现了宽约4米的汉代廊桥遗址，桥下有一条宽约30米的河道。周围还发现了5口唐宋水井与4口明清水井，还有其他的若干文物，可证这里在汉代就是一片居住区。在一口宋代水井中发现的30多枚白色的围棋子，是四川首次发现的十分珍贵的围棋实物。

我国多年来食盐的生产与销售都是置于国家的全面控制之下，实行专卖。清光绪五年（1879），当局在这里开设了一家并不大的官盐店，因为这里地处市中心，附近的人家买盐多来此处，所以就被人们称作盐市口。

抗日战争时期，作为成都市中心重要的商业区，盐市口曾经遭受日本侵略者的野蛮轰炸。特别是1939年6月11日下午7点20分（按：当时计时是用的地方时，相当于现在的北京时间8点25分），

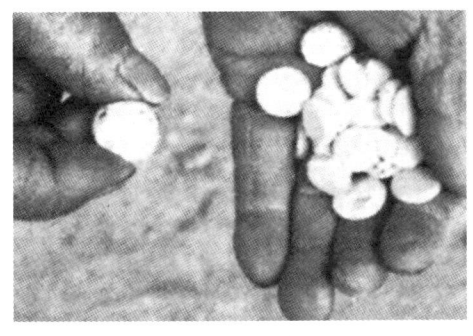

2009年在盐市口地下发掘的宋代围棋

20世纪30年代的盐市口　胡剑提供

从湖北房县机场起飞的日机27架从新南门进入成都城区，在盐市口一带投弹111枚，相邻的东大街、东御街、提督街、顺城街、九龙巷、南大街、东丁字街、西丁字街、半边街等49条街道被焚毁，毁损房屋4709间，燃烧长达7小时，盐市口周围16条街道全成焦土，炸死市民226人，伤432人，连到现场救灾的消防队员都死伤了22人。据老人们回忆，当天晚上，在新都城内都能看到成都市中心的火光与烟雾。在"6·11"大轰炸中，我方设在青龙场、龙潭寺一带的高射炮曾经对空射击，中国空军也曾经起飞迎战，共击毁敌机3架，分别落在安岳、永川和忠县。这以后的1941年7月24日和27日，盐市口地区又遭到日本侵略者的野蛮轰炸。

整个抗战时期，从1938年11月8日开始，到1944年12月18日为止，日本侵略者轰炸成都共出动飞机28批790架次，轰炸31次，其中较大规模的轰炸17次，共投弹1600多枚，共计炸死1762人，炸伤3575人（按：关于日军侵略者轰炸成都的次数和造成的死伤人数，过去有过不同的统计数字，此据最新出版的《成都大轰炸》），炸毁房屋12000多间。破坏最严重的是1939年的"6·11"大轰炸和1941年的"7·27"大轰炸，密度最大的是1940年的"十月大轰炸"。在1941年的"7·27"大轰炸中，日军从武汉的王家屯机场和山西的运城机场两地共出动飞机4批，每批27架，共108架，除了投下巨型炸弹和燃烧弹外，还用机枪向逃生的老百姓来回扫射，致死698人，伤905人，是历次轰炸成都中死伤最多的一次，故而当时有人称为"7·27空袭大惨案"。在"十月大轰炸"中，日军于10月4日出动飞机36架、10月5日出动飞机36架、10月12日出动飞机29架、10月27日出动飞机21架，对成都进行了连续的疯狂轰炸。为了对付敌人的狂轰滥炸，中国空军与高炮部队也曾经

时任川康绥靖公署主任的邓锡侯(持手杖者)在成都被轰炸后的现场
1940年　杨显峰提供

多次对敌军进行还击。1939年11月4日，曾经在成都上空击落敌机两架，其中一架坠落在成都以东的简阳与仁寿之间的麻柳沟，机上的驾驶员就是日本空军的"轰炸机之王"奥田喜久大佐。

1941年的大轰炸之后，盐市口成了一片焦土，形成了一个临时的盐市口广场，直径34米。1946年，成都当局就在这里竖立了曾经率川军出川抗日的原四川省省主席刘湘将军的塑像，高约5米，骑着战马，挥师向东。新中国成立之后，塑像被拆除，在原址修建了一个街心花园。这尊铜像在一些文章中说是刘开渠创作的，这是误传。这尊铜像是曾经做过刘开渠助手的罗材荣假借老师的名义接下来私自创作的，质量不高，当时就被评为"呆若木鸡"，车辐先生当年曾在《新新新闻》上撰文揭露过真相。

1946年在盐市口广场塑造的刘湘铜像

盐市口的人民商场的前身，是在1939年"6·11"大轰炸之后在废墟的基础上形成的商业区，当时叫新商场，都是一些临时建筑。新中国成立以后改建为人民商场，开业日期在1953年6月6日。当时商场面积为1300平方米，内有场棚8幢、铺房1幢、铺面220间、坐商172户、摊贩250户。场内除了各种商家之外，还有茶馆、曲艺场等文化设施，专门演出木偶皮影的成都木偶皮影剧团和专门演出评剧的新蓉评剧团都设在这里（从1954年至1970年还有一个专门的新蓉评剧场）。在新中国成立至改革开放的40年中，人民商场是成都最大的、最重要的、也是市民最喜爱的综合性商场。改革开放以来，人民商场经过了三次扩建而成为高楼大厦。

盐市口的西南影都在改革开放以前叫人民电影院，其前身是在1939年日本侵略者"6·11"大轰炸的废墟之上修建的蓉光大戏院，开业于1943年的春节。当时除了演电影，有时也演出京剧与杂技。1944年2月，当时的中央交响乐团在此演奏了德沃夏克的《第九交响乐》，是成都第一次正式的交响乐演奏。1946年8月16日，成都市各界群众一千多人在此集会，追悼在昆明被国民党特务杀害的李公朴、闻一多两位民主战士。国民党特务扰乱会场，投掷玻

位于盐市口的人民电影院（正面主体建筑）　20世纪60年代初　王文相摄影

璃药水瓶，致使民盟中央主席张澜受伤，是为成都的"8·16事件"。事件发生后，成都民主阵线的各方面人士纷纷愤怒谴责反动派的暴行，迫使四川省政府主席张群将成都市警察局长徐中齐撤职，以平民愤。

蓉光大戏院是主要投资者罗仲麒先生为了纪念自己的父亲罗蓉光而命名的，而这位罗仲麒先生应当是成都当代文化史上值得一提的人物。新中国成立以前成都一共有14家电影院，其中由罗仲麒及其儿子罗元俊经营的就有6家，即总府街的智育、盐市口的蓉光、春熙路的春熙、东丁字街的华瀛、祠堂街的锦屏、提督街的国民等电影院，罗仲麟父子是成都早期文化产业中的成功企业家（除了以上6家，其余的8家电影院是新明、蜀一、昌宜、大华、中央、悦来、永乐、成都）。新中国成立以后，罗元俊曾任全国工商联执委、四川省和成都市工商联主委、成都市政协副主席，2004年病逝。

蓉光大戏院上映苏联故事片《复活》
1950年　杨显峰提供

民国时期的著名报纸《新民报》于抗日战争期间从南京迁川，先出重庆版，1943年6月18日创刊成都版晚刊，1945年2月1日创刊成都版日刊，报社就设在当时的盐市口42号（靠近东大街处）。《新民报》积极宣传抗日，晚刊副刊即以《出师表》为名，在成都有很大影响。名记者赵超构的著名通讯《延安一月》曾在该报连载，苏联对日宣战的号外在成都也是该报第一次发出。1949年1月24日，《新民报》从合众社的电讯稿，详细报道了北平解放的喜讯。《出师表》为了活跃成都的文化生活，还搞了不少为市民喜闻乐见的活动，有的活动长期留在老成都人的记忆之中，例如有一次征联，出的上联是"金男大，金女大，男大当婚，女大当嫁，齐大非偶"（按，这里金男大、金女大、齐大，指当时在成都办学的金陵大学、金陵女大、齐鲁大学）。从数千来稿中选出的仍然称为不很满意的下联是："市一小，市二小，一小在南，二小在北，两小无猜。"在1949年6月的30天中，《新民报》有27天刊登有解放区的消息与解放军向全国进军的消息。1949年7月24日，《新民报》成都版被四川省主席王陵基以"通匪有据"的"罪名"查封并接管，时任总经理赵纯继与总编辑张先畴等6人被捕。

谭豆花　陈志强提供

盐市口长期是知名餐饮店聚集之地，成都以蒜泥白肉闻名全川的著名川菜馆"竹林小餐"、著名的小吃店"谭豆花面店"、以三合泥为特色的小吃店"古月胡"、成都第一醪糟店"金玉轩"、著名的"三友凉粉"都在这里，赖汤圆和夫妻肺片也在盐市口开过分店。最令笔者难忘的是1959年以后的经济困难时期，在这里还开设了一家"红苕食堂"（旧址在目前的张鸭子餐厅楼下，平房），专门做以红苕为主要原料的各种食品，如红苕粉、苕丝炒蒜苗、苕丁炒萝卜、苕块烧豆腐等，规格最高的是冰糖红苕。经济困难时期过去之后，红苕食堂改名为"清洁食堂"，遗憾的是它的隔壁就是当时全市最大的公共厕所。

作为市中心，1952年7月1日开通的新中国成立以后成都市第一条公共汽车线路"1路"就是从盐市口到梁家巷，起步价旧币200元（相当于新币2分）。1962年1月1日开通的成都第一条无轨电车线路是从盐市口到火车北站，1989年发展到线路5条，从火车北站到新南门的时间是24分钟。1996年停止运营，是全国继南京之后第二个告别电车的城市，当年的6月12日在九眼桥电车站举行过告别仪式，5条电车线路演变为今天的公汽55、56、47、64、65路。

成都第一个出租汽车站也是在盐市口设置的，时间是1957年5月1日，当

1952年7月1日，成都市第一条公交车线路开通典礼。刘永禄提供

 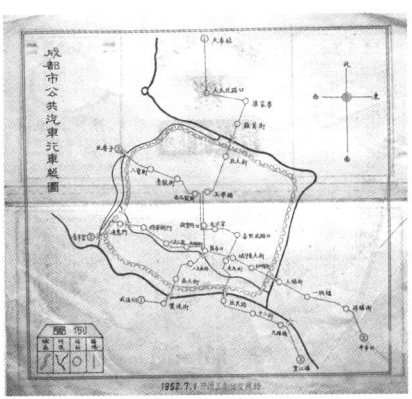

1956年成都市公共汽车线路图(正反面)　刘永禄提供

时各种型号出租汽车共有9辆（主要车型是美国的篷布小吉普，座位是两根木板），只限定在几个出租汽车站（除盐市口外还有春熙路孙中山铜像、智育电影院、文化宫、人民公园）和几个宾馆饭店候客，车费是每公里3角。这种出租汽车在1961年停运。一直到1978年，成都公汽公司成立小汽车出租站，只有上海牌轿车10辆。成都第一家出租汽车公司是1984年12月开设的中日合资的

·成都街巷志·

盐市口街心花园和十字口　20世纪60年代初　王文相摄影

"文革"中的盐市口　成都市建设信息中心提供

► 盐市口人民商场
　20世纪90年代
　周孟棋摄影

▼ 20世纪90年代
　盐市口鸟瞰
　唐跃武摄影

中日出租汽车公司，由日方投入马自达929型汽车400辆。从此以后，成都的出租汽车进入了快速发展时期，1989年超过了千辆大关，达到1046辆。

需要说明的是，虽然盐市口在成都是无人不知的最著名的地方，却只是一个片区的名称而不是街道名，如果要从街道名录中去查找盐市口是查不到的。

在成都方言中，这里的盐市口和下面的牛市口、羊市街，"市"字都读为"时"，但其他街道名中的"市"则读为"市"。

牛市口

民国时期牛市口的成都"第一车站"——东门汽车站
刘永禄提供

牛市口是老成都与盐市口齐名的交通与经济中心，原来是华阳县得胜乡的场镇所在地，因为这里有成都最大的耕牛市场而得名牛市口。

清代和民国时期的每年十月初十，这里的牛市上还要举办牛王会，周围各地的牛贩子都要赶着穿着牛草鞋的耕牛前来参会卖牛，一些贩子除了要给牛披上红布条的装饰，最有趣的是要在牛角上穿一块圆形的大糍粑饼，用以比喻耕牛给人们带的粮食丰收。会上还要评选每年一届的"牛王"，"牛王"不仅是当天市场上卖价最高的耕牛，还会得到它最喜欢的奖品——耕牛最佳饲料豌豆与胡豆。

民国初期，各界都要求成渝之间修建公路（当时还叫作马路），可是由于当时的四川是军阀割据的防区制，在较长一段时期中，成都、内江、重庆三地分别由刘文辉、李家钰、刘湘三个军阀统治，要修一条成渝马路是十分困难的。所以一直到1927年，重庆到简阳的马路才初步修通。1930年，成都到简阳的马路才初步修通。1933年，完整的成渝马路才算建成，此时在马路上除极少军用车辆之外，基本上没有民用车辆。1936年，成都与重庆之间的公路才算真正通车，老百姓才有了可以搭乘的长途汽车，而当时的成都东门汽车站就设在牛市口，所以牛市口就迅速地热闹起来。

新中国成立之后牛市口地区成为大型企业成都无缝钢管厂和川棉一厂的厂区，多年来的东大路被切断，成渝公路改道转弯，牛市口作为出东门的必经之路的地位也不再存在，只是保留了一条叫东大路的街名（从牛市口往东到成都无缝钢管厂的大门）。

· 街巷 ·

位于牛市口附近的成都无缝钢管厂平炉车间　20世纪70年代　张蜀华摄影

川棉一厂纺织车间　20世纪70年代　张蜀华摄影

20世纪80年代的成都无缝钢管厂　杨显峰提供

20世纪80年代的川棉一厂　杨显峰提供

根据成都市最新建设规划，已经被重组入攀枝花钢铁集团公司的成都无缝钢管厂已全部迁往青白江的新厂区，成都的旧厂区已经拆除，这里很快就会变成新型商住区，从牛市口往东的笔直的大道已经建成，牛市口地区不久就会重现昔日的繁华。

牛市口街道　1989年　韩国庆摄影

牛市口的东北方向，新建有通往龙潭寺的牛龙公路。作为牛龙公路的起点的一段曾经被命名为牛市口路，算是为古老的牛市口保留下了牛市口这个街名。牛市口路已经在城建中被拆除，牛市口在今天仍然只能是一个古老的片区名而不是街道名。

羊市街附羊市巷　羊市北巷　羊子市巷　羊皮坝街

在繁华的骡马市街区，有一条宽阔的大街叫羊市街。这里在清代初期是皇城后门外的一片回族聚居区，在狭窄的小街上设有羊市，所以在清代就被命名为羊市街，今天所看到的大街都是新中国成立之后才改建的。

早在清代后期，羊市街上就已经没有了羊市，而变成了一条充满文化气息的街道。这里有全国知名的"诗婢家"，还有张姓开设的"贵林书店"，温姓开设的"墨池阁"，胡姓开设的"俊哲书店"，在民国时期都是成都颇为知名的书店。

"诗婢家"的典故出自于著名的《世说新语》：东汉大儒郑玄家中文化气息浓厚，连婢女之间对话都会引用《诗经》，所以郑家就有"诗婢家"之誉。1920年，精通书画的郑仁清在仁厚街创办了一家装裱店，在店外挂出了自己题写的店招"诗婢家裱画店在此"。1933年迁到字库街，1936年由郑仁清之子郑伯英经营时，迁到了羊市街北侧的东头，装裱业务不断发展，木版水印工艺不断提高（郑伯英是中国共产党早期地下党员，1930年参加广汉起义失败之后才接手诗婢家和业务，所以诗婢家也是掩护革命工作的一个联络点）。抗日战争时期，全国很多书画名家都来到了成都，徐悲鸿、张大千等成了诗婢家的常客，诗婢家逐渐发展成为一家主营传统的文房四宝、碑版法帖、金石印章、精裱古今字画的全国名店，与北京荣宝斋、上海朵云轩、天津杨柳青并列为我国木版水印的四大老字号。诗婢家在1941年日军对成都的大轰炸中被毁之后，蜀中文坛领袖赵熙还特地为之题写了店招（赵熙一生极少题写匾额店招，据统计，在成都一共只题写了潘文华、唐英、刘元琮三家公馆匾额，店招则仅此一处。这个店招今天仍然在继续使用）。1940年，诗婢家集百位名家书画，制作仿古代薛涛笺的诗婢家诗笺上下两册，成为至今仍被全国收藏者珍为拱璧的当代最负盛名的诗笺。新中国成立之后，诗婢家的木版水印工艺与生产全部移交给了成都文物水印合作社。改革开放之后的1979年，老字号的诗婢家在春熙路重新开业，2001年改制为"成都诗婢家文化有限公司"，在成都设有多家门市，并开办了书画艺术学校。2005年，春熙路店迁入琴台路，业务范围扩大到多种旅游文化产品，附设了诗婢家美术馆和诗婢家茶艺馆，成了成都市一张新的文化名片，最近诗婢家又开设了艺术品拍卖公司和诗婢家北京分公司。

四川文化史上最著名、最有成就的戏曲作家黄吉安的故宅就在羊市街。

春熙路上诗婢家　1995年　冯水木摄影

黄吉安

黄吉安（1836—1924） 生于安徽，长于成都，年轻时漂泊于外地当幕僚，1896年回到成都。他以多年积蓄在羊市街修建了房屋，一半自住，一半出租用以维生，从此潜心于扬琴与川剧剧本创作。1905年，新派官员周善培主持成立四川戏曲改良公会，特聘黄吉安编写川剧剧本，写成后由"三庆会"在悦来园公演。八国联军侵略中华之时，他以三国马邈故事写出了鞭挞投降派的《江油关》。袁世凯称帝时，他以汉末袁术故事写出了直指"袁皇帝"的《江亭战》。黄吉安一生中共创作川剧剧本84本（也有记载说是102本），扬琴唱本20多本，是公认的蜀中水平最高的剧本，一直被尊为"黄本"，"时人不轻易增减一字"，而黄吉安也被世人称为"川剧界的莎士比亚"。"黄本"中的《柴市节》于新中国成立以后在北京演出时，受到了毛主席与周总理的高度评价（《柴市节》描写的是文天祥就义的故事。毛主席两次看过著名川剧表演艺术家贯培之演出的《柴市节》，两次都说："作者就是文天祥！"），川剧第一部电影《杜十娘》的剧本也是在他写的《百宝箱》的基础之上改编的。1960年，四川人民出版社出版了《黄吉安剧本选》，共收入有代表性的"黄本"18种。

由于羊市街南边就是天主教川西地区的主教座堂，所以清末民初时期有几个天主教的修会在羊市街购地置业，如本笃会在原172号，赎主会在原90号。1944年，本笃会决定将在南充的西山修院迁来成都，遂在172号大院中修建房屋（这个大院的一部分就是上面谈到的黄吉安的房产，是黄吉安晚年卖出的），由于各种原因，一直到1949年才修建完成。这个大院在新中国成立以后由政府征用，就是中国共产党成都市委几十年的办公大院，一直到2012年才全部迁往南郊。

就在羊市街172号大院中，本笃会在1946年创办了"以沟通中西文化"为宗旨的中西文化书院。筹建期间，朱家骅、于斌、张大千、伍非白等著名人士都曾参与。参加中西文化书院研究工作的除天主教传教士之外，还有中国著名学者黄觉民、孙伏园，著名画家李有行等。中西文化书院原本打算在成都西郊四座磨兴建一所教会大学，因为战事关系而未能实现。1950年，传教士陆

1950年4月12日中共成都市委正式成立，图为第一届市委部分成员在羊市街办公大院中的合影。左起：叶石、郝德清、赵晋仁、宋望飞、廖家珉、米建书、马识途、郭实夫、林左夫、宋应、张坚、彭塞。　杨显峰提供

续离开中国，中西文化书院停办。

成都早期著名川菜馆玉珍园开设于羊市街，时间大约在1900年左右。

在羊市街的北侧，有一条小巷叫羊市巷。在青龙街的南侧，有一条小巷叫羊市北巷。这两条小巷原本是相通的一条巷子，曾经叫作笆笆巷，因为城市建设的原因在1958年被隔断成了两条不连接的小巷。1981年地名普查时，就把这两条不连接的小巷分别命名为羊市北巷和羊市巷。

著名英籍华裔女作家韩素音祖籍郫县（她的父亲周映彤生长于郫县，是我国第一代庚款留学生和第一代铁路工程师，她的母亲玛格丽特是比利时贵族出身），出生于河南信阳。1939年初，韩素英第一次回到成都过年，在她的三叔周见三（四川陆军速成学堂毕业，曾任刘湘的副官长，时任美丰银行董事长）的主持下，在羊市巷周家故宅认祖归宗，按家谱谱序正式取名为周光瑚。

在牛市口以东，今天的得胜下街以南，还有一条很短的小巷叫羊子市巷，因为曾经是当年得胜场的羊子市而得名。羊子市巷已在2001年被拆除。

在南河北岸的锦里中路一段，十多年前还叫羊皮坝街，至今老成都人仍然把这里叫作羊皮坝，因为在这里的南河岸边长期是加工硝皮的手工作坊集中地（硝皮是指用朴硝或芒硝加上黄米面来处理鞣制生牛皮生羊皮使其柔软的一

种古老的手工艺)。直到"文化大革命"以前,笔者还多次在那里看到张在木架上加工和晒晾的羊皮和牛皮。

通惠门开通之前,城内去青羊宫赶花会的人们大多是从老南门出城,经柳荫街、羊皮坝街去青羊宫,羊皮坝街这条小道在那时就成了一条重要的通道。

羊皮坝街民居　1988年　赖武摄影

成都一直到清代末年都少有马车,除了步行之外只有坐轿、骑马,还有就是鸡公车。清光绪三十一年(1905),青羊宫在花会期间同时举办劝工会,三年后改名为劝业会,颇似今天的物资交流会,规模愈来愈大,游人愈来愈多,为了人们赶花会的方便,当时的劝业道在老南门外的锦江北岸从柳荫街到遇仙桥修建了一条较以往宽阔的马路,到1909年时马路延伸到了青羊宫以西的草堂寺,并有商人从上海购来新式的马车,以后再购回了黄包车。这是成都历史上最早的一条"马路"(目前不少文章都说春熙路是成都的第一条马路,那是以城内而言的),羊皮坝街就是这条马路的主要部分。也就是说,无论是马车还是黄包车这些在辛亥革命前几年才在成都出现的新玩意儿,最早都是出现在羊皮坝的这条马路上。

骡马市街

骡马市是成都市中心仅次于盐市口的交通与商业中心,原来是有一条骡马市街的,就是今天人民中路的羊市街口到青龙街口的这一段,而且在青龙街口向西拐弯,是条拐棍形的街道。因为新中国成立以后新建人民中路,原来的骡马市街就成了人民中路的一段。从此以后骡马市就不再是街道名,而是一个

旧城改造中的骡马市片区
20世纪90年代　陈锦摄影

片区名。

骡马市得名于清代前期主要为皇城中满蒙八旗的需要而在这里设置的骡马市（正是因为相同的原因，所以北京也有一条骡马市大街，与我们四川有关的四川营胡同和四川会馆就在其北侧）。早在清代后期，这里的骡马市与南边相邻的羊市就已迁出了城外，但是地名与街名却一直保留了下来。清代和民国初年，成都人一直保留着一个旧俗，就是每年的正月初六，一些骑马者或爱马者总要骑马到骡马市来走一遭，因为古人认为正月初六是马的生日。

在今天中国银行大厦那个地方，原来有始建于明代、重建于康熙十六年（1667）的著名佛教寺庙"尧光寺"。当时正值吴三桂叛清占据成都期间，故而在大殿正梁上写有"周四年丈雪和尚重建"九个大字。"周"是吴三桂的僭号，所以这座寺庙也是唯一可以确知的吴三桂集团在成都修建的建筑。尧光寺由附近的文殊院管辖，内有明嘉靖年间铸造的地藏铁佛、准提铜佛和接引铁佛，一直到民国时期，寺内地藏菩萨的香火都相当兴旺。寺庙后来被军队占据，长期成为兵营，寺庙建筑也陆续被拆除，佛寺的痕迹就完全见不到了。四川省和成都市历史上第一个佛教界的组织——中国佛教协会四川省成华市县联谊会，就是于1942年9月10日在尧光寺成立的，第一届理事长为定慧法师。新中国成立之初，为了修建人民中路，尧光寺废墟全部被拆除。

1936年，在当时的四川军政首脑刘湘的默许之下，在中共党员的组织和推动之下，骡马市街的大川饭店（旧址在原来轻工大厦商场位置，是当时公认的成都第二家高档旅馆，仅次于东胜街的沙利文）发生了成都民众反抗日本侵略者的"大川饭店事件",也称"蓉案"。

这年 8 月,正在向我国步步入侵的日本政府逼迫国民党政府,要在成都设立领事馆,并声称驻成都领事岩井英一已到达重庆。当时的中国外交部明确表态"蓉非通商口岸,依约不得设领",坚决予以拒绝。岩井英一经过的万县、重庆等地民众纷纷抗议示威,成都民众更是群起坚决反对,四川省主席刘湘也电告南京政府表示反对,希望此事暂缓。8 月 23 日,以学生为主的成都各界群众一万多人在少城公园集会,坚决反对日本的设馆企图,会后还举行了示威游行。可是,就在 8 月 23 日晚上,岩井英一却派出随员四人以记者、商人的身份来到成都,在汉奸刘训熙的安排下偷偷摸摸地入住大川饭店之内(据知情者回忆,是住在原来由妓女宋伯华和叶佩贞包下的房间之内),试探筹备建馆。8 月 24 日傍晚,以在新都受军训的学生和中央军校成都分校的学生为主的各界群众近万人聚集骡马市,冲破了警察的阻拦进入大川饭店,日本《每日新闻》特派员渡边恍三郎、《每日新闻》驻上海负责人深川经二两人翻墙逃到正府街时被打死,满洲铁路事务员田中武夫、日商濑户尚二人被打得头破血流。与此同时,袒护日本人的警察第四分局被捣毁。在当晚和第二天,群众又将大川饭店全部捣毁,同时又将市内经营日货的 8 家公司商店尽行捣毁。两天的冲突中,群众与军警双方受伤者数十人,市民三人致死。"大川饭店事件"是成都人民在成都市区内抗击日本侵略者的规模最大的一次事件。事件发生后,在国民党政府的压力之下,四川省政府向日本人赔款道歉,将成都警备司令撤职,警察局长调离,拘捕群众 20 余人,有 6 名群众被判处徒刑,并从监狱中提出了已经做出死刑判决的囚犯刘成光、苏得胜二人,代替打死日本人的"凶手"在出事地点执行枪决,应付了日本调查团的查验。这以后,日本政府再也没有敢派人到成都设立领事馆。

大川事件暴发前群众在大川饭店大门张贴的抗议书　杨显峰提供

荣乐园创始人蓝光鉴（左）与名厨谢伯泉（右）、美食家车辐合影。 1956年 车辐提供

在骡马市，过去曾经有一家对于成都乃至四川特别重要的川菜馆，就是"荣乐园"。

当今排名我国四大菜系之首、受到全世界人民欢迎的川菜形成于清代后期，而其重要的标志之一就是几家著名川菜馆所作出的创造性贡献，这其中最重要的又首推"正兴园"（关于正兴园的介绍见"棉花街"）与"荣乐园"。从"正兴园"学成技艺的一代川菜宗师蓝光鉴（1884—1962）所开创的"荣乐园"于1912年初创于湖广馆街兴隆庵（当时的兴隆庵仍有香火，但住持眼澄和尚同意将餐馆暂设于庙内。兴隆庵今已不存，故址可能在今蜀都大道上锦江区政府以西，原来的穿巷子巷口），第二年就迁到布后街，而且增加了"座场"（清代到民初，成都的有钱人家都是在自己家中请客设宴，著名餐馆只到顾客的家中去包做宴席，所以叫包席馆。那些可以在座位上进餐的餐馆都不是高档次的，当时叫"南馆"。成都人到餐馆中设宴的习俗是在20世纪20年代才逐渐开始的，称为"座场"）。1933年扩建后有16个大小房间，可以同时接待上百桌客人。"荣乐园"的得名是因为蓝光鉴考虑到开业的本钱是师叔戚乐斋出的，技术也要靠师叔掌火，荣誉应当归于戚乐斋，故而名为"荣乐园"。1948年荣乐园在物价飞涨、百业萧条的大气候之中歇业。新中国成立之初，蓝光鉴应聘去华西大学担任营养课教师，其他厨师新开了群力食堂，蓝氏弟子与再传弟子（业内称为"荣派"）则分布于全市很多餐厅。由于在蓝光鉴、蓝光荣、蓝光璧兄弟以及他们的师叔、原"正兴园"首席厨师戚乐斋的主持下，"荣乐园"继承了"正兴园"广采博收南北之长的优秀传统，甚至进行了西菜中吃的有益尝试，研制出了若干让人交口赞誉的代表性川菜，并改进了席桌的简明实用的新格式，形成了一系列经典川菜的基本规范，培养了一批大师级的高级厨师，奠定了川菜宴席菜的基本格局，故而"荣乐园"长期被公认为川菜行业的旗帜（俗称川菜窝子）。

20世纪80年代，为欢迎京昆大师俞振飞，曾国华做了一席全汤席清淡川菜，此为戏剧界和烹饪界人士合影。　车辐提供

改革开放之后，四川省决定要在美国开办高档川菜馆，而且决定要用"荣乐园"的名义，要用"荣派"主厨，遂决定先在成都恢复"荣乐园"。于是，歇业30多年的"荣乐园"于1980年重建于骡马市的原红旗餐厅旧址（今天音像书店的位置），由蓝氏弟子张松云、孔道生、曾国华主厨。所以，今天还领略过"荣乐园"美味佳肴的大多数成都人（包括笔者自己在内）心中的荣乐园都是在骡马市。

1980年6月，我国在美国纽约开办的第一家高档川菜馆"纽约荣乐园"开业，由当时的四川省蔬菜饮食公司与纽约健康食品公司合资经营，由成都"荣乐园"的曾国华大师领军，制作供应了荣乐海参、神仙全鸭、成都全鱼、鸡豆花、麻婆豆腐等菜肴和钟水饺、龙抄手、赖汤圆等川味小吃，获得了全世界无数著名人士的高度评价。

由于人民中路道路扩建的需要，骡马市的"荣乐园"被拆除。以后"荣乐园"又在莲桂南路重开，但是其地位与水平已再也不是当年的"荣乐园"了。

人民中路与羊市街交口处，于1987年建成了成都市第一座四方向全互通人行天桥"未来号"天桥，是由成都市的50万青少年集资31万元修建的，一

骡马市"未来号"天桥　1992年　唐跃武摄影

度成为成都市改革开放之初的标志性建筑。天桥中央一尊以4只簇拥的鸽子组成的名为"托起未来的希望"的雕塑也一度成为成都无数青少年心中抹不去的记忆。"未来号"天桥在当时对于解决骡马市的行人过街问题发挥了一定的作用。十多年过去之后,成都的汽车愈来愈多,"未来号"天桥的四座桥墩却成了这个在成都市内车流量位居第二位的街口的交通瓶颈,因此2003年被拆除。拆除下来的建筑材料拍卖的21.9万元,由成都市青少年发展基金会在青白江区龙王镇太平村修建了"未来号希望小学"。原来桥中心的标志性雕塑被移往九里堤的青少年科技公园。

民国时期的著名将领孙元良当年的故居就在骡马市街的孙家大院。

孙元良（1904—2007）　成都人。川军著名将领孙震的侄儿,曾在北京大学预科读书,后入黄埔,与陈赓、杜聿明等都是一期第三队的同学。孙元良22岁时即任国民革命军第一军第一师第一团团长,出师北伐。1932年的淞沪抗战中,他率军在宝山庙行镇击败日军,被西方评为"中国第一次击败日军的战役"。1937年,日军进攻上海,他率八十八师坚守闸北76天,闻名全国的四行仓库保卫战的"八百壮士"就是他部下的五二四团。1944年12月,他指挥二十九军收复独山（贵州独山是日军在整个抗日战争中向我国腹地进攻中攻占最深入、最前方的一个县城），将日军赶出贵州，解除了重庆之危，故而成为当时的抗日名将。抗日战争胜利以后，他曾任重庆警备司令和十六兵团司令。淮海战役中他所率的十六兵团被我人民解放军全歼，他得以化装孤身脱逃。1949年在四川重建十六兵团。12月18日，他接任

孙元良与秦汉

孙震的川鄂边绥靖公署主任，3天以后，他部下的公署副主任董宋珩等即在什邡宣布起义。他只身逃去台湾，此后退出军界，著有《世界军事史》等著作，还曾经在日本开"开福园"面食店谋生。他的第五个儿子孙祥钟先是改名孙戈进入演艺界，出演功夫片，以后再次改名并改演言情片，就是闻名两岸的著名影星秦汉。

孙元良于2007年5月25日在台湾病逝，终年103岁。他是海峡两岸最后辞世的黄埔一期学生。他临终前留下遗愿，希望能够在时机成熟之时迁葬大陆。

孙元良故居残部　2011年　杨显峰摄影

以市场作坊命名　445

肥猪市街附杀猪巷

从南门大桥向南，在浆洗街与洗面桥街接口的西边，就是今天听起来名字有点不雅的肥猪市街。这里在过去属于城乡接合部，是成都南门一带主要的生猪集散市场（也还有活牛活羊市场，直到1966年都还有可以圈存170头牛和1300头羊的圈舍），故而称为肥猪市街，旁边还有肥猪市横街。1979年在这里建立了肉食品加工厂，将各种圈舍全部拆除。直到近年间才在原地改建为新式的居民楼。肥猪市横街已经被拆除，肥猪市街经过改造之后至今还在，向西一直通到武侯祠横街。

除了南门的肥猪市街，北门也有一条猪市街。不过猪市街早已经改名为珠市街，所以一般人就不知道那里曾经也是肥猪市了。除了上述两处之外，在北巷子西侧、卧牛巷之南，不久前都还有一条叫杀猪巷的小巷，现在已经不存。大慈寺旁边的玉成街在清代也曾经名叫杀猪巷，但是早已被玉成街的名字所代替。

1939年成都市成立屠场公司，集中屠宰生猪，下设屠场4个，位置分别在东门青莲街、南门柳荫街、西门石笋街、北门金华街。一直到1958年才将4个屠场合并为一个北门屠宰场，位置在城隍巷。1964年该屠宰场撤销，成都不再有旧式屠宰场，生猪屠宰全部由新成立的成都肉食品联合加工厂负责。

杀牛巷附烧房巷

在倒桑树街以南，还有一条杀牛巷，从名字就可知道是过去屠宰牛的地方，不过当年的杀牛巷与今天的杀牛巷并不是一个地方。今天的杀牛巷在新中国成立之后都还是农田菜地，而在它附近的珠宝巷才是过去杀牛和出售牛肉的地方，曾经叫作杀牛巷。在它的北段因为有白酒作坊而叫作烧房巷（川西地区过去都把白酒作坊叫作烧房）。1981年地名普查时，杀牛巷不再杀牛，烧房巷不再烤酒，两条小巷都不长，所以就并为一条，按当时巷内有一家珠宝加工厂的特点而改名为"珠宝巷"。而在今天杀牛巷的地方则因为已经形成了一条新的街巷，原来杀牛巷的牛羊产品经营部大门又改在了这里，命名时就把原来杀牛巷的名字放到了这里。

鸡市街附鸡市巷　鹅市巷

牛市口以东的羊子市巷北端有一条小街叫鸡市街，因为过去是得胜场的鸡市而得名。在玉带桥街的南边，还有一条小巷叫鸡市巷，过去曾经是北门一带的重要鸡市。这两条小街都已经在几年前被拆除。

今天天府广场一带是成都过去的皇城坝，是成都回族同胞的聚居区，所以原来有一个主要供回族同胞采购家禽的市场设在一条小巷中，这条小巷就名叫鹅市巷（过去也曾经以成都方言误称为鹅屎巷、屙屎巷）。因为小巷比较长，所以又分为东西两段，东段弯曲，在民国时改名为叠湾巷，西段则被正式命名为东鹅市巷（另有西鹅市巷在天府广场西边的永靖街）。新中国成立以后东鹅市巷不再卖鹅鸭，成了小百货市场。在修建天府广场时，这一片的小街小巷全被拆除。今天的成都人在锦城艺术宫欣赏艺术演出或者在摩尔百货购买时装时，很难想到这里在20多年前还叫鹅市巷。

清光绪二十八年（1902），热心教育事业的回族人士马昌华等人在西鹅市巷创办了新式小学清真学堂。这是成都人自己开办的第一个民办新式小学。

皇城坝民居　1995年　陈锦摄影

东鹅市巷　20世纪80年代　严永聪摄影

东鹅市巷民居　1994年　周孟棋摄影

米市坝街附鱼市坝街

牛市口南侧有一条小街，过去曾经是得胜场的米市，俗称米市坝，1981年地名普查时正式命名为米市坝街，已在城市改建中被拆除。

与米市坝街相邻，原来还有一条鱼市坝街，是传统的鱼市。1981年地名普查时将鱼市坝街并入了得胜上街。

牛市口和得胜上街、得胜下街这一片过去是华阳县的得胜乡，是一个紧邻市区的场镇。1936年成渝公路建成通车，这里是公路的起点，设有车站，各种配套设施也陆续增多。为了便于管理，就将得胜乡划入成都市区。这之后也就正式命名了一批街道名称，原来场镇上的几个由市场发展而成的街巷名称也就一直保留了下来，如牛市、羊子市、米市、鱼市、鸡市、海椒市。

糠市街

今天的很多年轻人都不会知道糠是什么东西，没有见过糠是什么样子。不过，如果想一下在书中可能还读过的"吃糠咽菜"这个成语，也许就会产生一点模糊的印象。

糠又叫米糠，就是将稻谷加工成大米时碾碎的稻谷外壳中较细的部分，具有一定营养价值，在过去是用来喂家禽家畜的上等饲料，也是白酒生产中少不了的辅料。对于极为穷困的家庭，糠就可以用作大米的代用品（笔者本人就曾经在1960年至1961年吃过米糠，那时的米糠是挽救因为饥饿而导致水肿的病人最为重要的救灾物资）。过去的成都城内，大多数人家都是要养鸡的，糠就是喂鸡的主要饲料，所以很多家庭主妇都要买糠，糠市的形成也就是很自然的了。新中国成立以后，糠市不再存在，但是仍然有不少郊区农民担些糠进城来在一些小街小巷中卖，或用糠和居民换粪水、换潲水，一直到改革开放以前，笔者还在所居住的盐道街一带看见过。

位于成都市中心的糠市街对于很多成都人来说都是熟悉的，因为在大慈寺以南地区东糠市街、南糠市街、西糠市街、北糠市街四条糠市街呈十字架状排列。南糠市街由于南接东大街，是过去从东门城门进城之后右侧的第二条街道，所以老成都人也称为东门二巷子。北糠市街由于紧邻大慈寺，而且过去原本就在大慈寺范围之内，所以其北段后来就改名为大慈寺街。由于曾经有广东会馆建在西糠市街，所以老成都人也称西糠市街为广东馆街。

西糠市街上的广东会馆是目前在成都市区保留下来的仅存的两处会馆建筑之一（另一处是陕西街上的陕西会馆），由于会馆早已移作他用（根据目前所见到的资料，1937年即已由川军的二十八军在此开办了军队的印刷机构"武学官书局"，有工人50余人。新中国成立之后，长期为医药公司的库房），建筑已经不全，过去也很少为人所知。前几年大慈寺片区进行拆迁改造，周围的平房全部被拆除，广东会馆一下子就亮了出来，锦江区已决定要将广东会馆加以保护，维修之后对外开放。

北糠市街原来有清代重建的古筹边楼，是为了纪念曾经任过剑南西川节度使的唐代著名政治家李德裕。因为李德裕为了筹划当时川西北地区的防务，曾

西糠市街小巷里的"篮球场"　1997年　王晓庄摄影

经于大和五年（831）在节度使署内专门修建了一座绘有边防地图的筹边楼，并经常在楼上接待宾客，在当时的成都颇有名气。例如当时的著名女诗人薛涛就有名为《筹边楼》的诗作："平临云鸟八窗秋，壮压西川十四州。诸将莫贪羌族马，最高层处见边头。"为了纪念这位文韬武略的李德裕，所以后代的成都也就一直建有筹边楼。据研究，唐代的筹边楼可能在今天的四川科技馆东侧，

北糠市街　20世纪50年代　成都市建设信息中心提供

北糠市街拐角　1991年　陈锦摄影

宋代的筹边楼可能在今天的正府街，明代的筹边楼在今天的下莲池附近，清代的筹边楼在今天的北糠市街，而且在筹边楼这个名字前面加上了一个古字，叫"古筹边楼"，民国时因扩修马路而拆除。

海椒市街

在牛市口地区，有好几条以市场命名的街巷，都是小街小巷，唯有这条海椒市街是一条比较宽阔又比较长的街道。出现这种情况的原因，并不是因为这里的海椒市场特别大（不过，这里的确是当年的海椒市，当年在这里出售的成

都东山地区所产的二荆条海椒也的确是一种有名的优质海椒),而是因为新中国成立以后政府在建设东郊工业区时在这里兴建了不少企业,如成都空压机厂、成都发动机厂、成都电池厂等,当时算是成都较大型的企业,所以也就形成了一条由多个厂区组成的比较大的街道,可是从来没有命名。1981年地名普查时,就按旧地名命名为海椒市街。不过,老成都人仍然是按旧地名称为海椒市,把这个街字给省略了。

青果街

从老的北门大桥入城之后的第一段街道,即从马道街口到珠市街口的这一段,原来名叫青果街。青果街以南,才是北大街。1968年并入了解放中路一段,1981年地名普查之后则成为合并之后的北大街的一部分。

青果街的得名,是由于原来在街的东侧有一个大水果市场,而与在四川方言中被称为青果的橄榄无关。无论是过去还是现在,成都主城区附近都不产橄榄,只有在都江堰市有少量出产。

青果街水果市场　1992年　唐跃武摄影

草市街

　　草市街是成都人很熟悉的一条大街，因为它实际上是北大街的南边一段，从酱园公所街口向南一直到新华大道的文武路口（即原来的成都旅馆所在地），都叫草市街。因为比较长，过去还曾经分为上草市街和下草市街。

　　草市就是过去买卖草料的市场。成都市场上的草料主要是指稻草和麦草。过去成都人几乎家家都要购买稻草（成都方言叫谷草），因为在使用席梦思之前那是铺床的最佳材料，柔软、暖和又透气（笔者"文革"以前在川大读本科的时候，是人人都用草垫；读研究生的时候，因为臭虫太厉害，才有部分同学放弃了草垫）。麦草则是穷苦人家翻盖草房的必需材料。在马作为交通工具的时代，草料还是喂马的主要饲料。正因为过去的草料有这样大的用途，有一个草市街当然也就不足为奇。不过，到了民国时期，草市街已经不再以卖草料为特色，而是以卖旧家具为特色了。

　　草市街还曾有过一个很文雅的名字叫作玲珑街。这是因为草市街过去有一座三重大殿的火神庙（关于火神的介绍见"三圣街"），就在今天第八人民医院的位置，庙后有一个花园名叫"小玲珑"，是仿著名的扬州小玲珑山馆而建的，在成都的文人中间名气不小。清人的《竹枝词》曾经这样描述："后来居

草市街街口，右面主体建筑是成都旅馆。　20世纪60年代　王大明提供

以市场作坊命名　453

草市街雪景　1996年　周孟棋摄影

上'玲珑馆',仿得扬州略剪裁。"所以有些文人就把草市街称为玲珑街,只是因为没有普及开来,所以未能取代草市街这个大众化的街名。

　　建于清光绪十九年(1893)的火神庙,是为了祭祀火神、祈求免除火灾的庙宇。在老一辈成都人心目中,这个北门火神庙很有名气。一来因为这里长期是成都东南西北四大米市之中的"北市",是北半城很多市民买米的地方,也是一个大型的市场和游乐场所,里面的两面戏台可以同时由两个戏班唱戏。当代很有名气的郭汤圆,当年就是火神庙前的一个汤圆担子。二来是因为这里长期流传着清代著名"掌墨师"刘图群(古时木结构房屋的设计师与工程负责人被称为"掌墨师")在1893年一年时间内如何克服重重困难建成了规模宏大、前有商铺后有戏楼的火神庙的故事。十分遗憾的是,这座建筑精美的北门火神庙在建成32年之后,就在一场火灾之中全毁了。

　　这里提到的郭汤圆是多年来在成都与赖汤圆齐名的著名小吃品种,是原籍中江的郭永发于1923年在北门火神庙前挑担经营创业的,很快就以精工制作的洗沙汤圆受人喜爱。《锦城旧事竹枝词》称赞说:"火神庙前一小摊,油灯荧荧卖汤圆。炒成豆泥酥独好,名非浪得请详参。"发展到20世纪40年代就在北门火神庙对门(原来的北大街9号)开店营业,一直到改革开放之后都未迁址,其店堂规模比赖汤圆大得多,也要漂亮得多。郭汤圆共有数十个品种,以加入少许蜜饯为其特点，又以洗沙馅和黑芝麻馅最为著名。它的精品是一碗八馅，人称八宝汤圆，在起锅装碗之后还要撒上糖桂花，别有一番风味。

草市街与文武路交会处在"文革"前修建的成都旅馆是当时成都最大的旅馆之一，也是市政府的第一招待所，直到改革开放之后，全国糖酒交易会等大型经贸活动仍然在此举行，现已改建为新型的商贸大楼。

草市街与灶君庙街交会处的和平电影院是新中国成立之后成都市新建的第一家电影院，而且是由华昌照相

在成都旅馆举办的第二届全国糖酒交易会（文武路一侧）
1988年　王晓庄摄影

材料行、时昌钟表行、大上海无线电行这三家私营企业转行集资开办的（政府有一定扶持）。1955年3月10日被政府批准，划定了地址，12月19日申请公私合营，12月22日动工，1956年3月31日竣工开业。和平电影院在"文革"中改名为井冈山电影院，1983年恢复原名。

乡农市街

成都人口中常说的西门车站位于营门口路西侧，过去去往郫县、都江堰以至阿坝州方向的长途汽车都从这里发车。这个长途汽车站现已迁至茶店子。在过去的西门车站对面，就是乡农市街。

乡农市地处西门之外的交通要道，民国时期被称为"车码头"。不过这里所说的"车"除了不多的专跑长途的黄包车之外，主要都是过去川西农村最常见的交通工具"鸡公车"（有的学者认为本应当写为"叽咕车"），也就是不少学者认为的当年诸葛亮所造的"木牛流马"。民国时期的成都《竹枝词》这样描述当时的鸡公车："成都女儿颜如花，成都城外鸡公车。跨上车来胜骑马，一回抖罢一回麻。"抗日战争时期，著名作家叶圣陶在成都任四川省立教育科学馆专门委员（寓居成都时的住宅是在西郊罗家碾的王家冈），就曾经在这个车码头坐鸡公车去郫县、灌县、崇宁县、彭县等地视察中小学教育，这在他1940年所写的《成都近县视学日记》中有清楚的记述。正因为鸡公车在过去的成都太普遍了，所以著名学者冯广宏先生把它作为老成都最典型的印象之一，在《成都今昔吟》一诗中有这样的诗句："少城畦径通茅舍，会府行商鹦旧貌。蛙井牵驴低晓月，鸡车唱辙越高桥。"

鸡公车是旧时川西平原处处可见的交通工具，也是唯一一种可以在乡间小路甚至在田坎上通行的车辆，清代为了保护城内街道上铺设的石板，曾经多次禁止鸡公车入城（青羊宫附近的遇仙桥和送仙桥1987年才改建为钢筋混凝土平桥，此前都是石拱桥，桥面石板上一道又一道被鸡公车铁轮碾成的深深的车辙在所有老成都人的心中都会有深深的印象）。鸡公车又分为高车和矮车两种，高车又称"羊角"，只能载货，矮车又称"牛头"，主要用于坐人。车轮用铁圈箍着，车轴和承轴的"夹耳"选用最硬的檀木或青冈制成，最大载重可达300公斤左右。但是在不平的小路上行车会使坐车的人受到振动，严重时甚至致使坐车的孕妇发生堕胎（著名生物学家与社会活动家周太玄的夫人王耀群就是于1935年因为坐鸡公车受了剧烈颠簸而造成流产以至去世的），所以《竹枝词》才会说"一回抖罢一回麻"。笔者9岁进县城读中学，来去都是坐这种鸡公车，后来也学着推过多次鸡公车。最后一次是在1961年，为了把在九眼桥一带收集到的粪肥送到设在神仙树的川大蔬菜基地，曾经推了整整一周的鸡公车。据笔者所见到的资料，川西坝的鸡公车还曾经远走华北，因为在抗日战争中川军出川抗战时，没有现代的交通工具，一些士兵就是用鸡公车推着辎重走上战场的，最远的到达了山西前线。

1925年，全长53.6公里的成灌马路勉强建成，成都第一家汽车客运公司

· 街巷 ·

▲ 成都羊子山二号汉墓出土的骈车画像砖
 （画面右下是独轮车） 四川省博物院藏
◥ 成都郊外的"鸡公车车站"
 1917年 ［美］甘博摄影
◀ 在成都乘坐鸡公车的美国学者、摄影家
 甘博 1917年
▼ 进城用鸡公车作为交通工具的一家
 20世纪80年代 周刃摄影

以市场作坊命名　457

川军出川抗战时，士兵用鸡公车运送军用物资。　　建川博物馆提供

成灌长途汽车公司同时成立，在乡农市筹设汽车站（这就是后来的西门汽车站，当时的小地名叫乌龟碑）。公司从上海买回英制奥斯汀小轿车1辆、美制小型福特厢式汽车8辆，在1926年1月1日举行通车典礼，每天对开三班，是成都也是全省第一条汽车客运线。抗日战争期间，为躲避日本侵略者的轰炸，城内的省市县政府都迁到西郊办公，一些居民也迁到郊外居住，这里遂成为一个城乡接合部的农副产品市场，并逐渐形成街道，于是就命名为乡农市正街。除了乡农市正街之外，还有相邻的乡农市前街、乡农市后街和乡农市横街，很多商家都在这里摆摊设点。在新中国成立之后的几次市政建设中，原来的石灰街、花牌坊街加宽取直，向西又新建了宽阔的营门口路，成为成灌公路的出城路段，道路两边又修建了若干楼房。现在就只在楼房的背后保留了一条乡农市街，而且还被一环路切为两段。

乡农市的西门汽车站也曾经是成都最早的公共汽车站，但也是一个短命的公共汽车站。抗日战争时期的成都人口骤增，市民要求开设公共汽车的呼声一直很高，可是当时的市政当局一直到1942年12月15日，才试行开通了成都市第一条公共汽车线路，路线是从东门车站到西门车站，投入运行的公共汽车只有4辆，而且是当时普遍使用的烧木炭的木炭车。由于各种各样的原因，这条公共汽车线路不久即行停运（1947年初曾经恢复运营过一个时期，线路

· 街巷 ·

乡农市市场豆制品摊位　20世纪90年代　王文相摄影

延长为从沙河铺到茶店子）。一直到新中国成立以后，成都才真正开通了公共汽车，第一条线路是从火车北站到盐市口。

今天乡农市街西边的成都实验外国语学校的前身是1963年建成的西乡路中学。其实成都从来就没有一条"西乡路"，当年建校时所以如此命名，就因为它位于乡农市街以西。

暑袜街

暑袜就是用针织机生产出来的棉纱袜，这在今天已是十分普遍的商品，可是在清代却是属于从西洋传入的新型商品，所以又称为洋袜。我国传统的袜子大多数都是用白布做的布袜（今天在戏曲舞台上和一些寺庙中僧人的脚下还可以看到这种传统的白布袜），有钱人家冬天穿毛袜，夏天穿云绸袜。一直到清代后期成都才逐渐出现从上海传来的棉纱袜即暑袜。为了耐穿，买回之后一般都要用手工加缝袜船子和袜底。穿不加缝袜船子和袜底的袜子是从20世纪60年代有了"尼龙"袜子以后才开始的。正是因为如此，所以当暑袜这一新生事物和名称尚未流行的时候，不少人搞不清楚什么叫暑袜，更不知道这个新

以市场作坊命名　　459

名称应当如何写，所以曾经把暑袜街误称为"水花街"，这种称呼在成都的老人口中至今还能听到。

暑袜街在生产暑袜之前就有一些店铺生产出售鞋袜，特别是以一种叫"密纳帮"的特制布鞋闻名全城。西方的皮鞋传入之前，成都人主要是穿布鞋。绝大多数布鞋都是只纳鞋底，"密纳帮"却是选用蓝色土布作鞋帮的面料，全部鞋帮都纳以密密的粗线，鞋尖和鞋后跟还镶上一块牛皮，鞋底也有一层牛皮。这样制作的布鞋不美观，但却是所有布鞋中最经久耐穿的，一直到新中国成立初期还可以看到。

暑袜街不短，在清代就被分为北、中、南三段，民国时更分为暑袜南街、暑袜中街、暑袜北一街、暑袜北二街、暑袜北三街等五段。暑袜北三街和北边的暑袜北二街之间以总府街为界，新建的蜀都大道总府路从暑袜北三街的中间通过。

暑袜街位于全城的中心，当年成都城内分为华阳与成都二县时，暑袜街又正在两县的分界线上，所以清代的成都人就把暑袜街与华兴街、海会寺街（今兴隆街）的交叉口称为"小十字"，把暑袜街与总府街、提督街的交叉口称为"大十字"。李劼人先生在他的《死水微澜》三部曲中把主人公郝又三的

▲"石头、剪子、布"（成都叫"识圈儿"），暑袜北一街。 1993年 唐跃武摄影

◀暑袜北街 1998年 赖武摄影

公馆安排在当时成都的中心暑袜街,是有其专门的用意的。

暑袜街在清代有较多的皮毛麻布制品出售,但是因为有织售暑袜的新式商品的商店在此(初期的棉袜是在家庭作坊中用手摇织袜机生产的,这种手摇织袜机一直到新中国成立以后在一些县城乡镇中还在使用),所以就把这条街叫作暑袜街。暑袜街除了袜子之外另一种主要商品是夏布(即细麻布,因为主要功能是做夏天的汗衫和蚊帐,所以称为夏布。四川的夏布主要出产于隆昌,由于蚊帐几乎是家家必需,所以过去有很大的销量),有《锦城旧事竹枝词》记其事:"黑漆柜台擦拭光,迎面立橱夏布藏。洁白罗纹隆昌货,经久耐用绝不汤(按:"汤"是成都方言,形容不经用的纺织品一洗就变成网状)。"

清道光四年(1824),在今天的暑袜南街,从东门外的水井街迁来了一家名叫"全兴成"的烧房,占地两亩三分,前店后厂,生产并销售一个系列的四种白酒:冷气大曲、陈年大曲、茵陈大曲、大曲,统称为全兴酒,这就是今天名满全国的国家级名酒全兴大曲的前身。所以要选在暑袜南街烤酒,是因为这条街上有一口明代凿成的优质好井,井下有一口天然泉眼,时常可见翻花冒水,是酿造美酒的佳泉。"全兴成"在暑袜南街一直经营到新中国成立前夕,由于国民党政府统治的货币贬值,市场混乱,民不聊生,只得关闭,窖池也全部填平。新中国成立之后,又才在水井街恢复生产。

暑袜中街由于地处市中心,所以在清末民初连续开设了几家银行,与相邻的北新街、中新街、南新街、春熙路共同形成了成都长期的金融中心。四川最早的地方银行浚川源四川官银行于光绪三十一年(1905)在此开设,在其旧址上1936年开设了四川省银行成都分行。四川最早的国家银行大清银行成都分行于光绪三十三年(1907)开设在暑袜北二街。除此之外,民国时期还有交通银行成都分行、私营金城银行成都分行、私营美丰银行成都分行(今天设在此街的四川省参事室和四川省文史馆的办公地点就在当年的美丰银行旧址)。在相邻的暑袜北三街还有民国时期的中央银行四川分行(中央银行四川分行成立于蒋介石势力入川之时的1935年8月16日,原来在东御街,后与中国银行成都分行互换,迁到暑袜北三街),今天的中国银行四川省分行就在原来中央银行四川分行的旧址上,只是因为新修了蜀都大道,所以把大门开到了蜀都大道上。

作为成都最早的金融中心，暑袜中街1940年发生了一件罕见的非常事件，私营金城银行在大白天被"抢匪"抢劫，这在成都历史上是唯一的一次。事后有12个"抢匪"被当局枪决于1939年日军大轰炸后的盐市口的瓦砾废墟。"抢匪"抢劫的数目有多少？"抢匪"是何身份？当时官方未予公布，至今仍是一个谜。

作为成都最早的金融中心，发展到当代又在这里发生了一件不能不提到的大事。在暑袜中街与暑袜北一街的交会处耸立着的蜀都大厦建成于1991年，原址是过去的四川省人民银行招待所和木工加工车间，大厦最初的名字叫成都工业发展展销中心。它是改革开放之后成都新建的第一座高楼，也是当时整个西南的第一高楼，总共34层，高113米，位于30层的旋转餐厅也是当时整个西南的第一家旋转餐厅。为了修建这座高楼，建设者以大胆吃螃蟹的精神，组建了新中国第一家经政府批准设立的股份制企业——成都市工业展销信托股份公司，发行了新中国第一张股票——"成都工展"法人股，每股一万

蜀都大厦　20世纪90年代　陈德龙摄影

元，时间是1980年6月。1991年重组为蜀都大厦股份有限公司，1992年成为全国第三家、西南第一家法人股流通改革试点单位，在北京募集3000万股法人股。1995年11月28日，在深圳挂牌上市。

清末与民国时期成都最著名的刀剪铺店名叫"烂招牌"，其店招也真是一块破朽的木质招牌，裂为几块，店主用一个铜质十字架把几块朽木加以连缀（据老一辈回忆，这家店最早是开于清乾隆年间，招牌上还有"江南赵记刀剪店"的字样，到了清末，已经一字难识）。用今天的眼光来看，当时的艺术表现手法就是相当的"前卫"与"后现代"。这家店铺就开设在暑袜中街，其历史比春熙路上用石板作柜台的"廖广东"刀剪铺还要早。主要产品剪刀都经过师傅砂平细磨，缠上铜丝或上漆藤条，它还是在过去极为罕见的售出商品可以永远包退包换的店铺。清人的《竹枝词》有如下的记载："安排针线绣弓鞋，花样翻新配色来。试问谁家金剪好？无人不道'烂招牌'。""烂招牌"刀剪铺20世纪50年代还在暑袜街，以后迁往提督街。在建设大三线的热潮中，由成都市有关部门安排，全店迁往攀枝花市支援"三线"。

成都市第一家西式理发店是由一个叫崛口的日本人（此人是成都的日本外交人员从日本带来的理发师）于民国初年开设在暑袜街上的"东洋理发店"，但是有关设备与技术的情况不明（对设备与技术有所了解的最早的成都理发店见"陕西街"），据说可以为男士烫发。在清代，按朝廷的规定，男子的头上必须是前面剃光，后面蓄辫，所以在当时的这种行业之中是只有剃头匠和剃头铺（据《成都通览》的记载，成都清末的剃头铺有619家），而没有理发匠与理发店。到了民国时期，把发辫剪掉之后，头发的打理就成为所有男人必须面临的问题，所以从日本与南洋传入的理发店也就应运而生了。崛口的理发店生意很好，学艺者众，他本人也在成都娶妻买房，但是不到几年就病死于成都。他的助手黎金廷继承了他的设备与技工，在祠堂街52号开了"肇新理发店"，在春熙路上的"三益公"和商业场内新集场的"大光明"美发厅开业以前，这是成都最著名的理发店。

成都餐饮史上最著名的川菜馆之一"姑姑筵"的兄弟店"哥哥传"，最初就开设在暑袜中街（后迁总府街），店主是"姑姑筵"创立者黄敬临之弟黄保临。

成都民国时期还有一家名声仅次于龙抄手的矮子斋抄手，新中国成立以后仍在下东大街经营,最早就是于 1928 年开设在暑袜南街。

暑袜北二街在清代是全城制作旗伞围垫店铺最集中的地方,民国时又增加了锦标锦旗业务,直到今天,这里仍然保持了这种特色。

至今仍然开在暑袜北二街的"泰三堂"是清嘉庆年间开设的成都最有名的中药店之一。初名泰山堂,清宣统年间由黄姓一家转让与梁、蒋、张三家经营,遂改名为"泰三堂",它所生产的眼药闻名全川。在泰三堂的斜对面,民国时期开了一家"萧氏弟兄医院",门前挂着写有"医学博士萧露嘉""医学博士萧浩然"的牌子,是当年成都最著名的私立西医院之一。今天的锦江区人民医院就是在当年的"萧氏弟兄医院"的旧址上建立的。萧露嘉医生还曾经兼任过石室中学的校医,他的儿子名叫叫萧路加,孙子名叫萧璐珈,这种取名在当时的成都是唯一的一例,曾经被不少人所热议。

位于当年全市市中心"小十字"的暑袜北一街的成都市邮电总局,前身是清代的大清邮政成都分局,由当时的大清邮政总局派湖北人杨开甲初创于清光绪二十七年(1901),开业的日子是 1901 年 12 月 24 日,虽然只有三个工作人员,杨开甲任襄理局长,朱蒲生任窗口服务,曾福任投递(英国人钮满于次年奉总局之命来成都主持局务,一直到 1912 年才离开),但是这却是成都最早的服务型近代企业,也是将规范的文书、表格和单据,挂号费、包裹保险费的区别使用等西方的公司管理理念与制度最早传入成都,并在业务往来中让成都

清代成都邮政局　刘永禄提供

清末成都邮政员工的合影　1910 年　刘永禄提供

人逐渐了解并熟悉的近代企业，包括复写纸（成都长期都叫"拓蓝纸"）、彩色笔、刨笔刀、胶水等近代办公用品也是最先在这里与广大的成都市民见面。邮局开业时使用的是租用的普通平房，曾经发生过两次火灾。现存的这幢邮政大楼修建于1935年至1937年，是成都时间最早、保存最好、使用时间最长的西式建筑之一。主楼四层，翼楼两层，总面积5061平方米，由加拿大建筑师莫理逊和中国建筑师叶溶清设计监造。外墙是磨砖对缝的清水墙以糯米浆粘接，房顶红色平瓦相互间用铜丝相连（这种红色平瓦是从汉口购来的，也是成都建筑中第一次使用平瓦），里面的木结构都进行过防腐处理，地板以楠木做成，办公区有壁炉，卫生间的抽水马桶当时在全国都非常罕见，墙壁上的铁窗在成都是第一次使用。这幢建筑一直由邮政部门使用，并得到了较好的保护，故而在改革开放之后列名于成都首批22处文物古建筑保护名录。1998年停业进行全面维修，2007年被确定为四川省级文物保护单位。大楼在全面维修之后于2008年2月重新投入使用，其中原来的老店是作为四川邮政旗舰店的营业大厅，同时又在旁边新建了一个欧式商业大楼"锦城绿洲"。

成都邮政局从成立到1949年成都解放，先后有21个局长（或称邮务长），前15位都是由外国人（包括英、法、意大利和印度）担任的，最后6位由中国人担任。由于邮政局的垄断经营，再加上外国人在旧中国的特殊地位，

成都邮电局大楼，周围的遮阳伞下是集邮市场。
20世纪90年代　严永聪摄影

风雨无阻穿梭在大街小巷的邮递员
1995年　陈锦摄影

民国前期的外籍邮务长在成都的身份地位要高过很多官员，20世纪20年代的一首成都《竹枝词》曾经这样描绘英籍成都邮务长罗思出行时的威风："一双蔗棍轿前催，曲巷回过喊如雷。更有双鞭前咤叱，威风扬起满城灰。"

当年修建暑袜街的邮局大楼时，原来的计划是打算多修两层的，但是当时成都还没有专业的地质勘探工程人员，建筑设计时是凭印象而做出了成都地下是河滩故而不能修建高层建筑的结论，所以主楼和翼楼只修了四层和两层。这种错误认识对成都建筑界的影响很大，从民国时期到新中国成立初期，成都所有的新式建筑都没有超过四层。

暑袜中街北端曾经有一座基督教会的礼拜堂，建于1921年，正式名称是"苏特兰纪念堂"（加拿大传教士苏特兰是修建资金的主要募捐者），是成都最重要的基督教礼拜堂之一。它又名"三育社"，因为开办有小学、婴儿保育会、图书阅览室、寄宿舍等福利设施，曾经在西南少数民族地区有过重要贡献的中国基督教会全国总会边疆服务部曾经在此办公。大楼一楼一底，砖石楠木结构，楼上可容千人。在成都还没有音乐厅的抗日战争时期，这里曾经举办过一些著名的音乐会，著名音乐家马思聪的小提琴独奏音乐会是在这里举行的，著名歌唱家喻宜萱、蔡绍序、郎毓秀的独唱音乐会也是在这里举行的。为了纪念人民音乐家冼星海的不幸去世，由中共地下党员倪子明等组织了以成都职业青年联谊会歌咏队为基础的进步青年，于1946年5月3日在这里专场演唱了《黄河大合唱》《在太行山上》《到敌人后方去》等革命歌曲。并在此基础上，于1946年6月15日组成了新中国成立以前成都最著名的合唱团海星合唱团，由刘文晋担任团长兼指挥，由地下党员林友民担任副团长（海星合唱团在地下党领导下一直坚持活动到新中国成立，1953年并入成都音乐工作者协会。改革开放以后，重新活跃在成都文化舞台。2013年6月26日，海星合唱团在成都文化馆以一场《黄河》专题音乐会庆祝中国共产党建党92周年）。这个礼拜堂在"文革"时期被占用，1981年因为修建蜀都大道而被拆迁除，但是有关部门按政策在洗面桥街和昭忠祠街对基督教会者给予了土地赔偿。

纱帽街附丝棉街　棉花街　皮房街　皮房前街　皮房后街

纱帽，也称为乌纱帽，自魏晋以来长期是贵族与官员们头上常戴的帽子，明代规定为文武百官的礼服。清代官员不再戴乌纱帽，但是在戏曲舞台上却仍然使用，因为我国戏曲舞台上的服装基本上都是明代的服装。纱帽街的名称始于明代，到了清代，虽然这里不再是以生产官员们的官帽为主，但仍然生产戏曲舞台上所需的乌纱帽以及其他的各种戏曲服装，所以纱帽街的名字一直未改，而且有《锦城旧事竹枝词》记其事："蟒袍玉带帽乌纱，锁子黄金亮铠甲。出将入相寻常事，行当穿戴细分家。"新中国成立以后，这里仍然是全省戏曲服装的主要生产与发售地（一直到"文革"以前，四川省各县都有专业川

纱帽街四合院内的天井
1998年　周刃摄影

纱帽街四合院
1999年　唐跃武摄影

纱帽街汽车配件商铺　2004年　韩国庆摄影

剧团一个以上，各乡镇几乎都有业余川剧团，此外省内还有不多的京剧团、汉剧团、评剧团、花灯剧团，所以各种戏装有较大的销量）。

纱帽街的街道较长，分为南纱帽街、中纱帽街和北纱帽街，改革开放后曾经是市中心最集中的汽车配件一条街。北纱帽街这一片地区从唐代到明代都还是在大慈寺内，清代重建的大慈寺面积大大小于过去，这里才形成了街道，所以在清代与民国时期的北纱帽街上都还保持有西禅堂、药师殿的地名，那都是当年大慈寺中殿堂的名称。

清代的北纱帽街上建有黄陂公所，即湖北黄陂籍移民在成都的会馆。民国时期著名新闻出版家与政治活动家胡政之出生于纱帽街3号。

胡政之

胡政之（1889—1949） 祖籍成都郫县，随父亲在安徽长大，1906年赴日本留学，1911年回国。1912年进入章太炎主办的上海《大共和日报》，两年中从日文翻译、编辑升至总编辑。1916年应邀加入天津的老《大公报》，任经理兼主笔，主持了老《大公报》的全面改革。1919年前往欧洲采访巴黎和会，是与会的唯一中国记者。1920年离开老《大公报》，1921年在上海创办国闻通讯社，1924年创办《国闻周报》。

1925年，胡政之与吴鼎昌（也是一位成都人）和张季鸾合组新记公司，接办《大公报》。吴鼎昌出全资，担任社长。胡政之和张季鸾以劳力入股，主管业务，胡政之任总经理兼副总编辑，张季鸾任总编辑兼副总经理。从此直到去世，被喻为"并世无双"的新闻界全才胡政之将全身心投入《大公报》，基本上每天都是上午处理经营事务，下午研究编辑方针，晚上执笔写社评。在他和张季鸾（1941年张季鸾去世之后由王芸生接任主笔）的共同主持之下，《大公报》成为民国时期在全中国影响最大的报纸，1941年荣获了美国密苏里新闻学院荣誉奖（密苏里新闻学院荣誉奖是当时全世界新闻界的最高奖，此前在亚洲只有日本的《朝日新闻》和印度的《时报》获此荣誉）。

当《大公报》取得了很大的成就和影响时，国民党当局多次邀请胡政之到政府做官，均被他一口拒绝。抗战胜利以后，美国驻中国大使司徒雷登请他去南京，送他洋房汽车，询问他是否愿意出任行政院院长。他不仅仍然拒绝出任官职，连洋房汽车也一并拒绝。

1945年4月，联合国成立大会在美国旧金山举行，中国以反法西斯战线四大战胜国的身份正式组团与会。中国代表团正式代表10人：国民党宋子文、顾维钧、王宠惠、魏道明，共产党董必武，无党派人士胡适、胡政之、吴贻芳，青年党李璜，民社党张君劢。胡政之是在《联合国宪章》上签字的中国代表之一。

1948年，胡政之亲自主持《大公报》香港版复刊（金庸就是当时招聘进入《大公报》的青年职工），突然病发，立即回上海就医，辗转病榻一年之后，于1949年4月14日病逝。

胡政之在联合国宪章上签字

在有关服装的街道中，成都曾经有三条比较著名的街道，就是丝棉街、棉花街和皮房街。

丝棉街原在今天的红星路四段，以加工和出售丝棉（就是用蚕茧抽丝之后剩下的次等材料生产的丝质棉，成都人又叫"张棉"，可以做丝棉被，也可做丝棉棉衣。目前在成都只有在武侯祠的锦里和文殊坊中还可以看到这种古老的丝棉生产工艺)为特色。不过到新中国成立以后,这条街上只剩下两家店铺还在经营丝棉制品。1964年将从北到南的几条小街即南打金街、丝棉街、四维街、建国北街加宽扩大建成红星路四段,丝棉街不复存在。

在成都名气不小的休闲食品"老八号花生米"于抗日战争时期创业于丝棉街8号,它的名气主要是靠从新南门入城经过丝棉街的华西坝的学生们宣传出去的,所以《锦城旧事竹枝词》这样写道:"选料浑壮粒粒精,白里红衣讶停匀。掌握火色端正好,义务鼓吹靠学生。"

棉花街原在今天蜀都大道上从红星路到纱帽街那一段,既有加工棉絮、出售棉花的店铺,也有加工各种丝棉制品的店铺,同时还卖蚕子卖桑叶(新中国成立以后还有卖的,但已不是为了生产,而是城市儿童们的活虫玩物)。1958年,从春熙路北口向东,将相连的湖广馆街与棉花街拉直扩宽,并穿过大慈寺后面的平房直达府河,成为新建的东风路,棉花街不复存在。

清代到民国时期的棉花街还有另外一个非正式的名称叫相府街,这是因为街上有一个名叫"相府"的大院,旧址在今天的锦江区政府以西的位置。"相府"的主人,是清代中叶进士出身的卓秉恬(1782—1855),曾经在嘉

20世纪50年代的棉花街　苏红亮提供

庆、道光、咸丰三朝为官50多年，当过恭亲王的老师，担任过兵、礼、户、刑四部尚书和武英殿大学士。清代不设宰相，大学士就是实际的宰相，人称相爷。虽然卓秉恬晚年并未回成都居住，他的儿子也未在成都居住，这里实际上是卓氏后人居住的民居，但是仍然被称为"相府"，门前还竖有双斗旗杆，这条街也被称为相府街。在整个清代，文官官居一品的四川人只有张鹏翮、卓秉恬和周煌三人，成都人就只有卓秉恬一人，他是一个持身清正、政声极佳的清廉之士。卓秉恬的儿子卓樗官居礼部侍郎，孙子卓瀔官居吏部郎中，三代在朝为官，是整个清代成都最显赫的家族。卓秉恬家的祖业是开酱园铺，三代官运结束之后卓家又重张旧业，在"相府"门前开设了清代成都最有名的"广益号"酱园，所生产的酱油、酱菜、豆瓣久负盛名。至今还是川西地区著名特产的唐场豆腐乳、海会寺豆腐乳等，过去通称红糟豆腐乳，就是由"广益号"酱园做出名并流传四方的。成都酱园业同业公会的酱园公所就是在"广益号"酱园的倡议并主持之下成立的。相传卓秉恬曾经把"广益号"甜酱贡入皇宫，大受赞赏，故而以后的甜酱就有了"京酱"之称，至今川菜名菜"京酱肉丝"也就由此得名。长期以来，"广益号"酱园的产品在成都有着极好的口碑，正如一首清代的《竹枝词》所说："开门七件事当家，柴米油盐酱醋茶。五事都寻广益号，米柴另自有生涯。"

民国后期与新中国成立初期成都最有名的妇科圣手卓雨农（1906—1963）也是卓家后代，长期开诊所于卓家"相府"老宅，经他治愈的女性病人不计其数，故而被称为"卓半城"（卓雨农脸上有麻子，故而人们在背后多叫他"卓麻子"，当年在成都提起"卓麻子"可谓家喻户晓）。他在1958年出版的《中医妇科临床手册》与《中医妇科治疗学》至今仍是中医妇科医生的必读之书。时人写有记述卓家事迹的《竹枝词》："锦城丝管棉花街，三代荣封卓秉恬。更喜家风传久远，名医名厨名酱园。"

上述《竹枝词》中所说的"名厨"，系指清末民初成都最著名的川菜馆之一的"正兴园"包席馆，清咸丰十一年（1861）开设于棉花街"相府"老宅，创办人与主厨者是关正兴（约1825—1910年，又名关治平）。正兴园不仅菜肴精美，汤质绝佳，而且餐具十分讲究，其中不乏名窑产品，故而一度是成都高档餐馆的代表。更为重要的是，正兴园把从外地入川的美食家、外籍官员家厨的技艺有意加以发掘与继承,著名的如以四川警察总监贺伦夔为代表的"贺派"京菜、以四川劝业道周善培为代表的"周派"苏菜,再加上荟萃了本城的满族名厨戚乐斋、贵宝书,汉族名厨周志诚、游炳全,真正做到了海纳百川、博采众长、认真继承、勇于创新,从价格白银二两五的田席、五两的海参全席、十二两的鱼翅全席,到十八两的燕菜全席加烧烤应有尽有,为近代川菜"一菜一格、百菜百味"的特色打下了坚实的基础,开创了广阔的天地。正兴园在清末曾经三次承办真正的满汉全席,这在当时是一个非常突出的成就。更为重要的是,"正兴园"培养了蓝光鉴、周映南等一批技艺精湛的大师级名厨,成为近代川菜特色真正形成的奠基者与领军者。1910年,关正兴病逝。1911年10月18日"正兴园"遭遇了一场大火。这年12月8日的成都兵变(关于这次兵变见"东较场街")使"正兴园"又受到一场洗劫,"正兴园"遂于1912年初关门歇业,在川菜行业的领军事业由蓝光鉴所开创的"荣乐园"所继承。

棉花街上在清代还建有江西会馆,民国时期先在其旧址建有简陋的民众电影院,1938年改建为永乐戏院,多数时间演出川剧,是当年在各地闯荡江湖的艺人到成都施展才艺的主要舞台。永乐戏院也曾经演出评剧与京剧。抗日战争期间,河北评剧团在此演出,这是成都地区唯一的一家评剧团,成都称之为"绷绷戏"。这个评剧团新中国成立以后改名为新蓉评剧团,还曾经在人民商场中演出过一段时期。新中国成立之初,永乐戏院专门演出京剧,成都人一般都把这里称作"棉花街京剧院",把在这里演出的群众京剧团称为"棉花街京剧团"。根据文化部门的统一安排,群众京剧团于1958年调往贵州遵义组建遵义专区京剧团。1959年,这里的剧场改放电影,将智育电影院迁入(智育电影院原址改建为了红旗剧场),改名为东风电影院。

棉花街在清代还建有石阳会馆,与北打金街上的吉水会馆一样,都是江西吉安、吉水移民在成都修建的州县会馆(东汉至西晋时石阳县在今江西吉水,明清时期吉水县属吉安府)。

皮房街原在今天的顺城大街的提督街口以北一段,以加工销售各种皮货为特色(因为是以销售为主,所以才会叫皮房街而不叫皮坊街),特别是加工销售过去需要量很大的皮箱、皮包和马鞍、马辔头等马用饰品。民国时期骑马的人日益减少，但是因为学生要军训，大量的皮带需求又让皮房街有了不少生意，正如《锦城旧事竹枝词》所描述的："名实相符号'皮房'，腰带箱包竞闪光。一自施行军训后，学生制服亮堂堂。"一直到改革开放初期，这里都还有几家专门卖皮袄和皮大衣的商店。

皮房前街（其初名应当是西辕门街，因为皮坊较多而有了皮房前街的俗名）和皮房后街原在老皇城南侧，是以加工销售皮货为特色的小街，今天的人民西路就是在1953年拆除了皮房前街、皮房后街以及大西巷之后建成的。

在公共卫生条件很差的旧社会有很多传染病，四川最流行的皮肤病是疥疮（民间俗称"干疮子"），大多数人都得过，小孩则几乎是无人幸免（笔者读小学时全班同学人人皆生"干疮子"）。当时治疗疥疮效果最好的一种外擦药物民间都叫"瓦块药"，制造并出售这种药物的药铺"三天好"就开设在皮房前街。

皮房街　20世纪80年代　王文相摄影

金丝街附银丝街 铜丝街

在文武路以北,并列着两条街,分别叫金丝街和银丝街,是明清时期以制作与出售金银制品为特色的街道。到了民国时期,成都的这类商店(当时

清代的成都金银珠宝店
刘永禄提供

金丝街 1982年
王晓庄摄影

铜丝街的茶铺 1987年 王晓庄摄影

· 街巷 ·

铜丝街　2001年　赖武摄影

叫银楼）集中到了春熙路、总府街等闹市，这两条街也就不以制作与出售金银制品为特色了。

从文武路往东，德盛路以北，还有一条并列的铜丝街。往南，有打铜街、锣锅巷、线香街。单是从这些街名就可以知道，这一地区在当年曾经是一个手工业制品相对集中的地区。

珠宝街附珠宝巷

文殊院东侧有一条小街叫珠宝街，近年已是十分冷清的小街，与珠宝二字几乎不沾边。可是它在清代初期却曾经是以珠宝首饰店而闻名的十分繁华的街道。

传说清初这里清理废墟重修街道时，在地下发现了一个古老的"七宝楼"的遗迹，于是一些珠宝商人纷纷在这里开设商店与作坊，冀图能够沾上珠宝业前辈的灵气，故而就形成了繁荣的珠宝一条街。到了清代后期，由于东大街等商业区的兴起，特别是商业场、春熙路

珠宝街28号　2002年　王晓庄摄影

以市场作坊命名　475

珠宝街上"都市里的村庄" 2002年 王晓庄摄影

的新式商店出现之后,北门一带的商业人气日渐衰退,经营珠宝首饰的商店陆续迁往城中心的闹市,珠宝街也就只剩下了一个街名而成了一条冷清的小街。

珠宝街38号曾经是民国时期著名人物张群的故宅。

张群

张 群（1889—1990） 成都人,生于原华阳得胜乡（今牛市口）,年幼时迁入市区居住。1908年赴日本学习军事,与蒋介石同学,一起加入同盟会,从此结为终身之交。武昌起义爆发后,蒋介石在上海都督陈其美部下任团长时,张群任参谋,更与黄郛等三人结拜为兄弟。他在蒋介石部下出任过多种重要职务,如北伐军司令部总参议、上海市市长、湖北省主席、外交部部长、中央政治会议秘书长、军事委员会参谋长、国防最高委员会秘书长、行政院院长、国共和谈的国民党方面首席代表。从1920年受孙中山先生之命到四川调解省长杨庶堪与督军熊克武的矛盾开始,他就长期担任着国民党中央政府与四川地方实力派之间的桥梁式人物,先后出任过四川警务处处长兼成都警察厅厅长、四川省主席兼成都行辕主任（从1940年至1947年他一直任四川省主席，是民国时期任职最长的一位四川省主席）、重庆绥靖公署主任、西南军政长官公署长官。1949年去台湾，任"总统府"资政，1972年退休。张群是蒋介石一生中的第一高参，是成都籍国民党人士中的最高官员和最重要的人物。他以101岁高龄病逝时，杨尚昆主席曾致电吊唁。张群晚年从事著述，有《中日关系与美国》《谈修养》《至德管窥录》等行世。1990年春节，他为《川康渝同乡会春节特刊》的题词是"爱国爱乡"四个大字。

在日本留学的张群(左)与蒋介石(右)

在老南门大桥西南，倒桑树街与武侯祠大街之间，曾经有一条珠宝巷。不过那不是一条老街，而是新中国成立以前的杀牛巷与烧房巷。新中国成立以后在这里开办了珠宝厂，1981年地名普查时就命名为珠宝巷。珠宝巷中的珠宝厂早已停办，珠宝巷也已经在城市改造之中被拆除。

在成都，与珠宝街名字相近的街道还有人们比较熟悉的珠市街和金玉街，不过那都不是制造或出售珠宝玉器的特色街道，它们的得名另有原因，我们将在有关的章节中进行介绍。

铁匠巷

在铝制品与塑料制品流行之前，民间日用的金属制品主要是铁器，而农村大量需要的金属农具则几乎全都是铁器，所以过去城乡各地的铁匠铺十分普遍。清末民初，这条小巷中就有李、杨两家铁匠铺在打铁，成都市中心的皮房前街一直到新中国成立初期都有铁匠铺在打铁（四川方言称制作铁器为"打铁"，现在流传的老儿歌还有"张打铁，李打铁，打把剪刀送姐姐……"），但是成都以"铁匠"为名的街巷只有一处，就是在青羊横街西头的铁匠巷，已经在城市改造之中被拆除。

因为打铁时必须拉动风箱使煤炭燃烧，烟尘很大，会引起街邻的不满，所以成都城区的铁匠铺在民国时期就开始陆续关门或迁往乡镇。城区最后一家铁匠铺在忠烈祠西街的任家巷口，是在1958年"大炼钢铁"运动中才关门的，目前在成都郊县的街子镇、平乐镇等地都还能够看到这种古老的手工作坊式的铁匠铺。

打铜街附打金街

打铜街当然就是以制作和出售各种铜器为特色的街道，今天在文武路之南还有东打铜街和北打铜街，不过早就没有铜匠铺了。

铜器曾经是家庭生活中仅次于铁器的主要金属器皿。因为当时既没有搪瓷器皿，也没有铝制器皿，凡是怕生锈的生活用具主要都是用铜或锡做成的，诸如水壶、面盆、烧锅、香炉、锁具、灯台、墨盒、各种乐器都是铜制，哪怕就是皇帝，也是用的铜制面盆。以前，每一个县城或较大的集镇都必然有一家甚至多家铜匠铺和锡匠铺。

在北打铜街上，清光绪末年开办了懿行女子学堂和懿行女子师范学堂，与文庙后街上的淑行女子学堂一道，成为成都历史上继教会学校之后由中国人自己开办的最早的一批女子学校。

在新建红星路之前，大约在今天红星路三段和四段相邻的一段就是打金街，又分为北打金街和南打金街，北打金街又还分为上中下三段。红星路建成之后，打金街的名字也就消失了。打金街上有一般的制作金银饰品的商店，过去叫作"银楼"，大多是民国时期才到此开业的。加工银器时加温是用较大的陶瓷油灯，点燃之后用一根铜质吹管猛吹火焰，可谓有声有势，往往能吸引很多过路人驻足观看，也等于是一种展示性的广告。打金街上最有特色的手工技艺是"打金"，即把金片通过手工的多次反复捶打而制成极薄的金箔（最薄的厚度不足0.12微米，即一毫米的万分之一），四川民间称为"佛金"，用来为庙宇中的菩萨贴金，或为高级建筑的装饰、公私厅堂的匾对贴金。这在当时是一种绝不外传、更是不能让外人参观的家族技艺,其主要经营者都是移民入川的陕西人的后代。在清代的北打金街上,除了金银制品店之外还有几家绸缎铺,都属于当时的高档商品店,所以这里也算是成都城内的繁华街道,清人《竹枝词》有过如此的赞誉:"巍巍城雉足开襟,城外芙蓉密似林。按察司前绸缎店,最繁华是北打金。"

在北打金街上,清代建有吉水会馆,这是成都不多的州县会馆之一。此外棉花街上的石阳会馆实际上也是江西的吉水会馆,也就是说,江西吉水地区的移民在成都就建有两个会馆。

四川名小吃韩包子最初名为"玉隆园面馆",最早就是由原籍温江的韩玉隆于清宣统元年(1909年,另有一说在1914年)开设于原来的南打金街。韩玉隆的儿子韩文华接手以后,在包子制作上狠下功夫,特别是在馅中加入了虾仁(正是因为有此特点,所以老成都人也把韩包子称为南虾包子),和面时加入猪油、白糖,使其特色大增,知名度也愈来愈高,遂把店名改为"韩包子",以包子为主打,同时配以带丝汤。这家著名的小吃店一直到2003年前还在原址开业,是成都名小吃中在原址开业时间最长的一家。近年来已经在成都饮食公司旗下发展成为连锁型综合小吃店,每家店门口都悬挂着著名学者兼书法家徐无闻(永年)撰写的对联。

锣锅巷

玉带桥东侧有一条锣锅巷,是市中心一个比较著名的家具市场,而在清代却是以生产与出售锣锅为主。

锣锅是一种军队野外使用的大铜锅,白天用来烧饭,晚上用来打更报时,若有紧急情况又可以敲响用来报警,代替敲锣。

成都所以会在与打铜街紧邻的地方出现这样一条以生产和出售锣锅为特色的街道,是因为在清代前期,在今天阿坝州曾有过规模不小、时间较长的大小金川之战。与此同时,成都还是清政府用兵和治理西藏的后方基地,曾经有过的很多军事行动所需的大量军需物资都是在成都筹办的,原本与打铜街相邻并一样是以生产铜器为主业的锣锅巷也就以生产锣锅而出名了。

清代中叶以后，军用锣锅用量大减，这里就不再以生产锣锅为特色，而是转为以经营木器和行灶（行灶是过去城镇中常见的以木为架的可以移动的简易灶具）为特色，但是锣锅巷的街名一直保持到现在，过去还曾经分为上锣锅巷和下锣锅巷。从民国时期直到改革开放以前，人们对家具的需求量不大，一般都是结婚时才选购几样家具，市内的普通家具商店（过去称为行架铺）主要分布在锣锅巷、鼓楼南街和状元街。今天全市已经出现了多家大型家具商场甚至外资的大型超市，锣锅巷则经营中低档的木器家具，仍然还有顾客。

从清代的有关记载中可知，当时人们心目中成都城的中心位置是在鼓楼街，这一判断可以说大致准确。新中国成立以后成都市为了城市建设的需要，测绘部门在经过认真测量与研究之后，于1956年确定了"1956年成都市平面坐标系统原点"，也就是人们通俗称呼的"成都圆心"、"成都中心点"或"成都心脏"，位置就在锣锅巷130号药店门前的人行道上，至今仍然有一个用钢化玻璃盖着的方形小坑，里面那个银色小圆球就是最准确的"原点"（准确的地理坐标为东经104°04′、北纬30°40′,）。如果打开今天的成都地图来看，以这个"原点"为圆心，半径8.9公里一圈大致就是三

锣锅巷家具商铺　2009年　林立摄影

环路，半径 13.5 公里一圈大致就是四环路，而半径 87 公里一圈大致就是成都平原的边缘地带。

灯笼街附灯笼巷

在没有电灯之前，灯笼是社会生活中十分常见的照明用具和装饰品，纸质的、纱质的，提在手中的、挂在门口的，经常可以见到各种各样的灯笼。特别是官宦人家和中了举人以上功名的人家，一般都要在大门口挂上标有官阶、头衔的纱质灯笼，较大的商家也要在店铺外挂着写有商店名号的灯笼，所以在过去就有不少制作出售各种灯笼的店铺。从江汉路通向王家塘街之间（原来是通向八宝街）的灯笼街就是因为曾经是生产与销售灯笼的集中地而得名。街上的"燕京灯铺"（因为店主姓罗，故而人们一般称为"罗灯笼"）是最有名的一家。

灯笼街旁边有一条小巷，原未命名，过去因为常有佛教信徒在此设坛念经而曾经被人们称为居士林。1981 年地名普查时，因其位于灯笼街之侧而正式命名为灯笼巷。灯笼街的北段过去还曾经有过粉房巷子的名称，因为那里曾经有过几家制粉的手工作坊。

1935 年成立于太原的西北影业公司于 1938 年迁来成都，在灯笼街 92 号的薛公馆内经营了两年。先后拍摄了谢天（就是后来的艺术家谢添）与欧阳红樱主演的故事片《风雪太行山》、吴雪与金淑芝主演的故事片《老百姓万岁》（未完成）以及瞿白音编导、陈晨摄制、王云阶作曲的大型纪录片《华北是我们的》等作品。至今还在全国流行的经典抗日歌曲《在太行山上》就是冼星海在西安为故事片《风雪太行山》创作的插曲，而大型纪录片《华北是我们的》则被《新华日报》评为"将在抗战文化史的电影部门中写下最光辉的一页"，由贺绿汀谱写的著名抗战歌曲《游击队歌》曾经用作其中的插曲。

20 世纪末在市政建设中打通了东城根街的北沿线，使东城根街向北直接与江汉路相接，并把这条新开的街道命名为万和路，路两侧的老式房屋都被新建的楼房所代替，原来的灯笼街南段并入了万和路，但是旁边的灯笼巷依然存在。

油篓街

从东门大桥进城之后,右边的第一条小街就是过去以生产与出售油篓为特色的油篓街,老成都人也把它称为东门一巷子。所以称为东门一巷子,是因为古人以右为尊,右边的第一条巷子就称为东门一巷子,第二条就称为东门二巷子(即糠市街),这在南大街也是一样,进老南门之后右边的第一条街巷金字街也被称为南门一巷子。民国时期,油篓街上的闲居茶社是著名的布匹交易市场,东南茶社是著名的估衣(传统商业用语,就是旧衣服)交易市场。

油篓这种器皿今天基本上已经见不到了,但在过去很常见,它是用来装油类与酒类的容器。在没有铁皮制作的油桶之前,四川用来运输菜油、桐油和酒的容器都是油篓。油篓是用粗细不等的竹片与竹篾编成之后,再一层层地糊上用桐油浸泡过的油纸之后晒干而成的,上面小口的封口材料则是猪膀胱(四川称为尿脬)加工制作的软皮。由于菜油是家家必需的食用油,桐油是多种手

油篓街　1996年　周筱华摄影

工业所需的原材料（在近代中国还是四川最重要的出口物资），所以用来装油和运油的油篓需要量很大，成都有一条专门的油篓街也就不足为奇了。

今天在商场中还可以见到用来装豆瓣、豆腐乳之类食品的小竹篓，可以说就是迷你型的不糊油纸的油篓。

清代的油篓街上有大慈寺下属的女尼庙宇水月庵，匾额上书写着颇有诗意的"白云深处是吾家"七个大字。民国时期，水月庵被军队霸占，庙宇遂废。军队撤走之后，清末秀才文南芬在此办过私塾存粹国民学校。

坛罐窑巷

坛坛罐罐是成都人对各种家用陶器的统称，也是在铝制品和塑料制品流行之前家家都少不了的重要用品。坛罐窑巷原名坛罐窑街，地点就在进东门大桥之后的北边，从油篓街通向城墙边，现已被拆除。因为这里位于城墙边，过去曾经有过一个烧制家用陶器的窑，后来虽然不烧窑了，仍然在卖从城外运来的坛坛罐罐，所以一直保持了坛罐窑的名称。

坛罐窑巷的东头曾经建有一个很窄的小门，四川方言把这种很窄的小门叫作楸（音 qiā）楸门，所以这条小巷也曾经长期被人们叫作楸楸门。

石灰街

从西大街往西延伸，在西月城街与花牌坊街之间的一段，叫作石灰街。这里在清代已经是属于西门城墙以外的地方，是成都买卖石灰的主要市场（当时成都石灰的主要产地是崇庆县），而堆放石灰是需要大量场地的，所以这里最初的名字叫石灰坝，后来逐渐修成了街道，才叫石灰街。

石灰是我国古代最重要的建筑材料，使用历史已有两千多年，既是砌墙铺地的黏结剂，又是白色的涂料，在西方传入水泥之前，石灰在城乡建筑中有着广泛的用途。所以我国在水泥传入之后的一个较长的时期都把水泥称为洋石

成都市蔬菜副食公司石灰街菜店
1999年　赖武摄影

灰，简称为洋灰，早期的水泥制造公司也称为"洋灰公司"。

石灰是用煤炭将天然的石灰石烧制而成，川西地区过去把石灰石称为矿（方音读为 guàng）子石，如果是在河坝中拣的卵石叫作河矿，如果是在山岩上开的岩石叫作岩矿。由于整个社会对石灰的需要量很大，所以过去在农村中的大河边与山脚下几乎都可以见到烧石灰的石灰窑，而在每个建筑工地上则必然有着大小不等的加工石灰浆的石灰池。直到今天，在农村中仍然还有一些石灰窑，因为在农村的建筑中还经常要使用石灰，特别是用作白色的墙体涂料。就是在城市中，也还要使用石灰，例如在操场上画线，石灰就是最价廉物美的颜色雪白的材料。

在过去，石灰还有几种很普遍的用途，如作为洒在污秽地的消毒剂，作为造纸作坊的腐蚀剂，作为日常的干燥剂。

染靛街

出老南门大桥往右，万里号酒店之侧，就是染靛街。这条街原来比较长，还有成都制锁厂等企业，由于城市建设的发展，现在只剩下很短的一部分。本世纪初在这里建成了南河沿岸规模最大的综合性餐饮娱乐休闲区"耍都"。

染靛街位于南河边，过去是染靛业比较集中的地方。染靛又称蓝靛、蓼蓝、靛草、蓝草，是一种形状很像烟草的植物，放在水池中发酵沤泡之后的溶液呈深蓝色。在西方的染料传入我国之前，它是我国古代染蓝布最主要的染料。这种染料物美价廉，染出的蓝布不会褪色，过去农村中大多数衣服都是

·街巷·

染靛街拆迁前的临河民居　1995年　唐跃武摄影

"耍都"夜景（原染靛街）　2005年　李杨摄影

以市场作坊命名　485

用这种土蓝布制作。染靛也是一种很常见的中药,板蓝根就是它的根部,大青叶就是它的叶片。正因为它有这样多的用处,所以过去在成都郊区多有种植。清代的温江人李启藩就写有这样的《竹枝词》:"细碾油枯(按:油枯为四川方言,即油菜籽榨油之后的饼状渣滓,是最好的肥料)和粪担,长锄两两复三三。山歌漫唱齐声应,打赌争先去种蓝。"

染房街附布坝子街

盐市口的西南边有一条染房街,和上述的染靛街濒临南河一样,当金河还在的时候,染房街是濒临金河的。相传早在唐代金河开通之后,就有唐姓人家利用河滨之利在这里开了第一家染绸料的染坊,以后逐渐形成以染布、染绸为特色的街道,并且被称为染坊街。清初重建之后改名为染房街,街上仍然建有若干高高的木架用来晒晾漂染以后的布匹。清代金河的水量逐渐减少,染房街的染房也逐渐减少,而新增了一些其他行业的手工业作坊。在最盛的时候,这里有各种手工作坊200多家,而又以牛骨、牛角与木制手工艺品为主要

染房街　1962年　杨永琼提供

· 街巷 ·

▶ 染房街午餐时间　1984年
　[美] Cary Wolinsky摄影

▼ 染房街小商品批发市场
　1996年　周筱华摄影

特色。到了民国时期，这里已经完全没有染房，而只有百余家小手工艺作坊，主产棋类与麻将牌，故而有一首民谣唱道："染房街，无染房，将帅对阵打麻将。"还有一首《锦城旧事竹枝词》中的"染房未见元宝坑（按：旧指染房中压布的元宝状石头），但有骨鬃错扎匀。竹背铅刀雕麻将，铜环锥眼做顶针"就是指这里有很多制作与出售顶针、刷子、象棋与麻将的商铺。一直到改革开放之初，仍然还有一些出售以牛角、竹木为原料的日用品和工艺品的店铺开设在这里。与染房街相邻的烟袋巷也是一条这种特色的街道，共同营造了这里的特色氛围。"文革"中金河被填，这里的小商品特色逐渐显露出来。在改革开

以市场作坊命名　**487**

放的大潮中，染房街这条小街以其位于市中心的地理位置优势，逐渐成为全市最热闹的小商品市场，成了全市最拥挤的街道之一。

2006年，染房街开始了重建工程，成为成都中央商务区中宽达18米、长达390米的商业步行街，小商品批发的特色仍然予以保留。染房街的73户商家已经集体申请并正式注册了"染房街"商标，所以它的名字将一直保留在成都人的记忆之中。

成都同样以染坊为特色的街道还有一条，就是在府河岸边、天祥寺街以东的布坝子街。这里在清代还只是一个空坝，因为府河边上的染坊长期在这里晾晒染过的布匹，故而被附近的人们称为布坝子。民国时期逐渐形成街道，就命名为布坝子街，已在城市改造中被拆除。

烟袋巷

今天盐市口以南的大业路是改革开放之后新建的大街，是在原来的几条小街的基础之上扩建而成的。大业路的南段就是原来烟袋巷的北段，大业路的南边还保留了一小段烟袋巷。过去的烟袋巷比较长，从向阳街到西丁字街，它的北边是粪草湖街，南边是指挥街。

烟袋巷的得名是因为成都过去生产与出售烟袋的商铺大多集中在这条街。

清代前期，原产于美洲的烟草传入四川之后以很快的速度传播，吸烟者愈来愈多，种烟者也愈来愈多。彭遵泗在《蜀中烟说》中说："河坦山谷，低峰高原，树艺遍点，乎与五谷争生死也。"当时四川吸烟主要是水烟与叶子烟。吸水烟必须要用水烟袋，水烟袋有金属（主要是白铜与黄铜）制作与竹木制作两大类，名贵的还要用金银珠玉加以镶嵌；叶子烟是一种自己卷成的全烟叶卷烟，颇似国外的雪茄烟，吸用时必须要用叶子烟袋（四川方言叫烟杆）。叶子烟袋的烟管一般可以自己制作，但是烟管上面的嘴子与锅子一般都是用金属或玉石制成的。由于上述原因，烟袋或烟袋上的配件有一个很大的市场。在过去的城镇之中，也就出现了若干专门生产烟袋与烟袋配件的作坊和商家，成都有一条专门的烟袋巷也就不足为奇了。

三轮车夫在烟袋巷小饭馆午餐　2002年　陈锦摄影

浆洗街

从老南门大桥向南去的大街名叫浆洗街，全长近1公里，过去曾分为浆洗上街、浆洗中街、浆洗下街，旁边还有浆洗后街，现在已将三条街并为一街，浆洗后街在城建中并入了簧门后街。

"浆洗"这个词在过去是指洗衣服。过去比较讲究的人家为了衣服能够挺括，折叠时容易平整，在洗净之后都要用米汤或是加有浆粉的干净水"浆"一次，这一道工序就叫"浆衣裳"，四川民歌中还有"娘问女儿哭啥子，没得米汤浆衣裳"的词句。但是这条浆洗街却并不是浆洗衣服的街道，而是以加工皮革为特色的街道，这里的"浆洗"实际上是指由几道工序组成的对牛、羊、猪皮进行硝制加工，把生皮变成熟皮的过程，准确地说是对硝制皮革的一种美称。浆洗街位于成都南郊，从甘阿凉地区运到成都的干牛羊皮大多集中在这里，浆洗街附近的杀牛巷是比较集中的杀牛作坊，杀猪巷和桓侯巷是比较集中的杀猪作坊，都有大量的鲜皮，所以浆洗街就成了过去成都加工硝制皮革的主

浆洗上街　20世纪90年代　韩国庆摄影

要场所（城内的皮坊街主要是加工销售皮革用品，与浆洗街有所分工），聚集了大量的手工作坊，最多的时候超过百家。新中国成立之后，这些手工作坊组建了联营社，再发展为成都制革二厂和城南皮革厂，一直到1985年才因为污染环境而关闭。在此之前，在浆洗街南边西南民族学院后门外的小河沟中不断流出发臭的白色泡沫状的污水（用石灰水浸泡是过去加工皮革中最重要的工序之一），那就是城南皮革厂在硝制皮革。浆洗街上硝制皮革的作坊消失之后，代之以逐渐增多的皮革制品商店，在1988年形成了"皮革一条街"，最多的时候有两百多家，直到1990年以后才逐渐转移到了双楠至金花一带，形成了今天的"武侯鞋都"的一部分。

这一地区长期与皮革、制鞋行业有关还有一个原因，是因为著名的武侯祠就在附近，而武侯祠中的刘备是我国自古以来制鞋与编织业的行业神。刘备所以会成为制鞋与编织业的行业神，则是源于《三国志·蜀志·先主传》中的如下记载："先主（按：即刘备）少孤，与母贩履织席为业。"

在浆洗街上，还有一个今天已经消失的行业是与硝制皮革有关的骨粉铺，就是把牛、羊、猪骨砸成粉状，卖给农家作肥料。由于所用的骨头都不新鲜而有臭味，加上硝制皮革与砸骨粉，所以当年的浆洗街是长年不改地臭气熏天，这对于今天的浆洗街居民来说，真是难以想象的。

清代与民国时期，浆洗街上有成都最大的米市"南市"（成都四门都有米市，除了南市之外，还有下东大街府城隍庙中的东市、青羊上街的西市、草市街火神庙中的北市）。南路各县的大米源源不断地用鸡公车运来这里，市中有检查粮食质量的风车（成都方言叫风簸箕），有经过官方检验加戳的"官斗"（过去买米都用斗，不用秤），有专门的经纪人"斗户"负责刮斗并大声计数，热闹非常。《锦城旧事竹枝词》如此记其事："风车簸扬似雪飞，牛铃'鸡公'响惊雷。斗户持筹高唱数，平口硬刮有帮规。"笔者幼时曾经在家乡火神庙的米市中亲见米市交易的情景，对于何谓"斗户持筹"，何谓"平口硬刮"，至今犹有清晰记忆。

新中国成立以前，浆洗街上还有一个重要行业是粪铺，就是专门收集城内居民家中的粪便，再转卖给郊外的农家作肥料的商铺。在今天的成都军区干休所到浆洗中街这一段就有粪铺子10家左右，每个粪铺都有自己储存粪便的粪塘子。这种粪塘子一直到新中国成立以后仍然存在，1956年将小的粪塘全部填埋，在洗面桥东边农田中另建储粪大塘，一直到1984年才废弃填埋，在那里修建了成都日用玻璃瓶厂。

在成都人的方言中，一直把浆洗街读为"江西"街，但是书面文字从来不误。

线香街附代书街

线香街是原来的上西顺城街以北的一条街，南起玉带桥街口，北到正府街口，1992年在扩建之后并入了顺城大街，成了顺城大街的一段。线香街的得名是在清初，因为这里曾经是生产与出售线香的集中地。

线香就是呈线条形状的无骨燃香，除了用于驱蚊的蚊香，过去还有各种用于驱除秽气的薰香类用香。焚香是古代社会生活中，特别是文人雅士中很普遍的一种生活需要，是在视觉、听觉、味觉之外的又一种感官享受，用来醒脑提神、除秽辟瘟，我们在阅读古代诗词时经常可以见到。古人还留下了《香

线香街民居　20世纪90年代　严永聪摄影

谱》《香笺》等专门著作。上层人家焚香多用的是在香炉之中用炭火焚化的价格很高的粉末状名贵香料，普通人家则多用以一般芳香类植物原料制作的线香。直到今天，仍然有部分家庭有使用线香的习惯，但在成都市场上出售的线香都不是成都的产品了。

　　线香街在清代还曾经一度被改称为代书街，其来历是因为街的西边就是正府街，这是清代的成都府知府衙门、华阳县县令衙门、民国时期的四川省高等法院、华阳县政府的所在地，于是在线香街上就开设了不少专门代那些没有文化而又要打官司的人书写诉状呈文的小店，代写诉状呈文成了此街的一大特色，故而人们多将此街称为代书街，以致一度正式改名。清末又正式把代书街恢复为线香街，线香街的街名就一直沿用到1992年。

· 街巷 ·

香巷子

香巷子位于芷泉街以南，原来是南接青龙正街，在城市改造之后南接水井街。相传清代在巷内有制香的作坊，故而名叫香巷子，不过在民国时期巷内就已经没有制香的作坊了，只是留下了一个留香的名字。

香巷子不再以制香卖香为特色之后，因为地处

香巷子　20世纪80年代　杨永琼提供

东门外，龙泉山的水果进城后大多在这里上市，故而逐渐形成了成都东门外的水果批发市场。改革开放以前，商品流通的规模不大，成都少有外地的水果运来，水果市场上的产品长期是以本地产品为主，一直到改革开放之后，才分散转移到驷马桥等条件更好的水果市场中去。

金字街

从老南门大桥入城，东边的第一条小街就是金字街。因为这是从南门入城的第一条街巷，所以也叫南门一巷子。从金字街往北数，东桂街就叫南门二巷子，纯化街就叫南门三巷子。原来的金字街一直往东与瘟祖庙街相接。新中国成立以后，因为新修锦江宾馆和新开人民南路，就只留下了一小段，成了半截街巷。在后来的城市建设中，这条古老的金字街就完全消失了。

金字街初名金子街，而且真的与金有关，不过不是黄金，而是指金黄色的箔纸。过去这里集中了多家制作与销售祭祀和办丧事时供焚烧的各种纸质

以市场作坊命名　　493

金字街　1996年　陈锦摄影

祭品的店铺（成都称为纸火铺，这个不小的行业则称为纸扎行），所以就叫作金子街。后来因为这类店铺愈来愈少，更多的人认为是名不副实，所以又改叫金字街。

金字街曾经以牛肉馆而小有名气。直到今天，在南大街上还有一家金字街牛肉馆，原来就是开设在金字街与南大街的交会处。

席草田街

席草田街是一条小街，又是一条新街，位于石笋街以南、南巷子以东。

席草田街这里过去有一个出产席草的池塘，当地居民多以编织和出售草席为业，所以被称为席草田，一直到20世纪90年代才因为居民增多而正式命名为席草田街。

席草又称星穗草、水毛花，多年生草本植物，多生于沼泽或积水低洼处，农家也有种植，主要是取其柔韧的草茎来织草席、打草鞋，剩余下来的部分则是造纸的好原料。过去四川的平民百姓几乎家家睡的都是草席，所以席草种植在过去相当普遍，现在成都地区则已经很难见到了。

古中市街

　　古中市街在明代原名中市街,因为位于全城的中心而得名,清代因为建有山西会馆而改名为山西馆街。山西会馆在民国时期长期被军队所占用,街名也改为古中市街。今天的成都人熟悉古中市街,是由于这里有一个牵动着很多家庭的成都市青少年宫。顺城大街扩建之后成都市青少年宫的大门从原来的古中市街改向顺城大街,很多成都人仍然把青少年宫所在的地方称为古中市。

　　成都市青少年宫于1958年在此开办,原名成都市少年之家,1983年更名为成都市青少年宫,2007年进行了全面的改建,大门完全改向顺城大街,是成都青少年(其实主要是少年)课外文化活动场所中唯一的一个几十年没有迁移地址的活动场所,曾经培养出很多文化艺术人才,在成都有很高的知名度和美誉度。随着成都城市建设的发展和文化设施的增多,成都市青少年宫到2011年已经发展成为"一宫三中心"的新格局,即原来在顺城大街的成都市青少年培训中心,已经建成并使用了几年的九里堤的成都市青少年活动中心,和2011年新建成的、使用面积最大(占地面积近21亩、主楼建筑高达22层)的小南街的成都市青少年交流中心。

已经用作新华书店仓库的山西会馆
20世纪60年代　青羊区文管所提供

1963年12月在成都市青少年宫举办的"少儿乒乓球比赛"　杨永琼提供

商业场街附悦来场巷　新集场巷　昌福馆街

商业场街位于春熙路与华兴街之间，成都人都叫作商业场而把那个"街"字省略了。严格说来，它真的不是一条街而是一个大商场。

清光绪三十三年（1907），新派官员周善培出任四川省劝业道总办。当时的"劝业"就是促进本地工商业的发展。他在任时，一方面举办四川劝业员养成所和四川商业讲习所，培养人才，一方面倡议成立成都总商会并在青羊宫的花会上举行了三届商业劝工会。在他的支持下，由当时成都最著名的新派企业家樊孔周出面倡导组织，按照16条集股章程向全市绅商集股，成立了股份制的"成都建筑有限公司"，以4万两白银的股本金（认股最多的股东是李道江），在已被烧毁的尼姑庵普准堂（另一记载作普镇堂）的旧址和一片名叫九道门坎的旧民房基础之上，由成都著名建筑经营商江建廷承包设计并主持施工，修建了商业场。筹备之时名叫劝工场，1908年3月动工，修建之中根据全国的统一规定更名叫"劝业场"（与此同时，将青羊宫的劝工会也一同改名为劝业会），1909年4月22日建成开业。因为开业以后的营业状况表明外省

成都劝业场　杨显峰提供

商业场外　1935年　[美]海岚里昂摄影　成都市博物馆提供

与外国的货物销量大于本土，原来的劝业初衷很难实现，遂于1910年5月18日再次改名为商业场，不再以劝助本地工商为目的，各种外地乃至外国商品均可出售，当年的交易总额就由上年的白银33万两上升到46万两。当时有300多家商家到这里集中展销，开设了百货、饮食、茶馆、客栈、书画、玉器、粮果、烟酒等各种店铺150多家，著名者如北京"敬益增"京货局、"久成元"绸缎庄。在商业场中，还有多家餐馆、茶馆与曲艺演出。成都历史上第一家既卖川菜同时兼营西点的餐厅"楼外楼"就开设在这里，成都最早的以"菜根香"为店名的川菜馆也开设在这里。新开的茶馆都是以茶香、水好、座雅、楼高相标榜，著名者有"宜春楼"、"第一楼"和"怀园"。再加上相邻的悦来茶园中"三庆会"的川剧演出，使这里出现了四川历史上第一个综合性的商贸娱乐场所，在商场内可购、可吃、可喝、可玩、可观、可住，是成都从古老的商业文明走向近代商业文明的一座里程碑，对全省的新型商业活动是一个极大的促进。商业场中的商家按规定一律采取日本商店的销售办法，明码实价，悬牌公布，一律不讲价，有的商店还专门挂着"定价不二，老少无欺"的木牌，这在当时是一种崭新的模式，影响很大。

在商业场内，由樊孔周主持集股 2 万两，设立了悦来电灯厂（后更名"同益电灯公司"，位置在今大光明理发厅），从上海购回以 50 马力蒸汽机为动力的 40 千瓦直流发电机一台，在商业场开业之时发电，让普通的成都市民在公共场所第一次看到了电灯，吸引了大量的市民前来观光购物。当时在成都读书的少年郭沫若为此还写有一首《竹枝词》："楼前梭线路难通，龙马高车走不穷。铁笛一声飞过了（按：每晚黄昏时刻通电燃灯之前和 10 点钟停止发电送电之前，都要鸣放一声汽笛，通知用户，其声甚为响亮，时人称这种以钢铁发声的汽笛为铁笛。这种以汽笛告知用户送电与停电的办法为以后的启明电灯公司所继承，在成都沿用了多年），大家争看电灯红。"悦来电灯厂所发电力在供商业场内用户之后还有剩余，遂向场外附近街道用户出租电灯 600 盏。同益电灯公司应当是成都最早的商业性电力公司。

当年郭沫若为商业场所写的《竹枝词》一共三首，另两首是："蝉鬓轻松刻意修，商业场中结队游。无怪蜂狂蝶更浪，牡丹开到美人头。""新藤小轿碧罗帏，坦道行来快似飞。里面看人明了否，何缘花貌总依稀？"

我们今天如果读巴金的《激流》三部曲，或是李劼人的《大波》三部曲等反映清末民初成都风情的小说，或是读到清末民初的四川前辈所写的回忆录，可以说没有不写到商业场的。据当时《通俗日报》记者统计，1910 年的正月初一这天，白天有 33756 名男性和 11340 名女性进入商业场，晚间进入的男性则大约有 5000 多人（当时禁止女性晚间进入商业与娱乐场所，包括初建的少城公园）。从有关材料可知，周善培为了商业场的经营是下了很大一番工夫的。例如当时的新繁有一家名叫"味虞轩"的点心铺（当时叫京果铺），生产的桃片曾经在青羊宫的劝业会上得过奖，在周善培的动员之下，进入商业场开了一家小店。为了扶持这家小店，周善培特地拨给一匹快马，每天从新繁飞马运来刚制作出来的桃片，以保证在这里出售的桃片新鲜。又如望江楼下有一个挑担贩卖水饺的小贩，周善培认为质量不错，动员其迁入商业场，并亲自为其取名为"江楼水饺"。还有一个很重要的措施，就是一改商家喊高价、顾客出低价、长时间讨价还价的多年习俗，商业场中所有商品都挂出价目牌，明码实价进行交易。这在成都商业史上是一个创举，对成都的商业发展有过很大的影响。从此以后，成都一些大型商店大多采取了明码实价的交易方式。

商业场中的悦来旅馆楼房三层，可同时接待客人近百人，有浴室（就是新中国成立以后的沂春浴室）、电灯、冷热水、中西餐供应，是成都历史上第一家采用近代经营方式的旅馆。为了用水的需要，商业场中还开创了成都最早的"人挑自来水"（参见"青羊上街"）。

此时的商业场是清末全国的三大综合性商贸娱乐商场之一（另两处在天津与汉口）。从全国修建劝工场的时间上排名，则位居第四，仅次于北京、天津与汉口。

当年成都的若干大事也是出现在商业场中。例如由吴先忧（巴金年轻时的好友，新中国成立以后曾任成都十三中校长）、巴金等发起成立的"安那其（按：英文无政府主义的译音）同志会"就是于1920年8月1日在商业场中成立的。巴金的大哥李尧枚当时就在商业场的一家公司上班。

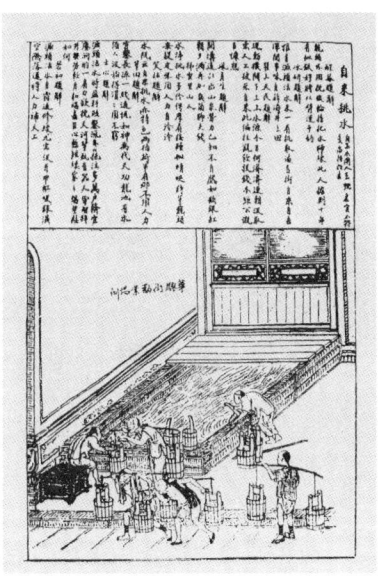

1909年第5号《通俗画报》载的土自来水

清末时期的成都所以能够出现商业场等一系列新生事物，周善培与樊孔周（关于樊孔周的介绍见"燕鲁公所街"）这两位新派人士至关重要。

周善培（1875—1958） 祖籍浙江诸暨，父亲在四川为官，他出生于成都帘官公所街并长期在四川生活，是著名文士赵熙的学生。从1899年开始他先后七次去日本考察，成为当时可谓十分前卫的新派官员（他还是四川第一个剪掉发辫的清政府官员，所以其他官员称他"周秃子"），在四川担任了多种新政下的官职，推行了若干新政。四川最早的官派留日学生是他在1901年带队出国的；四川第一所新式学校"私立务本学校"、第一所外文学校"东文学校"、最早的警察机构、最早的戒烟机构、最早的消防队、最早的商品展览交易会、最早的商会、最早的川江轮船公司、最早的农业试验场都是由他主持创办的；最早的一批工厂很多是在他帮助下开办的，他为四川的经济文化走向近代起到过十分重要的作用，是一个四川人不应当忘记的人物。老成都人曾经把他的著名政绩归纳为"娼场厂唱"四字。"娼"指在

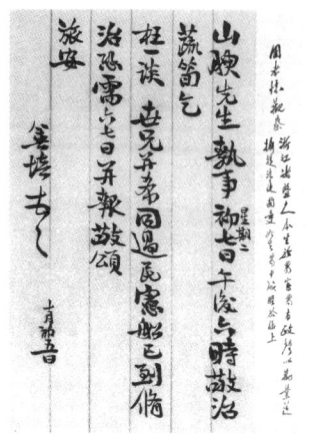

周善培手札　四川省图书馆藏

天涯石街地区建立官方管理的红灯区,"场"指修建商业场,"厂"指在大田坎开办纺纱工厂,"唱"指在华兴街修建川剧剧场"悦来茶园"并设立戏曲改良公会。在保路运动的高潮之中,是他力劝四川总督赵尔丰退位,交出了政权。新中国成立前后,他是毛泽东主席所敬重的前清文士之一,毛泽东主席曾几次拜访与宴请他,并邀请他出任第一届政协的特邀委员。新中国成立初期,他出任过华东军政委员会委员、民生轮船公司董事长,并且是全国政协委员和中央文史馆馆员。

初建的商业场分为前场与后场,都是一楼一底的青瓦房,前场南向总府街,后场北接华兴街,南北口都有拱形大门,而且是当时极为新式的西洋巴洛克风格的装饰,大门外有停马场供客人停车拴马。1917年腊月十五日深夜,商业场发生一场火灾,全木结构的建筑几乎全毁。重建时把东部的悦来旅馆改建为"悦来场",西边新建了"新集场",成为商业场的东西两翼。三者之间呈"川"字形排列,其间有小街相连,其上有天桥可通,成都人统称为"悦、商、新",也形象地称为"走马转阁楼"。1933年,"悦、商、新"三场再次遭遇火灾,之后重建时,把中间拉通成为一条宽9米的街道,街道两边有街檐避雨,檐下有榆树和槐树遮阴。中部有分向东西的支路通向两边的悦来场和新集场(在成都女界中知名度极高的大光明美发厅最初就开设在新集场),1981年

20世纪20年代的新集场街巷
中共成都市委党史研究室提供

20世纪60年代的商业场街　成都市建设信息中心提供

地名普查时正式命名为悦来场巷和新集场巷。新集场巷目前还在，全是受人们欢迎的小饭馆，不过位置并不是过去的新集场巷，只有最西头的那个院落才是位于过去的新集场巷。悦来场巷目前已经不存，不过王府井影城门前还有一截短巷，既可以进入商业场，又可以穿行去华兴街，那就是原来的悦来场巷。从新集场再往西边不远，就是又一个商业中心昌福馆街。此时的建筑格局就一直保持到成都解放，发展成为一条成都人人尽知的商业场街。从1984年开始，商业场进行了全面改建。1986年7月1日，新建的商业场开街，街道扩建为10米，不再保留树木，上面加盖整体透光式大屋顶，成了有大型顶棚遮风避雨的三至四层的商用走马转阁楼，并由胡耀邦同志和张爱萍同志题写了匾额，高挂在南端和北端，这就是我们今天所见到的商业场。

在悦来场中，1941年开设了一家小小的小吃店，它就是发展到今天闻名中外的四川名小吃代表之一的"龙抄手"。与其他很多著名小吃如赖汤圆、钟水饺、韩包子不同，龙抄手的"龙"并不是创业者的姓氏，而是因为当年以张光武为首的三个共同创业者是在今天太升南路电信大楼对面的浓花茶社中进行了一次决策性的商议，决定开设一家抄手店，在取名时，就以浓花茶社的这个"浓"字的谐音"龙"字命名，以求龙腾虎跃、龙凤呈祥的吉祥之意。

20世纪80年代的商业场，匾额为胡耀邦题写。　王文相摄影

龙抄手春熙路总店正在制作原汤抄手　2004年　唐跃武摄影

商业场旁边的昌福馆街是今天几乎已经被人们忘记的小街,当年却是成都重要的文化场所之一。著名诗人流沙河先生曾经说过:"我敢说,20世纪初期,成都的思想文化中心就在昌福馆街。"昌福馆街一直到清末都还没有形成一条街道,只是总府街北侧的一条半截巷,但是建筑风格却很像广东的骑楼。1909年,新派企业家樊孔周开办的昌福印刷公司从古卧龙桥街迁到这里的四川商务总局旧址(昌福印刷公司在古卧龙桥街只经营了一年),于是这里就被人们叫作昌福馆,时间比商业场还要早五年。很快又向北开辟了一条通道与北边的华兴街相通,成为一条基本上都是一楼一底的街巷。南边的前门对着北新街,北边的后门对着纯阳观街。

昌福印刷公司设备齐全,不仅有铅印、石印,还有彩色套印,印刷了包括著名的《蜀藏丛书》在内的大量书籍,甚至还有《加批福尔摩斯案》。傅樵村创办的、主要出售新潮进步期刊与图书的华阳书报流通处也设在这里(初名华洋书报流通处,1915年以后交给他的学生兼妹夫、原四川高等学堂分设中学学生陈岳安继续经营,五四运动以后改"洋"为"阳"),而华阳书报流通处在当时是包括陈毅、郭沫若、巴金等在内的一代蜀中新进青年阅读与购买中外新书报,吸取外界新文化、新思想的最重要场所,是《新青年》《每周评论》等著名书刊的主要销售窗口。四川省的革命前辈与文化教育界前辈张秀熟

民国时期的昌福馆街
成都市建设信息中心提供

华阳书报流通处经营人陈岳安

老人甚至这样说过:"对于开通成都风气、介绍新文化、宣传民主与科学、打开成都五四运动的局面,完全依靠华阳书报流通处的力量。"民国时期在成都影响极大的、由刘师亮创办的"师亮随刊社"和宜园茶园也设在这里。宜园茶园1928年改建为昌宜电影院,是成都最早的电影院之一。1941年改建为昌宜大戏院,演出各种戏剧。一直到1948年,还有从西安来成都的正声平剧社在此演出京剧(正声平剧社在新中国成立以后被军管会接收,改名新声京剧社,是1955年成立的成都京剧团的前身)。昌福印刷公司虽然1919年停办,但是这里却已经形成一条长约170米的小街,所以就被名为昌福馆街。民国初年,昌福馆街的商业曾经十分繁荣,单是银匠铺就有40多家,故而有"银匠一条街"之称,此外还有玉石珠宝店和化妆品店,这里的"成都牌雪花膏"曾经在舶来品大举进入以前风行川西各地。抗日战争开始以后,昌福馆街的繁华逐渐被成都更多的街道所取代。新中国成立以后,在昌福馆街旧址新建了当时全市最大的东风副食品商场,改革开放后改为东风商场,近年来几经变迁,就是目前的乐森购物中心的所在地。

据原草堂博物馆负责人林延年先生回忆,新中国成立以后巴金老人回成都时,曾经要他专门陪着去寻访当年的昌福馆街,可惜的是什么也找不着了。

20世纪90年代的东风商场　杨显峰提供

万担仓路

万担仓是四川民间对官府粮仓的一种称呼。在西藏饭店的西边,有一座成都市中区规模最大的粮食仓库,成都人都称之为万担仓。这里的"担"是量词,即10斗,规范的写法应当是"石",不过四川人一般都写作"担"。但是在读音

20世纪50年代至80年代初使用的成都粮票　王大明提供

的音调上仍然与"石"一样读为去声,是名词,而不是读为动词的阴平。

这里在新中国成立之前是一片荒坟菜地,1953年国家在此修建粮仓,20世纪60年代又加以扩建。因为这里有多座巨大的粮仓,周围群众把这里称为万担仓,1981年地名普查时,就正式把万担仓门前的道路命名为万担仓路。今天这里仍然是粮仓,还是成华区粮食局的所在地。

红布正街附红布横街

位于下东大街以南、义学巷以东的红布正街今天没有多少商业气息,但是在清代它却曾经集中过成都的一个畸形行业——妓院。早在明代,这里就是妓院比较多的街道,因为当时把妓院叫青楼,所以人们就把这条街叫作青楼街。到了清代,妓院仍然聚集于此,由于当时的妓院通行悬挂红布窗帘,妓女

外出时也爱在头上扎红色绸条,所以人们就把这条街叫作红布正街。在它的东头,还有一条很短的红布横街,是1924年才命名的,当然是因为红布正街的名字而来。清代在红布正街上还有一些丝织业的机房。清代有一首《竹枝词》曾经这样写道:"水东门里铁桥横,红布街前机子鸣。日午天晴风雨响,缫丝听似下滩声。"

1940年1月,成都第一家生产卷烟的工厂"华昌烟草公司"由陈汉卿开办于红布正街。四川省内过去只产柳烟,1937年在新都试种烤烟成功,才有了生产卷烟的原料,于是有了四川本土的卷烟厂。

20世纪80年代成都烟厂生产的香烟烟标
李铭提供

红布正街院落　20世纪90年代
严永聪摄影

红布正街　2001年　赖武摄影

商业街附实业街

商业街位于原来的皇城之中，在清代因为设有副都统衙门，所以本名副都统胡同。清代八旗制度下每一旗的最高长官是都统（一般都由亲王兼摄），副都统为副长官。在全国各地的驻防八旗官兵中所设的副都统实际上是该地八旗官兵的最高长官，地位只在驻防将军之下。成都是在乾隆年间才开始设驻防将军，所以这个衙门在清代前期是成都满城中官职最高的衙门，中期以后也是成都满城中仅次于将军衙门的第二大衙门。民国时期在原副都统衙门的地方兴办了商业专门学校，所以这条胡同在民国时期就叫作商业街。

商业专门学校办校的时间不长。据前辈的回忆，川军一位旅长强纳民女为妾，而这位民女又一直爱着商校学生金灿，婚后仍有往来。旅长遂以强奸罪名抓捕金灿，酷刑拷打。金灿拒不承认罪名，并通过校友控诉旅长强占民女，舆论一时哗然。军方悍然将金灿枪杀于西较场，商校师生即采取各种方式表示抗议，军方遂将商校封闭，师生均被赶出。从此之后，商校也就未能复校。1931年在原地开办了励志社成都分社。励志社原本是1929年在蒋介石倡导下于南京成立的，全称"黄埔同学会励志社"，是以文化活动来加强蒋介石嫡系军政高层人员内部联系的机构，以后在各大城市都有设立，实际上就是国民党军政警特界高级人员的一个联络处和吃喝玩乐的高级招待所。1937年，由著名建筑学家杨廷宝设计，修建了一座成都在民国时期唯一的宫廷式建筑风格的钢筋混凝土大楼（今天南京中山东路的金山宾馆就是民国时期的南京励志社总部大楼，也是由杨廷宝设计的，所以由他在晚些时候设计的成都励志社大楼与南京的励志社总部大楼建筑风格十分相近，只是体量稍小），并用作美国援华军事顾问团驻地，同时也是在蓉援华美军招待所，著名的飞虎队（即陈纳德志愿航空队）成员轮休时曾在这里居住，美国副总统华莱士在这里接见过飞虎队成员。1941年6月，美国著名作家、诺贝尔文学奖获得者海明威以记者身份偕夫人来成都了解美国援华情况，也曾经住在这里，写下了他对成都的观感（最有趣的记载是行走在成都街头的骆驼商队）。这座大楼至今仍在。新中国成立以后，这里一直是中国共产党四川省委机关办公地。四川革命前辈张秀

励志社大楼　杨显峰提供

熟曾用一首诗概括了商业街的历史："商业学堂民元开，坊巷锡（按：同赐）名商业街。抗战楼高迎远客，今日省委指挥台。"

抗日战争期间，美国驻华大使馆新闻处成都分处较长期间驻于商业街的励志社中（最初在春熙路青年会，以后又迁西御街），该处主任福斯特是秘密的美国共产党党员，所以他所聘用的工作人员如汪骏等都是中共地下党员或进步青年，他们利用美国驻华大使馆新闻处的有利身份，为推进反法西斯战争，为宣传中国共产党的主张做了许多有益的工作，毛泽东的《论联合政府》一书在成都主要就是由他们传播出去的。

商业街上的省委机关的对面，有一片包围着的绿地，这就是曾经使全国文物考古界为之震惊的战国时期特大型成都船棺群的发掘现场。

船棺是古代巴蜀地区一种特殊的埋葬形式，就是用很大的整体木头挖空成船的形状，将死者与随葬物品放在里面下葬。新中国成立以来，在四川的很多地方都发现过这种船棺葬，改革开放以后成都开发居住小区，在青羊小区、抚琴小区、白果林小区、石人坝等地的建筑工地都发现过船棺，时期大多是在古蜀王朝中后期，即相当于中原的春秋战国时期。2000年7月29日，省委机关食堂进行改建时，打算修建一个储藏食物的地下室，向下挖掘中发现了这个史无前例的特大型船棺葬遗址。在一个长约 30 米、宽约 20 米的巨型竖穴式墓坑中有 17 具船棺，全部用巨大的楠木做成，最大的一具竟然长达 18.8 米，直径 1.7 米，下面还垫着众多的枕木，是我国也是全世界最大的船棺王。在船棺中还发现了精美的漆器、陶器、铜器和陈放编钟的木架与击打编钟的木槌，遗憾的是青铜编钟早在汉代就已经被盗墓贼盗走。在这个墓坑之上还发现了大型木结构建筑的遗迹。据初步研究，这里很有可能就是古蜀王朝中开明王朝的皇家墓地，它与古蜀时期的三星堆遗址、金沙遗址一同构成了古蜀文明中迄今为止最为重要的三处大发现，也是成都市中心最为重要的考古发现（根据探测，大型墓坑四周肯定还有未发掘的地下宝藏，将在今后适当时机继续发掘）。商业街大型船棺群已经列名于全国重点文物保护单位，根据有关部门的决定，这里将建成我国最大的原址保护的船棺博物馆。

　　与商业街紧邻的实业街原来是满城中的甘棠胡同。这里的"甘棠"源于《诗经·召南·甘棠》。因为宋代大学者朱熹对这首诗歌的解释是："召伯循行南国，以布文王之政，或舍甘棠之下，其后人思其德，故爱其树而不忍伤也。"所以后人用"甘棠"来表示地方官员有惠于民的德政。因为这里当年开设有八旗官学，是培养八旗子弟读书的地方，所以就取了"甘棠"这样一个很

2000年商业街船棺葬发掘现场　　李绪成摄影

文雅的名字。清乾隆十六年（1751）在这条街上开设了皇城中第一所学校"成都八旗官学"（不久又在包家巷开设了第二所八旗官学，1871年两校合并，只保留了实业街的这一所）。民国初年，在八旗官学的地方开办了一所女子实业讲习所，所以就把这条街改名为实业街。

1917年，由成都文化界著名人士、"五老七贤"中的徐子休等人发起并集资，在实业街的北侧重建了原来建在文庙西街的六先生祠，又名六公祠（六公祠始建年代不详，最早建在江渎祠侧，所祭祀六公是李冰、文翁、廉范、张咏、赵抃、崔与之），祭祀四川宋代六位著名学者范镇、范祖禹、张栻、李道传、魏了翁、谯定。因为各方面的原因，六先生祠难以维持，不久即废。但是，这是成都近代文化史上为四川的文化先贤集中修建的最大的祠庙（在黉门街上，清末民初的存古学堂中曾建有四先生祠，祭祀的是范镇、范祖禹、张栻、魏了翁四人）。现将六先生祠中供奉的四川六位先贤简介如下：

范　镇（1008—1089）　成都人，北宋著名政治家、史学家，参与修《新唐书》《仁宗实录》。曾任翰林学士、端明殿学士，封蜀郡公。

范祖禹（1041—1098）　成都人，北宋著名史学家，著有《唐鉴》《帝学》，是司马光修《资治通鉴》的主要助手之一，世称"唐鉴公"。曾任礼部侍郎、陕州知州。

张　栻（1113—1180）　绵竹人，南宋著名学者，与朱熹、吕祖谦并称"东南三贤"，主讲岳麓书院多年，是湖湘学派的主要开创者，世称南轩先生。曾任吏部侍郎、江陵知府、右文殿修撰。

李道传（1170—1217）　井研人，南宋著名学者，以朱熹后学为己任。曾任真州知州、提举江东路常平盐茶公事。

魏了翁（1178—1234）　蒲江人，南宋著名学者，建立并主讲鹤山书院，是南宋时期四川学术的主要代表，世称鹤山先生。曾任礼部尚书、签书枢密院事、资政殿大学士。

谯　定　生卒年不详，涪陵人，南宋学者，曾从程颐学《易》，后隐居青城山讲学授徒，蜀人尊为"谯夫子"。至今仍在流传的"易学在蜀"一语与他对《易》学在巴蜀的传授有很大关系。

实业街小学（今泡桐树小学实业街校区）的前身，是1904年开办在支机

· 街巷 ·

1950年儿童节成都三英小学师生合影　刘邦勤提供

石街的公立第三小学,1905年迁斌升街,1906年迁实业街,1909年改名为三英小学。三英小学所以知名,是因为清政权被推翻之后,四川军政府代表与成都的满蒙同胞代表的重要会谈就是在三英小学中举行的,而这次重要的会谈使得成都得以和平易帜,在解决满城这个十分棘手的问题上没有出现暴力(有关情况参见"同仁路"),极大地减少了可能出现的损失。三英小学这个"三英"不是三个英雄的意思,而是满语"善""美"的对音汉写。当年曾有满族文士吴俟庵撰文立碑阐释其义,这块碑过去立在实业街小学中,1960年被毁。

1926年4月,中国共产党在成都建立了第一个地方组织成都特支,特支的机关就设在今天实业宾馆对面钟善辅的家中。特支所办的刊物《火星》也是在那里编辑的。钟善辅是成都最早的青年团员和共产党员,当时正负责全市的工人运动工作。

1926年中共成都特支在实业街的办公地

以市场作坊命名　　511

20世纪40年代烧木炭的汽车　汤晓明提供

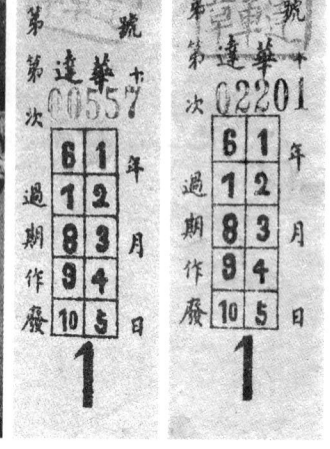
20世纪20年代华达公司汽车票
刘永禄提供

1926年1月28日，成都历史上第一家公共汽车公司华达汽车公司就开设在实业街。华达公司的实际创办者是从法国归国的留学生何嘉谟，他说服了父亲何羽仪与何羽仪的朋友胡又新共同集资成立了华达汽车公司，又请何羽仪的同乡、川军著名将领邓锡侯出任名义上的董事长。何嘉谟从上海购买了全套部件，运回成都组装了7辆1.5吨福特汽车，木制车厢中有20个座位（因为车厢颇似小房子，所以当时的成都人把这种汽车称为"洋房子走路"，这一说法在成都曾经流行了很久）。华达汽车公司设计了以下公共汽车线路：老东门到老西门、北门到南门、商业场前门到实业街、商业场后门到槐树街东口。在培训了驾驶员之后于1926年1月28日开业运行。由于当时街道太窄，车行不畅，易出事故，一些守旧者就以声音太大、速度太快、破坏市容、吓坏老人等种种理由，上书当时的成都统治者刘湘，以汽车如虎伤人为由，要求下令禁止。当时有位侯幼坡写了名为《汽车》的《竹枝词》，反映了成都市民对这一新生事物"市虎"的反感与抵触："万树芙蓉绕郭生，新潮高涨旧潮平。城居却是山居样，昼夜都闻'市虎'声。"当时一位文士在给当局的上书中还有这样的文字："盖城内面积不过十里，有何急务，如斯奔忙？且乘此汽车者，强半喜其新奇，姑一驰骋，惟因此闲游之举，而撞毙触伤之事层出不穷，使行人有举步之惧，栗栗若临深渊……"全城黄包车夫也群起阻挠，见车就抛石掷瓦。在这种情况之下,市政当局下令禁止公共汽车在城内开行,只保留了一条从春熙路出南门再到青羊宫的路线,每人收厂版铜圆一个,故而又有《竹枝词》写道:"便利交通说有年,汽车今日见吾川。春熙路到青羊去,厂板才收一块钱。"就是这样,仍然不被守旧派所容许,仍然有人继续告状。华达公司只得把这一条线路也完全改为城外,从柳荫街到青羊宫,专门为花会服务。花会结束之后,又被迫停运,于是又只得改驶成都往新津一线的长途。由于道路太差,乘客太少,只维持到1927年,成都第一次开办的汽车公司就因严重亏损而不得不停业倒闭。在此之后,一直到抗日战争时期,成都人口愈来愈多,又才在1942年底成立官商合资的成都市公共汽车公司,有烧木炭的汽车12辆,开设了两条线路:沙河铺到茶店子、红牌楼到驷马桥。但是因为不堪兵痞流氓的骚扰,不到一年即亏本停业。1947年又曾恢复,有车7辆,只开行沙河铺到茶店子一线,一年多以后完全倒闭。一直到新中国成立以后,成都才在1952年7月1日开始发展愈来愈完善的公交事业。

在实业街的西头,抗日战争期间由我国著名公共卫生专家陈志潜(时任四川省卫生实验处处长)建立四川省传染病院,由留学美国的杜顺德医生担任院长。这是成都第一个专业的传染病院。传染病院后来迁出城外,将这里改建为妇婴保健院,1950年又改建为成都市第二妇产医院。经过多次扩建之后,目前已经成为成都市最具规模的妇幼保健院之一。

实业街产院　1964年　陈德龙摄影

以名人古迹命名

金沙遗址路附金沙路

2001年2月8日下午,成都西郊磨底河南岸苏坡乡金沙村的农田内,一个名叫蜀风花园城的楼盘正在做施工的前期准备,挖土机要挖出一条深达5米的土壕,以便埋设下水管道。随着运土民工的一声尖叫"土里有东西",一批古老的玉器、青铜器和象牙的碎片被挖了出来。由于一位有文物保护意识的民工的及时报告,成都市文物考古工作队的工作人员与公安武警赶到了现场,一个可谓举世皆惊的古蜀文化遗址被发现并得到了及时的保护。随着一件件国宝级文物的出土(目前已发现各种金器、玉器、青铜器、石器5万余件以及大量的象牙与陶器),随着一片片建筑基址区、宗教祭祀活动区、一般基址区和墓地遗址的出现,目前已经可以确认的面积达5平方公里的金沙古蜀文化遗址已经名扬世界,全国一流的金沙遗址博物馆2006年底在遗址正式开馆,一个具有多方面重要功能的金沙文化旅游区逐步展现在中外游客的面前。

根据几年的考古发掘与研究,目前学术界一致认为,金沙遗址极有可能就是相当于中原地区商代晚期到西周时期的古代蜀国的都邑所在地,其主体文化属于古蜀时期的十二桥文化(大约在公元前1150年—公元前600年),与著名的三星堆文化有着极其紧密的传承关系,并与三星堆文化一道成为我国长江上游古代文明发源地最重要的中心之一。它不仅把成都的明确可考的文明史大大提前,而且对于整个中华民族古代文明的起源与发展的过程也具有重要

发掘金沙遗址时刚出土的石虎、石人和石璧
2002年 李绪成摄影

·街巷·

金沙遗址发掘现场　2002年　李绪成摄影

的意义。在2008年的发掘中,又发现了宝墩文化、商周、秦汉、唐宋、明清各时代的文化堆积,充分证明了成都四千年以上的文明史一脉传承,为成都这个四千年来不迁址、两千多年不更名的古老的历史文化名城提供了极为有力的历史证明。

2006年6月10日,在迎来我国第一个文化遗产日的重要时刻,金沙遗址出土的以金箔制成的太阳神鸟被确定为我国文化遗产标志。同一天,中央电视台以四个小时的时间现场直播了在金沙遗址博物馆遗址馆中的现场发掘,我国最早的大型石磬等一批重要文物在全球聚焦下一一出土。2007年2月12日,又在金沙八号遗址发现了一张极为珍贵的黄金面具,而且是迄今为止所发现的3000年前东亚最完整、最大的黄金面具,具有极高的科学价值与艺术价值。

太阳神鸟金箔饰(左)
2003年 李绪成摄影

十节长琮(右)
2003年 李绪成摄影

金面具 2007年
李绪成摄影

金沙遗址的发掘与研究远未结束，金沙遗址的重要价值必将随着发掘与研究的继续与深入而不断让人们感到惊奇。

当年在开发蜀风花园城楼盘的时候，曾经将这里新开通的一条道路命名为蜀风东大街、蜀风西大街，从青羊大道直通西三环。当金沙遗址博物馆建成以后，金沙遗址博物馆最主要的大门南大门就开在这条道路之上，所以又重新命名为金沙遗址路。

在成都还有一条金沙路，在金沙路之旁还有金沙巷、金沙北二路、金沙路西二巷，这些都与金沙遗址无关，命名都在金沙遗址发现之前。金沙路是改革开放之后在营门口片区新建与改建的一片房屋之中的街道，因为它的西边是原来的金鱼村、后来的金鱼街，东边是原来的沙湾、后来的沙湾路，所以就从两边取一个"金"字与"沙"字，命名为金沙路。

成都还有金沙桥街和金沙寺街两条老街，得名由来各有不同，但均与金沙遗址无涉。

支机石街

成都有好几处街道以石命名，可是在成都这个冲积平原上除了河道中的卵石外，不可能有大的石头。成都的建筑用石、园林置石都是从外地运来的。也就是说，大的石头在成都，原本是稀缺的东西，可是成都的历史文化却又与这些外地的大石头有过十分密切的关系。

在成都文化公园水池旁，用栏杆保护着一块不规则的方柱形石头，高约两米，上面刻有"支机石"三个大字，这块石头年代久远，大有来历。

早在隋代，虞茂就在《织女石》一诗中说："支机就鲸石，拂镜取池灰。船疑海槎渡，珠似客星来。"这是目前在可靠的史料中所见到的最早的关于成都支机石的记载，其中已有很明显的神话色彩。唐代诗人岑参的晚年是在成都度过的，他在成都所留下的诗歌中有一首名叫《卜肆》，其中也说："君平曾卖卜，卜肆著已久。至今杖头钱，时时地上有。不知支机石，还在人间否？"诗中的"卖卜人"与"君平"就是指的汉代成都的著名人物严遵（字君平），我

支机石街24号　20世纪90年代　王健摄影

们在后面还要专门对他进行介绍。时代稍晚于岑参的赵璘在《因话录》中又说："今成都严真观有一石，俗呼为支机石，皆目云：当时君平留之。"这个神话故事在唐以后多有记载，有多种版本。集大成者应当是明代学者曹学佺在《蜀中广记·人物记·严遵》中所叙述的故事：汉代开通西域的著名大将张骞出使大夏，一直走到了黄河的源头，在归来时乘坐的船中载着一块石头。张骞回家之后，特地请来上知天文下知地理的严君平，问他能否说出这块石头的来历。严君平观察了很久，然后说："去年八月我观察天象，看见有一颗客星进到了牵牛星和织女星的地方，现在看来那就是你行踪的反映了。这块石头就是天上的织女用来垫她的织机的石头，你把它带回人间来了。"张骞说："真是如你所说的那样，我到黄河源头时，看到有一个女子在织布，一个男子在放牛。我问，这是什么地方？织布的女子说这里不是人间的地方。她把一块大石头放在我的船上，叫我回家之后去找成都的严君平，说你一定会把真情实况告诉我。"从此，这块天上织女星织机下面的支机石就留在了成都。

这个神话说明，这块石头在成都人眼中是天上神人送来的不一般的石头。所以，从历代记载中可以清楚地知道，最晚从唐代开始，这块被称为"云藏海客星间石"的石头就被供奉在祭祀严君平的严真观中，上面刻有"支机石"三个篆文大字，原来的高度在两米以上。严真观毁塌之后，仍然立在严真观旧址的空地上。明清时期,这里建成了街道,明代街名不详,清代是满城之中的仁里二条胡同,是个很典型的北方街道名称。但是因为原来曾经有著名的严真观,所以也称为君平胡同。民国时期则改名为支机石街。支机石街原来的严真观旧址在清代改建为关帝庙(按清代的有关规定,满城中只准供奉观音菩萨和关圣帝君,这个规定在清代前期一直被严格遵守,后期才有所松动),成都人也称为支机石庙,支机石就立于庙中。到了清末,庙宇被毁,支机石又立于露天。1924年,兼任成都民众通俗教育馆馆长的著名实业家卢作孚先生曾经打算建立一个支机石公园,但是在那军阀混战不断的年月,他这一愿望未能实现。1985年,支机石终于得以移入文化公园,实测高度为2.05米。原石上所刻的"支机石"三字早已磨灭不显,现在石上的"支机石"三字是移入之时补刻的,书法为著名书画家伍瘦梅手书。

根据学术界基本一致的认识,古蜀时期的成都人有一种对大石的崇拜理念,他们往往在墓地或其他的重要建筑物之前树立着特地从山区运来的一块巨石。古代蜀人的主要先民是羌人,在已经发现的无数古代羌人的石棺墓的葬俗和今天茂县、汶川羌族同胞中仍然保持着白石崇拜的习俗中,完全可以看到这种大石崇拜的影子。所以,成都在今天还保存下来的几处古代的大石崇拜物,以及由此而命名的街道或地名,也就可以找到答案了,原来这些都是古蜀先民

支机石街的关帝庙　1910年　[英]威尔逊摄影　刘永禄提供

大石崇拜的遗迹。由于祖先过去所选择并运来平原地区的这些大石都是要竖立起来用为某种标志的,所以大多是碑状、笋状。清人的《竹枝词》有这样的记载:"华阳尉左武担山,别有天涯石可攀。评古吊今情不已,支机石在满城间。"对于这些大石的用途,古人有一些很有价值的判断。例如清代著名诗人吴伟业在《成都》一诗中所说的"鱼凫开国险,花月锦城香。巨石当门观,奇书刻渺茫"。他所说的"门观",与今天历史学家认为是大型建筑之前的标志物(四川是我国著名的汉阙之乡,汉阙也就是汉代大型建筑之前的标志物即门观)的判断基本上是一致的。

为了今天仍然能够在成都人的心目中继续保持对于古老的大石文化的点滴记忆,成都在近年来的城市建设中以不经意的方式做了许多工作。例如,在府河与南河的综合整治中,特地在两岸绿地中以园中置石的手法安排景观工程,摆放了若干巨石;在琴台路的改建工程中,特地在南头设计了若干块高大的石碑;在浣花溪及其下游南河之侧,特地把一条由滨江路向西延伸新建的长街命名为大石东路与大石西路等等,这些都是有意而为之的对古老历史的回顾。

现在支机石已经移到了文化公园,但位于老满城之中的支机石街仍然存在,东接长顺街,西接同仁路。相传这条街的西段就是汉代严君平读书授徒卖卜的地方,在唐代被称为君平卜肆。唐代建成了严真观,宋代的吕公弼在《严真观》一诗中写道:"卜肆垂帘地,依然门径开。……空余旧机石,岁岁长春苔。"可见当时的支机石就在严真观中。

支机石　2013年　杨显峰摄影

2006年,在支机石街与同仁路的交会处,新建了一个小游园,按目前文化公园中的支机石的形状复制了一个支机石,作为支机石街的标志。

有一点需要说明的是，在目前成都的很多书籍、地图与公共标志中，包括具有权威性的《四川省成都市地名录》，都是把"支机石"写作"支矶石"。这是不对的，应当写作"支机石"。一来在古代文献中就是写的支机石，二来这个机原本就是纺织机的意思。1987年版《成都城坊古迹考》一书中就一直写为"机"。1992年，《成都城区街名通览》一书在"支矶石街"之下明确指出"'矶'应是'机'之讹"，可是这一错误一直未能得到纠正。笔者在本书中对于街道名称的写法，是严格依照具有权威性的《四川省成都市地名录》，但是在这里却是一个例外，所以有必要加以说明。

民国时期成都名医张先识所创的"汲古医学社"开办在支机石街。

民国时期政坛著名人物李璜的故宅在支机石街。

李　璜

李　璜（1895—1991）成都人，13岁入成都洋务局英法文官学堂，以后就学于上海震旦学院，1918年在北京与王光祈、李大钊等共同组建少年中国学会。1919年赴法国留学。1923年在巴黎与曾琦等创建中国青年党，提倡国家主义，反对共产主义。1924年回国后历任北京大学、成都大学等校教授，著作有《法国文学史》《欧洲远古文化史》《国家主义的教育》等。与此同时，创办《醒狮》周报，宣传反共反苏，成为"醒狮派"的代表人物。抗日战争时期追随国民党，曾出任国防最高委员会参议、国民参政会参政员并任国民参政会主席团主席。1945年任联合国制宪大会中国代表团成员。国民党政府曾任命他为经济部部长，因病未就任。1949年去香港，后去台湾，名义上任台湾"总统府"国策顾问，实际上未从事政治活动，而从事中华民国史研究。

天涯石街

成都大慈寺路以北的天涯石街有四条，即天涯石东街、天涯石南街、天涯石西街和天涯石北街，四条街呈井状排列。在过去，像这种成组的街道在成都还有多处，现在如天涯石街这样的四条街道都还完整地保留下来的成组街道

·成都街巷志·

天涯石北街
1994年　陈锦摄影

天涯石北街80号室内，一对夫妇守护着天涯石。
1994年　齐鸿摄影

天涯石南街　1996年　周筱华摄影

已经只有这一处了。

天涯石街的得名是因为在这里有一块被视为神物的天涯石，过去还曾经有过一座保护天涯石的小庙。明代著名史学家谈迁在《枣林杂俎》卷下说："成都有天涯、海角二石，天涯石在中兴寺。故老传言，人坐其上则脚肿不能行，至今人不敢践履。海角石在罗城内西北隅角，高三尺，有庙，今不存。"这个被视为神物的天涯石过去有研究者进行过实测，高213厘米，上宽48厘米，下宽105厘米，厚27厘米，长期保存在天涯石北街80号民宅中，近年间文化部门已经在天涯石南街的天涯石小学外面建立专门的小亭进行保护并供游人观赏。这块古蜀时期大石文化的珍贵遗物，如今已是老态嶙峋，一望而知经过了无数年的风化，1981年被列入成都市级文物加以保护。

在过去的文献记载中，成都不仅有天涯石，还有海角石，也称地角石，在成都西北部，宋代即已在战火中被砸碎作为抛石机的炮弹了，这在宋人朱秉器的《漫记》与张世南的《游宦记闻》中均有记载。据民国《温江县志·杂识》所载，温江过去也有一块天涯石，也在清初毁掉了。

清代天涯石北街以东以北地区，还有一片水面，清代著名大臣卓秉恬家在此建有著名的花园"洞庭香馆"（有关卓秉恬的介绍见"棉花街"），所以此街也曾经被人们称为"小洞庭"。据民国《华阳县志》卷二十八所载，当年的景色是"一片停泓，与东水闸相引，植柳种荷，浴凫振鹭，风景为城东最，故以洞庭题名矣"。清代著名学者、《蜀典》的作者和《诸葛忠武侯文集》的编者张澍于嘉庆年间宦游成都时，就住在天涯石街。

石笋街

石笋街是一条小街，位于西月城街以南。

类似石笋状的大石文化遗物在四川盆地中有过几处，在成都文献上最早见于记载的是《华阳国志·蜀志》：蜀王"每王薨，辄立大石，长三丈，重千钧，为墓志，今石笋是也，号曰笋里"。而最早对石笋进行具体描绘的则是大诗人杜甫的《石笋行》："君不见益州城西门，陌上石笋双高蹲。古来相传是海眼，苔藓蚀尽波涛痕。雨多往往得瑟瑟（按：瑟瑟是埋在地下的珠状小石），此事恍惚难明论。恐是昔时卿相墓，立石为表今仍存……"可以认为，杜甫的诗句应当是历史上对大石文化遗物历史真相最早的合理解释。元代人在为杜诗作注时引用宋代人的记载说："石笋在衙西门外仅百五十步，二株双蹲，一南一北，北笋长一丈六尺，围极于九尺五寸；南笋长一丈三尺，围极于一丈二尺。"也就在唐代，石笋所在地已经成为街道，就是著名诗人刘禹锡在《新修福成寺记》中明确记载的"石笋街"。南宋时期，石笋街的街名仍然在《宋史·丁黼传》中有载。到了明代，何宇度等人前来访古时都说是见不到了，可是在明代与清代的很多记载中又说石笋还在，很可能是在宋末元初成都城的几次攻守大战中被毁坏了（当时进行城池攻守战时，常用的方式之一是用最早的大炮即抛石机抛射石块，所以需要很多石块），主体被击碎后用于战争，埋在土中的根部还在原处。20世纪80年代，笔者的老同学陈世松研究员在研究丁黼事迹时特地到石笋街一带考察，果然在石笋街南端原鸿雁皮鞋厂门前的一眼水井内找到了当年一块古石笋的残根，已作为水井的井壁。不久，这口水井就因无水而被埋填，如今是连石笋的残根也见不到了。

关于石笋有两个问题需要说明。第一，在历史上有关古蜀时期大石文化的各种记载中，对于石笋的记载是最多的。这是因为有如笋状般高耸的巨石古人用得最多，也最容易引起后人关注。例如陆游在《入蜀记》中说夔州白帝庙有三株石笋，曹学佺在《蜀中广记·名胜记》中说忠州有五株石笋。至于陆游在《老学庵笔记》卷三说成都还有"垒数石成之"的石笋，可能是把后人称为五块石的这类竖立状多石的列石，误称为竖立状单石的石笋了。第二，从唐代以来有关石笋街的各种记载中，要确定唐代石笋街在今天的具体位置很难，因为相互之间总有一些矛盾，以至著名学者林思进在《华阳县志》中不能不认为成都石笋不止一处，很可能是有城西石笋和城南石笋。笔者的老朋友温少峰学兄经过考察之后认为，清代以前的石笋应当是在今天的多子巷西口，在宋元之际与明清之际的战乱之中有所破坏，清初修满城时将其迁出满城，才到了今天的石笋街，也才有了今天的石笋街。

· 街巷 ·

五块石

成都有两处五块石，都是片区名而不是街道名，一处是火车北站后面的五块石市场，人们十分熟悉。还有一处在武侯祠以西，原来的行政村名就叫五石村，一直到20世纪末，在今成都体育大学大门外的一环路上都还有一个叫五块石的公共汽车站。因为后来已经不再作为站名使用，人们就不大知道了。当然，无论是哪一处，今天都再也见不到五块石的原物。

从古代的有关记载考察，最早的五块石是五个石头垒成的石笋状巨石，或者说是竖立状多石的列石，其时代与功用都应当是与其他大石文化的单石状的遗物相同（与石笋一样，过去在双流、彭州、乐山、丹棱、威远、安岳、万州、宜宾、营山、达川、大竹等地也都有关于五块石的记载），所以也可以称为石笋，明代学者陆琛在《蜀都杂抄》中就说当时的成都人称"五块石为南笋，天涯石为北笋"。到了明代，就已经是倒在地上的五块大石头。民国初年成都开始流传着一首介绍成都城的民谣："清早起来不新鲜，心想成都耍几天。一进东门天涯石，二出南门五块砖。三桥九洞石狮子，青羊宫里会神仙。迎仙接仙送仙桥，侧边有个二仙庵。……"这里所说的"五块砖"就是指的已经倒在地上的五块大石头。这几个大石头在成都先辈的眼中是作为神物来尊重

五块石市场等待做工的农民工
2002年　王晓庄摄影

双流陇石　2008年　宋永坤摄影

的，几处记载都说"石下有海眼"。明代陈子陛还写过《五块石》一诗："四顾桑田一勺无，累累五石类浮图。谁云此地通沧海，拾得鲛人瑟瑟珠。"

成都关于海眼的传说不止这一处，也曾经长期传说大慈寺的佛像下面有海眼。这些关于海眼的传说，应当是成都先民心中十分强烈的对于古代的洪水记忆的一种反映。

武侯祠以西五石村的五块石一直到20世纪40年代都还存在，民国《华阳县志》记载："五块石今尚存，高余一丈，圆倍之。"1946年第3期的《旅行杂志》载郭祝崧《成都春游三胜》一文有更详细的记载。但是火车北站后面的五块石却没有人见过，所以过去在当地有着两种完全不同的传说：一种传说是说过去曾经有过，而且是老天爷和土地神之间的传话者，后来所以看不见了，是因为土地爷把它藏起来了。另一种传说是说，这里的五块石指的是一座用五块条石建成的小桥。

古蜀时期的大石文化曾经在成都留下了很多遗迹，如今在成都城区就只能见到天涯石与支机石，著名的石笋与五块石已经见不到了。在双流县双江镇还有一块，就是在《双流县志》中早有记载，后来沉于河底，2003年11月又从江安河中打捞出来的"陇石"，目前置放在邹家场的一个度假村中，可供人们凭吊观赏。

武都路

在北较场后面，也就是成都老城墙的外边，原来有一条小路。1958年把大部分城墙拆了之后就形成了一条小街，当时命名为北较场后街。府河南河综合治理后成为内环线上一条较大的街道，改名为武都路。武都路的命名，来源于古代的一个神话传说。

根据《华阳国志·蜀志》的记载："武都有一丈夫化为女子，美而艳，盖山精也，蜀王纳以为妃。不服水土……物故（即死亡）。蜀王哀念之，乃遣五丁之武都担土为妃作冢，盖地数亩，高七丈，上有石镜，今成都北角武担是也。"这是与我们在前面介绍五丁桥时所引述的有关五丁的神话不同的又一个版本。"武都"在古代有两处，近的一处在四川绵竹市，远的一处在今甘肃西和县南。这个神话中的武都应当是指远方的武都。

由于古代有这样一个"武都担土"的神话传说，所以"成都北角"就有了"武担山"和"石镜"，就在今天的北较场内，而且历代多有记载，从杜甫到陆游，很多著名诗人都有题咏，成为成都城区最为著名的古迹之一。武担山是一个小土丘，唐宋时期上面还有过寺庙，名叫"咒土寺"，又名"武担山寺"或"石镜寺"。武担山和石镜一直到民国时期还能见到。自抗日战争以来，北较场中多次修建房屋，武担山和石镜也就陆续被毁，再也看不到了。因为这里曾经有过上述的关于武都与武担山的神话传说，所以就把紧邻北较场的街道叫作武都路。

金马街

在我国西南地区，曾经有一个流传很广的古代神话，如《汉书·王褒传》所载："方士言益州有金马碧鸡之宝，可祭祀致也，宣帝使褒往祀焉。"所谓金马碧鸡，就是马一样的黄金和鸡一样的碧玉。由于汉代的益州地域较广，所以在四川和云南都有金马碧鸡的传说与遗迹，今天昆明城内最重要的旅游街道仍然叫作金马碧鸡坊。在成都城内也是很早就有金马碧鸡祠，有金马坊和碧鸡坊的街坊。例如杜甫在《西郊》一诗中就有"时出碧鸡坊，西郊向草堂。市桥官柳细，江路野梅香"的名句。但是，唐代的金马坊和碧鸡坊的旧址在今天成都的何处却很难确定。多数学者认为，从杜诗中所写的地理方位考察，当时的碧鸡坊可能在今东胜街一带（唐代女诗人薛涛晚年曾经卜居碧鸡坊，所以在今天纪念薛涛的望江公园中也有一处园林被命名为碧鸡坊，这与上述的碧鸡坊无涉）。宋代时在今白家塘建有碧鸡坊，在今金马街建有金马坊，明代与清

金马街的德国驻成都领事署内 1910年 [德]魏司摄影

代,就在原金马坊所在地修建了金马街。

今天的金马街不长,位于文殊院街以南,街中的金马街小学是明清时的昭应寺旧址(昭应寺直到1946年才被拆除),而据记载昭应寺就建在宋代的金马坊之侧,所以宋代的金马坊也应当就在今天的金马街。

目前成都还有一处有关金马碧鸡传说的重要纪念地,就是都江堰市的天马(原名金马)镇。这里过去有碧鸡祠、碧鸡溪、碧鸡桥、碧鸡上街、碧鸡中街、碧鸡下街,每年七月初七要举办会期长达7天的碧鸡庙会。当地传说汉代时王褒就是在这里见到并祭祀了金马碧鸡神。

1910年,德国驻成都领事署从义学巷迁至金马街,以后再迁往西珠市街。

石马巷

石马巷是一条小巷,位于方正东街与小关庙之间。

石马巷的得名是因为这里过去曾经有一座福德祠,祠内有一对石马。而福德祠的修建和石马的雕塑又是因为过去流传的金马碧鸡的历史传说。早在明代,曹学佺在《蜀中名胜记》卷三就有"北门内有石马,足陷地,金马祠在巷内"的记载。这里关于"金马祠在巷内"的记载是否准确很难断定,但是明代就已有了石马巷,巷中就已有了石马则由此可见。

福德祠与石马在民国时仍存,民国《华阳县志》说:"石马不知置于何时,至今犹存。高五尺,余腹以下陷土中,与曹氏所言合,殆即金马碧鸡坊之遗尔。"

石马巷在清代前期有圣寿寺,后来毁弃,成为民居。

文翁路

文翁路是一条新开的街道,在文翁路的北端,是成都市中心重要的南北通道东城根街。由于当年的东城根街是在民国初年拆除满城之后沿满城的东墙而建的,南端只到西御街口为止,所以再向南就是小街小巷,没有了向南的主通道。20世纪90年代成都市为了改变市内交通困难而进行的"畅通工程"中,就沿着东城根街向南的方向,打通了原来的半边桥街、陕西街、文庙后街、文庙前街、上池正街,并入了火巷子(1981年曾命名为鸿雁路),新建了一条大街直通南河,再经过在南河上新建的南河桥(彩虹桥),直通武侯祠大街而上一环路。这条新建的大街原来是按工程名称叫作东城根街南延线(与此同时还向北新建了东城根街北延线,就是今天的万和路),后来正式命名为文翁路,是因为大街正好从石室中学(文翁最早在此办学)旁边通过。

文翁是一个在成都历史上值得大书特书的人物,如果从对后代的影响和他的功绩来看,文翁是成都的早期开发史上可以与李冰相提并论的人物。

在古蜀文明时期,巴蜀地区有自己的语言与文字,并不普遍使用中原已经流行的汉语与汉字,所以在整个文化教育领域未能融入中原文化大家庭。这在汉代学者的笔下叫作"蜀左言"、"不晓文字"、"莫同书轨"。秦统一巴蜀之后,巴蜀地区就成了秦国推行"书同文"的第一个地区,逐步普遍使用汉语与汉字,逐步融入中原文化大家庭,这在汉代学者的笔下叫作"言语颇与华同"、"染秦化"。在这个融合的过程中,文翁的作用是巨大的。

秦国统治巴蜀地区的90年中,我们看到了移民、修城、兴修水利、改善交通、发展工商等多方面的措施，可就是看不到一件有关文化教育方面的大事，这应当是秦王朝实行焚书坑儒、禁止私人办学等一系列文化专制政策的必然结果。西汉时，巴蜀地区的经济有了很快的发展，可是在文化上却被中原人认为是"蜀地僻陋，有蛮夷风"，文化依然不振。

汉景帝时，出生于今安徽庐江县的学者文翁被任命为蜀郡太守。他深感这里的文化落后，而他的做事特点又是"仁爱好教化"，他以很大的决心、很严的措施来推行教育。一方面他派年轻人到长安去学习儒家经典和政策律令，并让他们将中原地区的典籍与教材带回来，在巴蜀各地办学担任教职；一方面在成都开办了中国的也是世界的第一所地方官办学校石室讲堂（用石材作为建筑材料，并不是因为成都盛产石材，而是为了防火，因为当时的书写材料都是竹木简、缣帛等易燃物），不收学费，大量培养人才。文翁的这些措施深得蜀中人士的拥护，"县士吏民见而荣之，数年，争而为学官弟子，富人至出钱以求之。由是大化，蜀地学于京师者比于齐鲁焉。文翁终于蜀，吏民为立祠堂，岁时祭祀不绝。至今巴蜀好文雅，文翁之化也"（《汉书·文翁传》）。《汉书》的作者班固在这里用"由是大化"和"文翁之化"，是相当准确的。正是因为有文翁所引导的"大化"，西汉的成都才会出现司马相如、扬雄这样的大家，才会有"文章冠天下"（这个评价也是班固在《汉书·地理志》中做出的）的骄人成就。文翁石室对于蜀中的巨大影响是难以估量的，元代的罗寿写过一篇《成都瞻学田记》（见《全蜀艺文志》卷三十六），其中有这样一句话："蜀有材，汉文翁始也。"

文翁所开创的石室讲堂自西汉初期的两千多年以来，一直办学，除了战争年代之外从未间断过读书之声，是全世界开办时间最早、连续办学时间最长的学校，这是成都市在文化教育史上一个值得骄傲的世界第一。2004年11月19日，石室中学举行了隆重的办学2145周年、改新学100周年的庆祝活动（文翁开办石室讲堂的准确年代无载，近代学者将其定在公元前141年）。多年来，这里为四川培养了数不清的人才，仅以近代为例，郭沫若、李一氓、王光祈、李劼人、周太玄、魏时珍、贺麟、林如稷等都出自该校。今天的石室中学既是成都市文物保护单位，又是成都市和四川省最著名的国家级示范高中之一。这也正如清代的蜀中著名诗人彭端淑在《再掌教锦江书院作》一诗中所说

成都出土的东汉画像砖"讲经图"　四川省博物院藏

的"文翁遗泽至今崇"。

　　文翁在成都除了兴文教之外,在其他方面也卓有建树。他是一位可以与李冰的功绩相提并论的人物,这其中就包括他还是在李冰之后第二个大兴水利的蜀郡守。据《华阳国志·蜀志》所载,他"穿湔江口,灌溉繁田千七百顷",也就是开凿湔江分渠,使湔江水汇入青白江,灌溉今天彭州、新都等地的大片农田。为了纪念文翁的这些功德,清道光二十一年(1841),成都地方官特地在都江堰市的太平街上修建了文翁祠。正如著名学者李惺在《新建文翁祠碑记》中所说:"顾水利之兴,始于秦李冰,继则汉之文翁。"

　　成都图书馆于2003年迁入文翁路98号的新建馆址。

　　成都图书馆于1912年始建于少城公园内,原名四川图书馆。1928年改名为成都市立图书馆,1933年移交给成都通俗教育馆兼管。1946年又改名为成都市立中正图书馆。新中国成立以后先后改名为成都市人民图书馆和成都市图书馆,馆址仍然在人民公园内(1956年,设在上南大街的成都市第三文化馆的房产拨归成都市图书馆,馆址即为两处),大门先开在祠堂街上,20世纪70年代初改在半边桥北街31号,一直使用到2002年,2003年迁入在原文庙后街成都师范学校旧址修建的新馆。目前的新馆藏有图书近200万册,2004年被文化部授予国家二级图书馆称号。

石室巷

文庙前街石室中学西侧的一条小巷因为与石室中学为邻,所以名叫石室巷。原名何公巷,是为了纪念明末居住并埋葬在这里的成都府学教授何成大,清代的华阳县文庙就设在巷中。抗日战争爆发以后,原来位于梨花街的华阳县中高中部曾迁到这里上课。新中国成立以后何公巷改名为石室巷,在原华阳县文庙旧址开办过成都第二十七中学,办过园丁饭店。2007年石室中学扩建,石室巷被拆除。

君平街附君平巷

在人民公园后面,有一条纪念严君平的君平街。今天还保留在成都老街名中的历史人物,以严君平为最早。

> **严　遵（约公元前80—公元10）** 字君平,本名庄遵,因为东汉避讳汉明帝刘庄的"庄"字,把"庄"改写为"严"字,庄遵就成为严遵了。严遵是西汉晚期著名的隐士式的思想家,是扬雄的老师,在当时有着极高的地位和影响。在汉代就被誉为"文章冠天下"的成都,当时就留下了生平事迹记载的著名文士只有三位——司马相如、严君平和扬雄（汉以后再加上资阳的王褒,称为"蜀四贤"或"蜀四君"）。严君平一生基本上以卖卜为生,对道家思想有很深的研究。正如李白在《咏严遵》一诗中所说:"观变穷太易,探玄化群生。"虽然他只为后人留下了一部不完整的《老子道德指归》,但却是一本极为重要的道家著作。

严君平生前在成都生活的地点应当是今天的支机石街,而且严遵死后在支机石街建有严真观。清初支机石街被划入了满城,汉族群众是不能随便进入满城的,这使得要想去凭吊或祭祀严君平的汉族文士很不方便,于是就把满城南墙外的这条新建成的街道命名为君平街。当时街上有一个庄姓的大户人家遂

·街巷·

君平园　2009年　袁庭栋摄影

自称为严遵的后裔，并把街上的一座祭祀文昌帝君的梓潼宫改建为严遵观。时间一长，人们就误以为这条君平街就是汉代的严遵故居了。

君平巷是君平街南边的一条小巷，原名火巷子，因为与城北万福桥的另一条火巷子（这条火巷子已在城市改造中被拆除）同名，所以重新命名为君平巷。

为了纪念严君平，2006年在君平街上兴建了主题游园君平园，园内有严仙亭、指归廊、通仙井等文化景观。

早期的记载只说严君平是成都人，较晚的记载又明确说是邛崃人。在今天的成都郊县中，邛崃和彭州都有君平乡，郫县和邛崃都有君平墓，不过以郫县唐昌横山子的君平墓保存得最为完好，墓前过去还有君平的祠庙。清人许儒龙有《君平墓》一诗写道："傍水沿边碧草芳，春风吹柳客登堂。从前地止疑丘垄，自此人皆仰蜀庄。遗庙有情灵爽托，著书无恙妙玄昌。千秋享祀今重现，快与行人话夕阳。"

琴台路附西城边街

十二桥南侧，是成都最著名的仿古一条街琴台路。街道全长580米，两旁是二至三层的仿古式建筑，路面铺青石板，在路面的两侧铺设了926块主要以成都地区出土的汉代画像石和画像砖图案为题材的花岗石雕刻（这一堪

以名人古迹命名　533

琴台路　20世纪90年代末　陈锦摄影

称全国第一的路面雕塑同时也起着盲道的作用），安装了320盏地埋导向灯。街道上共安排了三尊雕塑，最南边的是以汉代大文学家司马相如和卓文君爱情故事为题材的"凤求凰"。街道北端的入口处是一个宏伟的牌楼，上书"琴台故径"四个大字。任何人一到这里就会知道，这是纪念司马相如和卓文君的街道。

琴台路是改革开放之后新建的。这里原来是清代西城墙外的菜地，1913年开辟了通惠门之后沿城墙边修筑了从通惠门到青羊宫的一条小路，名字叫环城左路。1960年，在被拆除的城墙的基础位置修成了一条街道，命名为建设路。环城左路和建设路这两个街名都没有在成都流行，成都人一般都把这条街叫西门城边街，所以在1977年又正式更名为西城边街。1988年，这条街道进行了大规模的扩建，整条街道按统一规划修建为漂亮而热闹的仿古一条街，并于1989年命名为琴台路。如今的琴台路已经被正式授牌为中国特色商业街和全国百城万店无假货示范街，2008年又成为"楹联一条街"。

司马相如琴台因为杜甫《琴台》一诗中的"酒肆人间世，琴台日暮云"等名句而闻名遐迩。司马相如和卓文君这一对汉代风流人物当年在成都住地的位置在什么地方，是否有一座司马相如琴台，今天是未能确知的。从晋人李膺的《益州记》中关于"市桥西二百步,得相如旧宅"和"海安寺南有琴台故墟"的记载,今天大致可知的是,司马相如当年的故居(古人笔下的琴台也可能就是指的故居)很有可能就在今天的西较场到文化公园这一地区,因为汉代的市桥的位置相当于明清的金花桥,在今天的西较场东北的同仁路口附近,这一点大致可以肯定。而海安寺相传是在青羊宫范围内,今天琴台路的位置正是在当年市桥的西边,又与青羊宫相邻,所以琴台路的命名是有一定根据的。

今天要凭吊司马相如和卓文君夫妇当去成都的郊县邛崃,那里是司马相如和卓文君私订终身和当垆卖酒的地方,那里的文君井被研究者认为是完全具有汉代风格的古井,在那里的街道下面还发掘出了汉代的街道遗址(目前在现场保留有可供参观的遗迹),司马相如和卓文君很有可能就曾经在那条汉代的街道上走过。

目前的琴台路是成都市著名的旅游一条街,除了众多的文物、珠宝、工艺品商店和餐馆、茶馆之外,最大的一个去处是原来的二仙庵,今天的文化公园。

二仙庵原来是青羊宫东侧的花园,清康熙三十四年(1695)由赵良璧等一批成都官员发起,筹建二仙庵道观,祀道教八仙之中的剑仙吕洞宾与诗仙韩湘子,故又称青羊别馆,规模不大。乾隆四十一年(1776),在住持吴本固、甘合泰师徒二人的主持之下重建,形成了现在的规模。这以后在嘉庆与光绪年

民国初年的二仙庵书画市场　　[美]路得·那爱德摄影

间都有修葺与扩建,成为青羊宫的一部分,是道士学习经书的地方,专门设有印经馆,刊刻和印刷《道藏辑要》(如今《道藏辑要》的刊刻和印刷移到了青羊宫中)。清末著名学者与编辑出版家傅崇矩曾在二仙庵中挂了一副对联:"道人应怪游人众,一庵且作两庵看。"民国时期,二仙庵内的建筑曾经多次被军队占用,但是传统的一年一度的春季花会仍然在这里和青羊宫中举行,这里仍然是城西的风光佳处。正如成都《竹枝词》中说:"青羊宫接二仙庵,鸟语花明月未三。门外一篙春水活,风光原不让江南。"新中国成立以后,这里依然举行春季花会。1958年花会结束以后,园林部门决定将参加展出的花木全部留下,就地定植,建立青羊宫花园,以避免每年花会时运输与假植造成大量花木的损失。1966年正式将其命名为成都市文化公园,但是与青羊宫仍然未完全分开,一度把青羊宫也称为文化公园。1984年,青羊宫道观与文化公园正式分开,文化公园面积为126亩,著名的十二桥烈士墓就安置在这里。

清嘉庆十一年(1806),由皇上敕封吕洞宾为燮元赞运警化孚佑真君,所以二仙庵在清代也叫孚佑真君庙。

成都民俗中每年一度的灯会与花会长期以来主要是在这里举行。由于二仙庵过去是青羊宫的一部分,又由于新中国成立以后较长时期中二仙庵与青羊宫未能分隔,人们往往是把两部分都叫作青羊宫。更重要的是青羊宫的名气无论是与过去的二仙庵比较,还是与现在的文化公园比较,都要大得多,虽然灯会与花会的正式名称是成都灯会与成都花会,但是长期以来都被人们普遍称为青羊宫灯会与青羊宫花会。所以我们对成都灯会与成都花会的有关介绍,也就放在后面的"青羊正街"部分。从民国时期著名诗人吴芳吉的《成都》一诗中,我们可以看出当年这一地区在花会期间的景象:"成都富庶小巴黎,花会年年二月期。艇子打从竹里过,茶亭常伴柳阴低。夕阳处处闻歌管,芳径人人赛锦衣。城阙连宵都不禁,骑驴更醉草堂西。"

琴台路南口这个位置,老成都人都称为宝云庵,已经成为一个通用多年的地名。在这里,过去的确有一个寺庙叫宝云庵。宝云庵重建于清康熙年间,位置就在原来南较场的外面,而这里正是过去成都一城两县的华阳县与成都县的交界处,所以当年宝云庵的正殿是在成都县的地界之内,而山门却在华阳县的地界之内,算是一城两县格局之下的一道奇观。

青羊宫灯会　1977年　牟航远摄影

青羊宫花会
20世纪60年代　王文相摄影

青羊宫花会的名小吃摊点
20世纪80年代　牟航远摄影

武侯祠外柏森森　1935年　杨显峰提供

武侯祠大街附武侯祠横街

经过武侯祠大门的大街，就是武侯祠大街。

三国时期蜀汉的丞相诸葛亮是中华传统文化中智慧的化身，由于他生前的文韬武略、勤政爱民、清廉自持、鞠躬尽瘁，故而受到后人的推崇。因为他生前曾经被封为武乡侯，死后又被追谥为忠武侯，所以祭祀他的祠堂一般都称为武侯祠。在全国各地先后建成的武侯祠可谓不计其数，仅以西南三省为例，云南有过30多座，贵州有过18座，而在四川则先后有过40多座。其中最有名也是保存得最好的首推成都武侯祠。早在唐代，武侯祠就已经成为很有规模与影响的文化圣地，我们只是从杜甫《蜀相》一诗"丞相祠堂何处寻，锦官城外柏森森"的诗句中就可以想象到当年的盛况。

明代初年的蜀王见到武侯祠游人如织、丹青甚然，而与武侯祠相邻的刘备陵墓惠陵和祭祀刘备的昭烈庙却是孤冢清凄，烟火悄然（成都的武侯祠与昭烈庙相邻于一地的格局至少在唐代就已形成，这在杜甫笔下"先主武侯同閟宫"的诗句中可证）。成都人这种尊臣不尊帝的风习使蜀王心中很不是滋味，便以"君臣宜一体"为由，废掉武侯祠，只在昭烈庙中保留了诸葛亮的塑像，而且与关羽、张飞的地位平列。明末清初，昭烈庙完全毁于战火。清康熙年

▲ 清末武侯祠大门外还是
一片田野　1905年
［日］山川早水摄影
刘永禄提供

▶ 武侯祠琴亭　1905年
［日］山川早水摄影
刘永禄提供

间重修时，虽然在当时君权至上的政治理念中不能不继续保留着这种"君臣合庙"的特殊格局，但是聪明的设计者仍然顺从民意，将刘备殿与诸葛亮殿分别单独安排，而且特地将刘备殿安排在前面，诸葛亮殿安排在后面，刘备殿的地面稍高于诸葛亮殿（今天游武侯祠时如果细心一点就会发现，从刘备殿后面到诸葛亮殿要下几级台阶）。这是一种十分巧妙的安排，因为按照所有祠庙的常规，都是以后殿为尊，前殿为次的。如果万一有皇家亲贵要来问罪的话，又可以用刘备殿高于诸葛亮殿来搪塞过去，免遭处罚。按照明清以来的官方旨意，这个君臣合庙的大门上挂着的大匾是"汉昭烈庙"四个大字（目前所挂的大匾是1922年由当时的川军总司令刘成勋所献，他自称是刘备后裔，当年曾对武

·成都街巷志·

▲ 清末在武侯祠内的驻军
　1907年　杨显峰提供

▶ 1926年的武侯祠
　[日]岛崎役治摄影　杨显峰提供

▼ 1937年的惠陵
　[日]岛崎役治摄影　杨显峰提供

侯祠进行过一番修缮,并献上了这道大匾,原来匾上还有"四十八代裔孙成勋献"的下款),可是,成都人从来都把这里称为武侯祠,不称之为昭烈庙。这就叫天理自在人心。正如成都的一位无名诗人所写:"门额大书昭烈庙,世人都道武侯祠。由来名位输勋烈,丞相功高百代思。"

1964年3月12日,陈毅元帅在武侯祠留下了这样一段题词,很值得后人深思:"少时读《三国志》及杜诗,仰慕诸葛孔明之为人。稍长就学成都,游武侯祠,则昭烈墓在其侧。人们敬慕孔明反胜昭烈,其故何也?余意孔明治蜀留有遗爱,千秋公论,不随时俯仰。其余若人不能自立,欲依附光泽以自显者,其速朽必矣!"

在全国的多处武侯祠中,成都武侯祠一直是最受人们重视、游客最多的武侯祠,近年来更是成为我国三国文化的最知名的胜地,建有三国文化陈列馆。游人到此,不仅可以参观在松柏掩映之下的古建筑群中的众多历史文物,瞻仰诸葛高风,回味三国故事,还可以见到以闻名全国的唐代"三绝碑"为代表的著名碑刻,更可以在诸葛亮殿前细细品读赵藩所撰的天下名联:"能攻心则反侧自消从古知兵非好战;不审势即宽严皆误后来治蜀要深思。"

自清康熙年间重建以来,武侯祠一直得到了成都人民的精心爱护和多次维修(仅举一例可知:诸葛亮殿侧有一个琴亭,清代时在亭内真正放有一把古琴,长期保存完好,无任何人加以毁损)。1953年,武侯祠首次作为文物古迹正式向游人开放。1969年被国务院公布为全国重点文物保护单位,1974年建立武侯祠文物管理所,1984年建立武侯祠博物馆。在进行了几次重要的扩建之后,武侯祠的总面积已经从20世纪80年代的56亩扩大为如今的210亩,规模、设施与文物收藏都大胜于往昔。在老武侯祠的背后,迁入了原来在城内提督街的三义庙,新建了原汁原味的结义楼古戏园;在老武侯祠的左边,新建了相对独立的成都民俗风情街"锦里";在老武侯祠的右边,与之相邻的南郊公园已经正式并入;在老武侯祠的前边,正在筹建一个下穿式通道之上的广场,重现杜甫笔下的"锦官城外柏森森"的意境。现已并入武侯祠的南郊公园原来是一个公众性的普通公园,其中有民国时期川军名将刘湘的墓园(有关介绍见"体院路"),是成都市级文物保护单位。

在老成都人口中,从清代以来一直把武侯祠称为"武侯寺"(与此同时,也把杜甫草堂称为"草堂寺"),直到今天,我们在公交车上听服务员用成都方言报站时,仍然经常听到这种称呼。

文化圣地武侯祠在成都解放前夕曾经发生过一场战事。1949年12月11日,解放大军已经逼近成都,经过中共的长期工作,四川地方实力派代表人物刘文辉、邓锡侯、潘文华在彭县宣布起义。在成都的国民党军队盛文部为了进行报复和掩护蒋介石逃离成都,遂于13日夜向驻有刘文辉部队一个特务营的武侯祠发起进攻(与此同时还进攻了玉沙街的刘文辉公馆),战斗中还出动了装甲车。刘部士兵与庙中工匠被打死数十人,其余大多被俘或翻墙逃跑,庙中建筑受到了严重的损坏。

在武侯祠大街的东边、武侯祠正门对面就是武侯祠横街。这里在过去只是永丰乡武侯村的一条机耕道,是在改革开放之后因为城市的扩大而逐渐形成的,一直到1985年才被命名。这里长期是成都人所称的南大路经新津、双流入成都的主要通道,西藏自治区驻成都办事处与甘孜藏族自治州驻成都办事处长期设在这里,几家主要面向藏区同胞的宾馆饭店也开设在这里。这条街逐渐

武侯祠内著名的"攻心联"　1978年　牟航远摄影

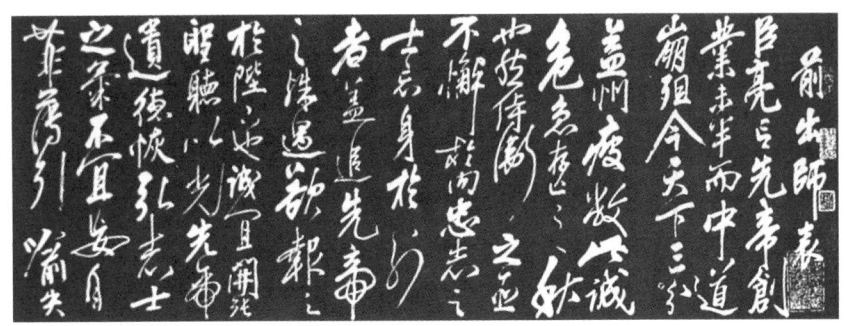

武侯祠内的岳飞书《出师表》

20世纪80年代援助西藏建设的车队经过成都市区　　周筱华摄影

开设了专门供应藏族同胞到成都采购各种服饰与宗教用品的商店上百家,每天都有藏族同胞在此采购他们需要的各种商品,被称为成都的藏区专用商品一条街。

武侯祠横街北侧,有著名的西南民族大学(正门开在南一环路,武侯祠横街有侧门)老校区。

西南民族大学原名西南民族学院,始建于1950年6月(最初的校舍,设在新玉沙街原刘文辉公馆,1956年迁入新建的校园内),是新中国开办最早的民族院校之一,是在老一辈无产阶级革命家周恩来、邓小平、王维舟等人的亲切关怀之下发展起来的,王维舟还出任了第一任校长。2003年4月更名为西

以名人古迹命名　543

南民族大学,现有老校区、新校区、太平园校区三个校区。

基本上与新中国同龄的西南民族大学经过多年建设,已经发展为一所包括哲、经、法、教、文、史、理、工、农、管、医等11个学科门类的综合性大学,有56个民族的在校学生两万余人。还有西南民族研究院、西部大开发

西南民族学院学生在校园内的体育活动
20世纪50年代　王大明提供

西南民族学院师生迎接云南代表团(玉沙路老校舍)　20世纪50年代初　王大明提供

西南民族学院校园　1978年　牟航远摄影

研究所、藏学文献中心、彝学文献中心等著名学术机构。学校下属的民族博物馆收藏少数民族珍贵文物达1万余件,在海内外都有较高的知名度。已经培养出来的十几万学生中,有新中国第一个藏族博士、第一个羌族博士和第一批藏族将军,还有多位著名作家、著名学者。

凡是对首都北京稍有了解的都知道,北京有几处古代皇帝举行祭祀大典的祭坛,如天坛、地坛、社稷坛、先农坛等。可是很少有人知道,成都过去也有几处古代地方官用于祭祀典礼的祭坛。目前所知的有社稷坛、先农坛(附八蜡坛、雩坛)、神祇坛、禜坛、厉坛,每年都要定期举行祭祀,在旧志上还载有专门的祭文,这一仪节一直到1928年才完全停止。这些祭坛的具体位置多数已经无法确指,但是知道清代的成都社稷坛就位于武侯祠的旁边。

九里堤路

从一环路北一段与府河相交处的西北桥向北,沿府河西侧,有一条南北向大街,就是九里堤路。由于这条街道很长,所以又分为九里堤南路、九里堤中路、九里堤北路。著名的西南交通大学,就在九里堤中路以西。

九里堤是成都市西北一道长期存在的防洪堤,长约九里,故名为九里

20世纪60年代的九里堤(时称诸葛堤)
何家秀提供

堤。虽然早已废弃,但是有一段长约200米、宽约8米的遗迹直到20多年前还清晰可见,今天的九里堤路的走向基本上就是古代九里堤的走向。在明代以后的大量史籍中,包括各种地方志中,都说九里堤是诸葛亮主持修建的,附近这一片地区也长期被叫作诸葛村,建有诸葛庙。但是,如果从宋代的文献进行

九里堤残迹　2000年　韩国庆摄影

考察就会知道，这种说法完全是出于成都人对诸葛亮的尊崇而形成的附会，因为现在有充分的资料可以证明，九里堤不是诸葛亮主持修建的，而是唐代修建的，主持者就是在前面谈到的唐代主持修建罗城并让郫江改道的高骈。九里堤正是当时为了防范水患而实施的郫江改道的附属工程，本名糜枣堰。明清时期的诸葛庙，实际上是北宋时成都市民为了纪念重修糜枣堰的成都知府刘熙古而建的刘公祠。新中国成立之后，九里堤和诸葛庙在1981年被列为成都市级文物保护单位，附近的小学校也就叫诸葛庙小学，在诸葛村曾经修建了一片居民点，也曾经叫作诸葛庙居民点。由这种文化现象可以充分地看出诸葛亮在成都人民心目中的地位是多么的重要，看出这种文化积淀的传承力是多么巨大。

虽然九里堤的防洪功能早已消失，但是在原来堤址的遗迹上逐渐形成了一条道路，新中国成立初期曾经量过，长达4950米，真是长达九里多，在路的两边也逐渐修建了房屋。随着城市建设的发展和道路的翻修，特别是1985年西南交通大学成都校区在原洞子口乡九里堤村和营门口乡前进村范围内大规模兴建，这一带逐渐成为闹市。1989年，九里堤路正式命名。

古老的糜枣堰与九里堤今天都已经看不到了。前几年，位于九里堤南路的成都市园林局在局机关附近修建了一个漂亮的小公园，里面仍然书写着"九里堤"三个大字，算是对已经消失的九里堤的一种深深的怀念。

· 街巷 ·

营门口路

营门口就是军营的大门口，相传是当年诸葛亮安排驻军与屯田的地方。

营门口路是早期成灌公路的一段，是民国时期修建成灌公路时在城郊一片农田之中新开出来的，一直到新中国成立初期两侧都还是农田。随着城市建设的日益扩大，这一片逐渐成为愈来愈繁华的闹市。

成都市的第一条公路成灌公路曾经是我国最早修建的公路之一（我国第一条公路是1913年在湖南建成的长潭公路），是在一批留学日本归来的开明之士倡议下于1913年动工的，还专门设立了成灌马路总局。可是由于长期的军阀混战和各方阻挠（主要是沿途各段的田土所有者的阻挠）与经费困难，成灌马路只能修修停停，停停修修，一直到1925年才全部修通。全长54公里，路基宽5米，路面宽7米，泥结碎石路面。修路的主持者是灌县的老同盟会员林烺青（灌县的离堆公园也是在他主持下初步建成的）。1926年1月举行的通车典礼则一直举行了两天，因为路况太差、桥梁不稳、沿途阻拦（一些守旧人士认为外国车辆通过会破坏风水、惊动墓园）等等原因，一辆从上海通过水路运回的奥斯汀小轿车从成都出发竟然走了两天才到达灌县。

营门口西门汽车站　20世纪80年代　陈德龙摄影

以名人古迹命名

从营门口外送菜入城的菜农
1991年　唐跃武摄影

因为有了成灌公路,也就有了成都最早的汽车站,这就是由当时的成灌长途运输公司(经理仍然是林烺青)在1925年修建的西门汽车站。所运营的客车是用福特卡车底盘加木制软篷,安放木头条凳,条凳外包上稻草作坐垫,满员16人,车速25公里,每天对开3班,客票银圆2元。这个车站从1926年建成,一直运营到2002年才迁往茶店子。在近80年中,位于营门口的西门汽车站在成都人心目中是一个地理位置的坐标。

衣冠庙

衣冠庙不是一条街道而是一片街区的名称,得名于三国时蜀汉名将关羽。这片地区的中心就是浆洗街与一环路南四段相交的衣冠庙立交桥。

关羽是桃园三结义中的二弟,相传他兵败被杀之后,刘备就在成都南郊为关羽修建了衣冠冢,建了衣冠庙。这件事在清嘉庆《四川通志·陵墓》中有载:"关帝墓在县南万里桥侧。帝殁于吴,昭烈以衣冠招魂,葬此。"在今天洗面桥下街以东、一环路以北的地方,过去也的确有这样一座衣冠冢和一座衣冠庙,清康熙四十六年(1707)由四川巡抚能泰主持重修,清道光年间还进行过最后一次维修,一直到民国时还在。抗日战争时期曾经在衣冠庙里面设立戒烟所,关押烟毒犯,到成都解放前夕已毁坏无存。相传的衣冠冢在发掘之后,证明乃是一座明代墓葬。

谈到了关羽的衣冠墓,有必要附带介绍一下现在还可以见到的两处关陵。关羽在失去荆州、败走麦城之后,是在临沮(今天的湖北当阳古彰乡)与其义子关平一道被孙权的东吴军队擒杀的。孙权怕刘备兴军报复,就把关羽的

衣冠庙立交桥　1992年　唐跃武摄影

人头送给了曹操作礼物。曹操当然看出了孙权的用意，就以王侯之礼将关羽的人头安葬于洛阳的南门外。古人称为关冢，清道光年间正式命名为关林，一般人称为关陵，至今仍然保存着明清时期的规模不小的建筑群，是洛阳的一大名胜。此外，在关羽被杀的湖北当阳古彰乡，相传当年就有由东吴修建的埋葬关羽躯体的坟墓，元明时期形成了宏大的陵园建筑，这就是今天的当阳关陵。

洗面桥街

　　从衣冠庙立交桥向北，就是洗面桥街，旁边还有洗面桥横街和洗面桥东街。
　　这里过去有一条小河叫瓦子堰，河上有一座石质平桥，清乾隆十五年（1750）重修，1924年补修，名字就叫洗面桥。相传当年刘备每逢年节都要去郊外关羽的衣冠冢与衣冠庙祭扫，在到衣冠庙之前，总要在这里下马，洗面整冠一番，以示慎重，所以后人就把这座小桥叫作洗面桥。在浆洗街与洗面桥横街交会路口现在修建了一个小游园，根据上述的故事建造了一组雕塑。
　　关于洗面桥的来历还有另外一个民间传说，说是清代的一位成都知府有一天出巡至此，看见桥头有一群乞丐，蓬头垢面，有碍观瞻，就命令这些乞丐都到河边去把脸面洗干净，否则不准入城乞讨。从此以后，乞丐们就经常在此洗脸，于是人们就把这座小桥叫作洗面桥。

据《中国水利百科全书》的记载，1926年在洗面桥建成了成都历史上第一座水电站，装机容量10千瓦。遗憾的是笔者一直未能找到有关这个水电站的详细资料。

洗面桥街　1996年　韩国庆摄影

玉泉街

在我国古代社会中，如果要论战功，关羽在武将中并不算是官最大和最有名的，更何况他的结局还是战败被杀的。但是自唐宋以来，由于社会上对忠义的需要，关羽不仅得到了愈来愈高的评价，甚至还被封王封帝封大帝，到了清代，被封为"忠义神武灵仁英勇威显护国保民精诚绥靖翊赞宣德关圣大帝"，成为与孔子并肩的"武圣"。所以在明清时期，无论是皇家官府，还是民间各地，都有无数崇拜关羽的活动与场所，最常见的就是遍布城乡各地的武圣庙（一般简称为武庙）与关帝庙（也称关爷庙）。

位于今天太升路与鼓楼北街之间的玉泉街的西段，早在明嘉靖十七年（1538）就建有祭祀关羽的关爷庙，也称玉泉寺。成都人为了与祭祀关羽义子关平的庙宇有所区分，就把这里的关爷庙称为老关庙，这条街在清代就称为老关庙街。庙中有明代嘉靖十七年铸造的铁质关羽塑像，而且在庙中还有一口名字叫玉泉的古井。庙宇在清咸丰九年（1859）进行过一次重修。光绪年间在一次街道维修之后，把东段的女儿碑街与老关庙街合并，统称为玉泉街。"玉泉"二字来源于玉泉山，因为在《三国演义》的故事中，关羽死了以后还曾经在玉泉山（在今湖北当阳）显圣护民，后人遂在玉泉山建庙四时致祭，并留下了一副名联:"赤面秉赤心,骑赤兔追风,驰驱时无忘赤帝;青灯观青史,仗青龙偃月,隐微处不愧青天。"玉泉山就成为后人纪念关羽的圣地。1929年,川军旅长蔡海珊以慈善为名,将老关庙拆除之后改建为玉泉小学校。

由于明清时期崇拜关羽的风气极盛,所以这里的老关庙就成了当时成都军界人士以及尚武者的圣地,经常有各种集会。

除了玉泉街上的关帝庙之外,成都城中过去还有过多座关帝庙,如同仁路与支机石街交会路口,原来的支机石庙、今天的成都画院那个地方,清代就是一座关帝庙。华兴上街59号也有一座不大的关帝庙,至今在一排店铺之后还能找到书写着"古关帝庙"四字匾额的拱形庙门。红墙巷中过去有关帝庙,在今天成都人很熟悉的小关庙街上,过去既有小关庙,也有关帝庙。此外,原来满城中的祠堂街、奎星楼街、四道街、竹叶巷中都有关帝庙。

玉泉街上在清代还有一座很特别的丹达庙。"丹达"是藏语,本是一座山的名字,据说其地在康定以西3650里,是进藏的一处宿站。当年有一位云南的军官解运粮饷经过此处时死于山崩,后人经过此地时如果祈祷于他就十分灵验,于是就为他修了一座小庙,并称之为丹达菩萨。乾隆五十九年(1794),出征廓尔喀的官兵回到成都之后,就把这条街上的一座白衣庵改建成了丹达

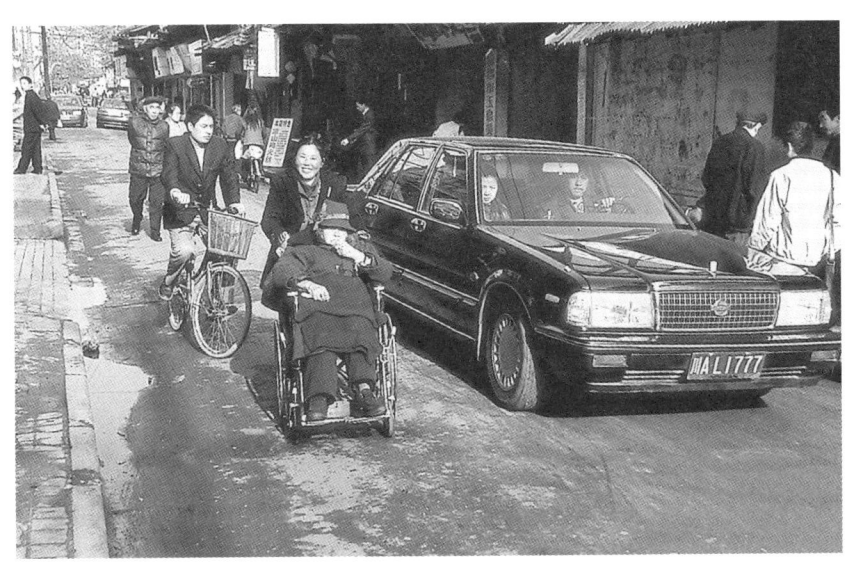

玉泉街　2001年　王晓庄摄影

庙，咸丰六年（1856）还有过一次重建。

我国当代篆刻大师易均室生前一直住在玉泉街。

> **易均室（1886—1969）**，湖北潜江人，清末毕业于日本早稻田大学，老同盟会员，曾任湖北省图书馆馆长、西北大学与四川大学教授，晚年为四川省文史馆馆员。自抗战时期入蜀以来，一直居住在玉泉街。易均室工篆刻与书法，特别以篆刻技艺和印学史研究闻名全国，是公认的大师级的学者，著有《古印甄》《明清印人印集》《古籀臆笺》《静偶轩金石题跋》等，平生收集有元明以来名家印章数百方，对我国篆刻书法界影响很大。著名学者、书法篆刻家徐无闻自15岁起就是他的私塾弟子。"文革"中破"四旧"，他一生的珍贵收藏与著述（含几十万字未刊稿）被焚烧了三天，而且都是在他家的小院中当着他的面烧的，八旬老人在精神上受到毁灭性打击，遂抑郁而终。

小关庙街

小关庙街是条小街，就在玉泉街东北边不远的地方，位于东通顺街与马镇街之间，在它的北边还有一条小关庙后街。这条小街因为是成都人所喜爱的羊肉汤锅的有名集中地，所以在成都几乎是无人不晓，只要一说到小关庙，就会想起人头攒动的场面和热火朝天的羊肉汤锅。

小关庙的得名，是因为清乾隆十八年（1753）在这条街上修建过一座祭祀关羽义子关平的寺庙，本名圣帝宫，成都人都称之为小关庙，所以在清代就把这条街叫作小关庙街。其实在这条街上过去不止是有小关庙，还有一座关帝庙，成都人也叫圣帝宫。可能是因为成都的关帝庙有好几处，而小关庙只有这一处，所以就以小关庙作为街道名称了。

值得注意的是，关羽有子名叫关兴，在关羽死后承嗣了关羽的侯位，又当过侍中等高官。可是成都人并没有为关兴立庙，却只为关羽的另一个没有当过什么官职的儿子关平立庙（按《三国演义》的说法，关平只是关羽的义子，但《三国志》无此记载）。原因何在？就因为他是长期与关羽一起在战场拼杀的战将，又与关羽一道在前线作战被俘之后不屈而死。

小关庙后街的孩子们 1987年 周刃摄影

桓侯巷附桓新巷 放生池街

浆洗中街与浆洗下街交界处以东有一条小巷名叫桓侯巷,以桓侯庙而得名,巷中还有桓侯巷小学。

桓侯,就是桃园三结义中的老三张飞,因为他死后的谥号是桓侯。明代弘治年间在这里建有桓侯祠。清代重建后称为桓侯庙,当地老百姓也称张爷庙。据当地老人们说,清代的张爷庙是由成都的屠宰行业集资修建的,也是当时成都屠宰行业的行业公会所在地(我国古代屠宰行业的行业神在宋代以前是汉初大将樊哙,明清时期由于《三国演义》的流行,逐渐改为张飞,因为《三国演义》中张飞说自己"世居涿郡,颇有庄田,卖酒屠猪,专好结交天下豪杰"。四川在清代建造的张爷庙多与屠宰行业公会有关,最著名的目前又保存最好的张爷庙在自贡)。桓侯巷的张爷庙早已毁坏,但是今天在一个有两棵大银杏树的杂院中还能够看到一点痕迹,残存的大殿主梁上还能见到镏金的宝剑纹样。

在张爷庙背后一百多米的地方原来有一个土丘,世代相传就是张飞的衣

桓侯巷张爷庙旧址　1999年　冯水木摄影

桓侯巷成汉墓出土的胡人俑
四川省博物馆藏

冠墓，墓前过去还立有石碑，上面写着"汉大将军张桓侯之墓"。虽然这个墓在清嘉庆《四川通志·陵墓》中有记载，清代还有诗作（如吴攘的《张桓侯墓》："名将传燕种，英雄土一抔。"），不过多年来谁也不知道这个衣冠墓究竟是不是真的。1966年，四川医学院准备在这里搞基建，挖开之后发现真是一座砖砌的古墓，还相当坚固，就把施工停了下来。由于很快就开始了长达10年"文革"的混乱年代，所以这事很少有外人知道，更不可能组织考古发掘。一直到了改革开放之后的1985年，才由省市考古部门组织了联合发掘，原来这里是一座魏晋南北朝时期的大墓，完全与张飞无关。从有字纪年砖上可以确知的入葬年代应当在公元341—347年之间。当时的成都地区是由一个少数民族所建立的地方政权，即"五胡十六国"时期的成汉所统治。笔者当时到过考古发掘的现场，出土的一个个活脱脱的西北少数民族陶俑给大家留下了十分深刻的印象。这座成汉墓的墓主目前虽然不能确知（有的研究者推测有可能是成汉的某位帝王），但是仅以它是多年来所发现的最大的成汉墓葬这一点来说，它的研究价值就是不言而喻的。正是因为如此，虽然这座成汉墓早年有过严重的盗掘，出土文物不是很多，仍然被列入了成都市文物保护单位。

桓侯巷过去是一条偏僻的小巷，清代与民国时期，这里还曾经是一个让今天的成都人难以理解甚至难以想象的专门的市场：买卖狗屎。在没有化肥和没有管道排污系统的时代，人畜粪便是最好的肥料。根据多年来的民间经验，各种粪便中以狗屎的肥力最好，所以无论城乡都有一些穷人以专门拣狗屎卖钱谋生，所以也就在这个当年还位于城乡接合部的小巷中形成了一个狗屎市场。

在桓侯巷的侧面，还有一条桓新巷，长度比桓侯巷还长。这一片地区在新中国成立以后还是一片菜地，1961年为了安置城内的拆迁户，在这里兴建了一片居民区，当时名叫桓侯巷新村，1981年地名普查时定名为桓新巷。

在这个传说为张飞的衣冠冢的旁边，过去还曾经有一条小街叫放生池街，得名于这里在成都颇有名气的放生池（估计最早应当是修建这座古墓挖土之后留下来的大坑，因为屠宰行业天天都在杀生，为了求得来生好运，所以就修建了放生池，希望用放生的善举来抵消杀生的恶行），池旁有亭榭，四周有围墙。在亭上有如下的对联："荷芰夏尤佳，森森漫漫三十亩；龟鱼晓无数，堂堂策策百千头。"放生池及周围建筑在新中国成立以后均已不存，只是留下了放生池这样一个地名。从流传下来的上述对联得知，这个放生池的面积不小。

放生池在我国各地十分普遍，其本身就是一个大水池，佛门弟子以及其他的行善者将市场上即将被人们宰杀的鱼、鳝、蟹、龟、螺、蚌之类水生物买下来，放到放生池中去让其活命，用以修德行善、敬生祈福。相传这一习俗始于南朝的梁武帝，唐肃宗曾经在乾元二年（759）下令天下修建放生池81所，自此以后放生者更多，特别是在相传为佛祖生日的四月初八这天还被称为"放生会"。除了放各种水生动物，过去放生时还要放各种鸟类。放生的鸟

放生池街　1999年　冯水木摄影

四月初八在九眼桥举行的放生会　20世纪初期　杨显峰提供

类都是郊区农民捕捉来卖给市民的，以麻雀为多，其次还有画眉、胡豆雀、喜鹊等。放生池过去在城乡各地很常见，一些庙宇中往往也建有放生池。老成都过去有名的放生池有大慈寺放生池、金沙庵放生池、沙河铺放生池、白塔寺放生池等，下莲池在1918年以后也是一个被警察局正式批准作为放生池的水池，但是放生池作为地名保留下来的只有放生池街这一处。

在过去的成都，已经把放生会作为一种郊外游乐的盛会，最盛的地方又数九眼桥下游的锦江，每年举办放生会时游人如织。据《成都通览》记载："是日江中彩船花舫，自官员以至绅士，多醵金设宴，或挟优妓，笙歌杂沓。官绅商民之妇女，无论老幼，亦结队游宴。两岸之民家楼口，红袖绿鬓，目不暇给。秦淮河之风趣，今日一见。"抗日战争中为了躲避日本侵略者的空袭，锦江的放生会被迫中止，以后未能恢复，民间的分散性放生活动则一直未能中止。在成都郊区，作为一项传统的庙会至今仍然保存下来的是邛崃白鹤山文井江畔的放生会，时间仍然是四月初八，近年来每次到会的群众高达5万人。

成都市过去纪念刘备、关羽和张飞的庙宇较多，今天还能找到痕迹的如：著名的三圣花乡的三圣，是得名于过去曾经有过的祭祀刘、关、张三圣祠；提督街上原有的祭祀刘、关、张的三义庙，因为街道扩建的原因现已迁建到了武侯祠中；在簸箕街上，原来还有一座祭祀诸葛亮的丞相祠，为明代的四川巡按吴之皋所建；祭祀张飞的桓侯庙在金华街上也还有一座，而且是作为屠宰行业的行业神庙。

黄忠路附黄忠街

在蜀汉路"一品天下"美食街以南，有一片很大的新建的居住区叫黄忠小区，黄忠小区的北部，蜀汉路以南，并列着两条近年间在新建的楼群中新修的街道，一条叫黄忠路，一条叫黄忠街。

黄忠小区当然是得名于蜀汉的五虎上将之一的黄忠。清代道光初年，成都西郊岳家坝的农民在一个小地名叫鸡屎村的地方耕田时发现了一些古代的陶器和一块石碑，碑上书"黄刚侯讳汉升之墓"（按：也有记载说是"汉刚侯黄公讳忠之墓"）。黄忠字汉升，死后谥刚侯，所以当地人认为此地过去应当有一个黄忠的墓地，但是怕外人知道之后会来挖宝，就把此碑砸碎了。当地人傅泰凝当时还是一个小孩，长大之后成了成都著名学者刘沅的学生，就将此事告诉了刘沅。刘沅就与学生们一起募集资金，于道光二十九年（1849），将出土黄忠墓碑的那块地购置下来，于次年重建了象征性的黄忠墓，立了墓碑和《募修黄刚侯墓碑记》碑刻。清光绪十四年（1888），刘沅之子刘桂文又在墓旁修了一个黄忠祠，祠内塑了黄忠像，大殿上挂着由刘桂文撰写的对联："北伐数中原，溯汉中王业所基，唯公绩最；西城留墓道，与昭烈庙堂相望，有此祠高。"考虑到鸡屎村这个地名太不雅，遂将地名改为黄忠村，附近的小河改为黄忠河，河上的小桥也叫黄忠桥。20世纪30年代，黄忠祠进行了最后一次修缮，请辛亥革命元老但懋辛分别在大门与二门上题写了"威震定军"与"扶汉辅臣"的匾额。当时的黄忠祠四周古柏环绕，是西郊一个小有名气的文化胜地。新中国成立之初，黄忠墓和黄忠祠都还在，不久黄忠祠改建为小学，"大跃进"期间黄忠墓被毁，但是却留下了黄忠河、黄忠村的地名（黄忠桥后来改名为平安桥），人民公社时期这里就叫营门口公社黄忠大队，改革开放以后在这里修建居民小区时名为黄忠小区。

三国时期蜀汉政权主要人物如刘备（除武侯祠外，成都郊县新津万和乡先寺村过去还有一处专门祭祀刘备的祠庙先主寺，相传那是刘备在旱灾时的求雨处）、诸葛亮、关羽、张飞、赵云（见"和平街"，在成都郊县的大邑至今还有子龙庙）、黄忠等的遗迹，在成都都可以找到（虽然不一定就是考古遗址，而是后人为了寄托哀思而建立的，这在我国的古代名人遗迹中是一个常见的现

20世纪30年代的黄忠桥　杨显峰提供

象)。在蜀汉的五虎上将之中,只有马超的遗迹在成都市区见不到。不过在北郊的新都区城南马超村,过去曾经有马超墓。明代的四川按察使杨瞻曾在墓前立了石碑,清代又在墓前建了祠庙,砌了围墙,立了上书"汉故征西将军马公讳超字孟起之墓"的石碑。目前祠庙早已改建为小学,墓园遗址已经修建了居民小区,但是清代所立的一块墓碑现在还保存在新都桂湖的碑林中,只是因为风化严重而不可卒读。此外,在陕西勉县至今还保存着一座马超墓和一座马公祠,在川陕公路上就可以望见一通石碑,上书"汉征西将军马公超墓",立于清乾隆四十一年(1776)。

娘娘庙街

位于今天的大慈寺路以北、书院西街以东的书院东街,过去曾经叫娘娘庙街。娘娘庙街的得名是因为在这条小街上曾经有一个广生宫,又叫娘娘庙。

广生宫中供奉的是在古代社会中很有影响的子孙娘娘,即保佑妇女多生儿女、顺利生儿女的民间神,四川也叫送子娘娘。正如清人的《竹枝词》所描述的:"大慈寺后广生庙,送子催生各位神。蜜意痴情都可述,娘娘也是女儿身。"由于是民间神,所以古代的子孙娘娘很多,诸如王母娘娘、天妃娘娘(即妈祖)、九天玄女娘娘、泰山娘娘(又称碧霞元君)等等都是,另外还有著名的送子观音。供奉子孙娘娘的庙宇也多,很多庙宇中都可能建有娘娘殿,甚至在有的关帝庙中都有。由于广生宫早已不存,娘娘庙街的广生宫中究竟供奉的是哪一位子孙娘娘,是多少位子孙娘娘,现在已经不明。

成都人还有另一种说法,说这个娘娘庙中供奉的娘娘不是子孙娘娘,而是帝王娘娘,她就是蜀汉的北地王刘谌的妻子。

三国时期的蜀汉政权自诸葛亮去世以后就开始走下坡路,原因虽然很多,但是当朝皇帝是刘备的不肖之子、被后人称为"扶不起的阿斗"的后主刘禅,他的无所作为,应当是主要原因之一。当魏军攻来的时候,刘禅开城出降,不仅当了亡国的俘虏,还到洛阳去摇尾乞怜,吃喝玩乐,留下了一个"乐不思蜀"的千古臭名。刘禅一共有7个儿子,除了一个刘琮早夭之外,当魏军攻来时还有6个，5个都跟着刘禅举手投降，只有一个被封为北地王的刘谌成了坚决不降的硬骨头。据《三国志·蜀书·后主传》注引《汉晋春秋》的记载，当刘禅决定向魏军主将邓艾投降的时候，"北地王谌怒曰：'若理穷力屈，祸败必及，便当父子君臣背城一战，同死社稷，以报先帝可也。'后主不纳，遂送玺绶（按：即向魏军送上代表国家政权的大印）。是日，谌哭于昭烈之庙（按：即祭祀刘备的宗庙，也就是今天的武侯祠的前身），先杀妻子，而后自杀，右无不涕泣者"。在古代，凡是决定要自杀以保全名节者，大多要先让妻子自杀或是先杀妻子，也就是古人所谓的"满门自尽"，其目的是为了妻子不被敌人欺辱。刘谌的这一壮烈之举，长期受到后人的尊崇，他殉义的妻子也一样受到后人的尊崇。

关于娘娘庙，必须提到成都还有过另一座娘娘庙和另一条娘娘庙街。

在今天文殊院的后面有一条西马道街，西马道街50号在今天已经是一个普通的民居大杂院，但是在过去却是个娘娘庙，也曾经叫作广生宫。坤道孙至兴从7岁开始就在此出家，直至2006年以86岁高龄羽化，如今她的徒弟陈理清仍然住在这里，在一间小屋（当年曾经是娘娘庙的三官殿）内守着七星灯，延续着娘娘庙的香火，与前来进香的道友们敲着钟鼓，祭拜着北地王刘谌和他

西马道街50号内的娘娘庙　2009年　林立摄影

的崔氏娘娘的塑像。崔氏娘娘的塑像前写着"蜀汉北地王妃崔氏娘娘"的牌位是在 2008 年 9 月 16 日娘娘庙开始整修之后才树立的。

考察上述两个娘娘庙中的娘娘，笔者认为应当是子孙娘娘而不是帝王娘娘。据孙至兴老人回忆，当年的西马道街娘娘庙中有三清殿、真武殿、观音殿、斗姥殿、皇经楼等29个殿堂，娘娘殿只是其中的一个殿。每年办"喜神会"时，都要把两个用白果木雕成的娘娘像从神龛上请下来，清洗之后穿上漂亮的衣服用轿子抬着游街，叫作"送娘娘出驾"。清末的《成都通览》说："俗传三月三日为送子娘娘生辰，省城之延庆寺、娘娘庙各处演剧酬神（按：这就是成都人所称的"喜神会"，年年都要举行，新中国成立以后中止。近年在武侯祠正月初一举办的"游喜神方"定诸葛亮为喜神，形式有所不同，大家都抢摸三义庙的"喜神碑"，以求当年喜事多多）。会首则大肆饕餮，并用木雕之四五寸长童子童女若干，在神殿前抛掷人丛处，待人争抢。抢得童子者即于是夜用鼓乐旗伞灯烛火炮，将童子置于彩亭中……比真正得子者尤为热闹。"由此可以确知上述两处娘娘庙应当都是供奉祭祀子孙娘娘的娘娘庙。但是由于成都人对于北地王刘谌的尊崇，于是就将娘娘庙视为供奉刘谌夫人的娘娘庙。这是一种值得注意的民俗现象，是成都人尊崇忠臣烈士的一种民心民意的表现。2010 年的"三月三"，西马道街娘娘庙恢复了传统的"童子会"。只是所抢的不是木雕的大"童子"，而是用布做的与红枣、花生一样大的小"童子"。

在今天所看到的清代重建的武侯祠（同时也是祭祀刘备的汉昭烈庙）的刘备殿中，除了刘备的塑像之外，刘氏皇族就只有一位刘谌，而没有曾经当了多年皇帝的蜀后主刘禅。据说过去曾经有过，因为被众人唾骂，挨口水，所以被拆去了。

还值得一提的是：邓小平同志曾经五次来到武侯祠。第三次是在 1963 年，他是与其他中央领导一道来的。他当着众多陪同人员说："刘备是儿子坏，孙子好，诸葛亮是三代都好。"邓小平同志所说的"孙子好"，就是指的刘谌。

今天的商业后街过去是没有的，是在新中国成立以后城市改造的时候拆除了一条叫娘娘庙街的小街和原来的大部分黄瓦街以及小部分的长发街之后形成的。这条娘娘庙街原来叫作积善胡同或育婴胡同，清代后期在胡同的东口建有一座娘娘庙，所供奉的就是人人皆知的送子娘娘。

杨闇公在娘娘庙街的住宅图
中共成都市委党史研究室提供

中国共产党早期的四川省主要领导人杨闇公于1921年至1924年间曾经在这条娘娘庙街24号居住，1924年1月12日，他与吴玉章发起组织的"中国青年共产党"就在这里宣告成立，还创办了机关报《赤心评论》，开展了不少革命活动。中国青年共产党并不是真正的中共党组织，而是在探索革命道路中成立的以马克思主义为指导思想的地方革命团体，因为杨闇公与吴玉章当时不知道中国共产党已经在上海成立，而又认为四川应当有一个马克思主义政党，吴玉章又因为年龄偏大不宜参加成都已经有了的中国社会主义青年团，于是就成立了这个革命团体。当他们很快分别在上海和北京找到并参加中国共产党之后，就立即解散了中国青年共产党。

杨闇公（1898—1927） 潼南人，早年留学日本时开始学习马克思主义并参加爱国运动。因为声援国内的五四运动被日本警察逮捕判刑，出狱后即回成都，与吴玉章、刘伯承等人开展革命活动。1924年9月，他参加中国共产党，并担任社会主义青年团重庆地委书记。1926年任中国共产党重庆地委书记，与刘伯承一道策划并领导了泸州、顺庆起义。1927年4月6日，壮烈牺牲于重庆浮图关。

1922年杨闇公（右一）与廖划平（右二）、童庸生（左二）、吴玉章在成都。 中共成都市委党史研究室提供

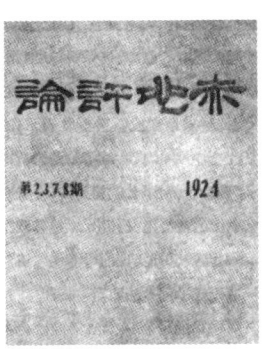
中国青年共产党创办的《赤心评论》 中共成都市委党史研究室提供

马克思主义读书会成员在国立成都高师至公堂前合影。前右二为高师附中学生杨尚昆。 中共成都市委党史研究室提供

　　杨闇公本名杨尚述，是杨尚昆同志的四哥和革命引路人（在杨闇公的引领下，他的家人有6人参加了中国共产党）。杨尚昆同志于1921年14岁时来到成都，先入成都高等师范学校附属小学补习，1922年考入高师附中，并在此参加革命活动，1925年毕业之后去重庆。他在成都期间就住在娘娘庙街他四哥家中。

　　抗日战争结束以后，国民党最大的特务组织国防部保密局的蓉站就设在娘娘庙街38号。国民党特务的"十二桥大屠杀"的决定与部署就是在保密局局长毛人凤的主持下于1949年12月3日在这里做出的。

蜀汉路附蜀汉街

成都市内的街道与三国蜀汉文化有关的不少，但是以蜀汉为名的街道却都是才出现不久的新街道。

知名度较高的蜀汉路是改革开放之后新建的大街，就是成都人近年来俗称为羊西线或西延线在二环路与三环路之间的一段。经过多年的建设，这条街既是商业街道，又有大量住宅，特别是在这里开办的成都第一家以川西乡村餐饮文化为特色的著名川菜馆"乡老坎"的带动下，这条街一度成为成都著名的美食街（"乡老坎"却因所在地新建高楼而停业了），而在蜀汉路北侧的"一品天下"大街则更是作为一条更大规模的美食一条街而量身新建的。

蜀汉路的命名与三国时期的蜀汉政权没有什么关系，只是因为这里有部分地块原来属于营门口乡的黄忠村（另一块属于化成村）。因为先有了蜀汉路的命名，后来在这一片区内新建的很多街道的名字都有了一个"蜀"字。如蜀光路、蜀蓉路、蜀华路（即一品天下大道的南段）、蜀通街、蜀营街、蜀明街等。

在成都还有很容易与蜀汉路产生混淆的蜀汉街与蜀汉东街，位置在武侯祠大街以东，都是改革开放之后才形成的新街，也都是因为地处武侯祠文化片区之内而命名。

草堂路

在举世闻名的杜甫草堂的南大门（也应当是杜甫草堂的正门）外，就是草堂路，在草堂路附近，还有与之相邻的草堂东路、草堂西路、草堂北路、草堂北支路。

杜甫草堂是唐代伟大的诗圣杜甫（712—770）在成都生活与创作的地方，虽然诗人当年居住的草堂已经不存，但是因为在他的诗作中对于草堂的具体位置有明确记载，即"浣花溪水水西头，主人为卜林塘幽"，"万里桥西宅，百花潭北庄"，所以后人为诗人所修建的纪念性建筑的位置应当是可靠的。

清代杜甫草堂石刻图　杜甫草堂博物馆藏

最早重修草堂的是唐代末年的著名诗人韦庄，这时距杜甫在成都生活的时间（759—765）只有一百多年。《唐才子传》记载得很清楚："韦庄初来成都，寻得杜少陵所居浣花溪故址，虽芜没已久，而柱砥犹存，遂重作草堂而居焉。"到了北宋时期，这里就陆续修建了纪念性的草堂和祭祀杜甫的工部祠堂。在草堂围墙内已经几次发现了唐代的多种文物。

清同治《成都县志》明确记载："杜甫衣冠墓，西门外草堂寺二里汪家坝侧。"直到1943年出版的由周芷颖编写的《新成都》第九章仍然有此记载。遗憾的是今天已经不见踪影。

今天的杜甫草堂的主要部分，是由清代康熙十年（1671）首次重修、嘉庆十六年（1811）再次重修的杜甫草堂，和紧紧相邻的寺庙草堂寺（草堂寺最晚建于晋代，是成都最古老的佛寺之一，杜甫初到成都之时，就曾寓居寺内，宋代改名为梵安寺，但是民间不少人仍然称之为草堂寺。清初重建之后，名为草堂寺，但是一直到新中国成立以前，山门前仍然挂着"古梵安寺"的匾额）两部分于1974年合并组成的，次要部分即西边的园林区是将民国年间王惠庵的花园别墅（王惠庵又名王思忠，他家花园原来就与草堂是一墙之隔）并入的，在花径与盆景园之间还有一处纪念唐代的浣花夫人的浣花祠。新中国成

草堂寺 1937年 ［日］島崎役治摄影 杨显峰提供

1949年以前的工部祠 杨显峰提供

▲ 历代杜诗版本　杜甫草堂博物馆藏

▶ 张大千画《杜陵浣溪行吟图》

立以来，经过多次的维修与改造，目前已经成为世界知名的杜甫草堂博物馆，总面积超过两百亩，是中外仰慕诗人高风、追寻诗人足迹的圣殿，其中除了工部祠、诗史堂、恰受航轩等纪念性建筑之外，还保存着大量的珍贵文物，其中的杜诗版本位居全国第一，杜诗诗意画与杜诗书法作品则几乎包括了国内所有的老一辈知名书画家的作品。在这里，留下了党和国家几代领导人的足迹，陈列着上百幅世界各国领导人与知名学者在这里留下的照片，朱德、陈毅、叶剑英、董必武等人题写的楹联一直挂在壁头。

1961年国务院公布杜甫草堂为全国重点文物保护单位，1985年改建为杜甫草堂博物馆。

20多年之前，杜甫草堂原本位于成都外西的郊野。随着成都市区建设的规模日益扩大，今天的杜甫草堂已经成了成都二环路以内成都市中心的一处文化旅游胜地，以它多年培育的参天大树与成片的竹林而成为成都市中区的绿

杜甫草堂　1978年　牟航远摄影

岛，而且还是川派园林的代表，仍然保持着昔年诗圣居住时"桤林碍日吟风叶，笼竹和烟滴露梢"的景色。每逢炎炎夏日，游客进入杜甫草堂之后，清凉之气顿时迎面扑来。20世纪末，成都市政府在杜甫草堂南边新建了面积达555亩的开放式城市森林公园，名为"浣花溪公园"，在其中兴建了我国最大的长达千米的诗歌大道。在浣花溪公园东侧，四川省博物院的新馆已经向公众开放。这一地区不仅是全国著名的文化旅游胜地，也是全国著名的园林绿化胜地，每天都有数不清的海内外游客前来瞻仰诗圣，观赏园林。

杜甫草堂最著名的民俗文化活动是一年一度的"人日"游草堂。魏晋时期，我国就有从远古神话演变而来的造人造畜的传说，并排出了他们的生日，即正月初一为鸡、初二为狗、初三为猪、初四为羊、初五为牛、初六为马、初七为人（后来又增加初八为百谷），故而古人把正月初七称为"人日"，即人的生日。每逢这天，在民间都有若干庆祝活动。例如宋代大诗人陆游在成都时就曾经在"人日"这天游昭觉寺，并留下了《人日饮昭觉》一诗。因为唐代大诗人高适与杜甫有关"人日"的诗歌唱和中"人日题诗寄草堂，遥怜故人思故乡"、"自蒙蜀州人日作，不意清诗久零落"等名句的流传，以及清代著名学者与书法家何绍基题写在草堂中的名联"锦水春风公占却,草堂人日我归来"的流传,人日游草堂就成了成都极有文化内涵的传统民俗节日,已经延续多年。

我国其他地方庆祝人日的活动已经完全失传,唯独成都的杜甫草堂还保留着这一习俗,而又增添了纪念诗人的新的内涵。这一传统的民俗文化让很多热爱传统文化的人们魂牵梦萦。著名学者卢前有一首自度曲《别成都》这样写道:"忘不了草堂人日,忘不了花市春迟,

浣花溪公园　2007年　罗韵希摄影

草堂正门　2008年　王飞摄影

忘不了浣花溪，武侯祠庙雕鞍系，万里桥边翠袖衣，忘不了江楼贳酒埋愁地。从今后，江南春梦，梦到天西！"

除了人日游草堂之外，有些成都人过去在端阳节也要游草堂。民国初年的一首成都《端阳竹枝词》就曾经这样写道："吸残蒲酒浴兰汤，游罢江楼过草堂。珍重人生行乐耳，良辰犹盼大端阳。"

永陵路

从羊市街向西有一段路名叫永陵路，东接槐树街，西接抚琴西路，五代时期前蜀开国皇帝王建的陵墓永陵就在路北。

王　建（847—918）河南舞阳人，唐末在蜀中为官，891年以武力攻占成都，907年称帝，国号蜀，史称前蜀。11年后病死，葬于永陵。

王建石像

作为一座帝王陵墓，永陵原本有一个规模不小的陵园，陵园中原本有若干庙堂建筑，可惜在北宋真宗年间被尊崇道教的官府为了修建道教宫观而拆除了。陵园中原来还有一座佛寺永庆院，南宋时还在，而且曾经有过重修，可惜也在一场大火中烧毁了。从此以后，永陵的地面建筑基本上全毁。诗人陆游在成都时对永陵有过记载，他在《后陵》一诗中写道："陵阙凄凉俯旧邦，恨流滚滚似长江。穿残已叹金凫尽，缺落空余石马双。攫饭饥鸟占寺鼓，避人飞鼠上经幢。阿和乳臭崇韬耄，堪笑昏童束手降。"诗中后两句的"阿和"指五代时后唐的李继岌，"崇韬"指后唐的郭崇韬，前蜀政权就是被后唐郭崇韬和李继岌指挥的军队攻灭的。"昏童"指的是向郭崇韬、李继岌投降的王建的儿子王衍。诗人对这首诗有一个注释："（后陵）一作厚陵，永庆院在大西门外不及一里，盖王建墓也。有二石幢，犹当时物。又有太后墓，琢人为石马,甚伟。"这是古代对王建墓唯一的一条比较清楚的早期记载,此后就再也没有什么准确的记载了。从诗中可知,南宋时王建的墓、王建的皇后周氏的墓(此墓已在1990年发现,但是规模不大,距永陵还有几百米的距离,所以长期未受到人们的关注),以及附近的寺院永庆院都还

20世纪50年代的王建墓　杨显峰提供

在,但都已经是破旧不堪,一片荒凉了。这以后,永陵是在什么时期从人们的记忆中消失,又是如何被众人误认为是司马相如的抚琴台的(参见"抚琴

20世纪60年代的王建墓　王文相摄影

永陵乐伎石刻像《拍板》　帅初阳提供

路"),我们都已经无法得知了。

高达15米、直径80米的永陵是在一个偶然的情况下被发现的(参见"抚琴路"),有着极高的历史文化价值。这是四川历史上第一次科学的考古发掘,是我国历史上第一座由考古学家正式发掘的帝王陵墓(迄今为止,全国由考古学家正式发掘的帝王陵墓只有两座,另一座是1956年发掘的北京明代十三陵中的定陵)。它是目前已知的全国唯一的一座建于地面的帝王陵墓,是第二次世界大战期间全世界最重要的考古发掘。虽然永陵在修建之后不久(估计不到两百年)就遭遇了盗墓贼的盗掘,但是仍然发现了众多的珍贵文物,如石雕像、玉册、金大带等在全国都是唯一的,特别是在石棺床周围所雕刻的二十四乐伎高浮雕,是目前在全国所发现的唯一的最完整、最逼真的唐五代时期的宫廷乐舞展示,单是各种乐器就有20种23件,是研究我国古代音乐舞蹈史极为宝贵的实物资料。

新中国成立以后,永陵一直得到了很好的保护,1961年成为国家重点文物保护单位,1978年成立了王建墓文物保护管理所,1979年1月正式向游人开放,1990年建立了王建墓博物馆,1998年更名为永陵博物馆,并在新建的蜀永楼建成了全国一流的五代时期的"永陵文物暨前后蜀历史陈列",开辟了占地12亩的文化休闲区"宣华苑"。1999年,成都市政府将门前的大街抚琴西路更名为永陵路。2008年,成都市政府决定拆除永陵周围的全部建筑,扩建园区面积达50亩的永陵园林。

天祥街附天祥寺横街

一见到"天祥"二字，我们就会想到南宋末年著名的民族英雄、写下过千古名篇《正气歌》《过零丁洋》的文天祥。成都府河新东门大桥东侧的天祥街（原名天祥寺街）、天祥寺横街（过去还有天祥寺河边街）就是因为纪念文天祥而得名的。这里原本有清代修建的金贤寺，附近民众为了表示对文天祥的崇敬，就在寺中塑造了文天祥的塑像进行祭祀，寺庙的名称也就改称为"天祥寺"（天祥寺的具体位置在天祥街与望平正街之间，所以有的文献上也说天祥寺位于望平正街）。民国时期，天祥寺被改建为学校，寺庙不存在了，地名却留了下来。

我国纪念文天祥的祠庙有几处，都是修建在与文天祥生平事迹有关的地方，或称为文信国公祠（文天祥曾经被封为信国公），如深圳的南头城；或称为文丞相祠，如北京的府学胡同；还有称为大王庙的，如福州的潘墩。而直接以极为亲切的称呼叫作"天祥寺"的文天祥祠庙只有一处，就在成都，这充分体现了成都文化的平民化与包容性。成都的天祥寺也是全国唯一的一处既非文天祥家乡或故迹，又无文天祥后人的祭祀文天祥的寺庙。

按理说，文天祥既非成都人，又未到过成都，成都是不应当有他的纪念地的。可是，成都却偏偏有了这座天祥寺。这是一种很值得关注的文化现象，是成都这座移民城市的开放兼容心态的典型表现。稍稍回顾一下成都历史就可以知道，杜宇不是成都人，可是成都人世世代代称他为"杜主"，建祠庙加以祭祀；李冰不是成都人，可是成都人世世代代称他为"川主"，建祠庙加以祭祀；诸葛亮不是成都人，可是成都人建祠庙世世代代加以祭祀，而且位列于刘备之上；杜甫不是成都人，可是成都人保护着他的故居，世世代代建祠庙加以祭祀；陆游不是成都人，可是成都人世世代代为他建祠庙（即崇州的陆游祠）加以祭祀，在杜甫草堂内，还有祭祀杜甫、黄庭坚、陆游三人的工部祠。要知道，建祠不是一件简单的事，与其他名人故居只是留下一个供后人瞻仰的遗迹完全是两回事，建祠就是把被祭者视为祖先神灵加以供奉，是要长期守护祭祀的。在成都人看来，不论是何方人氏，只要你情寄天下、心怀百姓、造福万家、遗泽后世,你就是值得永远加以崇敬的杰出人物,就是应当永远加以祭祀的先贤。很明显,这种开放兼容的心态是成都得以永远保持活力与文化特色的一种基础性的巨大力量。

康庄街

在太升南路以东,与童子街相对,有一条街道叫作康庄街。康庄街的得名,源于明代初年的太监康泰宁。

明朝建立以后,朱元璋分封他的儿子到全国各地做藩王,以加强对各地的控制。朱元璋的十一子朱椿被封为驻藩成都的蜀王,在尚未成年的朱椿到成都就藩之前,先派了一位太监康泰宁到成都打前站,为营建蜀王府做准备。康泰宁在成都市中心修建了规模巨大、华丽舒适的蜀王府,花费很大,几乎把官府的库银掏空,故而有不少官员向朝廷告状。朱元璋大怒,下旨让康泰宁立即自尽,康泰宁只得服毒自杀。几年之后,长大成人的朱椿来到成都,见到煌煌的蜀王府,才知道康泰宁所花银钱是有所值的,他被人告状而被迫自尽乃是一桩冤案,于是就采用募集的办法在原来的古营盘街为他修建了一座祠堂。因为康泰宁在修建蜀王府时对工匠们不错,所以实际上出力出钱的多是怀念他的成都的工匠。老百姓一般都把这座祠堂叫作"康公庙",康公庙所在的街道也就叫作康公庙街。民国时街道扩建,康公庙被拆除,街道更名为康庄街,寓意康庄大道。

康公庙的故事在成都流传已久,多年来也有一些文章作过介绍。在这些介绍中,往往说这是成都乃至全国绝无仅有的一座没有神像的祠庙。这话可以说对,也可以说不对。在康公庙中,的确没有康泰宁的塑像,只有一个他的木主(即木质的祭祀牌位)。因为康泰宁被明太祖定下死罪并未平反昭雪,当时不敢给他塑像。但是据前人记载,康公庙内一直到民国时期都还保留着两尊神像,一尊是铁铸的东岳神像,上面刻有"大明万历四十八年十一月十七日置"字样,一尊是石刻的土地神像,上面刻有"嘉庆二十八年三月二十日置"字样。所以出现这种情况可能有两种解释:一是当时人为了遮人耳目,有意把这两尊神像放在康公庙中作为掩饰;二是由于明中叶以后,前往祭祀的人愈来愈少,加上康泰宁又没有后人,香火愈来愈少,于是后人就把这两尊神像放了进去,来了个一祠多用,清代所以重建康公庙,也应当与此有关。

宋公桥街附净居寺路

九眼桥下游的锦江北岸,有一条小街叫宋公桥街,是为了纪念明代开国元勋之一的宋濂。

宋 濂(1310—1381) 浙江浦江(今义乌)人,元末明初的著名学者,朱元璋夺取天下的主要谋士之一,被称为"开国文臣之首"。明王朝建立后,任侍讲学士知制诰,颇类似现代的秘书长之类的职务,还出任过修撰《元史》的总裁官,晚年辞官归乡。因为他的孙子宋慎牵涉进了明初大案胡惟庸谋逆案,按明初的严刑峻法,朱元璋欲将受牵连的宋濂处死。皇子朱标是宋濂的学生,一心要救老师的性命,遂以死相谏。在这种情况下,宋濂才得免一死,以71岁高龄于洪武十三年(1380)被罚全家安置到四川茂州(今阿坝州茂县)为民,次年即在途中病死于奉节,由地方官葬于莲花山。由于他曾经为朱元璋的几个儿子讲课,蜀王朱椿久仰他的大名,所以在永乐十一年(1413)将其迁葬于成都华阳县安养乡。到了成化二十一年(1485),由于明初的一些大案实际上都已被淡化(宋濂后来在1496年被朝廷正式平反,建了祠堂,每年春秋予以祭祀),所以又由蜀王府再次迁葬于当时成都最著名的寺庙之一的净居寺侧(1960年在修建龙舟路时宋濂墓被毁,但是墓志铭被文物部门保存了下来)。据明人何宇度《益部谈资》的记载,当时的净居寺是与昭觉寺、青羊宫、武侯祠并列的大寺庙,在净居寺中的文殊殿还建有祭祀宋濂和另一位明初著名学者、曾经担任过蜀王府家庭教师、后来被永乐皇帝处以极刑的方孝孺的专祠(方孝孺早于宋濂被朝廷平反),塑有宋濂和方孝孺的塑像。净居寺还曾经一度改名为报恩寺,寺侧曾经还有报恩寺街。净居寺在明末清初毁于战火,清乾隆十二年(1747),华阳县令安洪德在旧址上建有纪念宋濂的潜溪书院(宋濂号潜溪先生),曾经一度成为远近闻名的著名书院。

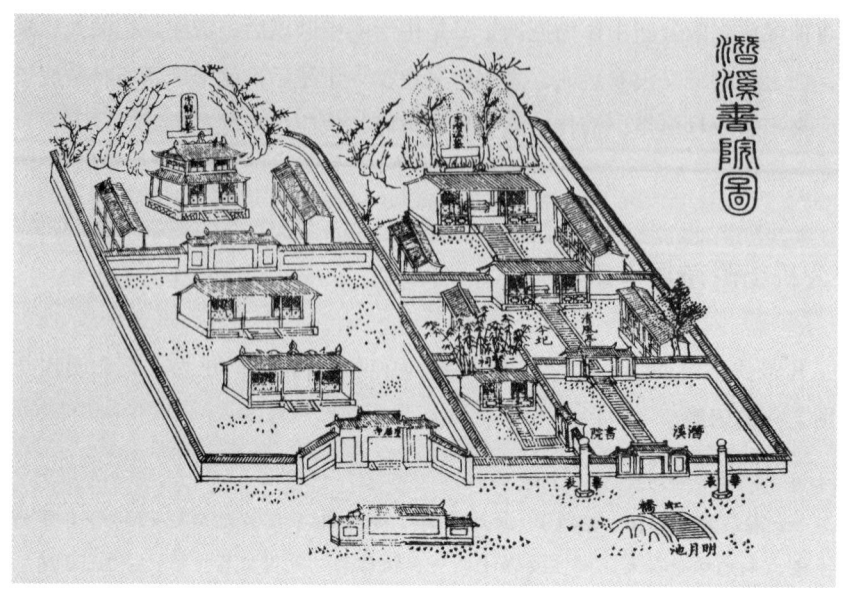

清代潜溪书院图　原载嘉庆《华阳县志》

潜溪书院远在城外，教学不便，道光十三年（1833）被迁入城内梨花街新址。原址在民国时改建成为学校，就是新中国成立以后的静居寺小学。

关于净居寺，有一件事不能不提。明嘉靖二十年（1541），四川巡抚刘大谟发起重修《四川总志》，礼聘已经被流放云南的杨升庵回川编纂《四川总志》之中的《艺文志》，工作地点就在净居寺中。《四川总志》编成之后只有16卷，而《艺文志》则有64卷，只有作为附录，这就是今天研究巴蜀古代文化最重要、最丰富、收录诗文1873篇的地方文献汇编《全蜀艺文志》。以聪明过人、著述颇丰闻名于世的杨升庵编纂这部64卷的《全蜀艺文志》只用了28天时间，这比今天常见的大型编纂班子的速度要快不知多少倍，其原因就在于杨氏一家长期致力于乡邦文献的搜集整理，家中已有编纂《蜀文献志》的基础，加之杨升庵的博闻强记、日夜辛劳，故而能够在净居寺中创造我国文化史上的这一罕见的高速度。

民国时期，净居寺已被误写为"静居寺"。新中国成立以后，改建的成渝公路从此经过，两旁逐渐形成街道，当地人一般称为静居寺街。1958年新建成都无缝钢管厂，成渝公路改道，原静居寺街改变了走向，并加以扩大延长，西起龙舟路，向东过沙河大桥，直到上沙河铺街，1962年正式命名为静居寺路。改革开放之后，东二环与成龙路逐渐建成，现在的静居寺路成为成龙路的起始段，在东二环四段向东过新沙河桥，直达万科城市花园，与成龙路的静安路段相接。1990年，静居寺路按原来的名称更正为净居寺路。不过由于多年来的习惯使然，在一些地图与标志上还没有完全改过来，目前还有不少地方仍然写为静居寺路。

成都市第十人民医院就设在净居寺路，它的前身是成都市传染病医院，也是成都市多年来唯一的一座医治传染病的专科医院。

宋公桥街在原来的宋濂墓西南，清代在这里有一条小河，河上有一道小桥，名为宋公桥，桥边的小街也就名叫宋公桥街，已在城市改造中被拆除。

明代的报恩寺早已不存，但是清代在宋公桥头又修建了一座小尼庵，也承其旧名叫作报恩寺。到了民国时期，已经没有尼姑，没有香火，成了一所有好几家人居住的民居，具体位置应当在今天空军医院后面的"江东民居"一带。抗日战争爆发之后，我国现代著名的作家与古典文学研究专家朱自清

宋公桥街　2002年　韩国庆摄影

先生全家先是撤退到昆明,后来到成都(朱自清先生夫人陈竹隐是成都人),从1940年开始就居住在这里的三间编泥墙(即竹篱泥巴墙)的小瓦房中,其间曾去昆明西南联大任教,以后又回成都,直到1946年8月才离开成都回北平。著名的《经典常谈》《古诗十九首新释》等名著就是在这里完成的。正因为如此,著名作家叶圣陶在《成都杂诗》中才会有"顿忆佩弦(按:朱自清字佩弦)埋骨久,隔江忍对宋公桥"之句。也就是在成都之时,朱自清对于成都给了"说是有些像北平,不错,有些个。既像北平,似乎就不成其为特色了?然而不然,妙处在像而不像"的著名描绘。他对好友易君左吟咏成都的一首诗十分欣赏,特地写了《成都诗》一文加以评介与推荐这首描绘成都景物的名篇:"细雨成都路,微尘护落花。据门撑古木,绕屋噪栖鸦。入暮旋收市,凌晨即品茶。承平风味足,楚客独兴嗟。"

还有两件事值得一提:一是朱自清在《外东消夏录》中的《成都诗》一节以"据说成都是中国第四大城,城太大了"开头,这比深圳《新周刊》在2000年称成都为中国"第四城"早了约60年;二是朱自清于1940年被四川省教育厅长郭有守聘为教科书编辑委员,在参观考察了多所中小学之后,他为四川的学校编写了三本书交由成都的开明书店出版,一本是给教师作参考的《国文教学》,两本是给学生用的《略读指导举隅》和《精读指导举隅》。

朱自清夫妇居住过的宋公桥街4号　2008年　周筱华摄影

四川师范大学在扩建之中为校园内的主要道路进行了命名，其中从老图书馆到物理实验楼的道路被命名为"潜溪路"，就是为了纪念过去距四川师范大学校园不远的宋濂墓与潜溪书院。

方正街附丁公祠街

在红星路一段的西侧，有一条方正东街，在方正东街的西边则是方正街。这两条街的街名很容易使人误解，以为方正街就是方方正正的街道，其实，这里的"方正"是因为纪念方孝孺而得名。

> **方孝孺（1357—1402）** 浙江宁海人，明初著名学者，有"天下读书种子"之誉。相传他的文章"醇深雄迈，每一篇出，海内争相传诵"。年轻时即受到朱元璋的称赞，成都的蜀王朱椿特地将他聘到成都的蜀王府中，担任自己儿子的教师，并专门为他修建了名为"正学"的书斋，从此一般人都尊称他为正学先生。明太祖洪武二十八年（1395），朱椿在成都刻印南宋学者郭允蹈写的《蜀鉴》一书，由方孝孺作序。他在序中指出，要治理好四川，绝不能"善一身，安一时"，必须心怀"至远"与"至众"。由此事还可以推知，要让新到成都主政的朱椿以及他的臣下认真学习蜀中的历史，并刻印《蜀鉴》这部四川地方史著作，很可能就是方孝孺的建议。明惠帝即位之后，将他召进宫中，官拜侍讲学士，成为明惠帝最重要的谋臣之一。燕王朱棣发动政变，起兵夺取政权，强逼方孝孺为其撰写诏书，明确告诉他说："诏天下，非先生草不可。"方孝孺"投笔于地，且哭且骂曰：死即死耳，诏不可草"。终至被朱棣在街市之上凌迟处死，而且兄弟、妻子、儿子、女儿全部遇害。方孝孺之死，成为明初文坛上的一件大事。朱棣死后，他儿子明仁宗一即位就着手对方孝孺等被害者进行昭雪。到了明神宗时期，又正式对与方孝孺一案有牵连者全部平反，在南京修建表忠祠予以褒录祭祀。成都官民在蜀王府的授意之下，就将昔年方孝孺在成都时所居住的街道改名为方正街，以纪念这位被称为正学先生的方孝孺。"方正"二字即是从方孝孺与正学先生而来。

清代末年，这条街上由官方修建了丁公祠，用以祭祀曾经在四川担任总督的丁宝桢，所以又曾经把这条街改名为丁公祠街。由于不到 20 年清王朝就被推翻，丁公祠也被废除，所以这个新街名还未流行就不再使用。

丁宝桢是一个在成都近代历史上让人不能忘记的人物（参见"拱背桥街"）。

丁宝桢

丁宝桢（1820—1886） 贵州平远（今织金县）人，清末著名的汉族名臣。他在山东巡抚任上时，慈禧太后宠爱的太监安德海仗势到山东胡作非为，丁宝桢竟敢决然将其诛杀，他也因此名震朝野。丁宝桢又是清末一位致力于"求富""自强"的洋务派官员。他筹备与创办四川机器局并非一帆风顺，甚至被迫撤局停办，但最终取得了成功。他在成都期间，曾派军队到云南和福建前线支持抗击法国侵略者，曾经调拨四川机器局生产的洋枪 7000 多支到南方边境，曾经对都江堰进行过多年来规模最大的大修而且先后七次亲赴现场（所以今天都江堰市离堆公园内的堰功道上有他的塑像），曾经改革盐政、严惩奸商而让整个西南地区的人民从中受益，曾经礼聘著名湖南籍学者王闿运到成都尊经书院担任山长（相当于校长兼首席导师）。不仅在四川，就是在全国他都算是一个有见识、有建树、有贡献的官员，曾经得到过"四川近百年第一好总督"的美誉。近年间曾经有电视剧《丁宝桢》在全国放映。他为官清廉，所得俸银多用于扶危济困，死于成都任所之后不仅家无余财而且债台高筑，家属的日常生活都得靠官府支持，为了将灵柩运回山东与已故的发妻合葬，用费都是由僚属好友筹措方能成行归葬。

有关丁宝桢还有一事值得一提，就是从他的宫保府（关于"宫保"的介绍见"前卫街"）中传出了一道川菜名菜——宫保鸡丁。关于这道名满天下的佳肴的来历有过不少的说法，据笔者所见的资料，很有可能是丁宝桢最喜爱的贵州籍家厨宋驼爷（本名失传，因背驼，人们均以驼爷相称）在光绪十年（1884）前后所创。

状元街附磨子街

状元是古代科举考试制度时期的全国第一名,是极难得到的一种很高的荣誉。自从唐代开始有状元的名称以来,直到清末废科举、兴学校,我国一共产生过将近600个状元(这里只包括文状元,不包括武状元,就是文状元的准确数字也已经无法详考,据笔者所见,目前有596人与599人两种统计数字)。根据嘉庆《四川通志·选举》的名录与其他研究者的统计,在今天成都市的辖区内只出过4个状元,全四川也只出过17名状元(另有两名武状元和张献忠大西政权的状元一名未计),名单如下:

  唐玄宗开元四年的内江人范崇凯
  唐德宗贞元七年的阆州人尹枢
  唐宪宗元和八年的阆州人尹极
  唐文宗大和三年的云阳人李远
  唐文宗大和七年的成都人李余
  唐宣宗大中某年的绵州人于环
  五代后唐庄宗同光四年的简州人王归朴
  五代后蜀时期的广都(今双流)人费黄裳
  宋太宗太平兴国五年的铜山(今中江)人苏易简
  宋太宗端拱二年的阆州人陈尧叟
  宋真宗咸平三年的阆州人陈尧咨
  宋哲宗元祐六年的保宁(今南部)人马涓
  宋徽宗政和五年的仙井监(今仁寿)人何㮚
  宋高宗绍兴二十一年的资州人赵逵
  元顺帝至正十一年的成都人文允中
  明武宗正德六年的新都人杨慎
  清德宗光绪二十一年的资中人骆成骧

在这里列出这样一个名单,一来是想为关心此事的读者提供一份资料;二是我们可以从中看出一个问题,就是古代的状元并不一定就是最成功的学者或者诗人,用过去的话说,"大比班头"并不就是"文章魁首"。在古代将近 600 个状元中,唯一的一个例外就是成都的杨慎,而成都的状元街,也正是与杨慎有关。

杨　慎(1488—1559) 字用修,号升庵,成都新都人。新都至今保存着经过多次修缮的杨氏宗祠、杨慎故居"状元府"、杨慎读书之地"桂湖"、杨慎结婚时居住的"榴阁"、杨慎祖孙三代捐资修建与维修的"清源桥"、杨慎的墓园"状元坟",在桂湖中有纪念杨慎夫妇的升庵祠与黄峨馆。杨慎的父亲杨廷和官居首辅,也就是明代的宰相,两位叔父也都是著名诗人和学者。在这种环境中长大的杨慎从小聪慧过人,11 岁作诗,24 岁中状元。只是因为坚持己见,不愿与流俗为伍,甚至公然与皇帝唱反调,被万历皇帝"廷杖"(就是在朝廷上当众鞭打)两次,在死去活来之后充军云南永昌(今保山),时年 37 岁。他在云南生活了 35 年,一直未获赦免。当朝廷打算对他进行新的评价与安排时,他已经到了生命最后的岁月。临终前,他写下了可谓一生写照的《感怀》诗:"七十余生已白头,明明律例许归休。归休已作巴江叟,重到翻为滇海囚。迁谪本非明主意,网罗巧中细人谋。故园先陇

杨升庵读书地 —— 新都桂湖　1996 年　张德重摄影

痴儿女，泉下伤心也泪流。"杨慎一生坎坷，无力在政治舞台上有所建树，遂将精力全部投入学术研究与文学著述。在整个明代，"记诵之博，著作之富，推慎为第一"（《明史·杨慎传》）。他一生共有各种著作400余种，传世100余种，如果用今天的学科分类，其内容包括诗文创作、文艺理论与文学批评、史学、地方志、文字学、音韵学、民间文学、音乐与戏曲、考古学、典章制度、书画、天文地理、医学，还包括自然科学，为后人留下了一大笔宝贵的文化财富。他在云南和四川为地方做了大量的好事，由于他后半生多在云南居住，所以他在云南留下的文物、遗迹与纪念地比四川还多。电视连续剧《三国演义》的主题曲"滚滚长江东逝水，浪花淘尽英雄……"就是出自他的《二十一史弹词》。

状元街位于人民南路的红照壁十字口以东，与指挥街和西丁字街相通，街上有一座护国寺，护国寺侧有杨慎家在成都城内的故宅，所以街名为状元街。清代乾隆年间，四川布政使查礼曾经在这条街居住十多年，对杨慎极为敬重，在街上挂有"升庵子弟读书处"的匾额，编辑有自己多年在这里的诗作《升庵雅集》五卷。当他调离四川时，就让他的儿子查淳在街中修建了一座牌坊作为纪念，牌坊上刻有"状元坊"三个大字。这座状元坊在嘉庆年中就已垮塌，以后未曾重建。这以后状元街在成都还曾经一度被人们叫作"磨子街"。这是因为一些人在口语中把"状元"二字读成了"转圆"，又因为在人们生活之中的磨子转得最圆，所以又讹称成了磨子街。

杨慎故宅在清初得以修复，后售与符兆熊家，清同治二年（1863）由符永培妻项氏捐出，在其旧址修建了河南会馆，这是目前可以确知的在成都的两个河南会馆之一（另一个在布后街）。这座旧宅到新中国成立之后仍然保存完好（门牌号是状元街33号），曾经是省级机关的宿舍，从1987年以后被陆续拆除。

状元街上在清末民初有一个杨家大院"四知堂"，就是著名作家李劼人的外祖父和舅舅家。李劼人家祖辈和父辈都没有买房置业。李劼人在3岁至9岁时期，15岁至28岁时期，以及33岁至42岁时期，都是在杨家大院居住。

民国时期轰动全国的一桩"师生恋"大案，其最关键的场所就发生在杨家大院。

1923年7月，由于恽代英的推荐，成都高等师范学校校长吴玉章礼聘教

状元街　2000年　赖武摄影

育学家舒新城（1893—1960）到成都执教。舒是当时著名的新派教育学家，在全国有很大影响。来成都后，他对陈旧的教育制度的大胆批判，他所作的以"完成人格、创造生活"为主旨的多次讲演，受到成都文化界的进步人士如李劼人（时任《川报》主笔）等人的支持，受到部分进步师生的赞扬，也受到力量更大的各方守旧派的反对与攻击。此时，拥护他的学生中有一个叫刘舫的预科女生因为向他学习国文与摄影而与他比较接近，学校中的守旧派就在当时担任成都最高军政长官的军阀杨森的一个姨太太（也在高师读书）的支持下以"诱惑女生，师生恋爱"的罪名发动"驱舒"行动（此时吴玉章校长已经去职，由傅振列接任），强令刘舫退学，刘舫坚决不退，守旧派师生遂到督军府请愿，督军府立即下令缉拿舒新城，明令"捕得即行殴毙"，形成可能处死的警案。1925年4月28日，在李劼人、陈岳安的掩护下，舒新城化装进入杨家大院避难，军警赶来抓人，李劼人以醉酒汉姿态在大门外与军警周旋半个小时，舒新城与陈岳安得以从杨家大院后院翻墙而出。军警抓人未得，遂向全省发出通缉令，并将李劼人投入监狱。舒新城在陈岳安与刘舫的大力帮助之下，先后辗转3家藏匿半月之久，最后是在尽可能化装改扮（甚至剃了光头，留了胡须，换了口音）之后，才逃出成都。此事先是由"驱舒"和"拥舒"两派在成都报纸上展开论战（包括刘舫本人的文章），然后被上海等地多家报纸渲染报道多日，遂成为民国时期最为轰动一时的名人"师生恋"。其实，此时的这对师生真还没有生恋定情（此时舒已有妻儿），可是经过这一场波澜起伏的警案的考验，这对师生愈走愈近，难以分开。6年之后，终于结成夫妻，还有了一双儿女。舒新城离开成都之后，不仅先后撰写出版了多种教育学著作，更为重要的是，他于1928年应邀加入中华书局，后担任编辑所所长，主持大型辞书《辞海》编纂大任数十年，成为我国极负盛名的辞书编纂大师，曾经受到毛泽东主席的高度赞扬（他俩是湖南老乡，年轻时曾在湖南第一师范学校共事）。直到1958年，国家决定对《辞海》进行新编再版时，仍然请已退休多年的舒新城出任编辑委员会主任委员。

新中国成立以后，四川省川剧院长期设在这条街上，直到1981年新开新光华街之后，才将正门改到了背后的更为宽阔的新光华街。

成都市拘留所也曾经长期设在这条街的52号（此地旧址是民国时期的慈佛学社，所以门面完全是一个老公馆的气派，这在全国的拘留所中是别开生面的唯一），改革开放之后才迁往南一环的九如村（现迁往郫县安靖镇土地村），所以过去如果说到"状五二"，老成都几乎是尽人皆知。

从清末到民国时期，状元街成为成都城南木器业较为集中的街道。直到改革开放初期，这里仍然还有多家家具商店，是南门地区的家具一条街，虽然其规模与档次远远不可与今天的家具城相比。状元街与相邻的青莲巷这一片老街老巷已经在旧城改造之中全部被拆除。

四川省川剧院演出的川剧《巴山秀才》剧照
20世纪90年代　余小武摄影

以名人古迹命名　585

何公巷

在今天的文庙前街与文庙后街之间、石室中学西侧，有一条石室巷。这条小巷原来叫何公巷，是在新中国成立之后才改名为石室巷的。

在这条小巷中，明代末年住有一位成都府学教授叫何忠，贵州遵义人。1644年，当张献忠农民军攻陷成都时，明代各级官员大多投降，但是何忠夫妇却拒不投降，一同自缢为明王朝殉葬。清兵攻占成都之后，认为他是忠烈之臣，就在这里为他建了墓，立了碑。成都城重建之后，就把这条小巷命名为何公巷。

在何公巷的南口，就是文庙前街和文庙西街的分界处，清代的华阳县文庙就建在文庙西街的东头，主要建筑都在何公巷中，所以也有一些记载说华阳县文庙是建在何公巷中。这里在民国时期开办过盲哑学校，抗战结束以后，华阳县中的初中部也设在此处。

岳府街

近年来成都市中心新打通了一条东西通道，从玉带桥向东经白丝街直达新东门大桥，在暑袜北一街口与红星路二段之间的一段，叫作岳府街。岳府街因为有岳钟琪的府第而得名。

岳钟琪（1686—1754） 祖籍河南汤阴，岳飞的第二十一代孙，在他父亲岳升龙在成都任四川提督时长于成都，并随父入了川籍。岳钟琪一生在军队中成长，先是在今松潘等地驻防，康熙五十八年（1719）为了防止在现天山地区的准噶尔部入侵，他奉命率军从今天的泸定、巴塘、理塘开辟川藏通道入藏，从南部进入新疆，取得了平定准噶尔部的胜利，升任四川提督。雍正元年（1723），又奉命随年羹尧进入今青海地区平定罗卜藏丹津的叛乱，获胜后封三等公署理（即代理）川陕总督，任宁远大将军。雍正七年（1729），再次奉命入新疆，平定噶尔丹策零的叛乱，收复乌鲁木齐。雍正十年（1732），因为清代著名的"曾静投书案"而以"误国负恩罪"革职下狱。乾隆二年（1737）赦免之后回到成都养老，遂在西郊石人坝开菜园种菜度日。乾隆十三年（1748），因为大小金川之乱久久不能平定，乾隆再次起用岳钟琪，他以高龄率军出征岷山雪域，再次取得全胜，被第二次任命为四川提督，授兵部尚书衔，复封三等公，加太子太保，赐号"威信"。其后在镇压林琨起义之时，因病卒于资州。他的家族墓园在金堂县西北的栖贤乡岳公村，1988年被列为金堂县文物保护单位。

岳钟琪被乾隆帝称为康、雍、乾三朝"武臣巨擘"，是太平天国以前清王朝所任用的兵权最大的汉族将帅，是整个清代唯一的一位被封为大将军而有权统率指挥八旗军队的汉族将帅，被称为一生未打败仗的将军，也是成都历史上罕见的名将和宋代以后整个四川官职最高的武将。雍正帝曾经赐诗于他，称他为"智勇原无敌，忠诚信可风"。乾隆帝也曾经赐诗于他，称他为"西南保障"。岳钟琪在北京的故居至今仍存，就是虎坊桥东路的晋阳饭庄。这个院子被岳氏后人卖给了著名文士纪晓岚，所以北京人一般都称为纪晓岚故居。岳钟琪也富文才，有《姜园诗草》《蛮吟诗草》传世。在宝光寺的藏经楼大殿外面正中的位置，至今还悬挂着由岳钟琪题写的匾额，上书"觉悟群生"四个大字。

岳钟琪的府宅宽大，府中有一个很漂亮的花园叫"安素园"，清人葛峻起有《容斋岳公招饮安素园即席偶感》一诗："名园接近锦城边，上将风流卜筑偏。无数幽花漂玉砌，几多好鸟舞玉筵。小桥流水临书屋，曲径回廊映钓船。人世尘埃飞不到，逍遥天外俨神仙。"原来在府宅北边还有岳钟琪曾经练习射箭的箭道，这种私家的箭道在当时的成都是唯一的，所以他所居住的这条街最初是被称为岳府箭道街，以后才简称为"岳府街"。岳钟琪故世之后，箭道成为官家的提督右营箭道，岳氏故宅则在清代末年开办过官报书局。1904年，又成为川汉铁路总公司的办公地点（1907年改制为商办川汉铁路有限公司），到了1911年就成了四川近代史上轰轰烈烈的保路运动的联络处和指挥部，四川保路同志会于1911年6月17日在这里成立。这以后很多重要会议都在这里召开，保路运动中很多大事都在这里发生。为了修建川汉铁路，还在这条街上开设了铁路银行。

川汉铁路总公司旧址　杨显峰提供

保路纪念碑浮雕（局部）

川汉铁路股票正面及背面　四川省档案馆藏

清末的保路运动不仅在四川近代历史上是件应当大书特书的大事，在全国近代历史上也是一件特别重要的大事，因为它从多方面促成了武昌起义的胜利，是辛亥革命中各省推翻清王朝的首演。孙中山先生说过："若没有四川保路同志会的起义，武昌起义或者要迟一年半载。"朱德元帅《辛亥革命杂咏之六》中说："群众争修铁路权，志同道合会全川。排山倒海人民力，引起中华革命先。"

民国时这条街正式定名为岳府街，原来的岳家府宅曾经先后是成都市政府和成都警备司令部的所在地。因为是成都警备司令部的所在地，所以里面还有不小的监狱。

新中国成立以后,岳府故宅的房屋交由部队使用,虽然已经改作楼房,仍然可以见到原来的红漆大门,现在的大门仍然还在过去的位置。1990 年,岳府里面的旧建筑被拆除,今天在人民公园中的保路纪念碑旁新建有一个四川保路运动陈列室,就利用有岳府旧建筑的一些材料。

在岳府街的西口,是与暑袜北一街和冻青树街的交口,改革开放之后曾经修了一个小游园,在两面墙上建有数十米的浮雕,描述了岳钟琪的军事生涯。

因为岳钟琪是岳飞之后,所以岳氏后人(据岳氏后人称,目前全国的岳氏后人有 120 多万,四川省内的岳氏后人主要分布在遂宁、蓬溪、南江、绵阳、三台、盐亭、射洪、成都等地)每年两次祭祀岳飞时有时会选择到岳府街进行。2007 年 12 月 23 日冬至,是岳氏后人祭祀岳飞的日子(每年另一次祭祀是在岳飞生日的农历二月十五),有从省内外各地来到岳府街的 100 多位岳氏后人在岳府街一个酒店的大厅中身着古装,按照传统的"岳家祭"二十八条祭祀仪则举行祭礼大典。

东垣街

在东城根街以东,今天字库街与东城根街相接的那段很短的横街,原来叫东垣街,因为在新中国成立以后字库街原来向北接五福街的出口被新建的建筑物所堵,不能通过,所以字库街改为向西与东城根街相接,原来的东垣街就并入了字库街,但是这条原来就很短的东垣街却是我们不应忘记的小街。

东垣街的得名,并不是因为这里位于满城的城垣之东,而是为了纪念一位职务不高的清官陈东垣。

> **陈东垣** 德阳人,清末举人,年过四旬之后毅然随其他青年人一道去日本留学,专门学习警政,归国后担任成都西城警察分局局长(当时的满城就在西城警察分局的管辖之下)。从 1913 年开始,推翻了四川清政权的四川军

政府决定拆除满城,并陆续在拆除之中修建了若干街道,包括东城根街等很多街道都是在那个时期修成的。在这大拆大修的过程中,不少军政两界的贪官污吏大发横财,大肆占有拆除下来的各种建筑材料。可是,陈东垣却能在拆除与修建之中清廉自守,不扰民,不盘剥工人,不谋私利,受到附近老百姓的爱戴。百姓们自动集资,在这条新建的挨近东城根街的小街上为他建立了功德碑(此碑在新中国成立初期还在,大约是在1958年被毁),上书"西城大丘"四个大字,并把这条小街叫作东垣街。"西城大丘"四字包含了一个历史故事:东汉时的大丘县令陈实为官清廉,"为官清静,百姓以安",县境之内"竟无讼者",去世之后,前往吊唁者三万余人,为他披麻戴孝者有数百人之多,大家共同为他立碑,成为我国古代地方官的优秀代表。

陈东垣还曾经是四川保路同志会的负责人之一。现在还可以见到的《四川保路同志会报告》第二期载有"本会决定在省城分段逐日演说列表",排在第二天演讲的四川保路同志会负责人就是陈东垣。

据陈氏后人告诉笔者,陈东垣晚年一直居住在成都。成都在几次军阀混战的巷战中,"打启发"(有关解释见"东较场街")的军人都不敢进入陈东垣的住宅,因为无论川军的哪个派系,都很敬畏这位清廉的陈东垣。

在成都的街道名称中,以近代清廉官员名字命名的只有陈东垣一位。笔者认为,成都市政当局应当恢复纪念陈东垣的"西城大丘"功德碑,并在碑阴勒铭,记述这位成都人不应当忘记的清廉之士。

中山街

孙中山先生逝世之后,为了纪念孙中山先生,提督街上的提督衙门于1927年改称为中山公园(为了纪念孙中山先生,当时全国很多城市都把原来的公园改名为中山公园)。与此同时,又把公园后门所在的汉阳街改名为中山街。

成都的鸟市在清代主要集中在三桥南街一带。民国时期有了中山公园,鸟市就逐渐移到中山公园和有树木的中山街,很多养鸟养鸽爱好者都爱到此喝

中山街　2002年　赖武摄影

茶评鸟，再加上相邻的三桂前街也是如此，于是这里就成了老成都养鸟养鸽爱好者的最大聚集之地，树上经常挂满了鸟笼，中山街上的百老汇茶馆与中山公园中的惠风茶社也就成了成都最著名的鸟市与鸽市。正如《锦城旧事竹枝词》所描述的："树挂金笼百鸟鸣，画眉白燕啭春音。最是如簧鹦鹉舌，装烟倒茶叫殷勤。"这里的最后一句描绘了当年成都人一种礼节民俗：当有客人来家时，第一步的接待礼节总是装水烟袋和倒茶，以至养有鹦鹉（成都方言不叫鹦鹉而叫"恩恩儿"）的人家在教鹦鹉学说话时，必须学会的就是"装烟倒茶"。学会之后，每当有客人到来，主人只喊一声"恩恩儿，有客来"，鹦鹉就会连续地叫出"装烟倒茶"、"装烟倒茶"。

地处市中心的中山街至今仍在，东起太升南路，西至三桂前街。

多子巷

今天的东城根上街与长顺上街之间，有一条多子巷，共青团四川省委办公楼就在巷子的东头。

作为满城的众多胡同之一，多子巷原名太平胡同，里面有一些为满蒙八旗制造刀枪兵器的匠铺，到了民国时期，就改称为"刀子巷"。川军首领刘湘（关于刘湘的介绍见"体院路"）的宅院就在这条巷子里。1935年，刘湘听从了著名学者张圣奘（当时刘湘正聘请张圣奘来成都主办《新四川报》，住在刘湘公馆中。关于张圣奘的介绍见"宽巷子"）的建议，将刀子巷改名为多子巷，一来是因为刀子巷的名字暗藏凶机，太不吉利；二来是因为刘湘的长子与次子均早逝，当时只有一子一女，为了求得多子多福，所以改名为多子巷。

成都城内过去还有一条刀子巷，就是今天位于大业路与青石桥之间的向阳街，因为与满城中的刀子巷重名，所以在民国时期就改名为向阳街。

著名的书法篆刻家余中英的故宅就在多子巷的东头（去世之前住在支机石街朋友家）。

多子巷中的刘湘公馆　杨显峰提供

余中英

余中英（1899—1983） 号兴公，成都郫县人。从成都陆军小学毕业之后，一方面在川军中任职，一方面醉心于金石书画，曾在辞去军职之后专门到北京向齐白石大师学习，成为白石入门弟子。他在书法艺术上的造诣很深，是现当代成都籍书法家中成就最高的一位。抗日战争开始之后，曾任第七战区中将副参谋长、四川行营副参谋长、成都市市长等职。他在1940—1944年担任成都市长期间，对市政建设多有建树，如开办了第一所市立公立医院和第一个市立公办中学，开建了自来水厂，开通了从牛市口到茶店子的私营公共汽车等。新中国成立以后，被聘为四川省文史研究馆馆员，并被选为四川省政协委员，中国书法家协会四川省分会副主席。

将军街

将军街是将军衙门旁边的一条小街，东接东城根上街，西接长顺上街，它的得名却与将军衙门没有任何直接关系。

这条小街原来是清代满城中的永安胡同，因为街口立有一个虎头状的石柱，成都人的口语中把老虎称为猫猫，所以一般人又把这条小街叫作猫猫巷。民国时期，环境幽静、建筑古雅的满城是众多达官贵人选择住宅的主要地区，和上述的刘湘居住在多子巷相似。1925年，另一位川军的主要人物杨森在任四川军务督办时也住进了这条猫猫巷。当他入住猫猫巷不久，就以北洋政府封给他的"森威将军"的名义，下令把这条小街正式命名为将军街。改名的表面理由是因为与将军衙门为邻，而真实理由是因为杨森的绰号叫"耗子精"，在四川方言中"耗子"就是老鼠，所以杨森最讨厌的动物就是猫，故而改名。另有一说是因为"杨""羊"谐音，而"羊"入"虎"口太不吉利，故而改名。

杨　森（1884—1977） 四川广安人，1908年入四川陆军速成学堂，毕业后即加入川军，在军阀混战中曾经先后加入多种势力，成为四川军阀中的代表性人物。1920年在任第九师师长、泸永镇守使时，为泸州的建设做过

杨森

一定的贡献。四川的军阀混战中，杨森在1924年成为北洋政府的陆军上将，担任四川军务善后督办，控制成都地区，在这一时期曾经为成都的城市建设做过贡献。1926年，他以北洋系吴佩孚部四川讨贼联军第一路总司令的身份驻万县与重庆时，英国炮舰在万县制造了著名的"九五惨案"，死伤百姓千余人。杨森在朱德、陈毅的帮助下，扣留英轮并向英舰开战，受到了各界的好评。1926年，在北伐节节胜利的浪潮中，杨森投向国民革命军，任第二十军军长。1933年参加对川陕苏区的"围剿"。在驻防荥经堵截中央红军时，他收到了朱德总司令的信件，于是下令朝天放枪，让红军通过。1937年他率第二十军出川参加抗战，曾在淞沪前线重创日军，名扬全国，以后在湖南与贵州都立有战功。1939年，杨森奉蒋介石密令，制造了杀害新四军干部与家属的"平江惨案"。这以后，杨森于1944年任贵州省主席，1947年任重庆市市长。解放战争中，他的第二十军被解放军痛歼。1949年12月，杨森安排其侄子杨汉烈率重新组建的第二十军在金堂起义，他本人逃往台湾。杨森一生倡导"尚武精神"，提倡"体育救国"，在修建体育设施、组织体育比赛方面有过很多建树，他的部队中专门设有体育处，甚至在1946年担任贵州省主席的时候在贵阳市推行过每天早晨的全市市民的广播体操——复兴操。他去台湾之后仍然一直从事体育事业，长期担任台湾的"中华全国体育协进会"理事长和"奥林匹克运动会"理事长。他本人也身体力行，每周登山一次，70岁学会开飞机，86岁和90岁时两次登上海拔4000多米的玉山。四川军阀之中，杨森是经历最复杂、寿命最长的一位。

将军街40号曾经居住过一个成都当代文化史上最著名的学术之家，这就是赵少咸及其子孙三代。

赵少咸（1884—1966） 成都人，年轻时曾因与张培爵（有关介绍见"马镇街"）等缔结反清组织"乙酉学社"而入狱。1918年出任四川省立第一中学校长，此后一直在成都、重庆各校任教，曾任四川大学中文系主任，李一氓、徐仁甫、刘君惠、殷焕先、周法高、李孝定、王利器等均是其弟子。赵少咸一生苦学深研，著述宏丰，是我国著名的古代语言文字学家，特别是音韵学的泰斗级大家，尚未付印的重要著述达800多万字（他与我国另一位古代语言文字学大家黄侃是朋友，他们都特别强调治学的严谨，绝不轻率出版著作，以"50岁以前不言著述"为自律，所以所有的著述都是晚年才修订完成的），其中300多万字的巨著《广韵疏证》、300万字的巨著《经典释文集说附笺》更是在学术界声名远播，著名学者程千帆曾经这样说过："自乾嘉以来三百年中为斯学者，既精且专，先生一人而已。"遗憾的是，他的若干著作都还没有来得及出版，就遭遇了"文化大革命"的浩劫。他一生之中的著作手稿与大量藏书共150余箱（其中包括他女婿殷孟伦的藏书）都在1966年秋天被红卫兵抄走，年近八旬的老人气病交加，万分悲痛，于是年12月21日含恨去世。浩劫之中，他的手稿大部分被毁，32册《广韵疏证》手稿仅余8册，30册《经典释文集说附笺》手稿亦仅余8册。他的学生

1946年川大中文系师生在川菜馆"荐芳园"合影（前排右起）：钟树梁、黄季陆、赵少咸、向楚、林思进、潘重规、彭芸生、曾宇康、杜仲陵、殷孟伦。

李玉松提供

经过整理校订之后,《广韵疏证》和《赵少咸文集》已在近年正式出版。

赵少咸一家是当代成都最典型的研究中国传统文化的学术世家,先生的后辈大多学有成就,他的一个儿子赵幼文是中国社会科学院历史研究所研究员、三国史研究专家,另一个儿子赵吕甫是南充师范学院教授、历史学家,他的女婿殷孟伦是山东大学教授、著名的古代语言文字学家,他的孙儿赵振铎是四川大学教授,也是一位著名的古代语言文字学家。

在将军街的东头,今天的成都市儿童专科医院那个地方,原来曾经是当代奇女子董竹君的旧居(参见"东胜街")。

张澜路

1994年和2000年,成都的三个著名大学即原四川大学、原成都科技大学、原华西医科大学经过两次合并,组建了新的四川大学。在新校园的改造建设之中,老川大中两条道路以曾经担任过校长的两位四川现代历史上的著名人物命名,这就是"张澜路"与"玉章路"。从老川大的理科大楼直到文华大道的一条道路,就是张澜路,在张澜路旁塑有他的全身铜像,是由中国民主同盟四川省委员会捐赠的。

张　澜(1872—1955)　四川南充人,1902年入成都尊经书院学习,因学业优秀,次年被选送到日本宏文书院深造。留学期间,因参加维新活动而被清政府押送回国。回国之后,一直在南充办新学。1911年四川保路运动爆发,他被选为川汉铁路股东大会副会长,成为保路运动的主要领导人之一。这年9月7日,他与蒲殿俊等被四川总督赵尔丰逮捕,并由此而引发了保路同志军的武装起义。11月,大汉四川军政府成立,张澜出任军政府川北宣慰使。1913年被选为国会议员。1915年在讨袁护国运动中,他联络钟体道成立川北护国军,任政务长。讨袁胜利后,任嘉陵道尹。1917年任四川省长。在四川军阀混战中,他回到南充办学办报。1926年,国立成都大学成立,张澜出任校长,提倡"打开夔门"的兼容并包方针,民主办校,用人唯才,支持进步师生,反对军警暴行,为四川的教育事业做了很大的贡献。据

1929年统计，成都大学有正副教授83人，外籍教师28人，在当时的21所国立大学中，其师资力量名列第七。抗日战争期间，张澜积极推动抗日民主统一战线，被选为国民参政会参政员，成为国统区最著名的民主爱国人士之一，被称为"民主老人"。1941年，中国民主政团同盟成立，他被推为主席。1944年，中国民主政团同盟改组为中国民主同盟，他继续担任主席。1946年，他以首席代表身份参加了全国政治协商会议。当国民党片面召开"国民大会"的时候，他与中国共产党一致行动，拒绝参加，并将背叛民盟立场参加伪国大的民社党从民盟中予以清除。1948年，蒋介石请他出山在国共之间进行所谓的和平调停，他明确表示："现在是革命与反革命之争，而我们站在革命的一边，所以不能做调停人。"国民党武装特务将其软禁在上海医院，并准备将其杀害，在中共地下组织的积极营救之下方得脱险。在参加了新政协与新中国的筹建之后，他被选为中央人民政府副主席。在1949年10月1日的开国大典上，他身着一身褪了色的土布长衫和一双布鞋，与毛泽东并肩站在天安门城楼上。新中国成立以后，他在担任中华人民共和国中央人民政府副主席的同时担任中国民主同盟主席。1954年当选为全国人大常委会副委员长、全国政协副主席。1955年2月9日，张澜病逝于北京。

1952年的张澜夫妇

前几年，新建的成都大学为校园内的主要道路进行了命名，其教学大楼到图书馆之间的主干道路也被命名为张澜路，因为张澜曾经是老成都大学的创办者和第一任校长。

玉章路

从锦江岸边的四川大学望江校区东大门（这也是老川大的大门）进入川大，有一条长长的林荫大道，大道两旁法国梧桐的绿荫是所有在川大学习与工作过的人们终身难以忘怀的。这条林荫大道就是新命名的玉章路，在林荫大道旁、图书馆之前，塑有吴玉章的半身塑像。

青年吴玉章

吴玉章（1878—1966） 四川荣县人。成都尊经书院学生，1903年到日本留学，1905年参加同盟会并担任评议员。1907年主持《四川》杂志，成为辛亥革命时期川籍同盟会会员中的领袖人物。1910年，他到广州准备武装起义。1911年回四川参加保路运动。是年9月，他率先领导荣县起义并宣布独立，建立了全国第一个推翻清朝统治的革命政权。1912年，吴玉章到南京，担任临时参议会议员，在孙中山先生领导下工作。就在这时，他开始在四川筹划留法勤工俭学。当他遭受袁世凯通缉的时候，于1913年11月流亡法国，一边学习一边在欧洲华工中进行革命活动。1916年，吴玉章回国，一方面作为四川代表参加广州军政府的工作，一方面重建留法勤工俭学预备学校，推动留法勤工俭学的进行。1922年，吴玉章被聘为成都高等师范学校校长。1924年，与杨闇公组建中国青年共产党，编辑发行《赤心评论》。1925年4月，加入中国共产党。中共中央决定让他继续留在国民党内促进国共合作。是年12月，他担任了筹备国民党第二次全国代表大会秘书处秘书长，以后又担任了国民党中央执行委员兼中央党部秘书，为中共党组织做了大量工作。大革命失败以后，吴玉章参加了"八一"南昌起义，任中央革命委员会委员兼秘书长。1927年到苏联学习与工作，并从这时起开始了中国新文字方案的研究。1935年，吴玉章在共产国际第七次代表大会上论述了反帝的民族统一战线的必要性，参加了《八一宣言》的修订。会后根据中共中央的决定，他去巴黎主持《救国时报》，奔走在欧洲各国，为抗日民族解放战争做了大量工作。1938年，吴玉章回国，被选为国民参政会参政员。1939年到延安，任陕甘宁边区政府文化委员会主任、鲁迅艺术学院院长、延安大学校长，是德高望重的中央"五老"之一（另四位是林伯渠、董必武、谢觉哉、徐特立）。1940年1月，中共中央在延安为吴玉章的60寿辰举行了盛大的庆祝会，毛泽东称赞他"一辈子做好事"、"一辈子有益于革命"。中共中央的祝词称他是"所有共产党员和革命青年的模范"。抗战胜利后，到重庆出席政治协商会议，并任中共四川省委书记，领导四川党组织的地下斗争。1947年2月28日，国民党军警包围了中共四川省委机关和新华日报社，企图进行迫害与抓捕。吴玉章在第一线与敌人斗争了一周，终于使全体同志安全地回到延安。1948年，他出任华北大学校长，新中国成立以后任中国人民大学校长，国务院文字改革委员会主任。从中共六届六中全会开始，吴玉章一直是中共中央委员，还一直是全国人大常委会常务委员，同时还担任着中国教育工会主席、中国科普协会主席、中国史学会副会长。"文革"初期，他仗义执言，保护被诬陷打击的干部，以至精神上受到严重的冲击，于1966年12月12日不幸逝世。

劼人路附菱窠路

一看到这些街名就会知道，这些都是为了纪念李劼人先生而命名的。

李劼人（1891—1962） 成都人，出生于经历司街（即今华兴东街之侧）。1908年入四川高等学堂分设中学，与郭沫若、王光祈、周太玄、蒙文通、魏时珍、曾琦等同学。1911年他积极参加了保路运动，以后就开始了在报刊上的创作活动。1912年，他在成都的《晨钟报》上发表的《游园会》是我国新文学史上最早发表的白话小说之一，比一般文学史上所称的早期白话小说如鲁迅的《狂人日记》要早6年，比陈衡哲的《一日》要早两年（根据最新的研究成果，目前已见的最早的白话小说是蔡元培于1904年在《俄事警闻》上发表的《新年梦》，署名"中国一民"）。从1914年起，他在《四川公报》的文

24岁时的李劼人
［法］杜满希提供

新中国成立初期的成都市正副市长：李宗林（中）、米建书（右）、李劼人（左）。
王大明提供

20世纪60年代初李劼人在"菱窠"写作　高华敏摄影

艺副刊《娱闲录》上以"老懒"的笔名发表白话短篇小说多达一百多篇。1915年任《四川群报》主笔，1918年任《川报》社长兼总编辑，在四川的五四运动中发挥了十分重要的作用。1919年参加少年中国学会并担任在成都出版的《星期日》周刊的主编，李大钊与毛泽东的政论文章最早出现在四川就是在他主编的《星期日》周刊上。1919年底，他前往法国勤工俭学，一方面主攻法国文学、翻译文学著作，一方面参加"巴黎通讯社"的工作，为国内撰写了大量的通讯。1924年，他离开欧洲回川。回川之后，他一方面继续写作与翻译，一方面在成都大学担任中文系教授。1930年，为了抗议反动军阀迫害革命师生，他愤而辞去教职，在指挥街开了一间名叫"小雅"的餐馆，作为一个著名的美食家而在川菜发展史上留下了一段佳话。他在从事文学事业的同时，又投身于实业救国的道路，先后出任民生机器厂厂长和嘉乐纸厂董事长。特别是在他策划下于1927年由几个志同道合的朋友合办于乐山的嘉乐纸厂，他曾两次出任董事长与总经理，克服了种种内忧外患，多年间费尽心血（工厂开业时，他在大门上贴出如下的对联："数万里学回成功一旦；五六人合伙创业四川。"可谓明志），为抗日战争时期的大后方用纸发挥了很大的作用，"嘉乐纸"几乎成了四川各种用纸的代称。抗敌文化协会成都分会于1938年成立之后，他长期担任理事长，与中国共产党合作，筹措经费，掩护地下党员，为抗日战争和新中国的成立做出了很多的贡献。与此同时，他的长篇巨著《死水微澜》《暴风雨前》《大波》三部曲全部完成，受到文化界极高的评价，郭沫若称之为中国"小说的近代史"，称他为"写实的大众文学家"、"中国的左拉"。他还在1943年创建了研究地方文化的《风土什志》月

李劼人和夫人杨叔捃
王嘉陵提供

2009年从成都市图书馆借阅的李劼人作品
张德重提供

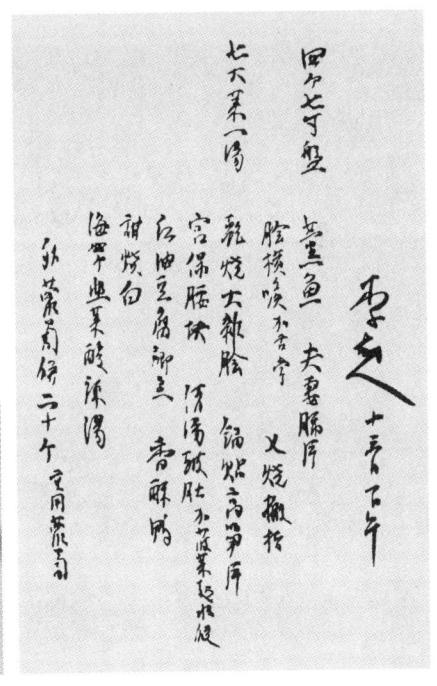

1959年11月13日李劼人致沙汀信菜谱部分
王嘉陵提供

刊,自任社长。新中国成立以后,他出任了成都市副市长等重要职务。一直到他病逝,仍然在不断地创作与修改自己的作品。他的小说先后被译为日文、法文、英文在世界流行,先后多次被改编为影视与戏剧作品。

鉴于李劼人笔下对成都描写的广度与深度,有研究者认为,他的作品可以视为成都"文学地理学"的典型。

"菱窠"是李劼人先生在1939年为躲避日本侵略者的轰炸而在沙河铺修建的住房,以其侧的菱角堰而命名,泥墙茅屋,甚是清幽,门楣上的"菱窠"二字先后由我国著名学者与书法家谢无量先生与黄稚荃先生手书。"菱窠"建成以后曾经进行过两次改建,李劼人先生基本上在这里居住,直到辞世。新中国成立前夕还用来掩护中共地下党员与民主人士,巴金、叶圣陶、沙汀、艾芜、张秀熟、李亚群、韦君宜等都曾到此做客。1985年"菱窠"被公布为成都市文物保护单位,1987年在这里建立了李劼人故居文物保管所,1989年在

1987年"蜀中文坛四老"在"菱窠"李劼人塑像前合影(左起:沙汀、张秀熟、巴金、马识途) 李致提供

《成都晚报》开展评选"蓉城新景"的活动中,被评为"蓉城新八景"之一,称之为"椽笔扬波"。1991年"菱窠"被公布为四川省文物保护单位,其中还藏有国家二、三级文物多件。院内的李劼人先生塑像是由我国著名雕塑家、劼人先生生前好友刘开渠先生创作的。2008年,李劼人故居文物保管所更名为李劼人故居博物馆。

近年来在沙河铺和四川师范大学一带进行了多项城市建设工程,新建了多条道路,与菱窠相邻的道路分别命名为劼人路、菱窠路、菱窠东路、菱窠西路(李劼人故居博物馆的大门开在菱窠西路70号)。由于劼人路、菱窠路是在原来通向四川师范大学老路的基础之上改建的,所以一般人目前还把劼人路称作"新川师路",把菱窠路称作"老川师路"。

新建的成都大学为校园内的主要道路进行了命名,其中心广场到体育场的道路也被命名为"劼人路",因为李劼人先生曾经在老成都大学任教。

太玄路

这是新建的成都大学在校园内命名的一条道路,位于图书馆与教学区之间。这是为了纪念出生于成都的著名学者与社会活动家周太玄。

周太玄

周太玄(1895—1968) 新都人,1909年入四川高等学堂分设中学(即今石室中学),与郭沫若、王光祈、李劼人、魏时珍等同学。1912年去上海,入中国公学读书。1916年毕业后即在各报任编辑记者。1918年与王光祈、李大钊等七人发起成立了我国早期的重要社团"少年中国学会",由王光祈任执行部主任,李大钊任编辑部主任,周太玄任文牍。1919年去法国留学,1920年入蒙彼利埃大学学习生物学,1924年入巴黎大学研究院,同时任少年中国学会巴黎分会书记。到1930年,他已经有了7部专著(在我国近代著名的丛书《万有文库》第一集中,同时收入了他的6部著作)、4部译著和多篇论文,并因为对腔肠动物研究上的成就而获得法国国家理学博士学位(近年来媒体上有多次关于某地发现极

1923年周太玄（前）、李劼人等在法国蒙彼利埃。

为珍贵的"桃花水母"的报道，这种珍贵的"桃花水母"，就是抗日战争期间川大在峨眉山办学时，周太玄在乐山首次发现并命名的）。与此同时，他的夫人王耀群也获得了药学博士学位，成为成都学者的第一对博士夫妻。他去法国之后，又与李璜共同开办了"巴黎通信社"（这是第一家中国人开办的直接从欧洲向国内发出电讯稿的通讯社，正是这家"巴黎通信社"在欧美各国通讯社之前率先向国内发回了极为重要的有关"巴黎和会"的消息，成为引发五四运动的导火线），创办《旅欧周刊》，和李立三、赵世炎创办《华工旬刊》。1930年回国后，任四川大学理学院院长兼生物系主任。1936年再次赴欧考察，归国以后曾任香港《大公报》顾问并主持社评委员会工作，是中国共产党的亲密朋友。新中国成立以后一直担任全国政协委员，还曾任西南军政委员会委员、四川大学校务委员会主任委员、重庆大学校长。1953年奉调进京，任中国科学院编译局局长、中国科学院出版社社长兼总编辑。作为中国腔肠动物研究的鼻祖，他还是动物研究所的一级研究员。周太玄是具有巴蜀特色的百科式学者，是诗书琴棋画的全才（包括著名的学界泰斗冯友兰、许德珩当年都曾经向他学弹古琴），其治学与创作领域很广，包括生物学、科普、教育、文学、哲学、宗教、政论、翻译，他的新诗佳作《去年八月十五》被收入《中国新文学大系》，另一首《过印度洋》由著名语言学家、音乐家赵元任谱曲，一度流行全国。

1963年10月，笔者曾经在北京周宅拜望这位蜀中学界前辈，亲聆謦欬，其态其情，至今历历在目。